잉여인간이 몰려온다
노동혁명

잉여인간이 몰려온다
노동혁명

펴낸날 2018년 2월 28일 1판 1쇄

지은이 이성록
펴낸이 김영선
교정·교열 이교숙
경영지원 최은정
디자인 박유진, 윤대한
마케팅 PAGE ONE 강용구
홍보 김범식

펴낸곳 (주)다빈치하우스-미디어숲
주소 경기도 고양시 일산서구 고양대로632번길 60, 405호
전화 (02)323-7234
팩스 (02)323-0253
홈페이지 www.mfbook.co.kr
이메일 dhhard@naver.com (원고투고)
출판등록번호 제 2-2767호

값 18,800원
ISBN 979-11-5874-033-7

이 도서의 국립중앙도서관 출판예정도서목록(CIP)은 서지정보유통지원시스템 홈페이지(http://seoji.
nl.go.kr)와 국가자료공동목록시스템(http://www.nl.go.kr/kolisnet)에서 이용하실 수 있습니다.(CIP제어번호:
CIP2018004883)

잉여인간이 몰려온다 노동혁명

이성록 지음

미디어숲

인류 사회에 전해진, 두 가지 뉴스

지금 우리 인류 사회에는 두 가지 빅뉴스가 전해지고 있다. 한 가지는 좋은 소식이다. 인간이 폭발적인 기술혁명으로 신의 경지에 이르는 존재, 곧 "호모 데우스"가 됨과 동시에, 노화 속도가 느려지는 나이혁명에 따라 100세가 넘도록 장수하는 존재, 곧 "호모 헌드레드"가 될 것이란 소식이다.

물론 다른 한 가지는 나쁜 소식이다. 그것은 20년 내에 임금노동에 기초한 노동체계가 붕괴될 것이란 소식이다. 게다가 크게 늘어난 장수인간이, 잉여인간으로 전락함으로써 결국 복지체계마저 붕괴시킬 것이란 소식도 전해진다. 결국 오래전 예고되었던 "노동의 종말"과 함께 연기금의 고갈 등 "복지의 종말"까지 예고되고 있다.

따라서 사라지는 일자리를 보충하고 노동체계의 붕괴를 막기 위해 국가차원에서 역대 정부들은 "일자리 창출"이라는 이름으로 천문학적 재정을 투입하고 있다. 그러나 기술혁명의 거센 물결에 휩쓸려 일자리는 실종되고 소위 "고용절벽"에 가로막힌 잉여인간이 점점 더 늘어나고 있다. 동시에 정부는 복지체계의 붕괴, 특히 연금제도의 붕괴를 막기 위해 개혁을 단행하며 버티고 있지만 인구지진을 견디기엔 역부족이다. 특히 710만 제1차 베이비붐 세대가 노동시장으로부터 퇴출되고 속속 노년세대로 진입하면서 이제 연금 폭탄 돌리기도 종말을 향해 치닫고 있다.

바야흐로 노동해방이 아니라 노동추방이 시작됐다. 좋은 일자리가 사라지고, 노동약자들끼리 "더 나쁜 일자리로 밀어내기", "일자리시장 밖으로 튕겨내기"와 같은 약육강식의 생존경쟁에 빠져들었다. 그럼에도 불구하고 사람들은 노동시장 밖의 가능성에 대해선 상상조차 하지 않는다. 일부 순진한 인간들은 AI 인조인간에게 노동을 시키고 그 이익을 나눠먹자는 다소 낭만적인 꿈을 떠벌리기도 한다. 그러나 이 역시 임금노동의 지배체제에서 자유롭지 못하다.

현대인들이 가장 두려워하는 것은 강제된 노동해방, 곧 노동추방이며 노동기회의 탈취이다. 그러나 보다 본질적인 문제는 사람들이 임금노동 신성불가침에 빠져 있다는 것이다. 한때 사람들은 노동해방을 희망했다. 마르크스가 말한 것처럼 일하고 싶을 때 일하고, 쉬고 싶을 땐 언제든 자유롭게 쉴 수 있는 유토피아를 꿈꿨다. 그러나 이제 사람들은 노동해방을 꿈꾸지 않는다. 오히려 노동에 집착하고 있다.

오늘날 인류 사회가 처한 불행의 원인은 무엇일까? 대부분 피도 눈물도 없는 자본주의 때문이라고 말한다. 그래서 너도나도 자본주의를 비난하고 곧 붕괴될 것이라고 예언한다. 과연 그럴까? 그럴 가능성은 없어 보인다. 그래서 필자 역시 이 책에서 예언 하나를 했다. "자본주의는 결코 붕괴되지 않는다. 그것은 자본주의가 우리 인간의 탐욕을 먹고 자라는 운동에너지로 진화했기 때문이다. 따라서 인간이 탐욕을 내려놓지 않는 한 자본주의는 영원하다!" 그리고 필자는 발칙하게도, 자본주의보다 호모사피엔스가 먼저 멸종할 수 있다고도 예측하였다.

임금노동의 지배, 자본주의 시장경제의 비인간성으로부터 벗어나지 못하고 비극을 겪는 것은 결국, 우리의 통제되지 않는 욕망, 곧 "모든 것을 매개하는 탐욕(πλεονεξία)" 때문이다. 특히 탐욕이 자본과 노동을 매개하면서 노동사회는 소비사회의 식민지로 전락하였고, 프롤레타리아는 소비이데올로기의 열혈신도가 되었다. 결국 노동은 생계를 위한 노동에서 소비를 위한 노동이 되었고, 사람들은 노동에 집착하기 시작했다. 더 많은 시간 일하기를 희망하고 노동해방을 거부했다. 너도나도 노동시장으로 달려 나와 밤늦도록 노동한다. 더 많은 소비를 해야 하고, 이를 위해 더 많은 소득이 필요하기 때문이다.

일자리가 사라진 세상 어떻게 살 것인가?

기술혁명에 의한 인조인간과 나이혁명에 의한 장수인간이, 잉여인간을 대거 잉태하고 있다. 일자리가 사라지고 있다! 잉여인간 쓰나미가 몰려오고 있다! 노동이 사라진 세상, 어떻게 살 것인가? 노동시장으로부터 퇴출된 710만 베이비붐세대를 비롯하여 빠른 속도로 세상을 뒤덮는 1천만 잉여인간을 어떻게 처분할 것인가? 동시에 노동시장 진입조차 못하고 "헬조선"을 외치며 배회하는 젊은 잉여인간들은 어떻게 처분할 것인가?

임금노동을 포함한 모든 노동은 자신의 존재가치를 실현하는 목적일 뿐만 아니라 생물학적 생존을 위한 필수적 수단이다. 따라서 일자리의 소멸은 곧 생존의 위기이다. 이 위기를 어떻게 극복할 것인가? 위기를 어떻게 기회로 만들 것인가? 필자는 다른 어떤 것보다 잉여인간을 대거 발생시키는, 현재의 임금노동 중심의 노동체계를 해체하고 다양한 노동이 양립하면서 다차원적으로 작동하는 다중노동체계를 구축하는 것, 곧 "노동혁명"이 일어나야 한다고 믿는다.

따라서 이 책은 기본적으로 일자리의 소멸이라는 생존 위기에 어떻게 대처할 것인가, 곧 위기극복의 방안을 고찰한 보고서이다. 다시 한 번 강조하자면, 지금의 일자리는 빠른 속도로 사라질 것이다. 그렇다면 일자리가 사라진 세계, 임금노동이 소멸된 노동사회에서 우리는 어떻게 먹고 살 것인가?

일찍이 앙드레 고르(1988)의 문화사회와 자활노동을 비롯하여 제레미 리프킨(1998)의 제3부문의 노동과 울리히 벡(1999)의 시민노동 등 여러 연구자들이 대안을 제시해왔다. 제시된 대안들의 공통점은, 임금노동의 비인간성 및 기술발전에 따른 임금노동의 소멸 등을 전제하면서, 노동시장 밖의 노동, 곧 임금노동 외의 다양한 노동들의 양립 가능성을 제안하고 있다는 것이다. 그리고 기본소득, 사회적 임금, 시민수당 등 최소한의 소득보장을 제안하고 있다.

필자 역시 비슷한 시기에 출간한 저서 『새로운 공동체 영역@제4섹터』를 통하여 임금노동과 공동체노동의 균형을 전제한 새로운 노동체계의 구축을 제안하였다. 그러나 필자의 제안은 물론 앙드레 고르나 제레미 리프킨, 울리히 벡 등 많은 학자들이 제시한 대안들이 현실적 대안으로 채택되지 못했다. 여러 가지 이유가 있겠지만 무엇보다 기술혁명만 고려함으로써, 인구 고령화의 문제를 반영하지 못하였고, 따라서 "합리적 차별"을 제안하지 못했기 때문이다. 즉, 합리적 차별 없이 모든 세대를 대상으로 상정함으로써 도리어 한계를 노정했다고 본다.

따라서 필자는 이 책에서 기술혁명과 함께 나이혁명을 동시에 고려하여 노동혁명을 제안한다. 즉, 공동체노동 복원을 통한 다중노동체계 구축을 제안하면서, 동시에 강점 중심의 세대 간 역할 재구성을 제안했다.

청년세대와 노년세대는 서로 다른 강점을 갖고 있다. 따라서 사회적 기여와 보상에 대한 합리적 차별이 필요하다. 사회적 타협과 합의에 따라 세대 간 역할의 차이, 그리고 소득획득 방식의 차이를 정하고 특히 노년세대는 공동체를 유지하고 발전시키는 노동에 복무함으로써, 조건부 기본소득을 제공하는 방식을 제안했다.

노동혁명을 제안하며…

이제 우리는 노동 이후의 노동에 대해 심각하게 고찰해야 할 때를 맞이했다. 베이비붐 세대는 물론 청년세대들도 임금노동 이후의 대안노동, 혹은 임금노동과 공동체노동의 양립이 가능한 다중노동체계의 구축에 대하여 함께 고민하고 대안 모색에 적극적으로 나서야 한다. 신념이나 취향에 대한 선택적 고려가 아니라 살아남는 방식에 대해 고찰하고 구체적 방안을 마련해야 하는 필수적 고려이다.

그러나 이 책은 완성된 단일 대안을 제시하는 것이 아니다. 임금노동에 제한된 생각의 틀을 깨고, 폭넓은 상상력으로 새로운 대안을 찾아내도록 자극하는 데 의의를 두고 있다. 그럼에도 불구하고 임금노동은 우리 사회를 지탱하고 풍요롭게 하는 매우 중요한 요소이다. 특히 열정과 성취에 대한 도전 정신이 넘치는 청년세대들에게는 더욱 중요하다. 그러나 임금노동이 신성불가침 수준으로 우리의 삶을 지배함으로써 우리는 비극으로 내몰리고 있다. 따라서 임금노동의 지나친 지배구조는 해체되어야 한다.

필자는 이 책을 통하여 기술혁명과 나이혁명에 따른 노동혁명의 불가피성을 주장하며, 노동혁명을 위한 몇 가지 현실적인 선행과제도 제안하였다. 첫째는 인구정책의 발상을 전환하면서 "저출산고령사회기본법"을 "저출산과" "고령사회"로 각각 분리하고, 출산을 장려하는 위원회도 해체하는 것이 바람직하다고 제안했다. 둘째, 헌법 제32조 2항을 삭제하거나 개정하는 것이 다중노동체계를 구축하고 특히 기본소득 담론을 활성화할 수 있음을 제안하였다. 셋째, 역대 정부마다 천문학적 재정을 투입하였으면서도 성과를 거두지 못하는 공공부문 중심의 일자리 창출 정책을 중단하고 기존의 민간 부문 일자리를 4차 산업혁명에 부응하도록 개선하는 데 정책자원을 투입할 것을 제안하였다.

마지막으로 부연할 것은, 이 책은 20여 년 전에 집필을 시작하여 출간한 필자의 저서 『새로운 공동체 영역@제4섹터』의 후속편이면서 완결편이기도 하다. 그러나 이 책은 노동혁명의 제안, 공동체노동 복원을 통한 임금노동과의 다중노동체계의 구축을 제안하였지만, 완성된 실천모델을 제시하지 못했다. 물론 지면의 제약도 있었지만, 공동체노동의 복원과 다중노동체계의 구축으로서 노동혁명에 대한 공감대가 형성되어야 비로소 구체적 대안이 함께 모색될 수도 있는 것이라고 판단했기 때문이다.

의기만으로 내가 들어올리기엔 너무나 역부족인 거대담론을, 지난 20여 년 동안 붙들고 있었다. 실제 집필을 시작한 지도 만3년이 훌쩍 지났다. 이제 후련히 내려놓는다. 그래도 누군가와 함께 시대와의 불화를 꿈꾸며 노동혁명을 좀 더 공감하고 싶다. 과욕이란 비판과 비난에도 불구하고….

이성록

들어가는 글

Chapter 2 잉여인간 전략 위기
베이비붐 세대의 노화

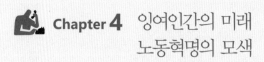

Chapter 4 잉여인간의 미래
노동혁명의 모색

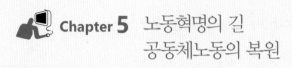

Chapter 5 노동혁명의 길
공동체노동의 복원

Chapter 1

인구 고령화
정상화의 비정상성

1. 인구변동에 대한 인지오류

위기불감증-좀비국면에 빠진 사람들

2018년 1월 10일, 미국 캘리포니아의 산불에 시달리던 지역에 폭우가 쏟아졌다. 대피령이 내려졌다. 그런데 일부 주민들은 거부했다. 방송국 기자가 강제대피령이 내려졌는데 왜 따르지 않느냐고 묻자 단호히 "여기가 내집이니까요. 안 가요"라고 답한다. 하지만 산사태 우려는 하루도 안 돼 현실이 됐고, 순식간에 13명의 목숨을 앗아갔다. 대피하지 않은 이유는 장기간 산불로 반복적인 대피명령에 따른 피로도와 불감증이 쌓였기 때문이다.

위기가 닥치면 경보가 울린다. 만일 경보를 듣고도 대처하지 않으면 죽는다. 지금 우리는 위기에 처해 있다. 다양한 수준의 경보신호가 국내외적으로 울리고 있다. 5년 내에 IMF 외환위기와 같은 경제위기가 올 것이라는 경보가 울리고 있다. 종종 외신들까지 위기경보를 전파하고 있다. 대한민국이 파멸할 수 있다는 적색경보도 있다. 무시할 수 없는 것은 통계의 암울한 지표, 작금의 부정적 현실을 여실히 반영하고 있기 때문이다.

대한민국에 위기가 다시 찾아올 것이라는 정보는 여러 곳에서 진작부터 지겹도록 울리고 있다. 많은 이코노미스트들이 여러 요인을 근거로 위기 가능성을 크게 예측하고 있다. 대내적으로 통화승수, 통화유통 속도, 예금회전율 등 각종 경제 활력지표가 침체·추락하고 있다. 대외적으로는 경쟁국들의 견제가 강화되면서 통상 마찰도 잦아지고 있다.

게다가 1997년 외환위기나 2007년 글로벌 금융위기의 도화선은 외부에 있었지만, 닥쳐올 위기는 우리 내부에서 촉발될 것이라는 암울한 전망까지 덧붙여지고 있다. 경제 생태계 위기에 사회 구조적 위기까지 더해져 위기를 증폭시킬 것이란 것이다. 경제와 사회 지표들을 보면, 악순환의 고리는 노동·복지·교육으로 이어져 결국 서로 꼬리에 꼬리를 물고 수렁 속으로 빨려들어 가는 형국이다.

그런데 경제위기보다 더 심각한 근원적인 인구 고령화로 인한 위기, 곧 "인구지진(Age-quake)"의 위기가 예고되고 있다. 인구지진은 영국의 인구학자 폴 월리스가 처음 사용한 것으로, 땅 표면이 흔들리고 갈라지는 지진처럼 고령화가 진행됨에 따라 사회가 그 근본부터 흔들리는 현상을 비유한 용어이다.[1] 폴 월리스에 의하면, 인구지진의 파괴력

1) Paul Wallace(1999), Agequake: Riding the Demographic Rollercoaster Shaking Business, Finance, and Our World, Nicholas Brealey.

북극의 경고! 평균온도 35도로 지구상에서 가장 무더운 곳인 사하라 사막에 눈이 내렸다. 지구온난화로 인한 기상이변이 일어난 것이다. 2018년 1월 7일 사하라의 관문인 알제리 서부 도시 아인세프라에 최고40㎝ 눈이 쌓여 마치 스키장처럼 변했다. 세계 곳곳에 심각한 기상이변이 일어나고 있지만, 사람들의 반응은 사하라의 아이들 마냥 눈썰매 타는 수준이다. 위기불감증이다.

은 자연현상의 지진보다 훨씬 크고 이를 지진에 비유하자면, 그 강도가 리히터규모 9.0에 달하는 것이라고 한다.

리히터규모 9.0은 육안으로 지표면상에서 파동이 보이며, 물체가 공중으로 날아가는 '매우 큰' 규모의 강진이다. 특히 그는 베이비붐 세대가 은퇴하는 2020년경에는 경제활동인구 대비 고령인구가 많아져 세계 경제가 마치 지진처럼 흔들리는 엄청난 격변을 겪을 것이라고 예측했다. 우리나라 역시 전체 인구의 14.6%를 차지하는 712만의 베이비붐 세대(1955~1963)들이 은퇴하면서 노년인구에 진입하고 있어, 다양하고 심각한 사회적 충격이 나타날 것으로 예고되고 있다.

인구지진의 충격은 경제는 물론 노동과 복지 등의 사회 구조적 문제를 촉발하고 증폭시킬 것이다. 특히 우선 예측되는 위기는 노인 부양비의 증가에 따른 재정파탄이다. 국회 예산정책처는 노인인구 증가로 정부지출이 큰 폭으로 늘어나면 2033년에는 국채로 복지 지출을 감당하지 못하는 '국가 재정 파산'에 이를 수 있다고 경고했다.[2]

인구지진 충격이 클 것으로 예측하는 것은 우리나라의 경우 고령화가 초고속으로 진행되고 있기 때문이다. "고령화 사회"로 진입한 지 불과 17년만인 2017년 8월에 "고령사회"가 됐다.[3] 중요한 것은 고령화 그 자체가 아니다. 문제는 그 속도이다. 이미 최고 속도를 기록했던 일본보다 7년이나 빠른 속도이다. 초고속 고령화에 따라 생산인구의 부양비 부담이 급격히 과중해짐으로써[4] 염려하던 세대갈등은 불가피하게 될 것이다.

만일 인구지진에 따라 세대갈등이라는 여진까지 겹친다면 우리 사회는 송두리째 붕괴될 수 있다. 가능성은 충분하다. 이미 대한민국은 사회갈등으로 날밤 새우는 최악의 갈등민국 아니던가.[5] 많은 젊은이들이 현실을 "헬조선"으로 규정하고 "이생망"(이번 생은 망했다)이라며 절망한다. 한편, 대한민국 노인들 역시 OECD 국가 중 상대적 빈곤률 1위에다 자살률 1위라는 비극 속에 고독한 황혼기를 보내고 있다.

---

2) 국회예산정책처(2014), '2014~2060년 장기재정전망 보고서'
3) UN은 65세 이상 인구가 전체 인구에서 차지하는 비율이 7% 이상이면 "고령화 사회"로, 14% 이상은 "고령사회", 20% 이상은 "초고령사회"로 분류하고 있다.
4) OECD 통계에 따르면 2015년 현재 생산 가능인구(20~64세) 5.1명이 노인 1명을 부양하고 있지만, 2075년에는 1.25명이 노인 1명을 부양해야 한다.
5) 삼성경제연구소는 한국의 사회갈등지수가 OECD 국가 가운데 종교 분쟁을 겪고 있는 터키에 이어 두 번째로 심각하다고 분석했다(한국의 사회갈등과 경제적 비용, 2010) 사회적 갈등으로 인해 연간 82조 원에서 최대 246조 원의 손실이 발생하는 것으로 추산됐다. 한편, 현대경제연구원은 사회적 갈등지수를 선진국인 G7 수준으로 낮출 경우 실질 국내총생산을 0.3% 포인트 상승시킬 수 있다고 전망했다(사회적 갈등의 경제적 효과 추정과 시사점, 2016)

바야흐로 고령사회와 인구오너스[6]의 원년, 2018년이 시작되었고 위기를 예고하는 기사들이 많아졌다. 대부분 "늙어가는 대한민국, 인구마저 쪼그라든다!"는 논조의 상투적 기사이다. 독자들의 반응은 어떨까? 댓글을 보면 "그래서 어쩌라고?" 또는 "10년 동안 우려먹었는데 지겹지도 않냐"는 반응들이 대세다. 특히 젊은 층의 경우 더욱 관심 없고 심드렁하다. 왜 그럴까?

백약무효의 만성 위기불감증이다. 만사 불평열망에 빠져 사회를 탓하지만, 정작 위기문제 대처에 있어서는 무기력하고 회피적이다. 위기 대처에 있어서 최악의 상황은 문제해결 정책이 무력화되는 불감상태, 곧 무규범, 무책임, 무기력 등 3무의 "좀비(zombie)[7] 국면"이다. 지금 우리는 어떤 위기에도 의미 있게 반응하지 않는 상태, 곧 좀비국면에 빠져 있다. 왜 좀비국면에 빠졌을까? 그저 우연한 일인가? 아니면 기획된 것인가?

초특급고령화—누가 위기의 당사자인가?

한 일간지는 세대갈등을 그린 SF소설 출간을 보도하며 "다 가진 노인 vs 빈손의 청년…세대전쟁이 시작됐다"고 자극적 기사제목을 뽑았다. 소설 『엔더스(ENDERS)』에서 부유한 노인들은 '바디뱅크'를 통하여 돈을 지불하

---

6) 인구오너스(demographic onus)란 생산가능 인구(15~64세)가 감소하여 부양대상 인구에 역전되면서 경제성장이 지체되는 현상을 의미한다. 반대 의미를 가진 단어는 '인구보너스(demographic bonus)'이다.

7) 여기서 좀비(zombie)란 사람에게서 영혼을 뽑아내면 의지와 지성을 잃어버린 시키는 대로 하는 무기력한 존재가 된다는 종교적 전승에서 나온 말이다. 요즘엔 흔히 "살아 있는 시체"라는 의미로 사용되고 있다.

고, 10대의 머리 뒤에 칩을 심은 후 컴퓨터를 이용해 건강한 몸을 빌려 쓴다. 이 소설을 읽은 한 젊은이는 이런 독후감을 남겼다. "엔더스는 바로 노년들에게 읽히고 싶은 작품이다. 암울하기 그지없는 미래를 앞둔 젊은 세대들을 부디 좀 헤아려 달라는 간구처럼…."

그래 맞다. 젊은 세대들의 앞날이 암울하니 노인들에게 엔더스를 꼭 읽히자. 암울한 시대가 다가오고 있기 때문이다. 그렇다면 확실히 알고 가자. 그 "암울하기 그지없는 젊은 세대"가 누구인지를! 위기 발생의 시점이 언제인지 바로 알아야 한다. 암울한 세대는 "지금의 젊은이들 세대"가 아니라는 것이다. 정작 암울한 세대는 20~30년 뒤의 "미래의 젊은이들 세대"이다. 따라서 지금은, 미래의 노인세대가 미래의 청년세대에게 재앙이 되지 않도록 준비해야 하는 시점임을 알아야 한다.

준비 안 된 고령사회, 당연 재앙이다. 그러나 준비된 고령사회는 당연히 지복(至福)이다. 문제는 준비는 되지 않은 상태에서 각종 문제들이 예고되면서 불안감과 피해의식이 높아지고 있다는 것이다. 이미 오래전부터 전문가들은 경제파탄과 국가소멸을 예고해왔다. 급기야 SF 소설가들은 상상력을 동원해 세대 간의 전쟁을 그려내고 있다. 피해의식과 원망으로 가득 찬 눈동자들이 서로 다른 세대를 노려보고 있다.

그렇다면 누가 문제의 당사자인가? 젊은이들은 노인들을 노려본다. 지금 노인들이 문제 당사자인가? 천만의 말씀이다. 젊은이들이여 착각하지 마라. 예고되고 있는 인구변동과 그로 인한 재앙은, 지금 노인이 아니라 미래 노인들의 문제, 곧 젊은이 그대들의 문제이다. 통계자료를 볼 때 인구감소, 경제파탄, 연금고갈, 재정파탄 등의 발생시점(時點)부터 명확히 확인하라. 그러면 누가 문제의 당사자인지 깨닫게 될 것이

젊은이들이 불쌍하다! 맞는 말이다. 준비 안 된 고령사회의 위기는 사실상 재앙수준일 것이다. 그런데 시점이 중요하다. 이제부터 위기가 시작되어 재앙은 현재의 젊은이들이 노인이 되었을 때 일어나는 미래문제이다. 30년 후 지금 젊은이들은 노인이 되었을 때를 대비하여 지금부터 준비해야 한다. 그렇지 않으면 그대들의 자식세대가 불쌍하다. 미래의 지표를 현재 시점에 적용하여 고령화로 인해 젊은이들이 불쌍하다는 것은 명백한 거짓 상관관계이다.

다. 나는 기회 있을 때마다 청년들에게 "불쌍한 사람은 그대들이 아니라 그대들의 자녀세대"라고 일러준다.

젊은이들이 그토록 걱정하는 부양비 부담문제나 연금고갈과 건강보험 재정파탄으로 인한 부담가중과 세대갈등의 문제는 지금 당장의 노년세대와는 직접 관련되지 않는다. 그렇다고 지금 50대 중반을 넘은 베이비붐 세대에게 직접 영향 미치는 문제도 아니다. 그것은 향후 30년 이후부터 지금의 3040 젊은 세대와 1020대 후속세대 간에 일어날 문제이다.

현재 우리나라 장기 재정 전망에 의하면, 현재 수준에서 그 어떤 정책도 추가하지 않고 단지 인구 고령화라는 요인 한 가지만으로도 2034년부터 지속불가능 상태에 빠진다.[8]

특히 2035년부터는 국민연금도 적자상태로 돌아선다. 2035년이면

---

8) 박종규 외, 2012~2060년 장기재정 전망 및 분석, 국회예산정책처, 2012. 6.

65세 이상 인구가 30% 수준인 초고령 사회에 이르고 있어 재정건전화의 가시적 성과를 낼 만큼 세입을 늘리고 세출을 줄이기란 쉽지 않을 것이다.

인구 고령화로 세금을 내는 인구가 현저히 축소되면서 조세부담은 물론 국민연금, 건강보험 부담도 크게 가중될 것이다. 통계적으로 30대~50대가 세금을 가장 많이 낸다.[9] 따라서 2035년경에 세금을 가장 많이 내게 될 집단은 지금의 10대~30대 젊은이들이다. 2035년까지 특단의 조치 없이 현 상태가 지속될 경우, 재정건전화를 위한 조세부담은 지금 현재 10~30대뿐만 아니라 초중고생은 물론 어쩌면 태어나지도 않은 뱃속의 아이에게까지 확산될 것이다.

그러나 현재 나이가 50대 후반 이상인 사람들은 2~30년 후면 세금 낼 능력이 없는 70대 후반의 후기노인이거나 이 세상 사람이 아니다. 문제는 현재 3~40대가 노년세대에 편입되면서 젊은 세대들의 부담이 가중되고 세대 간 형평성의 문제가 제기되면서 세대갈등이 증폭될 수 있다는 것이다. 따라서 우리가 당장 해야 할 일은 미래사회의 문제들에 대비하여 새로운 사회체계를 구축하는 것이다.

그런데 지금 우리는 위험한 착각, 세대 중심적 착각에 착각수준을 넘어 방해하는 세력도 있다. 미래에 일어날 갈등을 현재의 문제인 것처럼 시점(時點)을 조작하고, 사회구조적 문제를 세대 간 문제로 왜곡하여, 현재의 세대 사이를 이간하고 대립을 조장하는 기획자, 보이지 않는 손이 있다. 그들의 말대로 지금 청년들이 "88세대"라면, 노인들

---

9) 현대경제연구원, 2013, 가계 세금부담 추이와 시사점; 40대 가구의 소득세 부담이 가장 무겁고, 20대 청년층과 60대 이상 고령층의 세금 부담이 가장 가벼우며, 30대와 50대가 중간 정도의 세금부담을 지고 있음.

은 "33세대"로 규정해야 하지 않을까?[10] 청년을 위한 나라가 없다면 노인을 위한 나라도 없다. 위기상황의 시점이나 구조를 왜곡하여 갈등을 조장하는 보이지 않는 손의 기획은 문제해결 주체를 분열시키는 위험한 음모이다.[11]

보이지 않는 손의 기획-포퓰리즘

인구 고령화에 따른 위기의 경보는 이미 오래전에 발령되었다. UN은 1956년부터 인구 고령화로 인해 발생할 인류 사회의 위기를 예고하고 적절히 대비하도록 세계 각국에 촉구했다. 따라서 세계에서 가장 먼저 고령사회로 진입한 프랑스나 고령대국 일본은 수십 년에 걸쳐 많은 준비를 해왔다. 그럼에도 불구하고 역부족이었고 국가경쟁력 하락 등 매우 심각한 어려움을 겪고 있다.

그런데 우리나라에는 경보가 전파되지 않았던가? 지난 1998년부터 2017년까지 20년간의 절호의 기회, 인구보너스 기간에도 무엇을 했는가? 그저 정치권의 권력게임, 탁상공론에 휘둘리며 정작 해야 할 준비는 하지 않았다. 치밀하게 준비했던 프랑스나 일본도 국가적 토대가 흔들리는 위기를 겪는 판인데, 제대로 준비를 하지 않은 우리의 처지는 장차 어떻게 될까? 당연히 당국과 정치권에서는 나름 준비했다고 반론할 것이다. 필자가 우려하는 부분이 바로 이 점이다.

우리는 오랫동안 정치권의 포퓰리즘 경쟁을 지켜봐 왔다. 무책임한

---

10) 2012년 기준 만63세 이상 국민연금 가입자의 월평균 연금 수령액은 25만 4천 원 수준이다. 2015년 1월 기준 평균수령액은 약32만 5천 원, 2017년 기준 36만 8천 원이며 전체 700만 노인 중 38%만이 수혜자이다.
11) 세대갈등에 관한 구체적 논의는 이 책 제3장에서 보충했다.

선심성 공약, 정합성이 결여된 기형적 공약, 실효성 없는 생색내기 공약, 지대추구형의 기만적 공약, 면피용의 돌려막기 공약, 실행 불능의 질러대기 공약… 등이 빚어내는 좌충우돌, 우왕좌왕의 소음에 넌더리 나지 않는가! 결국 부실정책을 야기하는 포퓰리즘의 결과, 국민들은 무슨 정책을 내놓더라도 반응하지 않게 된다. 즉, 정책 수요층이 정책에 대하여 반응하지 않는 "정책함정"에 빠진다.

물론 정책 제공자의 입장에선 백약이 무효인 상태, 곧 "정책함정(policy trap)"[12]에 빠진 것이 되지만, 정책 수요자의 입장에선 무기력한 "좀비국면"에 빠진 셈이 된다. 무분별한 정책으로 결과적으로 영혼을 빼앗아 좀비로 만들어 버렸으니, 정책함정은 당연한 결과이다. 여기서 주목해야 할 포인트는 좀비국면이 우연의 소치가 아니라는 점이다.

단언컨대 보이지 않는 손에 의해 기획된 것이다. 그렇다면 그 보이지 않는 손의 실체는 무엇인가? 그 실체는 포퓰리즘에 의존하는 정치 메커니즘이다. 정책함정을 예방해야 할 의무가 있는 정치인들이 함정을 조장하는 행위, 곧 포퓰리즘 바이러스를 의도적으로 퍼뜨리고 있는 것이다. 이는 곧 질병을 예방해야 할 의사가 의도적으로 병균을 퍼뜨리는 꼴이다. 왜 그럴까?

정치 메커니즘의 기본 동력은 거짓말이다. 동서고금을 막론하고 정치인의 주특기는 거짓말이다.[13] 정치인들의 거짓말과 거짓 행동은 권력 획득뿐만 아니라 엄청난 부수효과까지 있기 때문이다. 특히 국민의

---

12) 정책 함정은 국가에서 문제해결을 위해 어떤 정책을 쓰든 전혀 효과가 없는 상태를 말한다.
13) 이재정(2014), 정치인과 거짓말: 그들은 왜 거짓말을 하는가?, 한국정치연구 제23집 제3호

무관심을 조장할 수 있다. 방법은 매우 간단하다. 거짓말을 반복하면 된다. 거짓말에 신물이 난 국민들은 정치인들을 불신하고 혐오한다. 그러나 모든 정치인이 오십보백보니 결국 "그놈이 그놈"이라는 무관심의 덫에 빠진다.

　헤럴드 라스웰은 동서고금의 유명 정치인들에게서 공통적으로 드러나는 특징을 분석했다. 정치인들은 '완전히 자기중심적 인성'(a wholly egocentric personality)을 갖고 있다. 국가와 국민을 위해 일한다고 말하지만 명백한 거짓말이다. 완전히 자기중심적 인성의 정치인은 '우리'(us)가 아닌 '자기 개인'(me)의 가치를 증진시키는 데 완전히 골몰해서 누구든 희생시킬 수 있는 사람이다. 그들에게서 권력은 가족, 이웃, 국가 등 어떤 집단의 이익을 증진시키기 위한 수단이 아니라 자신의 성취를 위한 것일 뿐이다.[14]

　무관심의 덫은 정치인들에겐 해방구의 열쇠이다. 그놈이 그놈이니 두려울 것이 없다. 국민과 국가 이익으로 덧칠하고 자기이익을 위해 탐욕을 발휘한다. 그럴수록 국민은 더욱 넌더리를 내고 극단적으로 무감각 상태에 빠진다. 지성도 의지도 마비되고 무력한 좀비가 된다. 국민의 영혼을 뽑아버린 셈이다. 당연히 위기대응 정책신호가 울려도 반응하지 않는다. 그러므로 정치인들의 거짓말과 포퓰리즘은 좀비국면을 만드는 메커니즘이다. 결과적으로 국민을 좀비국면에 빠뜨리는 "보이지 않는 손의 기획"인 셈이다.

---

14) Harold Lasswell(1962). Power and Personality. New York: Viking Press.

또 하나의 보이지 않는 손-경로 의존성

정권이 바뀌면 전 정부의 정책을 시행했던 공무원을 을러대는 풍경이 이젠 낯설지 않다. 덕분에 "영혼 없는 공무원"[15]이란 말도 익숙하게 되었다. 그런데 위기시대를 살면서 우리가 예의주시해야 할 것은 "영혼 없는 공무원"이 아니라, 국민의 영혼을 뽑아내 좀비로 만들어 버리는 관료주의 메커니즘이다.

관료주의 메커니즘의 핵심은 무엇인가? 관성 또는 매너리즘 등으로도 표현되는 경로 의존성(Path dependency)이 그 요체이다. 경로 의존성이란 한 번 일정한 경로에 의존하기 시작하면 나중에 그 경로가 비효율적이라는 사실을 알고도 여전히 그 경로를 벗어나지 못하는 관성을 말한다.

경로 의존성이 강하면 외부환경이 바뀌더라도 스스로 방향을 바꾸지 못한다. 영연방 국가에서 차량의 좌측통행 관행은 이제는 바꿀 수 없는 제도가 됐다. 1868년 크리스토퍼 숄스가 창안한 배열방식(QWERTY)이 영문타자기 자판의 표준이 된 것은 단지 그것이 처음 나왔기 때문이다. 그 후에 아무리 좋은 대안이 나와도 이미 제도로 굳어진 자판 배열을 바꾸지 못했다.

이러한 관성은 사회의 제도와 정책에서도 발견된다. 어떤 제도나 정책도 일단 발생되고 나면 여간해선 없애거나 바꾸기 어렵다. 규모가 커지고 역사가 쌓이면 운영방식이 관행으로 고착되고, 스스로 확대 재생산하려는 경향마저 생긴다. 즉, 제도가 한번 형성되면 환경조건에

---

15) "영혼 없는 공무원"이라는 용어는 미국의 행정학자 Ralph P. Hummel이 1977년에 펴낸 저서 『관료적 경험(The Bureaucratic Experience)』에서 관료제를 비판하면서 공무원은 생김새가 인간과 비슷해도 머리와 영혼이 없는 존재라고 언급한 데서 유래했다.

맞추어 시의적절하게 변화시키는 것은 매우 어려운 과제이다.

문제는 일단 형성된 제도와 정책은 사회적 행위의 폭을 제한하는 기제, 보이지 않는 힘으로 작용한다는 점이다. 특히 제도는 정책을 형성하고 집행하는 능력을 제약할 뿐 아니라 정책행위를 제약하는 기능으로 작용한다. 그리고 제도 발생의 환경조건들이 변해도 그대로 지속되면서 관료주의 메커니즘으로 작용하여 정책 함정을 자초하고 좀비국면을 초래한다.

당연히 경로 의존성은 우리의 주제인 저출산·고령화 정책에도 적용된다. 현상에 대한 관점 자체에 대한 이의가 제기되고, 채택한 정책 또한 실효성이 의심됨에도 불구하고 과거 프레임을 반복하며 백화점식으로 나열하는 패턴은 경로 의존성에 갇혀 있기 때문이다. 그 결과 심장병 환자를 눕혀 놓고 무좀치료 하는 격으로, 본질에서 벗어난 대책으로 일관하며 골든타임을 놓쳐버리고 있다. 관료주의 메커니즘을 지탱시키는 경로 의존성은 좀비국면을 조장하는 또 하나의 기획인 셈이다.

전문가들의 오류–거짓 상관관계

국민의 위기불감증, 정치권의 포퓰리즘, 관료집단의 경로 의존성은 좀비국면을 초래하여 위기상황에 적절한 대처를 하지 못하고 결국 호미로 막을 것을 가래로도 막지 못하는 화를 자초하게 된다. 우리 사회의 문제해결을 방해하는 보다 더욱 심각한 장애물은 전문가 집단의 거짓 상관관계(correlation) 남용이다. 이는 위기상황에 대한 인지오류를 야기하고 정책행위자들이 거대한 고정관념 체계에 빠져 위기대처를 불가능하게 만든다.

상관관계는 두 개의 대상이 동시에 변화할 때 성립한다. 그런데 사

나는 어떻게 태어났느냐는 아이의 질문에 대해 유럽의 부모들은 "황새가 데려 왔다"고 답한다. "다리 밑에서 주워왔다"는 대답보다는 재미있긴 하지만 어린아이만 믿는 거짓이다.

실은 전혀 인과관계가 없는 두 대상이 수치상으로는 상관관계를 가지는 것을 "허위상관관계(spurious correlation)"라고 한다. 허위상관관계를 설명하는 대표적 사례가 황새와 출생률의 관계이다. 유럽에서는 황새가 오면 아기를 낳는다는 전설이 전해지고 있다. 수학자 로버트 매슈스(Robert Matthews)는 황새와 출생률 사이의 실제 관련성을 파악하기 위해 유럽 17개국의 황새 수와 해당 국가의 출생률을 비교했다.[16]

분석결과 황새가 많을수록 출생률이 높다는 사실을 확인할 수 있었다. 그가 작성한 통계는 그의 주장을 뒷받침하는 명백한 증거가 되었다. 통계에서는 이런 연관성을 "상관관계"라고 한다. 그는 우연적 요소를 고려하여 상관관계가 전혀 없다고 가정하고 황새수의 증가와 출생률 증가가 우연히 발생할 확률이 어느 정도인지 계산한 결과 0.8% 불과

---

16) Robert Matthews, Storks Deliver Babies(p=0.008), Teaching Statistics. Volume 22, Number 2, Summer 2000.

했다. 황새들이 아이들을 데려올 확률이 99.2%라는 결론이 나온 것이다. 그러나 실제적으로 황새의 수가 늘어난다고 출생률이 높아질 가능성은 0이다. 수치로는 상관관계가 있지만 실제로는 거짓 상관관계이다.

그런데 황새와 출생률의 관계를 실제로 믿는 경우는 없다. 그러나 예컨대, 대머리와 정력의 상관관계나 적포도주를 마시는 것과 심장병 사이의 관계, 서브프라임 모기지와 세계경제 불황의 상관관계라면 사람들은 어떻게 반응할까? 사람들은 확증편향[17] 때문에 의심 없이 믿어버린다. 특히 사람들이 기대하는 것과 부합하는 상관관계를 접할 경우 사람들은 이런 터무니없는 상관관계를 의심 없이 믿게 된다.

요즘 방송토론을 보면 소위 전문가들이 의도적이든 혹은 무지 때문이든, 허위상관관계를 근거로 갑론을박하는 모습을 자주 볼 수 있다. 어디서든 자극적이고 신속한 결과만을 요구하는 요즘 사회풍토에서, 어떤 사건의 진정한 원인을 가려내기 위해 한때 엄격히 적용되었던 기준들은 이제 서서히 약화되고 허위상관관계가 쉽게 그 자리를 차지하고 있다.

덕분에 경박한 전문가들은 시시때때로 허위상관관계에 근거한 새로운 결론을 이끌어낸다. 그들은 오랫동안 고대하던, 복잡한 사회문제에 대한 절묘한 해법을 발견했다 설레발치고, 금전적 보상과 명성을 거두기 위해 허겁지겁 돌아다닌다. 문제는 많은 사람이 거짓된 상관관계를 아무런 의심 없이 믿고 그릇된 해결책들에 계속 매달린다는 것이다. 그 사이 해결의 시간은 점점 줄어든다.

---

17) 확증편향(Confirmation bias)은 원래 가지고 있는 생각이나 신념을 확인하려는 경향성이다. 쉬운 말로 "사람은 보고 싶은 것만 본다"가 바로 확증편향이다.

그렇게 사람들이 "착각상관(Illusory Correlation)"[18]에 빠지면서 사회는 거대한 고정관념 체계로서 "슈퍼밈(Super Meme)"을 형성하게 된다. "슈퍼밈"은 위기요인과 현상의 상관관계를 왜곡시킴으로써 위기대처 노력을 근본적으로 오도하고 무력화한다. 인류는 왜 더 이상 현대사회 문제를 해결할 수 없는지에 대하여 문제를 제기하며 슈퍼밈의 개념을 처음 제시한 코스타는, 현대문명 시스템이 왜 이러한 한계상태에 도달했는지 분석하면서 "슈퍼밈"은 허위상관관계 등에 의해 구축된다고 설명했다.[19]

따라서 우리가 어떤 현상을 분석하고 대안을 모색할 때 유의할 것은, 인과관계가 명료하게 파악되지 않는 복잡체계에선 거짓된 상관관계 분석이 슈퍼밈으로 자리 잡는다는 점이다. 현실적으로 허위상관관계가 손쉽게 슈퍼밈으로 자리 잡는 이유는 간단하다. 한 사건이 다른 사건의 실제 '원인'인지 입증하는 것보다, 두 사건 사이의 관계를 대략 관찰하는 것이 손쉽기 때문이다.

이제 우리는 초유의 인구변동에 관하여 그 본질을 진단하고 변화에 부응하는 대안을 모색함에 있어서, 허위상관관계에 대하여 주목해야 한다. 필자는 이 책을 시작하는 첫 번째 테마를 무엇으로 할지 고심하다가, 무엇보다 위기대응을 무력화하는 좀비국면을 분석하고 동시에 위기상황을 왜곡하고 그릇된 대안을 고착시키는 일련의 과정, 특히 허위상관관계에 대한 문제 제기를 일차적 과제로 삼았다.

---

18) "착각상관"은 두 변인 사이에 아무런 상관성도 없지만 관계가 있는 것으로 착각하는 현상을 말한다. 세차하면 비가 온다든지, 중요한 경기에서 내가 시청하면 진다든지 등이 일상에서 볼 수 있는 사례이다.
19) Rebecca D. Costa(2010), The Watchman's Rattle: Thinking Our Way Out of Extinction, Audible Studios.

지금 우리들은 거짓된 상관관계에 기반한 슈퍼밈으로 인하여 올바른 대안 수립이 불가능해진 상황에 처해 있다. 고령화와 저출산이라는 인구 구조변동을 경제성장과 관련시킨 프레임에 갇혀 있다. 앞에서 참고했던 "황새 수와 출산율"의 관계처럼, "인구변동과 경제침체" 현상을 허위상관관계로 파악하고 빗나간 대책을 수립하고 있다. 이미 고착된 거대한 고정관념의 체계, 슈퍼밈에 안주하며 천문학적 재정을 퍼붓고 있지만 문제는 전혀 개선되지 않고 있다.

무엇이 문제의 본질인가? 기본적인 진단이 잘못되었다면 대안은 물론 결과도 빗나갈 수밖에 없다. 예컨대, 인구감소가 곧바로 경제성장률이 줄어드는 것으로 직접 연결되는 경제학의 공식모델도 없다.[20] 즉, 저출산과 경제침체는 관계가 없다. 그런데 저출산이 왜 문제라는 것인가? 고령화가 왜 문제라는 것인가? 인구변동의 근본적 의미와 파생되는 문제에 대한 파악을 새롭게 해야 한다.

---

20) 우석훈(2006), 『노무현 정부, 왜 '인구담론'에 매달리나』 녹색평론제89호(2006년 7-8월호)

2. 저출산_경제·민족주의 담론의 허구성

저출산 현상—누가 왜 문제로 보는가?

집안에 물난리가 났다. 정치인, 종교인, 언론인, 법조인, 각양의 전문가들이 모두 달려들어 물을 퍼내느라 난리법석이다. 그러나 물난리는 멈추지 않는다. 어떻게 해결할 것인가? 너도나도 핏대 올리며 갑론을박 백가쟁명에 온갖 발상이 다 나온다. 그 사이 물난리는 점점 더 심각해진다. 한 아이가 이 장면을 물끄러미 바라보다 수도꼭지를 잠그니 물난리가 멈췄다. 이상은 40여 년 전 읽었던 미카엘 신부의 『광명으로 가는 길』이라는 책에 나오는, 내가 평생 잊지 못하는 일화이다. 물 퍼내기 전에 수도꼭지부터 잠가야 한다! 그런데 지금도 우리 모두 물 퍼내기에만 급급하다.

당신은 저출산 현상을 어떻게 인식하고 있는가? 매우 심각한 사회문제라는 생각에 의심의 여지가 없다. 전문가와 언론들은 심각한 위기라고 주장하며 사이렌을 울리고 있다. 정부 역시 출산율 하락을 막기 위한 대책에 골몰하고 있다. 아이 더 낳게 하려고 온갖 유인책이 다 동원되고 있다. 그런데 아이출생 소식은 점점 잦아들고 있다. 지금 우리나라 출산율 수준이 매우 낮다는 것은 새삼스러운 일이 아니다. 그런데 문제는 엉터리 진단과 빗나간 처방으로 만들어진 정부정책이 맥없이 천문학적 재정을 낭비하고 있다는 점이다.

결국 정부는 2017년 벽두에 "저출산 정책 실패"를 공식인정했다. 정부는 출산율을 끌어올려 보겠다고 지난 10여 년간 80조 원을 쏟아 붓고도 성과는커녕 갈수록 악화되는 참담한 결과를 낳고 말았기 때문이다. 통계기록을 살펴보면 2017년도 2분기 '합계 출산율'이 1.04명으로 나타나 사상 최저 수준을 기록했다. 통상 합계출산율이 1.3명 밑으로 떨어지면 '초(超)저출산' 국가로 분류되는데, 우리나라는 이미 2001년 합계출산율 1.3명이 깨졌고, 이제 1.0명도 위태로운 수준이다.[21]

실패는 예견된 일이었다. 세계보건기구는 우리나라와 같이 국가차원의 출산장려정책이 인권침해 요소가 있는 비효과적 대책임을 경고하고, 삶의 질을 개선하는 노력을 권고했다. 그러나 우리나라는 경제우선주의와 노동인구통제론의 차원에서 출산을 장려하는 유인정책에 집중했다. 애당초 실패는 예견된 것이었다. 싱가포르도 우리와 같이 실패 사례 중 하나이다. 싱가포르의 출산율은 2011년까지 1.2명으로

---

21) 미국 중앙정보국(CIA) '월드팩트북'(The World Factbook)에 따르면 2016년 기준으로 전 세계에서 한국보다 합계 출산율이 낮은 국가는 싱가포르, 마카오, 대만, 홍콩 등 4곳뿐이다. 이들 국가가 소규모 국가인 점을 감안하면 우리나라는 사실상 세계에서 가장 낮은 출산율을 보이고 있는 셈이다.

우리와 비슷했는데 상황이 더 나빠졌다. 싱가포르는 미혼남녀에게 데이트 비용제공 및 신혼부부에게 신규주택 분양 과정에서 우선권을 주는 등 우리와 비슷한 유인정책을 펼쳤다. 그러나 2016년 싱가포르 합계출산율은 0.82명이다.

확실히 실패했다. 게다가 더 큰 문제는 앞으로 개선여지도 없어 보인다. 제3차 기본계획(2016~2020)도 경로의존성[22], 쉽게 말하자면 돌려막기 수준이다. 사회구조적 원인을 반영한 구체적인 대책을 내놓기보다는 제1차·제2차 기본계획과 마찬가지로 정책 효과에 대한 사전평가가 미흡한 부처별 사업들을 제시하는 방식을 지속하고 있다는 것이다.

특히 제3차 기본계획의 핵심사항은 주택문제를 해결하여 결혼을 촉진하겠다는 것이다. 과연 집값이 저렴해지면 결혼이 늘어날까? 결혼과 주택은 착각상관에 의한 그릇된 조합이다. 혹여 결혼이 늘어난다 해도 출산증가로 이어질지 의문이다. 유엔의 "2014 인구상황" 보고서는 결혼과 출산의 연관성이 약해졌음을 지적했다. 즉, 아시아와 북아프리카를 제외하곤 지난 20년간 태어난 아기들의 절반이 동거를 비롯한 혼외출산이라는 것이다. 결과적으로 예산투입을 대폭 증대하여 합계출산율을 높여 초저출산을 탈피한다는 목표가 달성될 가능성은 거의 없을 것으로 판단된다.

정책 실패를 공식 인정한 지금도, 정부는 또 다른 실패를 위해 천문학적 재정을 쏟아 부으며 시급한 이 때를 허송세월하고 있다. 우리는

---

22) 경로의존성(Path dependency)이란 한 번 일정한 경로에 의존하기 시작하면 나중에 그 경로가 비효율적이라는 사실을 알고도 여전히 그 경로를 벗어나지 못하는 관성을 말함.

실패에 대한 책임과는 별개로 그 원인은 규명해야 한다. 근본적 질문을 해야 한다. 저출산 현상이 왜 문제인가? 즉, 대책이 왜 실패했는지가 아니라, 무엇을, 왜 문제라 생각했는지를 규명해야 한다. 애당초 문제가 아닌 것을 문제로 오인하거나 또는 문제의 본질을 잘못 파악했다면 그야말로 치명적 오류를 범한 것이 된다. 우리는 지금 다시 질문해야 한다. 낮은 출산율을 누가, 왜 문제로 보는가?

저출산과 노동력의 거짓 상관관계

지금 우리 한국은 인구감소 문제로 고민이 깊다. 생산인구 감소, 나아가 국가인구 감소가 예측되면서 인구절벽과 노동력 부족에 따른 경제파탄을 우려하는 목소리가 커지고 있다. 동시에 국가인구 감소로 인하여 지구상에서 소멸되는 첫 번째 나라가 될 것이란 전망들이 국내외 학자들에 의해 보고되고 있다. 이 모든 것의 원죄가 출산율 하락의 탓으로 전가되고 있다.

과연 저출산 현상이 이 모든 문제의 원인일까? 답을 구하기 위해 우리는 다른 방향의 질문을 먼저 해야 한다. 저출산이 문제인 진짜 이유가 무엇인가? 기본적으로 저출산 현상은 원인이 아니라 결과라는 점에 유의해야 한다. 삶의 환경이 변화되면서 나타난 사회현상이다. 한편으로는 의식수준이 높아지고 경제적 조건이 향상되면서 삶의 질에 대한 욕구가 증진되었고 특히 양성평등과 자기결정권에 대한 의지가 강해졌다. 다른 한편으로는 승자독식의 무차별적 과잉 경쟁과 기득권에 의한 기회의 불균형 등 생존 생태계가 훼손되었다. 저출산은 이러한 삶의 환경 변화에 따른 자연스런 현상이다. 그런데 무엇이 왜 문제라는 것인가?

우리나라 인구정책은 오랜 역사를 갖고 있다. 한국전쟁 후 1960년대 여성 1명이 평생 동안 낳을 것으로 예상되는 합계출산율은 6명을 넘었다. 빈곤탈출을 위해 정부는 강력한 산아제한 정책을 추진했다. 30여 년의 일관된 정책으로 1990년대에는 합계출산율이 1.5명까지 떨어졌고 인구정책의 대표적 성공사례로 개발도상국에 소개되기도 했다. 그러나 지금 우리나라는 경제파탄과 국가소멸을 우려할 수준의 인구정책 실패의 대명사로 떠오르고 있다.

    저출산 자체를 문제화하는 논조에는 두 가지 관념이 고착되어 있다. 하나는 생산가능 인구 감소와 이에 따른 노동력 부족으로 인해 경제파탄이 야기된다는 경제주의 관점의 노동인구통제론이다. 다른 하나는 국가인구 감소를 초래하여 결국 민족국가 소멸을 야기한다는 민족주의 관점의 국가인구통제론이다. 예컨대 저출산 고령화로 2060년에는 국가파산 위기가 일어날 것이라는 예측과[23], 2954년에 대한민국은 지구상에서 사라진다[24]는 예측은 바로 경제주의 관점과 민족주의 관점을 뒷받침하는 사례이다.

    이러한 관점들에 대응하여 두 가지를 경계해야 한다. 첫째는 노동총량불변의 법칙의 오류를 경계해야 한다. 노동력은 수요에 따라 만들어

---

23) 국회예산정책처(2014), 2014~2060 장기재정 전망보고서
24) 한국인구학회 조사에 따르면 합계출산율이 1.2명으로 지속될 때, 한국인구는 2015년을 정점으로 줄기 시작해 2055년 3,400만 명, 2300년에는 31만 명만 남게 된다. 결국 2954년이면 한국엔 단 한 명도 남지 않는다.

지고 수요에 따라 소멸된다. 생산가능인구 개념의 오남용을 경계해야 한다. 4차 산업혁명 시대에 접어들면서 소위 나이혁명에 따라 노화 속도가 현저히 지연되었고, 기술혁명으로 사회적 기술이 현격히 변화되면서 생산가능인구의 범주는 더 이상 의미가 없다. 특히 인구통계학상의 생산가능인구 감소와 노동력의 부족은 서로 다른 차원의 사상으로, 이를 저출산과 연동한다면 허위상관관계의 오류이다. 이를 요약하면 다음과 같이 정리할 수 있다.

(1) 출산율 저하로 인구는 감소된다. 그러나 인구감소가 경제성장율 하락을 직접의미하지 않는다. 특히 향후 경제성장은 인구증가에 따른 것이 아니라 기술발전의 결과로 이루어진다. 따라서 출산율 하락이 경제성장율 하락을 초래한다는 가설은 허위상관관계이다.

(2) 출산율 하락이 생산가능인구감소를 초래할 수 있다. 그러나 그것이 노동력의 감소를 의미하는 것은 아니다. 즉, 노동력은 통계적 생산가능인구의 범주 밖의 요인들이 크게 작용할 수 있기 때문이다. 따라서 저출산이 노동력 감소를 초래한다는 것은 허위상관관계이다.

(3) 고령화가 잠재적 요소투입량인 생산가능인구 감소를 직접 의미하지 않는다. 생산가능인구 대비 고령층이 늘어도 생산가능인구의 절대 수가 감소한다는 명제는 성립하지 않기 때문이다. 고령화는 상대증가율의 차에 의해 발생한다.

현실로 돌아가 보자. 노동력이 부족한가? 아니면 일자리가 부족한가? 일자리가 부족하다. 우리나라 경제·산업구조 자체가 노동력이 부족한 구조가 아니고 노동력 부족한 곳엔 외국인 노동자가 넘쳐나고 있다.[25] 청년실업자가 넘쳐나고 있다. 여성들은 유리벽을 뚫고 일자리가 마련되길 희망한다. 중장년 하층노동자들은 외국인 노동자들과 일자리 경쟁을 해야 한다. 노후생계가 곤란한 노인들은 물론 여전히 능력과 의지가 있는 파워노인들까지 도처에서 일자리를 고대하고 있다. 게다가 기술혁명으로 노동의 종말이 예고되고 있다.

인구조절─시대 역행적 국가정책

현재 지구촌 인구가 급격하게 증가하고 있다. 인간에겐 천적이 없고 과거와는 달리 오늘날 현대문명사회에서는 기근과 질병, 그리고 전쟁이 잘 통제되고 있기 때문이다. 유엔의 "세계 인구전망" 2015년 개정판에 의하면 일부 국가들의 출산율 하락에도 불구하고 세계인구는 2030년에 84억~86억 명, 2100년에 100억~125억 명으로 늘어날 가능성이 80%에 달한다.

우리나라는 인구감소를 염려하고 있는데 세계는 인구증가로 골머리를 앓고 있다. 세계인구의 증가로 일구밀도가 높아지면 자원의 부족은 물론 질병, 범죄, 전쟁 등이 일어날 가능성이 높아지고 삶의 질이 낮아지는 문제가 있기 때문이다. 지금 우리나라 인구밀도는 1제곱킬로미터 당 490명으로 매우 높다. 인구1천만 명 이상인 나라들 중에서 방글라데시, 대만 다음으로 세 번째로 높다. 선진국은 23명이며 개도국은 68명, 세계 평균 51명이다.

---

25) 통계청, 2017년 이민자 체류실태 및 고용조사 결과; 2017년 5월 기준, 외국인 취업자(상주인구 기준)는 83만 4천 명으로 고용률은 68.1%이다. 최근 5년 이내 귀화 허가자는 3만 4천 명으로 이들의 고용률은 64.1%이다. 참고로 2017년 5월 통계청 『경제활동인구조사』의 전체 고용률은 61.3%이다.

With population above 10 million

Rank	Country / Region	Population	Area (km²)	Density (Pop. per km²)
1	Bangladesh	157,457,000	147,570	1,067
2	Taiwan (R.O.C)	23,361,147	36,190	646
3	South Korea	50,219,669	99,538	505
4	Netherlands	16,919,139	41,526	407
5	Rwanda	10,718,379	26,338	407
6	India	1,263,680,000	3,185,263	397
7	Haiti	10,413,211	27,750	375
8	Belgium	11,239,755	30,528	368
9	Japan	127,290,000	377,944	337
10	Philippines	100,271,800	300,076	334

　그럼에도 불구하고 인구감소를 염려하며 굳이 이러한 상황을 유지하는 것이 바람직할까? 연구결과에 의하면 인구밀도가 높은 나라에서는 결혼을 늦게 하고 출산율이 낮으며, 눈앞의 문제보다 미래 준비에 더 무게를 두는 경향이 높았다.[26] 우리나라의 경우 저출산이 문제가 아니라 답이 될 수도 있다. 결과적으로 과도한 인구밀도를 완화하는 조절효과를 얻을 수 있기 때문이다.

　따라서 최근 저출산을 '문제'로 보는 시각이 더 문제라는 관점이 확산되고 있다. 어떤 파생효과를 떠나 출산은 전적으로 개인적 선택의 문제이며 자기결정권이 존중되어야 할 문제이지 국가나 사회가 개입하여 "많이 낳아라, 적게 낳아라" 할 문제가 아니라는 것이다. 더구나 몇

26) Scott Berinato, "인구밀도가 높아질수록 사람들은 미래에 대해 더 많이 고민한다.", 하버드비즈니스리뷰 코리아, 2017년 7~8월 합본

년 전까지만 해도 자녀를 많이 낳으면 야만인 취급을 하면서 불임수술에 각종 혜택을 부여하지 않았던가. 그런데 이제는 더 많이 낳으라고 갖은 유인정책을 동원하여 압박을 하고 있다. 근본문제는 작금의 인구정책이 인간의 삶의 질을 향상하기 위한 노력이 아니라, 경제성장에 필요한 노동력 확보를 위한 대책이라는 점은 대단히 위험한 발상이다.

다시 강조하지만 저출산은 결과이지 원인이 아니다. 저출산은 행복 추구에 대한 자기결정권의 발로이지 노동력 부족의 원인이 아니다. 그럼에도 불구하고 특정 문제의 원인으로 파악하고 대책을 수립한다는 것은 중대한 오류이다. 출산문제는 철저히 개인차원의 선택문제이다. 지금과 같이 법을 만들고 기구를 만들어 천문학적 재정을 투입하며 출산을 국가정책으로 억제하고 촉진하는 것은 국민의 핵심적 자기결정권을 침해하는 것이다. 국가는 출산의 여부와 상관없이 삶의 질을 높이는 일에 책무를 다하면 된다. 세계보건기구(WHO)도 그렇게 권고하고 있다.

따라서 가장 좋은 정책은 정책을 세우지 않는 것이다. 아이 낳으라고 조르는 "저출산고령사회위원회"는 해체하고 "고령사회위원회"는 별도로 운영하는 것이 좋다.[27] 그렇다고 출산을 반대하는 것이 아니다. 필자 역시 내 자식들의 다산을 기대한다. 저출산은 우려할 만한 사회현상이다. 그러나 "아이 하나로는 외롭지 않겠니? 그럼 아빠가 키워주실래요?" 딸과 이 짧은 대화를 나눈 이후, 나는 더 이상 출산 이야

---

27) 사실 저출산과 고령화를 함께 묶어 법을 만들고 위원회를 만들어 논의한다는 그 자체가 청년세대에겐 비인간적이고 노년세대에겐 모욕적이다. 고령사회기본법 제정이 별도로 추진되었으나 사려 깊지 못한 정치인들의 타협에 의해 "저출산·고령사회기본법"으로 병합되었다.

기는 꺼내지 않는다. 그것은 자기결정권 영역이기 때문이다. 그리고 출산을 기피할 만큼 우리 사회가 자식을 낳고 키우기에 부적절함을 알기 때문이다. 다만 국가는 물론 우리 사회 구성원 모두, 아이를 출산하고 양육하기 좋은 환경 구축에 대한 책무는 져야 할 것이다.

여기서 다시 질문이 제기된다. 그렇다면 인구감소는 문제가 되지 않는다는 말인가? 물론 우려할 부분도 있다. 그러나 인위적 강제 없이, 출산율이 하락되면 자연스럽게 인구밀도의 조절 효과를 얻게 된다는 관점도 설득력이 있다. 전 세계적으로 본다면 현재 지구촌 인구는 과잉상태이다. 특히 인구밀도가 과잉상태인 우리나라의 경우 인구감소로 그만큼 쾌적한 환경을 회복할 수도 있을 것이다. 여기서 우리가 짚어야 할 것은 우리가 부양비 문제를 고령인구에 집중함으로써 유소년 양육을 위한 사회적 비용은 간과하고 있다는 점이다. 그것은 대체로 고령인구 부양비는 국가부담이지만 유소년의 경우는 민간부담이기 때문이다. 비록 유소년 부양비가 미래에 대한 투자의 성격을 갖는다 해도 그 인구가 늘어나면 당장의 부담뿐만 아니라 이들이 노인이 되면 국가부담 역시 증가할 수밖에 없다. 따라서 출산율은 낮다고 나쁜 것이 아니라 적당한 수준에서 유지되어야 한다. 이러한 적정수준의 인구상태를 인구안정화 혹은 인구정상화라고 할 수 있다.

한편, 출산의 선택은 전적으로 자기결정권의 영역이지만 최적의 생활수준을 가능하게 하는 출산수준을 자연스럽게 유지하는 것이 바람직하다. 그렇다면 인구의 적정수준을 산정하는 기준은 무엇인가? 이와 관련하여 연구자들이 40개국의 국민이전계정 자료를 활용하여 각국 재정상황과 국민 생활수준(소비수준)을 최적으로 만드는 출산율을

계산했다.[28]

우리나라의 경우 국가 재정적 관점(Fiscal Support ratio)에서 볼 때 최적의 합계출산율은 2.07수준이다. 반면, 자본 확대의 필요성까지 감안해서 최적의 생활수준을 달성하기 위한 출산율은 1.25~1.55 수준이다. 그런데 2005~2010년 한국의 평균합계출산율은 1.23이므로 최적의 생활수준에 부합된다. 물론 2017년 현재 1.07명으로 집계되어 최적의 생활수준 차원은 물론 국가 재정적 관점으로는 상황이 더 나빠지고 있다.

그러나 이 연구의 함의를 요약하면, 출산율 외의 다른 요소를 개선함으로써 저출산의 역기능 완충효과를 기할 수 있다. 특히 젊은 세대에게 과도한 부양비 부담을 주지 않으면서 동시에 국가재정 파탄도 막으려면, 정부 재정지출 규모를 통제하고 고령인구의 생산성을 높여야 한다. 그렇게 한다면 지금보다 약간만 출산율을 높일 수 있어도 큰 문제가 없다는 것이다.

여기서 주목할 것은 저출산과 고령화의 관계이다. 일반적으로는 고령화가 저출산 현상과 결합되면서 인구구조의 세대 간 불균형이 일어나고 그것이 사회문제를 야기한다고 생각한다. 그러나 장기적으로 보면 인구감소는 있어도 세대불균형은 해소된다. 인구 고령화는 상대증가율 차에 의해 발생하기 때문이다. 따라서 문제는 세대 간 인구불균형보다 고령인구의 노동능력 저하가 노동력을 제공하는 세대의 부담을 가중시킨다는 점이다. 그 결과로서 청년세대와 노년세대의 삶의 질 문제가 동시에 야기되고 저출산의 문제도 초래한다. 특히 중요한 것은

---

28) Lee, Mason and et al., Is low fertility really a problem? Population aging, Science 10 Oct 2014: Vol. 346, Issue 6206, pp.229-234.

청년세대와 노년세대 간의 생산과 분배문제는 대체적 관계가 아니라 보완적 관계의 결함에서 발생한다는 점이다.

저출산과 고령화의 현상적 관계

OECE가 2017년 11월 발표한 "불평등한 고령화 방지" 보고서에 따르면 한국의 66~75세 노인의 상대적 빈곤율을 42.7%, 76세 이상 노인의 빈곤율은 60.2%로 비교 대상 38개 회원국 중 압도적 1위를 기록했다.[29]

한국 66~75세 노인들의 상대적 빈곤율은 OECD 회원국 평균의 4배, 76세 이상은 4.2배에 달했다. 상대적 빈곤율이란 중위소득 50% 이하인 계층이 전체 인구에서 차지하는 비율을 뜻한다.

한국은 생산가능인구인 15~64세 대비 고령자 비율을 뜻하는 노년부양비가 가장 급격히 상승한 국가 순위에서도 2위를 차지했다. 보고서는 OECD 회원국 중 한국이 가장 고령화 속도가 빠른 국가라고 지적했다. 1998년에서 2015년 사이 노년부양비가 매년 2%포인트 이상 상승한 국가는 3.3%의 일본과 2.8%의 한국뿐이었다.

우리는 이러한 지표들을 보면서 의문을 갖게 된다. 노년부양비는 급격히 높아지는데 노인빈곤문제는 왜 해소되지 않고 갈수록 악화되고 있는가? 개인 차원의 노후준비 미흡, 연금제도 등 복지체계의 미흡, 잉여인간을 양산하는 노동체계의 취약성이 복합적으로 작용한 결과이다. 물론 저출산으로 인한 생산인구의 감소도 빼놓을 수 없는 중요한 요인이지만 그러나 그것은 당장의 문제요인이 아니라 이제부터 문제를

---

29) OECD, Preventing Ageing Unequally, Published on October 18, 2017.

저출산은 사회문제가 아니라, 삶의 조건변화에 부합된 사회현상이다. 따라서 "저출산으로 인한 노동력 부족"이라는 슈퍼밈을 넘어서야 한다. 문제는 인구 고령화다. 최근 700만 베이비부머들이 은퇴라는 이름으로 잉여인간으로 배제되고 있다. 게다가 인조인간(Artificial Intelligence Robot)으로 상징되는 4차 산업혁명이 진행되면서 쓸모없어진 잉여인간이 쓰나미처럼 몰려올 것이다. 미래사회 일자리문제는 모든 세대의 공통적인 그러나 대립적이지 않은, 그래서 세대 간 파트너십 인식이 요구되는 과제이다.

보다 더 악화시킬 미래의 문제요인이다.

천문학적 돈을 퍼부으면서 안간힘 쓰고 있지만, 작금의 저출산 대책은 문제해결방안으로써 비인간성과 비현실성을 동시에 내포하고 있는 것이다. 쉽게 말해 대안 선택의 정치화 과정에서 보여 주기식의 임기응변 혹은 모범답안 베끼기식의 모방 수준과 다름 아니다. "쟤는 못 해도 나는 할 수 있어요!" 혹은 "선진국들은 다 이렇게 했어요!"를 외치며 삽질하고 있는 것이다.

저출산 문제가 이리도 부각되는 것은 무엇 때문인가? 생산인구 감소 때문이다. 그렇다면 노인네들 먹여 살릴 일꾼을 늘리기 위해 애를 낳으라고 젊은이들을 이리도 닦달한다는 말인가? 인간의 출산은 본능적 종족번식의 차원까지 넘어선 삶의 질, 인권과 관련된 차원의 민감한 사안이다. 그런데 노년세대를 부양할 생산인구 차원에서 접근한다는 것은 비인권적, 비인간적 처사이다.

저출산의 문제가 심각한 것이 생산인구감소 때문이라면 가장 쉬운 문제이다. 나이혁명에 따라 노화수준이 낮아진 고령인구에 생산을 맡기면 되는 것이다. 저출산에 소요되는 천문학적 재정이라면 고령인구 친화적 생산체계, 노동체계를 갖추는 데 전혀 문제가 없다. 문제는 다른 데 있다. 저출산이 계속되면 인구감소가 될 것이고 결국 한반도에는 배달의 민족이 사라질 것이라는 우려 때문이다.

저출산 문제의 심각성은 생산인구 감소에 따른 부양비 부담과 함께 인구감소에 따라 대한민국이 지구상에서 가장 먼저 소멸할 국가로 꼽힌다는 점이다.[30] 그래서 애를 많이 낳도록 해야 한다는 다급함에 천문학적 재원을 투입하고 있음에도 불구하고 출산율은 도리어 하락하고 있다. 그래서 나온 대안 중 하나가 이민정책을 적극적으로 시행하자는 것이다.

여기서 우리가 유의해야 할 것은 우리나라 인구는 줄어들지만 세계인구는 지속적으로 증가한다는 점이다. 세계인구는 2017년 75억5천만 명을 넘었고 2023년 80억을 돌파한 뒤 2037년이면 90억 명을 넘어설 것으로 예측된다.[31] 주요 선진국의 출산율은 낮아지는 추세지만 아시

---

30) 인구학회에 따르면, 합계출산율이 1.2명으로 지속될 때 현재 4,846만 명인 한국 인구는 2015년 4,904만 명을 정점으로 줄기 시작해 35년 후인 2040년에는 4,287만 명, 50년 후인 2055년 3,448만 명, 2300년에는 31만 4,262명만 남게 된다. 인구학회가 가정한 이 시기의 안정인구성장률 -1.92%를 적용해 계산을 연장한다면 한국은 2954년, 즉, 지금으로부터 940년 후에는 단 한 명도 남지 않고 멸종된다. 일본도 마찬가지지만 우리보다는 더 늦게 멸종된다.

31) 유엔 경제사회국(UNDESA)이 발표한 2017 세계 인구 전망 보고서; 100억 명을 넘어서는 시점은 2055년으로 예상되고 2100년 전 세계 인구는 111억8천만 명으로 추산됐다.

아, 아프리카 등의 폭발적 인구증가에 힘입은 결과다. 따라서 이민정책은 궁극적으로는 불가피한 대안이 될 것이다.

필자는 중국노령협회에서 열린 한중고령사회포럼에서 제3세계 중심의 급격한 인구증가와 북아시아 중심의 급격한 인구 고령화에 대응하여 한중일 공동대처 방안을 발제하면서 아시아 노동력의 교류를 위한 개방노동체계 도입을 제안한 바 있다.[32] 그러나 급격한 이민 확대 부작용을 우려하는 목소리가 제동을 걸고 있어 보수정파는 물론 진보정파 출신의 대통령조차 이를 대안으로 제시하지 못하고 있다. 그 이면에는 한반도는 한민족, 배달의 민족에게 상속되어야 한다는 민족순혈주의가 강하게 작용하고 있기 때문이다.

물론 한반도는 한겨레가 영원히 살아가야 할 터전이라는 민족번영의 가치는 강한 애국심의 발로이기도 하다. 그러나 이념적으로 패거리 나누길 좋아하는 대한민국에서는 애국도 애국 나름이다. 작금 애국이 공화주의적 애국과 민족주의적 애국으로 구분되고 있다.[33] 공화주의적 애국은 시민권과 참정권에 기초하여 자발적인 시민참여와 개방적 문명국으로서의 자긍심과 공적 연대의식에 기반한다. 반면 민족주의적 애국은 혈연, 지연, 학연, 종족, 민족, 신화 등 배타적 '상상의 공동체'의 우월성을 강조하고 있다.[34]

---

32) 한중일 동북아 3국의 급격한 고령화가 세계 고령화를 선도하고 있으며 생산인구 감소문제에 직면하고 있다. 그러나 아시아 저개발국들은 여전히 풍부한 노동력을 보유하고 있다.

33) 참고로 미국인들은 애국주의와 민족주의를 구분하고 전자는 국가에 대한 사랑, 후자는 민족에 대한 사랑이라고 정의한다. 표면적으로 미국은 민족보다 국가에 대한 사랑을 표방하지만, 사실은 "미국예외주의"라는 변종된 민주주의가 지배적이라고 봐야 한다.

34) https://www.facebook.com/profile.php?id=100001012378411

당연히 '상상의 공동체'인 민족과 국가를 앞세우는 민족주의적 애국은 보수파들이고 시민권과 참정권을 앞세우는 공화주의 애국은 진보파라고 구분한다. 그리고 최근 촛불을 들고 나온 공화주의 애국 앞에 태극기를 들고 나온 민족주의적 애국은 참담하게 패했다. 공화주의 애국의 우월성이 입증된 것이라고 주장한다.

그런데 왜 저출산 문제를 이야기하다가 애국 이야길 하냐? 혹자는 뜬금없다 할 것이다. 그것은 우리나라 저출산 정책이 열등한 처지로 내몰린 민족주의적 애국심에 호소하고 있기 때문이다. 다시 한 번 거론하자면 이념적 경계 짓기와 우월성 다툼을 탈피하고, 동시에 깊이 내재된 민족순혈주의, 민족주의적 애국을 탈피한다면 저출산으로 인한 생산인구 감소문제에 대한 대응책은 어려운 일이 아니다. 한반도에 한겨레만 살아야 하는 것이 아니라면 적극적 이민개방정책과 함께 개방노동체계를 적극 검토할 필요가 있다. 남아 있는 문제는 이후 다룰 고령인구의 노동문제이다.

딜레마 탈출—개방노동체계의 도입

우리는 지금 인구변동으로 인한 딜레마에 처해 있다. 저출산 현상을 둘러싸고 노동력 부족을 우려하지만 현실은 일자리 부족으로 아우성치고 있다. 과연 우리나라는 노동력 부족 국가인가? 일자리 부족 국가인가? 이 딜레마는 우리나라만의 문제가 아니다. 지금 전 세계는 치열한 일자리 전쟁을 치루면서 한편으로는 생산가능인구의 감소에 따른 노동력 부족 사태를 우려하고 있다.

지금 전 세계 인류 사회는 "고령사회"라는 일찍이 경험하지 못하였던 인구구조의 변동으로 인하여 당혹스러워하고 있다. 특히 아시아의 인구 고령화는 더욱 빠르게 진행되고 있다. 2000년 아시아의 평균 연령은 29세로 65세 이상 고령인구는 6%에 불과했다. 그러나 21세기 중반에 이르면 평균연령 40세에 고령인구는 18%에 이를 것으로 예측되고 있다.

다시 말해 1950년경 아시아권의 노인인구는 5천7백6십만 명으로 4.1%에 불과하였으나 2050년이면 9억2천2백7십만 명에 이르러 아시아 전체 인구의 17.5%를 차지할 것으로 예측된다. 동시에 1950년도에는 아시아지역이 전 세계 고령인구의 44%를 차지하였으나 2050년도에는 62%를 차지할 것으로 예측된다.

즉, 아시아의 고령화 특히 한국과 중국, 일본을 주축으로 한 동아시아의 고령화는 전 세계적으로 가장 급속하게 진전되고 있으며 2050년이면 전 세계에서 고령인구가 가장 많은 지역이 될 것으로 전망되고 있다. 이미 일본은 유례없이 빠른 속도로 고령사회에 진입했고 한국과 중국 역시 고령사회로 급속하게 진입하고 있다. 우리 한국은 고령화가 가장 급속히 진행되고 있는 국가로 분류되고 있으며 지금 같은 저출산 현상이 지속된다면 2030년에는 OECD 평균을 넘어선 24.3%, 2050년에는 OECD 평균 25.8%를 훨씬 뛰어넘는 38.2%가 될 것으로 예상된다.

한편, 중국 역시 고령화 속도가 극도로 빠르게 진행되는 또 하나의 국가가 될 것으로 알려져 있다. 유엔 인구 전망에 따르면 매년 늘어나는 노령 인구의 수도 800만 명에 이르며 2040년까지 중국의 노인인구 4억 명, 그중 1억 명은 80세 이상이 될 것이며 따라서 자식 하나가 부모 둘, 조부모 넷을 부양해야 하는 국면에 이를 것으로도 예측되고 있다. 게다가 세계에서 인구가 가장 많은 국가인 중국의 고령화는 세계

경제에 미칠 파장이 클 것으로 보인다.

우리는 흔히 고령사회의 도래는 축복일 수도 있고 재앙일 수도 있다고 말한다. 중요한 것은 준비 태세이다. 준비하면 축복이지만 준비하지 못하고 맞는 고령사회는 당연 재앙이다. 관건은 어떻게 준비할 것인가이다. 무엇보다 고령인구의 급속한 증가에 따른 정책개혁과 새로운 사회체계 구축이 요구된다. 기본적으로는 국가 차원에서 노동정책과 복지정책은 물론 기존의 연금체계의 개선이 요구된다.

동시에 경제개방체계의 확장에 따라 국제 간 상호작용도 고려해야한다. 고령사회의 과제는 한 국가만의 문제가 아니라 전 세계적 문제이다. 따라서 글로벌 국제관계 체제에서는 국가 간의 협력이 요구된다. 물론 인구정책과 같은 고령화의 속도조절은 국내차원에서 이루어져야한다. 그러나 향후 세계에서 고령화 수준이 가장 높을 것으로 예측되는 아시아 국가들이 동시에 고령화되지 않도록 노력하는 것은 국제차원의 공통과제가 될 것이다.

따라서 국가 간 상대 국가의 정책옵션을 검토할 필요가 있다. 그리고 자본만이 아니라 노동시장의 개방도 적극 검토할 필요가 있다. 아시아 개발도상국들은 아직은 인구학적 여유를 갖고 있기 때문이다. 따라서 한중일 3국을 필두로 아세안 국가들이 노동력 교류협정 등을 통하여 개방노동체계 도입을 검토할 필요가 있다. 고령화의 글로벌 상호작용을 고려할 때 이제 아시아의 고령사회 문제는 개별 국가차원에서 탈피하여 국제 간 협조체계를 구축할 필요가 있는 것이다.

3. 고령화_늙음의 경계와 인구정상화

인구사관-바보야, 문제는 인구야!

지금 세계는 경제와 정치, 사회 전반에 걸쳐 뭔가 크게 잘못되고 있음이 틀림없다. 무엇이 문제일까? "바보야, 문제는 경제야(It's the economy, stupid)" 이 말은 빌 클린턴을 미국 대통령으로 만들어준 슬로건이다. 경제회복을 기대하는 유권자들의 안타까운 마음을 파고든 이 말은 1992년 그가 조지 허버트 워커 부시를 누르고 대권을 거머쥐는 데 한몫했다. 과연 경제가 문제일까?

그러나 "바보야, 문제는 인구야!" 그렇다. 세계는 인구변동 충격에 휘청거리고 있다. 일찍이 인구 고령화를 경험한 프랑스가 그렇고 일본이 그렇다. 우리도 이제 설상가상 인구충격이 시작되었다. 오늘날 경제를 움직이고 있는 것은 경기의 파도가 아니라 인구의 파도이다.[35]

양적 및 질적 측면의 인구변동에 부합된 경제체계와 사회질서를 구축하는 것이 오늘날 경제위기를 극복하고 평화로운 세상을 회복하는 길이다.

이에 앞서 1982년 『왜 일본은 성공했는가?』의 저자로 주목받았던 모리시마 미치오(森嶋通夫) 교수는 1999년 『왜 일본은 몰락하는가?』라는 저서를 출간하고 이를 통하여 인구의 양적, 질적인 변화를 통해 미래 사회를 예측했다. 그는 경제가 사회의 토대가 된다고 생각했던 마르크스와는 달리 사회의 토대가 되는 것은 인간이며 경제·사회는 인간이라고 하는 토대 위에서 만들어지는 상부구조에 불과하다고 주장하고 있다.

인구사관(人口史觀)이라고도 불리는 이 관점에 따르자면, 인구의 양적, 질적 구성이 결정되면 이를 토대 삼아 경제를 어떻게 운영할 수 있을지를 생각해볼 수 있다는 것이다. 즉, 근본적으로 경제의 큰 방향을 결정짓는 것은 사람들의 소비결정이다.[36] 따라서 인구의 구조와 변동을 이해함으로써 사소한 것에서 거대한 것에 이르기까지 경제에 영향 미치는 핵심 요인을 파악할 수 있다는 것이다.

결국 인구사관은 인구변동, 인구 고령화에서 위기를 파악하고 대안도 모색해야 함을 시사한다. 그렇다면, 고령화를 결정하는 기준연령은 누가 어떻게 결정한 것인가? 대개 비스마르크의 사회보험 도입 당시에 정한 65세를 준거하고 있지만 그것은 사실상 정치적 이해관계에 따른 기준설정이었다. 결론부터 말하자면 노인의 기준은 시대마다 달랐다. 그리고 사회주체 간의 이해관계에 따라 기준이 조정되면서 점차 높아져가고 있다.

---

35) 모타니 고스케 저, 김영주 역, 2016, 『일본 디플레이션의 진실』, 동아시아
36) 해리 덴트 저, 권성희 역, 2016, 2018, 『인구 절벽이 온다』, 청림출판

노인 기준연령에 대한 논쟁

2015년 5월 대한노인회는 이사회 결의를 통하여 노인기준연령 상향 문제를 공론화할 것을 제안했다. 즉, 100세 시대가 도래했고, 이에 따라 노인기준연령에 대한 사회 인식이 바뀌었으며, 노인들은 기초연금보다 일자리를 더 원하고 있고 젊은 세대들의 노인복지 비용부담을 줄여 상생할 필요가 있으므로 노인기준연령을 상향하여 기초연금 수령시기를 점진적으로 70세로 조정하자는 제안이다.[37]

이러한 노인 기준연령 상향조정 제안은 재정절감 효과 및 세대 간 형평성 측면에서는 지지를 받았다.

기준연령상향에 따라 기초연금 수령시기를 조정할 경우, 시뮬레이션 결과 재정절감효과는 크게 나타났다.[38] 2015년의 경우, 기준연령이 65세일 때는 약 10조 600억 원이 필요하지만, 70세로 조정되면 6조 8400억 원이 돼 3조 2200억 원 가량의 예산이 절감된다. 이때 수령인구는 148만 명 감소될 것으로 예상된다. 2020년의 경우 65세일 때는 약 14조 1400억 원의 예산이 필요하지만, 70세로 조정되면 9조 4900억 원이 돼 4조 6500억 원 가량의 예산이 준다. 이때 수령인구는 186만 명 감소될 것으로 예상된다. 2030년의 경우 65세일 때는 약 29조 4300억 원의 예산이 필요하지만, 70세로 조정되면 19조 9600억 원이 돼 9조 4700억 원 가량의 예산 절감 효과가 있다. 수령인구는 286만 명 감소될 것으로 예상된다. 65세에서 70세

---

37) 대한노인회는 기초연금 수령시기를 65세에서 2년마다 1세씩 늘려 10년에 걸쳐 70세로 조정하거나 4년에 1세씩 20년 동안 단계적으로 조정하는 방안이 있을 수 있다고 제안했다.
38) 김종우 외, 2015, 『노인 연령 상향이 기초연금 예산 절감에 미치는 효과』, 이슈 브리프2015-12, 아산정책연구원

로 상향 조정되면 2030년 기초연금을 받지 못하는 인구가 2020년 대비해 53.7%로 증가폭이 매우 크다.

　그러나 반대자들은 노인 기준연령상향에 앞서 노년세대의 소득보장 대책, 정년연장과 일자리 대책 등이 먼저 논의되어야 함을 주장한다. 특히 노인의 상대빈곤율이 50%에 육박하는 상황에서 기준연령을 70세로 높일 경우 2020년 기준 186만 명이 탈락함으로써, 심각한 사회문제가 발생할 수 있기 때문이다. 한편, 기업의 입장에서는 고용유연성과 노동생산성이 선행되지 않을 경우 정년연장은 기업에 커다란 부담이 될 수 있다는 이유를 들어 반대하는 견해도 있다.

　한편, 보건복지부가 65세 이상을 대상으로 실시한 "2014 노인실태조사"에서 78.3%가 노인의 연령을 70세 이상으로 생각하는 것으로 나타났다.[39] 대한노인회의 노인기준연령 공론화 제안에 이어 보건복지부가 19세 이상 국민 500명을 대상으로 실시한 설문조사에서도 응답자의 53%가 "노인은 70~74세"라고 답했고 70세 이상 응답자 가운데에서 "노인은 75세 이상"이라는 응답이 무려 31.6%나 나왔다.

　과연 노인의 나이는 몇 살이어야 하는가? 설문조사 결과, 노인 기준연령 상향을 찬성하는 의견이 높게 나타난 것은 노인부양에 대한 사회적 부담감과 늙어감에 대한 심리적 거부감이 동시에 반영된 것으로 판단된다. 동시에 노인기준연령 상향 공론화의 핵심은 노인 복지비용 절감과 노동시장에서 인력활용에 있다. 작금, 노인기준연령에 대한 다양한 견해들이 분출되고 있지만, 사실 논쟁의 핵심은 나이가 아니라 경

---

39) 보건복지부·한국보건사회연구원(2015), 2014년도 노인실태조사

제이며 여기에는 인구 고령화에 따른 소득보장과 재정부담의 딜레마가
깔려 있다.

나이의 정치경제학-크로노스와 카이로스

노인의 나이는 몇 살인가? 현재, 대한민국은 노인의 기준 나이를 놓
고 논쟁 중이다. 과연 나이란 무엇인가? 사전적 의미에서 나이란, 사
람이나 짐승, 혹은 나무가 세상에 태어나거나 생겨나서 현재 또는 기
준이 되는 때까지 살아온 햇수이다. 그러면 태어나서 "살아온 햇수"에
서 "살아온"은 무엇이며 "햇수"란 무엇인가?

먼저 "햇수"란 지구의 공전을 의미하는 것으로 물리학적 개념이다.
지구는 제자리에서 도는 자전운동을 함과 동시에 태양의 주위를 도는
공전운동을 한다. 지구가 자전운동을 한 번 하면 하루 24시간이 되
고, 공전운동을 한 바퀴하면 한해 365일이 된다.[40] 따라서 지구가 태
양을 한 바퀴 공전하면 잘난 사람이나 못난 사람이나, 자신의 의지와
는 관계없이 한 살이라는 나이를 공평하게 먹게 된다.

그러면 "살아온"이라는 것은 무엇을 의미하는가? 이 말은 인간의 존
재양태, 삶의 질을 포함하는 시간에 대한 철학적 개념이다. 고대 그리
스어에는 시간을 뜻하는 단어로 크로노스(χρόνος)와 카이로스(Καιρός)
가 있다. 크로노스는 자연스럽게 선형적(linear)으로 흘러가는 물리적
이고 객관적인 시간(time)이다. 그런데 카이로스는 크로노스가 진행되

---

40) 지구는 23시간 56분 4.091초의 주기로 자전하고 있으며 동시에 지구는 태양을
365.2564 태양일의 주기로 공전하고 있다. 한편, 달은 지구 주위를 공전하는 위성으
로 달은 지구를 약 27.3일에 일주하며, 지구-달-태양의 위치 변화는 29.5일을 주기로
달라지는 달의 상을 만든다. 따라서 달이 지구를 한 바퀴 공전하면 한 달이라 한다.

는 동안 일어나는 어떤 사건이나 기회를 나타내는 주관적인 시간(the point of time)을 의미한다. 크로노스는 지구의 공전과 자전을 통해 결정되며, 시분초로 나누어져 누구에게나 똑같이 주어지는 시간이다. 그러나 하루 24시간 똑같이 주어져도 사람마다 생애사건이 다르고 삶의 질에 따라 길게 또는 짧게 누려지는 시간이 카이로스이다.

여기서 "살아온"이란 개념은 카이로스와 "햇수"라는 개념은 크로노스와 관련이 된다. 예컨대 노안으로 돋보기안경을 쓰고 문서를 보는 나에게 선배는 "어린 사람이 벌써"라며 놀렸다. 나는 "선배, 나는 연식이야 선배보다 짧지만 주행거리는 길어"라고 맞장구친 적이 있다. 같은 해에 생산된 자동차이지만 운행 방식과 거리는 제각각인 것이다. 즉, "햇수"는 같지만 "살아온 것"은 제각각인 것이다.

내가 만일 60세라면, 그것은 내가 태어난 이후 지구가 태양을 60바퀴 공전했다는 것을 의미한다. 그런데 지구가 60회 공전한 것과 내 인생과는 무슨 상관이 있는가? 지구가 태양을 60바퀴 도는 동안 나의 삶에 어떤 사건들이 있었고 그것이 내 인생에 어떤 의미를 갖느냐에 따라 달라진다. 즉, 지구가 60회 공전한 크로노스의 양적인 시간 동안, 내가 얼마나 인간답게 살았느냐에 따라 카이로스의 질적인 나이, 주관적 나이가 결정된다.

따라서 우리는 크로노스의 연대기적 나이(chronological age)와, 카이로스의 생물학적 나이(biological age) 및 사회학적 나이(sociological age) 등으로서 세 가지 유형의 나이를 각각 갖게 된다. 카이로스의 나이는 주관적이며 가변적인 것이다. 사람마다 나이 먹는 방식이 다르고 상황과 가치에 따라 나이 듦의 기준도 달라진다. 최근 임상적 연구에 의하면 생활습관이나 환경에 따라 생물학적 나이와 연대기적 나이 사이에 큰 격차가 나타나기도 한다.[41] 연구자들은 생명 분야에서 현재 우리가 사용하는 연대기적 나이는 잘못된 것이며 생물학적 나이가 더 타당하다고 주장한다.

그러나 생물학적 나이 역시 한계를 갖는다. 예컨대 사십 먹은 사람이 사고로 식물인간이 된 상태에서 의식 없이 10년을 지냈다고 하자. 10년이 지난 어느 날 깨어나서 자신의 나이를 물을 때 몇 살이라고 해야 할까? 의식이 마흔 살 상태까지만 기억하고 있으니 마흔 살이라 해야 할까? 아니면 병석에서도 세포분열을 하고 온갖 생물학적 신진대사를 거쳐 몸이 늙었으니 쉰 살이라 해야 할까? 만약 사십 먹은 사람이 냉동인간으로 있다가 1억 년 뒤에 깨어난다면 그 사람의 나이는 객관적으로 어떻게 되는가? 신체의 세포분열도 정지하고 몸의 모든 생물학적인 활동도 정지한 상태이다. 그렇다면 1억 40세라고 해야 할까, 아니면 그냥 40세라고 해야 할까?[42]

결국 인간의 나이는 사회적 산물로서 생물학적 차원을 넘어 시대와 가치에 따라 가변성을 갖는다. 대체로 사람들은 생애사건이나 환경과 조건의 영향을 받아 연대기적 나이는 물론 생물학적 나이와는 다른 나이로 스스로를 인식한다. 그리고 대부분 스스로 인지한 나이에 따라 소비패턴과 정치적 태도를 결정한다. 그러나 문제는 시대상황이나 생산능력에 따라 자신의 의지와 무관하게 나이가 결정된다는 것이다.

41) Daniel W. Belsky, Terrie E. Moffitt, "Quantification of biological aging in young adults", Proceedings of the National Academy of Sciences of the United States of America, June 1, 2015; 연구결과 지나치게 빨리 늙거나 좀처럼 늙지 않는 사람도 있었다. 예컨대 연대기적 연령이 38세인 경우 생물학적 연령은 30세인 사람이 있는가 하면 60세 가까운 사람도 있었다.
42) 오영희 저, 2016, 『나의 나이는 무한대이다』 오영출판사

예컨대 중세의 60세와 현대의 60세 인간은 전혀 다른 개념의 존재이다. 오늘날 서울에서도 강북의 빈곤한 70세와 강남의 부유한 70세는 같은 나이가 아니다.

특히 인간의 나이가 중요한 것은 숫자 이상의 의미로 작용하기 때문이다. 나이는 단순히 연대기적 숫자에 불과한 것이 아니라, 경제적 타산과 정치적 이데올로기의 산물로서 사회조직의 원리로 작용하고 지배와 복종이라는 정치적·권력적 관계를 형성한다. 나이는 의례로서만이 아니라 사회적 배제와 차별의 빌미가 되고, 나이가 들면서 지배자와 피지배자의 권력관계가 역전되기도 한다.

그럼에도 불구하고 연대기적으로 특정 나이에 이른 통계적 인구집단을 일괄하여 노인이라고 규정할 경우, 그 이유에 따라 매우 위험한 사회적 조작이 될 수 있다. 역사적으로 나이는 시대적 상황 혹은 경제적 타산에 따라 의미해석과 적용방식이 조작되는 가변성을 갖고 있다. 오늘날 인구 고령화의 개념들 역시 나이의 가변성에 근거한 일종의 사회적 조작이다. 그렇다면 과연 지금의 65세 이상 또는 70세 이상이라는 연대기적 연령이 노인의 기준을 규정하고 표상할 수 있는가?

노년기의 경계 짓기와 사회적 조작

나는 언제 노인이 되는가? 60세? 65세? 75세? 노년의 윤곽만큼 유동적이고 신체적·심리적·사회적 요소가 복잡하게 작용하는 것도 없다. 청년은 장년이 되고, 또 장년은 노년이 되면서 일련의 연령계층을 형성한다. 그런데 노년기는 경계가 모호할 뿐만 아니라 그 범주도 60대에서 110대에 이르기까지 장장 50년간에 걸쳐 있다. 그러다 보니 65세 된 아들과 95세 된 아버지가 동일세대로 분류되는 난센스가 일어나고, 사람들은 영문도 모른 채 인생의 절반을 노년기로 살아야 된다.

나는 언제부터 노인이 되는가? 노년기가 시작되는 연대기적 나이는 역사적으로도 확정된 적이 없고 최근까지 국제기구나 국내외 전문학술지조차도 노인의 기준을 60세 혹은 65세를 혼용하고 있다. 다만 역사적 검토를 통해 노년기를 경계 짓는 기준요소는 생애사건에 따라 세 가지로 구분할 수 있다. 첫째, 노쇠함이 나타나는 시기, 둘째, 죽음을 맞이하는 시기, 셋째, 최초로 연금을 수령하는 시기이다.

먼저, 노년기의 시작을 경계 짓는 기준요소 중 하나는 생물학적 노쇠이다. 대부분의 역사에서 노년기가 시작되는 시점은 특정한 연대기적 연령보다 신체의 건강에 따라 규정되었다. "늙었다는 말을 듣고도 화내지 않는 사람이 노인"이라는 서양속담이 아니더라도, 사람들은 더 이상 스스로를 부양하고 돌볼 수 없을 때, 생존에 필수적인 능력이 사라질 때 "늙었다"는 평가를 받았다. 이러한 평가는 매우 다양한 연령에서 발생한다.

고대 그리스와 로마에서, 중세와 근대 초 유럽에서, 19세기 북미와 오스트레일리아에서, 현재 여전히 그러한 것처럼 노년은 60세와 70세 어디선가 시작된다고 믿었다.[43] 그러나 시대를 막론하고 가난한 사람들은 대부분 50대나 심지어 40대의 이른 나이에 노쇠해졌던 반면, 부자와 권력자들은 80대까지 건강하고 활동적인 상태를 유지했다. 13세기 유럽에서 공직자의 퇴직 연령은 70세였으며, 19세기 북미와 유럽에서도 60세와 70세 사이였다. 오히려 20세기 들어 퇴직연령은 더 낮아졌다.

---

43) 팻 테인 저, 안병직 역, 2012, 『노년의 역사』, 글항아리

예컨대 17세기의 경우 네 가지 체액의 소멸에 근거를 두고 노년기 시작에 대한 의학적 정의를 내렸는데 경제적 지위에 따라 개별적인 시차가 있었다. 빈부와 신분격차에 따른 노화의 격차현상은 오늘날도 마찬가지이다. 여기서 우리가 유의해야 할 점은 늙음이라는 생물학적 운명이 경제적 결과를 초래한다는 사실이다. 즉, 생물학적 쇠퇴로 인해 쓸모없는 존재, 잉여인간으로 전락함으로써 배제의 대상이 된다. 그럼에도 불구하고 전체적 쇠퇴곡선은 경제적 자원에 따라 빨리 혹은 더디게 내려가기도 한다. 역사적으로 어떤 사회에서는 쇠퇴가 40세에 시작되는가 하면 다른 사회에서는 80세에 시작되기도 했다.

둘째, 노년기를 경계 짓는 또 다른 기준요인은 죽음이다. 이성의 시대 18세기는 노년에 대한 이해를 강조했다. 여기에는 늙은이에 대해 익살스런 조롱을 일삼던 문학과 예술이, 존경과 감성으로 전환하는 현상이 포함되었다. 18세기 유럽인구의 구성은 대체로 근대 초 전반에 걸친 양상에 머물렀다. 유럽 어디서든 60세 이상 인구는 6~10%를 차지했다.[44]

이 시기의 규범적인 문학작품들은 대체로 60세를 노년의 시작으로 활용하였지만 역사가들은 노년의 경계를 어디에 두어야 할지에 대하여 논란을 벌여왔다.

당시에는 많은 사람들이 좀 더 일찍 노년기에 접어들었으며 대체로 60세 이전에 신체적으로 쇠약하여 죽음을 직면하게 된다. 따라서 죽음을 기점으로 평균적으로 잔여 여생이 얼마나 남게 되는지를 노인의 경계로 삼았다. 즉, 평균적으로 언제쯤 5년 혹은 10년여의 여생이 남

---

44) 조르주 미누아 저, 박규현·김소라 역, 2010, 『노년의 역사』, 아모르문디; 팻 테인 저, 안병직 역, 2012, 『노년의 역사』, 글항아리.

게 되는지를 파악하고 그 연령이 노년의 경계가 될 수 있다고 생각했다. 따라서 당시에는 대체로 50대가 노년의 경계가 되었다. 따라서 당시의 노인비율은 오늘날의 연령기준에 의한 통상적 추정치보다는 클 수밖에 없다.

셋째, 노년기를 경계 짓는 또 하나의 중요한 기준은 경제적 계산에 따라 결정되는 노동의 종결과 최초 연금수령의 시기이다. 예전 사람들은 일을 할 수 있을 때까지 일을 했고 노동의 종결은 자연에 맡겼다. 그러나 현대에서 노동의 종결은 정년퇴직이라는 인위적 의례에 맡긴다. 1889년 독일재상 비스마르크는 청년 일자리 마련과 노동자 불만을 해소하기 위해 정년퇴직 제도와 연금제도를 도입함으로써, 자연에 의해 결정되던 노년의 시작을, 65세 정년퇴직이라는 인위적 제도로 규정하게 되었다.

비스마르크 이후 연금제도는 세계 각국으로 전파되었고 20세기 중엽에 이르러 연금생활자와 노인은 사실상 동의어가 되었다. 그리고 이러한 용례가 일반화되면서 노년기는 연금개시의 시점에서 시작되는 것으로 자리매김하였다. 동시에 생물학적으로 정의되던 연대기적 나이에 경제적 이해관계를 적용함으로써 나이는 이데올로기적 성격을 갖게 되었다. 즉, 생물학적 쇠퇴로 평가하던 노년이라는 생애과정은 부양비용을 둘러싼 세대 간 경제적 타산의 영역에 귀속된 것이다.

그런데 문제는 연대기적 나이에 경제적 이해관계를 적용하는 과정에서의 사회적 조작이다. 연대기적 나이란 근본적으로 통계적 데이터에 불과하다. 역사적으로 노년기가 언제 시작되는지에 대한 연대기적 나이 기준은 존재하지 않았다. 고대에서 근대에 이르기까지 노년기가 시작되는 실질적 경계는 생물학적 나이로서 정의되는 쇠퇴와 죽음이었다.

그러나 19세기 말 비스마르크가 연금제도를 도입한 이후 경제적 타산에 입각한 사회적 제도가 노년기 시작의 기준을 제시한다. 노인의 기준 나이는 경제적 이해타산에 따라 60세가 될 수 있고 65세나 혹은 75세가 될 수도 있는 제도이다. 문제는 연금과 정년을 연계한 제도적 나이 혹은 사회적 나이가 생물학적 나이와 일치하지 않는다는 점이다.

인구정상화-노인은 몰려오지 않는다!

최근 언론매체들은 노인이 "몰려오고" 있다는 식의 위기감을 조장하는 기사를 무시로 내보내고 있다. 인구 고령화의 부정적 현상을 예고하는 통계보고서는 물론 연구논문과 저서들도 쏟아지고 있다. 요지는 의외로 간단하다. 이제 쓸모없는 고령의 잉여인간들이 몰려올 것이고, 이들을 부양하기 위하여 재앙수준의 곤란을 겪게 되리라는 것이다.

과연 노인들이 몰려오고 있는가? 대답은 관점에 따라 다를 수 있다. 물론 인구 고령화의 영향력은 엄청난 것이다. 그러나 문제는 경제위기의 강박이 고령화의 실상을 상당 부분 왜곡하고 있다는 점이다. 특히 오늘의 경제위기가 제도와 구조적 모순보다 부양인구 증가에 기인한 것으로 확정하기 위해 부정적 현상을 부각시키고 노인 인구를 과장하는 경향도 엿보인다. 정책적 차원에서 볼 때 이러한 경향은 통제 가능한 "제도혁신" 문제를, 통제 불가능한 "인구조정" 문제로 치환함으로써 오류를 범하고 있거나 변화를 회피하고 있다.

우리나라 인구 고령화 문제는 고령화 그 자체보다 속도에 있다. 인류의 역사에서 이렇게 빠른 속도로 고령화가 진행된 나라는 대한민국밖에 없다. 따라서 초고속 고령화로 인하여 파생된 문제와 폐해에 대해 동의한다. 그러나 전제조건이 있다. 즉, 현재의 체계와 제도를 개선하지 않고, 인구 고령화 제반현상을 연대기적 나이를 기준으로 파악할 경우에만 동의할 수 있다.

왜냐하면 역사적으로 노인을 경계 짓는 연령은 가변적이었으며 무엇보다 인구 고령화는 의학기술 및 사회경제적 발전과 긴밀하게 연동된 결과이기 때문이다. 만약 이러한 사실을 인식하고 시의적절한 사회제도 변화를 모색한다면 인구 고령화에 대한 관점은 현저히 달라질 수 있다.

여기서 우리는 상호 관련된 두 가지 측면의 질문을 통해 새로운 관점을 찾아낼 수 있다. 첫째 질문은, 노년인구가 전체 인구에서 다수가 될 수 있느냐에 관한 인구통계학적 측면의 질문이다. 둘째 질문은, 노인이 다수가 되었을 경우 나타나는 인구불균형을 인위적으로 조절할 수 있는가에 관한 인구정책학적 측면의 질문이다.

첫 번째 질문, 과연 노년인구가 전체 인구 중에서 다수가 될 수 있는가? 불가능한 일이다. 상황에 따라 노인의 기준연령이 달라질 수 있기 때문이다. 즉, 노년기의 시작점이 연대기적 나이로 확정되어 있지 않다면, 생물학적 및 사회학적 노인이 다수인구가 되는 것은 불가능하다. 역사적으로 어느 시대나 노년인구는 전체 인구를 대비하여 다수가 아니었다. 노인의 기준연령이 가변적이었기 때문이다. 예컨대 중세에 있어서 노인의 기준이 특정의무에서 면제되는 시점으로 결정되었다면[45]

---

45) 노인이 되면 특정 의무가 면제되었는데 면제자격의 연령은 60세 혹은 70세로 명기하고 있다. 일반적으로 60세에 이른 사람에게는 군역, 도시파수, 결투재판이 면제되었다. 어떤 지역에서는 70세가 되어서야 군역이 면제되었다. 공공봉사 의무에서 면제되는 연령은 일반적으로 70세였으며 세금은 60세 혹은 70세, 강제부역은 60세에 면제되었다.

현대에서 노인의 기준은 연금수령이 개시되는 시점으로 결정된다.

시대마다 노인의 기준이 가변적이라는 것과, 이에 따라 노인 비중도 다를 수 있다는 것 등 노년인구의 비중을 논의하기 전에 갖게 되는 의문은 생애단계별 인구의 정상적 비중이다. 과연 정상적인 인구비중은 어떻게 구성되어야 하는가? 인간의 생애과정 단계는 목적에 따라 다양하게 구분할 수 있을 것이다. 어떤 경우에든 정상적인 생애과정은 크게 유·소년기에서 노년기에 이르기까지의 단계를 거쳐야 한다.

만일 출산율이 일정하고 누구나 조기사망 없이 정상적으로 노년기에 이른다고 가정한다면, 생애과정 각 단계의 인구집단 비율 역시 일정할 것이다. 만약 생애과정을 5단계로 나눈다면 생애과정이 정상적일 경우, 노년인구의 비율 역시 20%가 될 것이다. 그러나 역사적으로 볼 때, 어린 나이에 혹은 젊은 나이에 질병이나 사고, 재난, 전쟁 등으로 조기 사망함으로써, 노년기에 진입하지 못한 인구가 다수 발생했고, 결국 20%의 인구비율은 붕괴되고, 시대마다 그리고 지역에 따라 다양한 구성비를 갖게 된 것이다.

그렇다면 인류의 역사에서 시대마다 노년인구의 비중은 얼마나 되었을까? 오늘날과 같은 통계자료는 존재하지 않지만 노년의 역사를 통찰할 때 시대마다 가변적 기준에 따른 추산에서 노년인구는 전체 인구의 16% 수준을 크게 벗어나지 않았다. 즉, 16세기의 몽테뉴는 30세를 노인 취급했고, 17세기 사람들은 40세를 노인 취급했다. 그러나 18세기엔 60세 이상을 노인 취급했고 20세기엔 65세를 노인 취급하고 있다. 그리고 2050년이면 75세 이상을 노인으로 간주할 수도 있다. 그런데 이 수치들은 생물학적 "노쇠 정도"를 기준으로 삼은 통계적 추산이며, 공통점은 모두 인구의 16% 정도를 차지한다는 것이다.[46]

오늘날의 인구 고령화는 생애과정의 정상적 이행에 따른 인구구조의 정상화라는 관점에서 파악해야 할 것이다. 필자는 이를 전제로 생물학적 노년인구의 비중은 약 20% 수준을 넘지 않을 것으로 가정한다. 이 경우 노인생애과정의 개념적 구분에 따라 일정비율에 해당하는 인구집단을 추산하여 노인기준연령을 조정할 수도 있을 것이다. 특히 역사적 경험에 근거한다면 실제 16%에 해당하는 고령층 인구집단을 노년세대로 파악하여 사회정책의 기본적 틀을 구성하고 이에 부응하는 노동체계와 복지제도를 구축해야 한다고 생각한다.

그럼에도 불구하고 경제적 타산에 따라 정년퇴직과 연금개시 시점을 노인의 기준연령으로 정한다면, 오늘날 전 세계적으로 노년인구는 폭발적으로 증가하여 노인시대가 진행되고 있음은 분명한 사실이다. 그러나 이것이 곧 "노쇠"나 "죽음"을 기준으로 노년인구가 증가했다거나 예전보다 노년기가 더 오래 지속되고 있음을 의미하는 것도 아니다. 예컨대 오늘날 평균수명 85~90세를 누리고 사망하는 사람들이 60세부터 생물학적으로 노쇠한 상태에서 노년기를 보내지 않기 때문이다.

의학기술 및 사회경제 발전으로 나이혁명이 일어났고 이제 노인은 더 이상 노인이 아니다(Old isn't Old anymore). 다시 말해서, 최소한 생물학적으로 지금의 노인은 과거의 노인과 다른 존재이다. 따라서 인구 고령화는 노년인구 쓰나미가 아니라 평균연령의 상승 정도를 의미할 뿐이다. 프랑스의 노인 의학자 제롬 펠리시에는 현대인의 건강과 기대수명 및 활동수

---

46) 제롬 펠리시에, 르몽드 디플로마티크 57호, 2013년 6월 7일; 조르주 미누아 저, 박규현·김소라 역, 2010, 『노년의 역사』, 아모르문디; 팻 테인 저, 안병직 역, 2012, 『노년의 역사』, 글항아리

준 등을 고려할 때 현재 75~80세 노인들은 1950년대의 60대와 비슷하다고 주장한다.[47] 일본에서는 연대기적 나이에서 30%를 감한 나이를 생물학적 나이로 환산하는 소위 0.7나이계산법이 등장하기도 했다.

이미 75세 이전 인구는 노인이라 할 수 없다는 연구결과들도 전혀 새롭지 않다. 연대기적 나이는 더 고령화되었지만, 의학기술과 사회경제 발전으로 노화속도가 느려져 생물학적 나이는 오히려 젊어졌기 때문이다. 만일 사회경제적 발전과 생물학적 나이를 동시에 고려하여 노인의 연대기적 기준나이를 조정한다면 인구통계자료는 젊은 국가를 보고할 것이다.[48]

먼저 경제적 타산에 따라 조작된 통계학적 기준이 변해야 한다. 경제성장과 자원의 관계에서 인간을 파악하는 관점을 탈피하여, 생물학적 나이와 사회학적 나이를 일치시켜 노년기의 시점을 조정한다면, 노년세대 인구비중은 감소하고 노인이 몰려오고 있다는 식의 위기감도 사라질 것이다.

동시에, 연령기준과 함께 변해야 할 것은 사회체계와 제도이다. 제도 변화의 핵심은 정년퇴직 시점과 조정된 노년기 시작 시점 사이의 간극을 극복하는 것이다. 먼저 그 대안으로 흔히 정년연장 또는 정년폐지를 제시한다. 그러나 청년세대와의 관계와 노동시장 환경을 고려할 때 정년연장 역시 근본적 해결책이 될 수 없다.

그렇다면 대안은 무엇인가? 정년퇴직 시점과 조정된 노년기로 진입

---

47) 제롬 펠리시에(Jérôme Pellissier), 르몽드 디플로마티크, 57호, 2013년 6월 7일
48) 역사적으로 많은 어린이들이 성인이 되기 전에 죽고, 성인 대부분이 노인이 되기 전에 죽을 때 국가는 젊다는 사실을 쉽게 망각해서는 안 된다.

하기 시점까지 제3의 시기에 은퇴시민들에게 노동시장 밖에서 자율적인 노동기회를 제공하고 기본소득을 보장하는 제도와 같이 전혀 새로운 사회체계를 발상하고 구축하는 수밖에 없다. 여기서 우리가 유의해야 할 것은 인구 고령화가 문제가 아니라 인구변동에 유연하게 대응하지 못하는 고착된 기존의 사회 질서와 체계가 문제이며 잘못된 제도가 부정적 현상과 폐해를 만들어낸다는 사실이다.

맬서스망령 벗어나기-인구안정화 정책

나이가 숫자에 불과하다면 "노인이 몰려온다!"는 언론보도는 모욕적 오보이다. 오늘날 노인이 늘어난 것이 아니라 어린아이들이, 젊은이들이 일찍 죽지 않고 살아남아 노년기에 이름으로써 사회 전체의 평균연령이 높아졌을 뿐이다. 이는 역사상 최초의 정상적 상태이다. 인구 고령화 무엇이 문제인가? 진정 나이가 숫자에 불과하려면 세대 간 역할과 노동체계의 재구성 등 사회 전반적 시스템의 혁신이 수반·되어야 한다.

궁극적으로 평균연령 증가로써 인구 고령화에 대한 정책적 대응은 인구 차원이 아닌 제도 차원의 과제이다. 그럼에도 불구하고 당장은 이해타산의 문제로 사회시스템 혁신보다 인구조정에 집중하고 있다. 만일 노년기에 대한 사회적 조작을 제거할 수 없다고 가정한다면, 고령화로 인한 인구 불균형은 불가피해진다. 그렇다면 우리는 두 번째 질문을 통해 인구정책학적 측면의 새로운 관점을 모색해야 할 필요가 있다.

두 번째 질문, 인구 고령화로 인한 인구 불균형을 인위적으로 조절(population control)할 수 있는가? 대답은 "할 수 없다"이다. 그럼에도 불구하고 우리나라는 인구 불균형을 인위적으로 조정하는 방식의 인구 균형정책에 매몰되어 있다. 이유는 역시 경제이다. 고령인구의 증가로 인하여 파생하는 부정적 영향, 곧 저성장과 부양비 증가라는 경제적 문제에 초점을 두고, 출산율 증가를 통해 인구 균형을 실현하기 위하여 천문학적 재정을 투입하고 있다.[49]

그러나 이러한 인구통제방식의 인구 균형정책은 성공하지 못했고, 앞으로도 성공하지 못할 것으로 보인다. 무엇보다 인구 고령화에 대한 이해가 편협하고 편향적이기 때문이다. 특히 최근의 논의들은 한 가지 중요한 사실을 간과하고 있다. 그것은 인구 고령화는 하나의 독립된 사건이 아니라 사회경제적 발전과 연동되어 진행되고 있다는 점이다. 따라서 새로운 관점을 모색하기 위해서는 인구 고령화와 사회경제발전의 관계에 대한 검토는 필수적 선행과제이다.

먼저 인구성장과 경제성장의 긴장관계로서 인구 고령화와 사회경제적 관계는 맬서스(T. Malthus)와 보서럽(E. Boserup)의 서로 다른 해석과 전망을 통해 접근해볼 수 있다.[50]

인구성장과 경제성장 간에는 긴장이 존재하며 이 긴장을 해소하는 방식은 두 가지로 단순화할 수 있다. 하나는 인구성장이 경제구조에 의해 억제되는 방식이며 다른 하나는 인구성장으로 인한 압력이 경제

---

49) 우리나라 인구정책이 고령화가 아니라 저출산에 집중되고 있음은 예산지출 규모에서 확연히 드러난다. 물론 우리나라 저출산의 문제는 대단히 심각하다. 그럼에도 불구하고 저출산 대책은 고령화 대책과 분리되어 추진되어야 한다. 저출산의 이유와 고령화의 이유가 상이하고 따라서 대책도 국면(dimension)이 다르기 때문이다. 출산율을 높여 고령화 비중을 억제하겠다는 발상은 그 자체가 비인도적 발상이며 맬서스적 편협성을 드러낸 것이다.

50) 계봉오, 2015, "인구 고령화, 사회경제적 발전, 사회불평등의 관계", 경제와 사회, 통권106호, p.41~72.

구조의 변화로 이어지는 방식으로 맬서스학파는 전자에 보서럽학파는 후자에 초점을 두고 있다.[51]

즉, 인구구조가 경제·기술적 조건에 적응하는 것으로 개념화한 맬서스학파(Malthusian)는 만일 기존의 경제구조가 감당할 수 없을 정도로 인구가 성장할 경우, 경제와 인구의 불균형을 회복하기 위한 긴장이 인구성장 억제로 이어지게 된다고 가정했다. 한편, 신맬서스주의는 맬서스의 가정에서 한 발 더 나아가 인구성장 억제가 경제성장을 촉진할 수 있다고 주장하고 이에 덧붙여 인구성장의 억제는 출산조절 방법을 통해 달성되어야 함을 주장한다.[52]

반면, 보서럽학파(Boserupian)는 경제구조와 인구성장 사이의 긴장이 기술발전 및 환경변화를 촉진하는 전제조건으로 이해했다.[53]

즉, 인구성장이 새로운 생산기술을 적극적으로 수용하는 등 기술성장과 사회변화를 촉진하는 동인으로 작용함으로써 경제구조에 긍정적 영향을 미칠 수 있음을 강조하고 있다. 보서럽의 지지자 사이먼(J. Simon)은 "인구야말로 궁극적인 자원이며, 인구가 많을수록 노동력과

---

51) Catherine Marquette, 1997, Turning but not Toppling Malthus: Boserupian Theory on Population and the Environment Relationships, Norway: Chr. Michelsen Institute, Working Paper 1997:16.

52) 기본적으로 저출산 현상은 일정한 경제발전을 이룬 단계에서 일어나는 선진국 현상이다. 그런데 맬서스의 망령에 사로잡힌 정책입안자들은 출산억제책을 쓰던 발상으로 출산장려책을 펼치며 출산율을 올리려 하니 통할 리 있겠는가. 지난 8년간 53조를 퍼붓고도 출산율은 도리어 퇴보하는 참담한 결과를 가져왔다. 아이를 낳지 않기로 결심하는 것과 낳기로 결심하는 것은 전혀 다른 차원의 문제이다. 중요한 것은 출산율을 올리려 할 것이 아니라 낳은 아이들이 잘 성장할 수 있는 토양을 구축하는 것이 정책입안의 정도일 것이다.

53) Boserup, Ester. 1981, Population and Technological Change. Chicago: University or Chicago Press.

인구·경제·기술의 관계: 맬서스와 보서럽의 관점

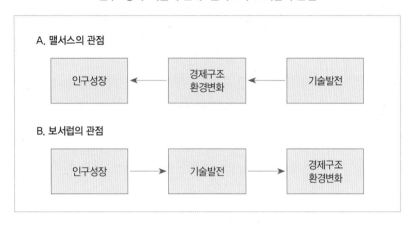

창조력도 그만큼 확보될 수 있다"고 주장했다.[54)]

신맬서스주의 맥락에서 인구 균형정책을 통하여 연령구조가 성숙하면 인구보너스구조가 형성되어, 경제에 긍정적 영향을 미치는 "인구배당효과(demographic dividend)"가 나타난다.[55)]

그러나 인구배당효과에 대한 연구에서 교육수준을 통제한 상태에서 연령구조변화가 생산성에 미치는 영향을 분석한 결과 연령구조의 변화가 생산성 향상에 유의한 영향력을 나타내지 못했다.[56)]

따라서 수정모형에서는 인구배당효과가 아니라 "교육배당효과(education

---

54) Simon, Julian L., 1981, The Ultimate Resource, Princeton, NJ: Priceton Uni. Press.

55) Bloom, D. E., Canning, D., Sevilla, J., 2003. "The Demographic Dividend : A New Perspective on the Economic Consequences of Population Change", Rand, Popolation Matters.

56) Cuaresma, J., Lutz, W., & Sanderson, W. 2014. Is the demographic dividend an education dividend? Demography 51: 299-315.

dividend)"가 유효한 것이다. 이러한 결과는 보서럽학파의 맥락에서, 연령 구조의 변화가 아니라 교육수준 향상과 같은 사회적 조건의 변화가 생산성 향상 혹은 경제성장의 주된 원인으로 강조된다.

오늘날 인구 고령화에 대응하는 정책적 선택은 보서럽학파의 관점이 보다 유용하다. 그러나 최근 사회적 논의와 정책적 선택은 대체로 맬서스의 관점을 취하고 맬서스트랩 곧 인구변동이 경제에 미칠 부정적 영향을 부각시킨다. 맬서스트랩이 인구증가로 인한 경제성장 제약을 의미했다면, 최근 인간수명 증가로 인한 경제성장 제약은 신맬서스트랩이라 할 수 있다.[57] 역사적으로 맬서스트랩을 극복하기 위해 출산통제 방식의 인구조절정책을 적용했다면, 신맬서스트랩을 극복하기 위하여 적용할 수 있는 방법과 정책은 과연 무엇인가?

저출산과 고령화 현상은 동일한 시기에 부각되고 있지만 국면에 따라 미약한 상관관계는 있어도 인과관계는 없다. 즉, 출산율이 낮아져서 고령인구가 늘어나는 것이 아니다. 다만 생산가능인구의 감소와 부양대상인구의 증가라는 경제학적 국면에서 상관관계가 있을 뿐이다. 그럼에도 불구하고 법률 체계도 "저출산·고령사회 기본법"으로 묶어 놓았고 대응정책도 동일 국면에서 선택되고 있다.

따라서 우리나라의 경우 출산율을 높여서 인구 고령화를 억제하려는 "인구조절(population control)"정책이 우선되고 있다. 바람직스럽지 않은 선택이다. 이미 실패하고 있을 뿐만 아니라, 무엇보다 아이를 많이 낳게 하여 노년인구 비중을 낮추겠다는 것은 발상 그 자체가 비

---

57) 김태유 저, 2013, 「은퇴가 없는 나라」, 삼성경제연구소

인권·비인도적이기 때문이다.

이제 정책입안자들은 사람보다 경제성장과 자원을 우선하는 맬서스의 망령에서 벗어나야 한다. 그리고 저출산 현상과 고령화 현상을 각각 별개의 역사발전 과정으로 인식하고 사회체계와 제도개선을 통하여 해당인구의 삶의 질을 극대화할 수 있는 토양을 구축하는 정책, 곧 인구안정화(population stabilization) 정책을 개발하고 적용해야 할 것이다.

유엔 인구기금을 비롯한 국제기구들은 인구조절 정책에 부정적 입장을 취한다. 유엔 인구기금은 '인구조절'(population control)이라는 개념 자체를 인정하지 않고 대신 '인구안정'(population stabilization)이라는 용어를 사용하며 새로운 인구정책을 제시한다. 인구안정 정책은 해당인구의 삶의 질 향상에 우선순위를 둔다. 즉, 저출산의 경우 모자보건과 국민건강 관리, 영아사망률 감소 등 복지에 중점을 둔다. 이는 삶의 질을 향상시키면 인구수는 자동적으로 안정된다는 의견에 바탕을 둔 것이다. 고령화의 경우도 마찬가지다. 노인들을 어딘가에 버리거나 수명제한 제도를 실시할 것이 아니라면 선택할 수 있는 방도는 한 가지뿐이다. 사회제도를 개선하고 삶의 질을 향상하여 사회에 기여하게 하는 인구안정화만이 가능한 선택지이다.

인구 고령화는 인류의 미래에 영향을 미치는 중요한 사건이며 당장은 더 많은 사회적 자원이 고령인구 부양에 투입되어야 한다. 그럼에도 불구하고 오늘날의 인구 고령화는, 경제발전은 물론 건강과 교육의 진보와 함께 이루어진 성과로서, 인구 전체의 평균연령이 상승된 결과이다. 따라서 인구 균형의 관점에서 인구 고령화의 부정적 측면을 확대 재생산하는 것은 바람직하지 않다.

인구 고령화에 부응하여 우선해야 할 일은 정상화의 과정으로 인식하는 의식의 전환이다. 그리고 정책방향을 바꾸고 국가개조 수준의 제도혁신에 모든 역량을 집중해야 한다. 시대에 맞지 않는 맬서스 맥락의 인구조절정책보다는, 근원적인 제도혁신을 통하여 경제적 부담을 상쇄하고 해당인구의 삶의 질을 향상하는 보서럽 맥락의 인구안정화정책을 추진해야 할 것이다. 미래의 희망은 시장 밖의 노동의 확장과 세대 간 역할 재구성을 포함한 고령 친화적 사회 구축과 국가적 체계 혁신에 있다.

Chapter 2

잉여인간 전락 위기
베이비붐 세대의 노화

1. 베이비부머의 생애과정과 은퇴충격

베이비붐 세대, 왜 특별한가?

오늘날 베이비부머들이 특별히 주목을 받는 것은 전 세계적으로 베이비부머들이 은퇴를 하고 노년세대로 편입되기 시작함으로써 인구절벽을 만들고 시장경제에 충격을 주고 있기 때문이다. 세계 곳곳에서 나타나는 베이비붐 세대의 은퇴와 인구 고령화는 경제에 비우호적으로 작용하고 있으며, 인구변동의 역풍이 우리나라를 비롯하여 세계 주요 국가들에 타격을 가할 것으로 전망되고 있다.[1]

요컨대 베이비붐 세대의 거대한 인구 규모는 인플레이션의 높이를 끌어올리고 경제와 증시 호황의 규모를 확대시켰다. 역사상 가장 인구가 많은 세대가 소비절정기를 맞는 시기에 경제가 절정에 달했고, 이

---

1) 해리 덴트 저, 권성희 역, 2015, 『2018 인구절벽이 온다』, 청림출판

들이 일거에 은퇴하면서 불황의 파고는 급격히 경제를 덮치고 있다. 한국은 2010년부터 2018년까지 절정에 머무르며 고원을 형성하다가 일본의 소비가 수십 년간 내림세를 지속한 것처럼 급격하게 위축될 것으로 보인다.

사전적 의미로 베이비붐이란 어떤 시기의 공통된 사회적 경향으로 출생률이 급격하게 증가하는 현상을 의미하는데, 주로 전쟁이나 재난 재해 또는 불경기가 끝난 후, 사회가 안정된 상황에서 의료기술의 발달, 출산의 욕구 등이 결합되면서 일어나는 경향이 있으며, 이 시기에 태어난 연령층을 베이비부머라고 한다. 베이비붐 현상은 여러 나라에서 2차 세계대전 직후에 나타났는데 우리나라에서는 6.25전쟁이 끝난 후에 나타났다.

전 세계적으로 베이비부머라는 사회적 용어의 기원이 된 미국의 베이비붐 세대는, 대체로 2차 세계대전이 끝난 후 인구팽창기 (1945~1963년)에 태어난 인구집단을 지칭하는데, 총 7천700만여 명으로 전체 인구의 약 30%를 차지하고 있다. 이들은 미국 내 절대적 다수집단으로서 전쟁 후 미국의 풍요 속에 자라났으며 미국사회 변화와 소비문화를 이끌어왔다고 평가된다.

미국 베이비부머들이 10대였던 1960년대는 반항의 시대로 규정되었고, 청년기에 진입하던 1970년대는 방향성 상실의 시대로 불리는가 하면 30대 성인이 된 1980년대는 자신들만의 라이프스타일을 구축하면서 노동시장의 경쟁 속에 풍요의 시대를 열었다. 특히 의도적으로 자녀를 두지 않는 맞벌이 부부들이 많아 이들을 딩크족(Dink: Double income no kids)이라 부르기도 했다. 1990년대 베이비붐 세대는 중년의 위기를 겪으면서 1980년대의 낙관적 분위기를 비관적 분위기로 반전시켰고, 2000년대에 접어서면서 초기 고령기의 베이비부머들은 고령화 개념을 "수동적 부양"에서 "능동적 정년연장"으로 바꾸어가고 있다.

일본에서는 1948년 전후로 출생률이 높아져 베이비붐 세대를 이루었는데, 이들을 단카이(團塊: 덩어리)세대라 한다. 비록 3년간이라는 짧은 기간이지만 일본 인구의 5%를 차지하고 있으며, 이른바 "회사형 인간"이라 불리면서 노동시장에 대량의 노동력을 제공함으로써 일본 경제성장에 크게 기여했다. 일본의 베이비붐 역시 미국과 마찬가지로 1960년대에 진보적 가치에 이끌렸고 1970년대와 1980년대에는 상대적으로 낮은 임금으로 장시간 일하면서 고도성장을 주도했다는 평가를 받는다.

그러나 일본 베이비부머들은 1990년대 이후 장기불황의 여파로 인해 나름의 라이프스타일을 구축하거나 소비문화를 꽃피우기보다는 경제적 긴축을 요구받게 되었다. 단카이세대의 퇴직이 본격화되는 2000년대부터는 이들의 거취는 사회적 문제로 대두되었으며 정년과 연금수급 연령이 60세에서 65세로 연장되는 과정에서 빈곤노인이 증가하여 노후난민, 노후파산으로 표현되는 어려운 상황에 처하게 되었다.

특히 이 세대로 인하여 주목받는 사회적 현상은 연금, 의료비 등의 부담 증가로 인한 사회보장재정의 악화이다. 일본의 베이비부머들은 1970년대의 경제적 침체를 벗어나 1990년대에 경제적 부흥을 거치면서 은퇴 후 물적 기반을 확고히 한 반면, 일본 베이비부머들은 1970년대와 1980년대에 경제적 고도성장을 경험하였으나 정작 자신들의 은퇴 후 기반을 확고히 해야 할 1990년대에 오히려 장기적 경제침체를 겪으면서 노후난민이라는 위기의 세대로 추락하고 있다.

물론 평균적 측면에서 단카이세대는 부자이다. 1700조 엔에 달하는

한·미·일 베이비붐 세대 비교

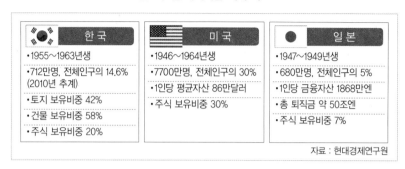

🇰🇷 한국	🇺🇸 미국	🇯🇵 일본
• 1955~1963년생	• 1946~1964년생	• 1947~1949년생
• 712만명, 전체인구의 14.6% (2010년 추계)	• 7700만명, 전체인구의 30%	• 680만명, 전체인구의 5%
• 토지 보유비중 42%	• 1인당 평균자산 86만달러	• 1인당 금융자산 1868만엔
• 건물 보유비중 58%	• 주식 보유비중 30%	• 총 퇴직금 약 50조엔
• 주식 보유비중 20%		• 주식 보유비중 7%

자료 : 현대경제연구원

일본의 가계금융자산 중 최소 60%가 고령자 소유다.[2] 또 공적 연금도 탄탄하다. 그러나 2010년대 들어 사정이 달라졌다. 평균수명이 길어지고 세계적 불황 속에 일본의 장기불황이 지속되면서 중산층이 노후에 갑자기 빈곤계층으로 전락하는 노후파산의 우려가 커지고 있다. 현실적으로 정년 이후 연금생활이라는 일반적인 노후생활을 더 이상 기대하기 어려운 상황에 직면하고 있다. 게다가 단카이세대는 노동시장을 장기 지배하면서 2세인 에코세대를 무기력한 거품족으로 만들었다는 비난까지 받고 있다.

한편, 우리나라 베이비부머는 미국이나 일본과는 달리 6.25전쟁이 끝난 직후인 1955년부터 1963년 사이에 출생한 동년배집단(birth cohort)을 지칭하는 개념으로 사용되고 있다.[3] 베이비붐 세대의 규

---

2) 단카이세대는 세대 당 평균 2147만 엔을 보유하고 있다. 금융자산 보유 포트폴리오를 보면, 예·적금이 61.6%, 보험이 22.7%, 주식이 14.9%다. 일본 해외투자의 대명사인 '엔캐리트레이드' 뒤에 있는 전주(錢主)가 바로 단카이세대이다. 전체 자산의 82%가 부동산인 우리나라 베이비붐 세대와는 상황이 많이 다르다.

3) 1968년부터 1974년 사이에 출생한 두 번째 인구집단에 대해서는 제2차 베이비붐 세대라고 칭하여 구분하고 있다. 2016년 현재, 1차 베이비부머 세대는 714만 명, 2차 베이비부머 세대 668만 명으로 추산하고 있다.

모를 살펴보면 2016년 현재 약 714만 명 정도로, 전체 인구집단의 14.6% 정도를 차지하고 있다. 베이비붐 세대의 성별분포를 보면, 남성이 50.3%로 여성 49.7%에 비해 약간 더 많지만 1963년생까지 노년세대에 진입한 2030년경이면 남녀 평균수명의 차이로 여성이 53.5%를 차지하여 성별분포의 역전이 이루어진다.

베이비붐 세대의 교육수준은 전체적으로 고졸이 43.5%로 가장 많으며, 전체의 69.9%가 고등학교 이상 진학함으로써 현재 노인세대에 비하여 학력이 높은 편이다. 그러나 1950년대에 출생한 베이비부머들의 경우, 대학진학의 기회는 25% 정도의 소수에게만 허용되었고 특히 여자에게는 고등교육이 필요 없다는 인식이 지배했고 경제적 어려움까지 겹치면서 충분한 교육기회를 누리지 못했다. 베이비붐 세대는 절반 이상(54.2%)이 시골에서 성장하였으며, 특히 어린나이에도 생업전선에 나서 남성의 10.6%, 여성의 18.0%가 10대에 첫 직업을 가졌다.[4]

베이비붐 세대가 특별한 이유는 인구집단이 크다는 것 그 자체 외에도 새로운 기록을 대거 남겼기 때문이다. 첫째, 베이비붐 세대는 중·고교를 졸업하고 생계를 위해 공장이 있는 도시로 몰려들어 도시화를 이룬 세대이다. 둘째, 베이비부머들이 결혼적령기에 이르면서 주택난이 가중되었고 결국 아파트가 대대적으로 건축됨으로써 아파트공화국을 이룬 세대이기도 하다.

셋째, 베이비붐 세대는 대부분 고등학교를 졸업하고 생업전선에 나섰고 경우에 따라 초등학교와 중학교를 졸업하고도 생업전선에 나서

---

4) http://news.chosun.com/site/data/html_dir/2010/12/11/2010121100071.html 검색일자: 2016. 9. 10. 조선일보와 서울대학교 노화·고령사회연구소가 한국갤럽에 의뢰해 베이비붐 세대 4,674명을 조사한 결과

기도 했는데, 이들은 1970~80년대 공단지역의 애환이 서린 이른바 '공돌이·공순이 문화'를 이룬 세대이기도 하다. 넷째, 베이비붐 세대는 30대 후반~40대 초반으로 인생에서 가장 활기찬 시기에 IMF의 직격탄을 맞아 직장을 잃게 됨으로써 평생직장 개념이 무너진 첫 세대이기도 하다. 다섯째, 베이비붐 세대는 위로는 유교적 전통의 부모세대와 아래로는 서구식 문화의 자식세대 사이에 끼어 있는 샌드위치세대로서 부모부양 의무를 다하면서 자식으로부터 부양받지 못하는 첫 세대로 기록될 것이다.

베이비부머의 사회적 삶은 이기적이라고 비판받을 만큼 직장과 가족에 대한 책무에 집중되었다. 직장에서는 성과지상주의 경쟁체제에 순응하면서 가정에서는 유교적 전통의 가치관에 따라 부모봉양과 자녀교육에 충실했다. 그러나 산업화 세대와 민주화 세대 사이에 끼어 주도적 위치를 확보하지 못함으로써 정체성이 없는 샌드위치세대 혹은 존재감이 약한 투명인간세대로 지칭되기도 한다. 동시에 부모부양과 자녀양육에 자신을 소진함으로써 마땅한 노후대책 없이 빈약한 연금에 의존해야 하는 실정이기도 하다. 따라서 은퇴 이후 노후 빈곤에 노출될 가능성이 매우 높은 세대이다.

베이비부머의 노동생애-공돌이 공순이 세대

2017년 7월에 대학교수들 간에 뜬금없는 "헬조선" 논쟁이 세간의 주목을 받았다. KAIST 이병태 교수가 헬조선 타령은 "철없는 청년들의 빈정거림에 불과하며 부모들이야말로 울고 싶은 세대"라고 직격탄을 날림으로 논쟁이 시작되었다. 그러자 한양대학교 박찬운 교수가 그러한 생각은 "5천년 역사 최고 행복세대의 오만"이라고 반박하면서 논쟁은 뜨거워졌다. 여기서 "부모세대", 그리고 "최고 행복세대"는 곧 베이비붐 세대를 의미한다.

이 논쟁을 보면서 우리는 베이비붐 세대에 대한 오해, 특히 노동생애에 대한 오해가 매우 깊다는 것을 알 수 있다. 최근 경제상황과 실업문제가 이슈가 되면서 일자리와 복지 문제를 둘러싼 세대 간 갈등이 유발되면서[5] 베이비붐 세대에 대한 부정적 인식이 확산되고 있다. 우려되는 것은 베이비붐 세대의 은퇴와 고령인구 진입과 맞물려 부정적 인식이 확산된다는 점이다.

우리나라 베이비부머들의 특성과 현실을 이해하려면 무엇보다 노동생애를 살펴보아야 한다. 우리나라 경제발전을 다룬 책들은 대부분 정치인이나 기업인을 찬양하는 내용으로 채우고 있지만, 실제 주역들은 먼지 자욱한 공장에서 밤잠 못 자고 피땀 흘리며 기계를 돌렸던 공돌이 공순이였다. 중학교 혹은 고등학교, 심지어는 초등학교를 졸업하고 어린나이에 산업역군이라는 이름으로 인권을 무시당하며 값싼 노동력을 제공하던 공돌이 공순이가 바로 베이비붐 세대들이다.

물론 소수이기는 했지만 대학 진학을 한 베이비부머도 있었고 이들에게는 대졸자라는 프리미엄이 주어졌고 상대적으로 승승장구할 기회가 많았다. 그러나 전체적으로 베이비붐 세대는 "값싼 노동력" "노동착취"를 상징하는 세대이다. 우리나라의 초기 수출품을 보면 봉제와 가발, 신발, 흑백TV 등 손으로 만드는 제품이 절반 이상을 차지하고

---

5) 최근 세대 간 갈등 문제도 상당 부분 의도적 또는 비의도적 왜곡에 따라 오해가 발생한 것으로 결과적으로 조장된 것이라고 봐야 한다. 이 문제는 이 책 다음 절에서 구체적으로 다룬다.

있다. 이는 곧 반도체와 자동차처럼 기술로 승부하는 첨단제품이 아니라, 싼 가격으로 승부하는 경공업 제품이 많았다는 뜻이다.

이러한 산업구조에서 베이비부머라는 대규모 인구집단의 '값싼 노동력'이 없었다면, 우리나라가 이룩한 1970년~80년대의 수출신화, 고도성장은 당연 불가능했을 것이다. 다만 현재와는 현저히 다른 산업구조와 노동환경을 전제하고 노동생애를 경제사적으로 평가하자면 베이비붐 세대는 경제활동에 있어서 행운과 비운이 두드러지는 세대이다.

먼저 노동생애의 시작은 어느 정도 행운이 따라주었다. 베이비붐 세대가 노동시장으로 진출하는 시기에 경제성장기라는 절호의 기회를 맞은 것이다. 베이비부머가 노동시장에 참가하기 시작한 1970년대 후반과 1980년대는 경제성장률이 10%대에 이르는 고도 성장기였다.[6] 베이비부머들은 이러한 행운과 함께 이전 세대에 비해 학력이 높고 경쟁력을 갖춤으로써 석유파동이나 외환위기 등 수차례의 경제위기에도 불구하고 70~80% 수준의 높은 고용율을 유지할 수 있었다.[7]

그러나 행운만 있었던 것은 아니다. 베이비부머들의 고용율은 높았으나 고용조건은 열악하여 1976년 기준 과세 미달자가 74.9%에 달했다.[8] 게다가 노동생애 정점에 이른 30대 중반에서 40대 초반의 나이에 IMF 외환위기라는 풍파를 겪으며 구조조정 및 정리해고의 최대 희생

---

6) 1인당 국민소득을 보면 베이비붐 세대가 태어나던 1960년의 1인당 국민소득은 79달러였으나, 본격적으로 노동시장에 참여하던 1980년에는 1,660달러로 성장했고, 베이비부머의 맏형 1955년생이 60세에 이르는 2015년에는 23,837달러를 기록하고 있다.
7) 베이비붐 세대는 지난 30여 년 동안 경제활동참가율이 상대적으로 높았던 인구집단이었다. 통계자료에 의하면 베이비부머의 경제활동 참가율은 2013년 기준 73.8%로서 높은 수준을 유지했다.
8) 동아일보 1977년 10월 12일자 "재무부 76년 자료 과세미달 근로자 74.9%"

자가 되는 불운을 겪었다. 경제성장의 혜택도 경제침체의 희생도 모두 베이비붐 세대에게 집중된 것이다. 그리고 혹독한 과정에서 살아남은 사람들도 이제 정년을 맞아 본격적으로 퇴직하기 시작했다.

주된 직장에서 퇴직이 본격화되면서 베이비붐 세대의 취업자 수가 2012~2017년에 72.3만 명(연평균 14.5만 명)이 감소하고 고용율도 9.3% 포인트 급락하고 있다.[9] 베이비붐 세대의 고용 흐름을 분석한 결과에 의하면, 상대적으로 고용의 질이 양호한 부분에서는 젊은 세대에게 자리를 내주고 농림어업, 단순노무직, 자영업 부문으로 대거 유입되는 양상을 보여주고 있다. 노동시장에서 베이비붐 세대의 핵심적 지위는 일반적 예상보다 훨씬 더 빠른 속도로 젊은 층에 의해 대체되고 있는 것으로 분석된다.

베이비부머 은퇴 여파–잉여인간 쓰나미·인구절벽

700만 잉여인간 쓰나미가 도도히 밀려오고 있다. 베이비붐 세대는 은퇴를 하면서도 사회적 이슈의 중심에 서게 되었다. 이슈의 키워드는 잉여인간과 인구절벽이다. 즉, 대규모 인구집단의 노동시장 퇴출에 따라 생산 가능성이 없는 잉여인간의 급증이라는 측면과 함께 생산 가능한 인적 자원의 급감이라는 인구절벽이 베이비붐 세대의 은퇴와 함께 문제로 제기된다.

결국 인구절벽은 잉여인간의 대거 퇴출에 따른 불가피한 현상이다. 잉여인간이란 자본의 잉여가치 창출에 불필요한 존재가 되면서 인간

---

9) 현대경제연구원, 2013, 베이비붐 세대 고용의 특징과 시사점, 경제주평 13-20(총권 537호)

자체가 불필요한 잉여, 쓸모없는 잔여물로 전락한 "인간쓰레기"[10]를 의미한다. 최근 부각된 잉여인간이란 노동시장에서 불필요한 존재로 진입이 거부되거나 쓸모없는 존재로 퇴출된 사람들을 빗댄 수사로 사용되고 있는데, 거대인구집단 베이비붐 세대의 은퇴는 역사상 유례없는 대규모 잉여인간 집단의 발생을 의미한다.

베이비붐 세대의 노동시장으로부터 은퇴 혹은 퇴출은 잉여인간들이 거대한 떼를 지어 몰려오는 인구 쓰나미이다. 이제 베이비부머들이 정년퇴직이라는 이름으로 썰물처럼 노동시장에서 퇴출되고, 밀물처럼 노년기에 본격 편입되어, 대규모 잉여인간 집단을 형성함으로써 사회 전반에 미치는 충격과 파장은 매우 크다. 미국이나 일본 등 주요국에서도 베이비붐 세대의 대량퇴직에 따라 노동력 감소, 자산시장 수급불균형 심화, 재정건전성 약화 등 인구절벽의 위기를 겪고 있다.

우리나라 역시 베이비부머들이 은퇴와 함께 급격한 인구 고령화를 이끌면서 노동시장으로부터 빠져나가 인구절벽의 문제가 예고되고 있다. 인구절벽의 문제는 노동시장 구조변화의 측면과 자산시장 변동의 측면, 그리고 사회보장 비용증가의 측면 등 크게 세 가지 측면의 문제가 예견되고 있다.

첫째, 인구절벽이 노동시장 전반에 구조변화를 일으키는 문제이다. 즉, 베이비붐 세대의 은퇴는 우리 노동시장의 전반에 구조적 변화를 예고한다. 우선 베이비붐 세대가 썰물처럼 퇴직하여 노동시장을 빠져

---

10) 지그문트 바우만 저, 정일준 역, 2008, 『쓰레기가 되는 삶들』, 새물결; 바우만은 "잉여인간"을 전통적 의미에서 실업자나 노동예비군과 전혀 다른 범주로 설정하면서 "인간쓰레기"라고 명명하는데, 이들은 근대사회의 설계와 질서구축 과정에서 "현대화가 낳은 불가피한 산물이며 현대성에 불가피하게 수반된" 부작용이다.

나가는 동안에 이들을 대체하여 노동시장에 진입하게 될 세대의 인구 규모는 현저하게 적어 노동력 공급에서 급격한 불균형을 야기할 우려가 제기된다. 특히 인구 고령화에 따라 제조업을 중심으로 한 기능 인력 부족 등의 생산차원의 문제와 함께 소비감소의 문제가 우려되고 있다. 예컨대 철강소비와 건설·자동차·가전 등의 소비가 감소하여 철강수요산업이 타격받을 것으로 예견되고 있다.[11]

> 우리나라보다 앞서 인구절벽을 경험한 일본의 경우, 생산가능인구가 감소되면서 철강 및 철강수요산업에 상당한 충격을 주었다. 2015년 일본 철강소비는 생산가능인구가 정점으로 찍었던 1995년의 81% 수준으로 떨어졌다. 신규주택건설 착공과 자동차 신규 등록 대수도 생산가능인구가 정점을 찍은 시기에 고점에 올랐다가 이후 함께 떨어지는 추이를 드러냈다. 문제는 우리나라가 일본의 전철을 그대로 밟고 있다는 점이다. 우리나라도 일본처럼 인구절벽에 직면하면서 전반적인 산업이 벼랑 끝에 몰린 셈이다.

둘째, 자산시장에 미칠 영향으로서, 주택 등 부동산 가격이 장기적으로 하락하게 될 것으로 예측된다. 우리나라 베이비부머들의 경우 부동산 자산 비중이 85% 수준으로, 주택밖에 없다고 할 정도이다. 이는 주택 소유의 열망이 강했던 시대적 상황에서 베이비부머들이 사회에 진출하여 가정을 꾸린 시기와 본격적 아파트 건설이 시작된 시기가 맞물리면서 상당수가 투자개념이 강한 자산으로서 보유했기 때문이다. 이러한 경향은 최근에도 나타나고 있다. 한국감정원에 위하면 2016년

---

11) 정철호(2016), 철강 산업에 다가오는 인구절벽 충격─고령화 선진국 경험과 미래인구 전망을 중심으로, 포스코경영연구원

까지 최근 5년 사이 60세 이상의 아파트 구매 건수가 57% 증가하였는데 수명이 늘어나면서 여유 있는 노년층들이 재테크 차원에서 투자한 것으로 평가된다.

따라서 가계 재무상황, 주택보유성향 및 주택 소유를 감안할 때, 베이비붐 세대의 은퇴가 주택시장에 미치는 영향은 지금 당장보다는 장기적으로 하락 압력에 직면하게 될 것으로 보인다.[12] 유의해야 할 것은 베이비붐 세대의 집단 내 불평등 정도가 심하다는 점이다. 즉, 노후준비가 미흡한 베이비부머들이 생활자금 마련을 위해 자산매각에 나설 경우 부동산의 추세적 하락은 불가피하다. 특히 청년세대들이 부동산을 인수할 여력이 없기 때문에 자산가치의 하락은 감내할 수밖에 없다. 따라서 집은 한 채 끌어안고 있지만 생계는 갈수록 막막한 하우스푸어의 처지로부터 벗어나기 위해서는 결국 사회보장제도에 의존할 수밖에 없다.

셋째, 사회복지 지출증가 등 국가재정에 영향을 미친다. 베이비붐 세대가 은퇴로 인해 근로소득이 축소되면서 공적 이전소득 의존이 심화되지만 사회복지지출 증대는 제한적으로 나타날 것이다. 그러나 2020년 이후 베이비붐 세대가 은퇴를 마무리하고 노년기에 진입하면 고용율과 소득이 동시에 하락하여 빈곤층으로 추락할 소지가 높아지고, 이에 따라 사회복지 지출이 급증할 것으로 예측된다. 현재 우리나라 국내총생산(GDP)대비 공적 연금지출 비중이 3% 수준으로 고령화 속도를 감안하면 OECD 평균 9% 수준 이상으로 재정지출을 늘려야 할 것으로 보인다.

---

12) 정호성 외(2010), 베이비붐 세대 은퇴의 파급효과와 대응방안, 연구보고서, 삼성경제연구소

2. 베이비부머의 잉여인간 리스크

연금사각지대의 베이비부머

인구절벽이 베이비부머들이 노동시장에서 물러나 잉여인간이 됨으로써 나타나는 사회적 충격이라면, 개개인이 잉여인간이 됨으로써 감수해야 하는 리스크는 세대적 문제이다. 이는 곧 노년기에 진입하는 베이비부머들에게 노인으로 살아간다는 것이 혹독한 시련이 될 것이란 경고이다. 실제 우리보다 먼저 노년기에 진입한 미국 및 일본의 베이비붐 세대가 겪고 있는 어려움을 고려할 때, 특히 미국이나 일본에 비해 물적 토대가 약한 대한민국에서 노인으로 살아간다는 것은 결코 순탄치 않을 것이다.

먼저, 미국의 베이비붐 세대들이 편치 않은 노년기를 맞고 있다.[13]

---

13) 한주희(2015), "미국 베이비부머 세대의 퇴직준비 현황", 국제노동브리프 2015. 5: p36~45

1960년대는 자유의 기수로, 70년대는 문화리더로, 80년대는 풍요의 수혜자로서 지위를 누렸던 미국 베이비붐 세대들이 최근 미국경제 쇠퇴기와 맞물려 시련의 노년기를 맞고 있다. 최근 들어 미국의 공적연금 체계는 계속 "더 많이 걷고, 덜 주고 더 늦게 주는" 시스템으로 바뀌고 있다. 따라서 노후대책이 준비되어 있지 않은 상태에서 은퇴를 맞는 사람이 늘면서 대상자 4명 중 3명이 손해를 감수하고 사회보장연금을 62세부터 조기신청하고 있다.[14]

노후소득을 보장하는 미국의 연금체계는 공적 연금인 사회보장연금(social security)과 401K를 주축으로 하는 기업연금[15], 그리고 선택적으로 가입하는 개인은퇴계좌(IRA)를 중심으로 한 개인연금 등 3층 구조로 구성되어 있다. 한편, 사회보장연금의 소득대체율은 41% 수준이며 개인연금 중심의 은퇴플랜도 흔들리고 있다. 주택가격 거품이 꺼지면서 주택을 노후대책으로 활용하는 것도 어려워진 상황이다. 따라서 미국 근로자의 51%가 65세에 은퇴하기 어려운 처지에 있으며 미국 노인의 절반가량은 빈곤층으로 전락하게 될 것이라는 전망도 나온다.

한편, 경제성장 후기에 취업전선에 뛰어들어 성장의 주역으로 활약

---

14) 연금을 받을 수 있는 나이는 1937년생 이전은 65세, 1954년생 이전은 66세이며, 1960년 이후 출생한 사람은 67세부터이다. 연금개시연령이 되기 전에 수령할 경우 사회보장연금 수령액수는 25% 삭감된다. 또 은퇴시기를 늦출 수도 있는데 66세부터 은퇴시기를 1년씩 늦출 때마다 수령액은 8%씩 늘어난다. 연금이 최대화된 70세 이후엔 더 이상의 수령액 증가가 없다.

15) 1981년 시작된 401k는 매달 일정액의 퇴직금을 회사가 적립하면 근로자가 이를 운용해 스스로 투자 결과에 책임지는 확정기여형(DC) 퇴직연금이다.

하면서, 높은 사회지향성으로 문화변화를 주도했던 일본의 단카이(團塊)세대 역시 노년기로 접어들면서 하류노인, 노후난민으로 전락할 위기에 처했다.[16] 초유의 인구 고령화로 사회복지 지출이 급증하고 이에 따라 재정건전성이 악화되었고 장기불황 등의 여파로 결국 연금 소득대체율이 축소됨으로서 노후빈곤이 불가피해진 것이다.

일본의 연금체계는 국민연금과 후생연금 등 공적연금과 기업연금, 개인연금으로 구분되는 4층 구조로 구성되어 있다. 일반적으로 기업에 종사한 사람은 이러한 모든 층의 연금혜택을 받게 되지만 자영업자는 국민연금에만 의존하고 있다. 연금 소득대체율은 37.5%로 매우 낮은 편이며, 연금수급 연령이 60세에서 65세로 연장되는 과정에서 빈곤노인이 증가하고 있다.

그러면 대한민국 베이비붐 세대의 처지는 어떠한가? 미국이나 일본의 베이비부머들과 마찬가지로 전망은 매우 어둡다. 오히려 연금체계가 부실한 우리나라 베이비붐 세대의 노후는 훨씬 더 순탄치 못할 것으로 예측된다. 우리나라 노후소득보장 체계는 저소득층을 위한 기초안전망으로서 기초생활보장제도와 기초연금이 있으며 일반적 소득보장 체계는 국민연금, 퇴직연금, 개인연금 등 3층 구조로 구성되어 있다. 최근 들어 퇴직연금이나 개인연금과 같은 사적연금에 대한 관심은 커지고 있으나 현실적으로 베이비부머 대부분은 공적 연금에 의존해야 할 것으로 보인다.

---

16) 후지타 다카노리 저, 홍성민 역, 2016, 『2020 하류노인이 온다』, 청림출판

국민연금가입현황

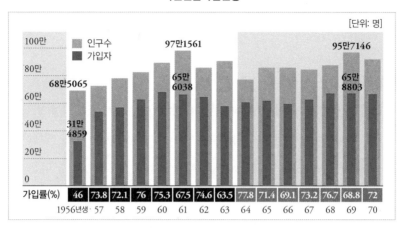

2015년 8월 현재 개인연금 가입률은 15.8%, 퇴직연금 전환율은 4% 수준에 불과하여 노후소득보장 체계로서의 역할을 하기가 어렵다. 다만 베이비부머들의 국민연금 가입률은 2016년 7월 현재 72%로 은퇴가 목전에 다가오자 허겁지겁 국민연금에 가입한 결과이다. 따라서 베이비부머의 국민연금 가입률은 다른 어떤 세대보다 높다. 그러나 10년 이상 국민연금을 납부하여 연금수급권을 확보하고 있는 경우는 겨우 35%에 불과하다. 이는 곧 베이비부머 10명 중 6.5명이 사실상 무방비상태에 있음을 의미한다.

이와 같이 베이비부머들은 노후를 공적 연금에 의존해야 하면서도 연금가입 수준이 낮다. 베이비붐 세대의 경우 국민연금과 기초연금 등 공적연금을 비롯해 퇴직연금을 다 합산해도 소득대체율이 40%대에 그치는 것으로 추산된다.[17] 가입자가 수령하는 연금액이 은퇴 전 경제

17) 백혜연(2015), "노후소득 안정을 위한 근로자 퇴직연금제도의 발전 방안-공·사적 연금의 합계 소득대체율 전망을 이용한 접근", 보건복지 Issue & Focus, 제 273호 (2015-05), 한국보건사회연구원

활동 당시 벌어들인 생애 평균소득의 절반에도 못 미친다는 의미다. IMF, ILO 등 주요 국제기구에 권고하는 7~80% 수준에 크게 밑돌고 있다.[18]

게다가 최근 연금수령 시기를 점진적으로 65세까지 연장함으로써[19] 정년과 연금수령 시기 사이에 공백이 생겨 소득절벽의 위험이 발생했다. 특히 60세로 정년을 연장하는 법[20]이 제정되었으나 그 혜택마저 받지 못하는 경우에는 더욱 위태롭다. 세간에 사오정 오륙도라는 말이 유행하듯이, 현실적으로 공기업과 공공기관을 제외한 일반적 기업에서는 법과는 무관하게 50대 후반이면 퇴직한다.

만일 55~57세로 잡을 경우 퇴직 후 국민연금을 받는 시기까지 6~8년의 소득 공백기를 갖게 된다. "60세 정년"을 적용받는 베이비부머들도 63세에 연금을 받게 돼 퇴직 후 소득 절벽을 피할 수 없다. 게다가 베이비붐 세대 전체의 평균 연금가입기간은 132개월에 불과하다. 그나마 당장 생계가 어려워 손해를 감수하고 국민연금 조기수령을 신청하는 사람들이 속출하고 있다.[21]

---

18) 공적 연금 30%, 퇴직연금 30%, 개인연금 10~20% 수준으로 설계할 것을 권고

19) 국민연금은 현재 1952년생까지는 만60세, 56년생까지는 만61세, 60년생까지는 만62세, 64년생까지는 만63세, 68년생까지는 만64세, 69년 이후 출생자의 경우 만65세부터 수령할 수 있다.

20) 2016년(노동자 300명 이상 기업)과 2017년(노동자 300명 미만 기업) 단계적으로 정년을 60세로 연장하는 '고용상 연령차별금지 및 고령자고용촉진에 관한 법률(이하 고령자고용촉진법)'이 2013년 4월 제정됐다.

21) 베이비붐 세대 전체의 평균보험료 납부기간은 132개월에 불과했고 2015년 8월 기준, 베이비붐 세대의 126,596명이 손해를 감수하고 조기연금을 수령했다. 향후 명목상 연금 소득대체율은 1955년생 35.9%, 1960년생 46.1% 수준으로 예상되므로 실질소득대체율은 더 미흡할 것으로 전망된다.

따라서 은퇴 후 기대여명이 30~40년에 달하는 상황을 감안할 때 다수가 빈곤층으로 추락할 가능성은 매우 높다. 이미 은퇴자들이 빈곤층으로 전락하면서 소득 하위 20%의 가구주 평균연령이 2016년 처음으로 60세를 넘어섰다. 2011년 중산층에 속하던 가구주 나이 60세 이상 가구가 불과 몇 년 만에 거의 절반 정도가 저소득층으로 전락한 것이다. 어떻게 할 것인가? 이대로 계속 방치할 것인가?

투명인간–메뚜기족 노동자 리스크

베이비붐 세대가 특별한 것은 세대의 인구규모가 크다는 점도 있지만, 특히 이전 세대에 비하여 "장수위험(longevity risk)"[22]이 커졌기 때문이다. 과거 1970~80년대에는 55세에 퇴직해도 5~10년만 버티면 인생의 마지막을 볼 수 있어 노후문제가 크지 않았다. 그러나 이제는 수명연장으로 인하여 은퇴 후 20년에서 길게는 30년 넘게 살아가야 하는 상황이 된 것이다. 특별한 자산소득도 없고, 임금을 받고 일할 수도 없는 상황에서 생존할 수 있는 방안은 무엇인가? 흔히 연금을 생각할 것이다.

만일 연금을 생각했다면 중요한 실수를 한 것이 된다. 베이비붐 세대의 은퇴와 노후생활 문제를 논의하면서 연금을 대안으로 생각했다면 베이비부머들 중에서도 보다 심각한 위기에 노출되어 있는 다수집단을 간과하고 있는 것이다. 즉, 이제까지 은퇴와 노후생활에 관한 논

---

22) 장수위험이란 준비된 은퇴자산보다 더 오래 살게 될 위험을 의미한다. 즉, 은퇴 후에 확보할 수 있는 제한된 소득이나 자산으로, 생계를 유지하기 어려워질 때까지 생존할 위험을 뜻한다. 장수위험=예상하지 못한 은퇴기간÷예상은퇴기간. 예상은퇴기간=예상수명기대값−은퇴연령(60세)

의들은 생애과정에서 "주된 일자리"를 유지했던 정규직 상용근로자에 초점이 맞추어져 있다.

베이비붐 세대 중에서 주된 일자리에 복무하고 정년퇴직이라는 노동생애 과정을 거친 인구가 얼마나 되겠는가? 우리 사회에서 정년과 은퇴, 그리고 연금 문제는 대기업이나 공기업·공공기관에 종사하는 소수의 관심사일 뿐이다. 그런데 여기에 논의가 집중되다 보니 일평생 주된 일자리를 갖지 못하고 메뚜기처럼 여기저기 옮겨 다니는 다수의 비정규직의 은퇴와 노후문제는 전체적 통계수치에 묻혀버렸고 투명인 간 취급되고 있는 것이다.

또한 일자리 관련 논의에서 베이비붐 세대 은퇴 이후의 저임금 비정규직 이동에 초점을 두는 경향이 있다. 물론 최근 베이비부머들의 은퇴가 시작되면서 60대 이상 고령층의 비정규직이 크게 증가하는 추세를 보이고 있다.[23] 따라서 베이비부머의 공식은퇴를 실제적 은퇴가 아니라 저임금 비정규직[24]으로의 이행현상으로 파악하고 노후빈곤의 악화를 우려하고 있다. 즉, 베이비붐 세대들이 정년퇴직 이후에 생계를 위하여 저임금의 비정규직으로 여기저기 옮겨 다닐 것으로 예측하고 우려하는 것이다.

그러나 여기에서도 다수집단이 간과되고 있다. 즉, 노동생애과정에서 애당초부터 주된 일자리를 보유하지 못하고 메뚜기처럼 여기저기 직장을 옮겨 다니다, 공식적 은퇴라는 개념도 없이 노동시장에서 퇴출되는 비정규직들이 무려 59.9%에 이르고 있음은 간과되고 있다.[25] 특

---

23) 통계청, 2015. 8. 경제활동인구조사 근로형태별 및 비임금근로 부가조사 결과
24) 비정규직근로자에는 한시적 근로자, 시간제 근로자, 비전형 근로자가 포함됨.
25) 황수경, 베이비붐 세대 이행기의 노동시장변화, 정책연구시리즈 2012-15, KDI

히 이들의 노동시장으로부터 이탈과 배제는 심각한 사회문제를 내포하고 있다. 그럼에도 불구하고 노동생애 과정에서 소외를 겪은 위기집단이 은퇴 후의 대책에 대한 논의구조에서 다시 소외되고 있다는 것은 매우 의아스러운 일이다.

물론 주된 일자리를 갖지 못한 채 고령에 이른 인구집단은 집단구성이 매우 이질적이어서 분류 자체에 상당한 어려움이 있어, 은퇴를 정의하는 방식에서부터 어려움에 봉착한다. 특히 지속적인 노동시장 참여자와 달리 축적된 데이터가 없다는 점도 이들의 노동행적을 파악하는 데 어려움이 되고 있다. 그럼에도 불구하고 이러한 인구집단의 노동시장으로부터의 이탈 궤적을 정책적으로 고려하지 않는다면 은퇴패턴의 분석과 베이비부머들의 욕구파악 및 은퇴 후 생활문제에 대한 대응책 논의는 처음부터 반쪽짜리에 불과한 것이 될 것이다.

연금정책—폭탄 돌리기 그리고 돌려막기

늙음과 가난은 둘 다 풀기 어려운 난제이다. 그런데 늙음과 가난이 결합된 "노인빈곤"은 신(神)이 와도 풀기 어려운 난제가 된다. 인구 고령화로 파생되는 가장 큰 문제는 무엇보다 노인빈곤이다. 이미 우리나라 노인빈곤 수준은 OECD 국가 중 10여 년째 1위 자리를 지키고 있으며, 국민연금을 정비하고 기초연금을 도입한 이후에도 노인빈곤은 완화되지 않고 있다. 노인빈곤이 해소되지 않는 것은 결국 저수준의 공적연금과 저임금의 일자리 때문이다.

먼저, 우리나라 노인빈곤 문제는 기본적으로 낮은 수준의 연금체계에서 기인한다. 2015년 2월을 기준할 때 국민연금 평균수령액은 32만 5천 원으로 1인 가구 최저생계비의 절반 수준인 것으로 나타났다.[26]

한편, 소득보장 수준을 파악할 수 있는 국민연금의 소득대체율을 보면 국민연금, 기초연금, 퇴직연금을 모두 합하여 40% 수준인 것으로 나타나 주요 OECD 등 국제기구들이 권장하고 있는 적정 소득대체율 7~80% 수준에 훨씬 미치지 못하고 있다.

그렇다면 우리의 공적연금 체계는 왜 제 역할을 하지 못하고 있는가? 국민연금이 노후빈곤을 완화하는 기능을 수행하지 못함은 무엇보다 적게 부담하고 적게 수급받는 "저부담–저복지" 트랩에 갇혀 있기 때문이다. 한국보건사회연구원이 2014년도 노인 1만 450명을 대상으로 실태 조사한 바에 따르면 우리나라 노인가구의 총 연소득에서 근로소득이 27.4%를 차지했고 기초연금을 포함한 공적 이전소득은 22.6%로 나타났다.[27]

한편, 노후소득에서 공적연금의 비중이 낮은 만큼 국민부담률도 매우 낮다. 2015년 2월에 발표한 OECD 자료에 의하며 우리나라 GDP 대비 공공사회복지지출 비율은 10.4%로서 OECD 회원국 평균 21.6%의 절반에도 미치지 못하면서 최하위를 기록하고 있다. 결국 이러한 자료들은 전형적인 "저부담–저복지"의 덫을 보여주는 것이다.

따라서 노후빈곤을 완화하기 위해서는 "저부담–저복지"의 트랩을 벗어나야 하며 연금 부담 수준을 높여서라도 소득대체율을 다시 50% 수준으로 올려야 한다는 주장이 정치권에서 제기되었으며, 학계에서는 연기금 고갈문제와 적립식 및 부과식 등 연금운용방식을 두고 세

---

26) 국민연금공단의 국민연금 수급자 통계를 보면, 평균은 32만 5천 원이나 10~19년 가입자는 40만 6천720원, 20년 이상 가입자는 87만 1870원으로 나타나 가입기간이 20년 이상이어야 최저생계비를 웃도는 연금을 받을 수 있다(2015년 2월 기준)

27) 한국보건사회연구원, 2015, "2014년 노인실태조사보고서", 보건복지부

대 간의 형평성 논쟁이 일어나고 있다. 반복되는 연금개혁 논쟁을 두고 결국은 부담 책임을 현세대와 후세대 간에 서로 미루는, 폭탄 돌리기라는 비난도 등장하고 있다.

이렇게 소득절벽에 내몰린 노인들이 생계유지를 위해 계속 일해야 하고 실제로 일하는 노인들이 급증하고 있지만 일자리의 질이 나쁘다는 문제가 도사리고 있다. 더 늙도록 더 많이 일을 하지만 오히려 점점 더 가난해지고 있다. 시간이 갈수록 노동의 질과 임금이 낮아지는 노인 일자리의 특성 때문이다. 그럼에도 불구하고 정부는 생계형이 아닌 소일형의 노인 일자리 공급정책을 반복함으로써 무책임한 돌려막기라는 비난을 받고 있다. 앞으로도 소일형의 황혼노동 전략은 고령노인 빈곤문제 해결의 근본적 대안이 될 수 없다.

인구 고령화로 은퇴 이후 다수 인구가 빈곤층으로 전락하여 비극적 삶을 살아야 한다는 경고가 끊임없이 울렸음에도 불구하고 대한민국은 허송세월하다가 최근 20여 년에 이르는 인구보너스기라는 절호의 기회마저 놓쳤고, 인구절벽의 인구오너스기에 직면해서도 여전히 폭탄 돌리기, 돌려막기를 하며 우왕좌왕하고 있다. 그 결과, 고령사회 준비 수준이 주요국 중 꼴찌라는 불명예를 차지하고 있다. 단언컨대 앞으로도 지금 같은 패턴의 일자리정책은 정권마다 어떻게 재포장하든 간에 면피용 정책, 기만적 정책 등의 평가를 면하기 어려운 실패작이 될 것이다.

창피한 성적표-고령화준비지수

문제는 속도이다. 앞에서부터 누누이 강조해왔지만 인구 고령화는 인간의 생애과정에서 노년기가 정상적으로 이행된 결과로서 결국 "인구정상화"라고 해야 할 것이다. 문제는 인류 역사 초유의 사건이라 할 만큼 그 속도가 너무 빠르다는 것이다. 인구 고령화에서 속도가 문제가 되는 것은 고령화 준비를 할 수 있는 시간이 필요하기 때문이다.

그동안 우리나라는 드라마틱하게 경제성장은 이룩하였지만 사회변동에 대응하는 사회체계를 구축하지 못했다. 즉, 인류 역사상 가장 빠른 속도의 인구 고령화가 대한민국에서 진행되고 있지만, 정작 고령사회를 준비하는 국가적 노력의 수준은 지나치게 낮다. 최근 미국 국제전략문제연구소(CSIS)는 재정지속가능성과 소득적절성 등을 지수화하여 세계 20개 주요국을 대상으로 고령화 준비상태를 평가했다.

고령화준비지수(Global Aging Prepare Index: GAP)는 한 나라가 고령화에 얼마나 대비가 잘 돼 있는지 평가하는 지수로 그 중 소득적절성 지수(Income Adequacy Index: IAI)는 고령화에 대비해 삶의 질을 유지할 만큼 노인의 소득이 준비됐는지 평가하며, 재정지속가능성 지수(Fiscal Substantiality Index: FSI)는 노인에게 제공할 공공지출을 견뎌낼 수 있을 만큼 재정이 탄탄한지를 평가한다.[28]

평가결과 우리나라의 고령화 대비 소득적절성지수(IAI) 순위는 19위에 그친 것으로 나타났고 재정지속가능지수(FSI) 순위는 10위로 나타났다. 우리나라는 국가재정을 투입해서 소득을 보전해줄 필요가 있음에도 재정의 지속가능성을 우려하여 그렇게 하지 못하고 있다. 따라서 소득적절성 지수와 재정지속가능 지수를 조화하고 높일 수 있는 정책이 필요하다고 권고한다.

---

28) Richard Jackson, 2016, The Global Aging Preparedness Index, Second Edition, GAI.

고령화 준비상태

'소득 충분 지수' (IAI) 순위 (2013년 기준)	'재정 지속 가능 지수' (FSI) 순위 (2013년 기준)
* 노인(60세 이상)의 고령화 대비 경제적 준비 수준	* 정부가 고령화에 따라 노인에게 공공혜택을 제공할 수 있는 능력
① 네덜란드	① 인도
② 미국	② 멕시코
③ 브라질	③ 칠레
④ 호주	④ 중국
⑤ 독일	⑤ 러시아
⑬ 중국	⑩ 한국
⑭ 일본	⑪ 미국
⑱ 러시아	⑮ 일본
⑲ 한국	⑱ 독일
⑳ 폴란드	⑲ 이탈리아
	⑳ 스페인

자료 : 미국 국제전략연구소(CSIS)

요컨대, 고령화준비지수는 궁극적으로 고령자의 삶의 질이 비고령자와 유사하도록 국가와 개인을 경제적으로 준비시키기 위한 예측지수이다. 현재로서 우리가 취해야 할 가장 기본적인 미래사회 준비는, 인구 고령화에 대응하여 고령인구가 빈곤상태로 추락하지 않도록 소득보장대책을 세우는 것이다. 동시에 다른 세대와의 형평성을 고려하고 지속가능성을 담보하기 위해 재정건전성도 유지방책도 세워야 한다. 결국 소득적절성지수와 재정건전성지수를 모두 끌어올릴 방안을 찾아야 한다.

그러나 과연 책임 있는 정부 관료와 정치인들은 재정건전성 지수도 높이고 소득적절성 지수도 높일 수 있는 묘책을 만들어낼 수 있을까? 현재로서는 기대난망이다. 이제껏 내놓은 대책이란 곧 돌려막기식의 일자리 창출이 아니면 폭탄 돌리기식의 연금개편이다. 결국 "너희들이 알아서 하라"는 것 아니면 그 무엇이겠는가?

니들이 알아서 해!-벼랑 끝에 몰린 잉여인간

한 해 동안 30만여 명의 베이비부머들이 은퇴러시를 이루며 노년기의 문턱을 넘어서고 있다. 그러나 은퇴 이후 베이비부머들이 살아야 할 세계는 제대로 된 노동기회도 없고 복지체계마저 미흡한 상태이다. 그럼 생존위기의 이 현실을 어떻게 헤쳐 나가란 것인가? 우리의 고령사회 대책은, 돌려막기와 폭탄 돌리기 외에는 뾰족한 수를 찾지 못하다가 이젠 개인적 자구책에 눈을 돌리고 있다. 거칠게 표현하자면, 노동은 종쳤고 복지도 가망 없으니 너희 인생 너희가 알아서 하라는 것 아닌가!

요컨대 노후대책을 스스로 마련하라는 것이다. 그러나 이미 늦었다. 베이비부머들의 은퇴와 노년기 진입은 이미 시작되었고 각종 조사 자료들을 종합해보면, 부모부양과 자녀양육에 매진한 나머지 베이비부머 10명 중 7명 이상이 경제적 노후준비가 미흡한 실정이다. 자구책은 다시 일하는 것뿐이다. 결국 노후준비가 안 된 베이비부머들은 공식적으로는 은퇴했지만, 실질적 은퇴는 하지 못하고 생계를 위해 일하는 노인으로 살아간다. 그럼에도 불구하고 "일하는 노인"이 더 가난한 "워킹푸어"의 처지를 피할 수 없음은 이미 국내외 통계자료에서 드러나고 있다.

우리나라는 정년은 60세로 가장 낮지만 실질 은퇴연령은 71.1세로 세계에서 가장 높다. 60세 정년 혜택을 받는 사람은 공기업 대기업 등 지극히 제한적이고 대개 50대 중반이면 퇴직한다. 적게는 10년에서 길게는 15년 이상을 은퇴하고도 일을 더 해야 하지만 갈수록 더 가난해진다. 노인일자리를 만든다고 소문은 요란하지만 대부분 세금으로 운영되는 단기적인 실비수령 사회봉사 수준이거나 초저임금 돌려막기 노동에 불과하다. 정부는 여론을 의식해서 돌려막기를 하면서 버티고 있으나 기실은 현재와 같은 노동시장 내의 단일차원 노동구조에서 일자리 방책이란 노인빈곤 해소의 근본적 해법이 될 수 없다.

그러나 그나마 일하고 싶어도 마땅한 일자리가 없고, 있더라도 초저임금에 고용상태마저 불안정하여 결국 자영업에 뛰어드는 사람이 많다.[29] 문제는 치열한 경쟁과 경험부족 등으로 실패하는 경우가 많다는 것이다.[30] 그래서 베이비붐 세대의 생애과정은 기승전결이 아니라 "기승전치킨"이라는 자조적 농담을 들을 수 있다. 직장에서 퇴직한 후 생계를 위해 거치는 필수코스가 치킨점이라는 말이다.

각종 통계자료들을 보면 직장에서 떠난 후, 대부분 상대적 저임금의 직장으로 옮기거나 이마저도 여의치 않으면 영세 자영업자가 돼 고군분투하지만, 결국 그나마 노후자금을 까먹거나 더 큰 빚을 지고 파산하는 경우가 속출하고 있다. 국세청의 전국 사업자 통계에 따르면 매년 평균 약 96만 명이 신규사업자로 신고하고 약 80만 명이 폐업신고를 한다. 통계청 자료에 의하면 10년 동안 버틴 자영업자의 생존율은 16.4%로 5명에 1명꼴도 되지 않는다.[31]

한편, 우리나라 베이비부머들의 경우, 개인차원에서의 노후준비 역시 매우 미흡하다. 조사연구 결과 베이비부머 10명 중 7명 이상이 경제적 은퇴 준비가 부족하다고 느끼고 있으며[32] 통계청의 "사회조사

---

29) 통계청에 따르면 2013년 1월 현재 우리나라 전체 취업자 가운데 자영업자가 차지하는 비중은 22.7%로, OECD 회원국 평균치인 15.8%를 훨씬 웃도는 수준이다.
30) 퇴직 후 자영업에 투신한 사람 중 절반은 3년 이내에 문을 닫는 등 생존비율이 25%로 매우 낮은 편이다.
31) 통계청, 2015년 경제활동인구조사(근로형태별 및 비임금 근로 부가조사)
32) 서울대학교-메트라이프, 2015. 9, 3차년도 한국 베이비부머 연구 보고서

2015"에 의하면 국민의 노후준비 수준은 전반적으로 열악하며 노후준비를 한다고 밝힌 국민은 64.7%에 불과했다. 특히 베이비붐 세대 중에서도 교육수준이 낮을수록, 소득수준이 낮을수록 노후준비를 하지 않는 경향이 높아 문제의 심각성을 더하고 있다.

> 교육수준별로 노후준비하고 있다는 대답은, 대졸 이상(80.7%)이 유일하게 80%를 넘겼고 고졸(63.7%), 중졸(63.2%), 초졸 이하(39.8%) 등의 순이었다. 연령대별로는 30대 76.3%, 40대 79.3%, 50대 76.4%, 60대 51.3%가 노후준비를 했다고 답했다. 소득수준별로는 월 소득 300만 원 이상인 경우 약 90% 이상이 노후 준비를 했다고 응답했지만, 월 소득 200만~300만 원인 대상자는 83.8%만이, 월 소득 100만~200만 원인 대상자는 69.4%, 100만 원 미만인 대상자는 31.3%만 노후 준비를 했다고 밝혀 소득수준이 낮을수록 노후대비를 하지 못하는 경향이 뚜렷했다.[33]

설상가상 노후준비과정에서 퇴행현상까지 나타난다. 아직 현직에 남아있는 베이비부머들마저 노후준비가 미흡하여 불안해하면서도, 여전히 부모부양과 자녀양육 등 양쪽 책무로부터 벗어나지 못함으로써, 시간이 갈수록 노후준비 수준이 더 떨어지는 퇴행현상마저 보여준다. 메트라이프생명이 서울대학교와 공동으로 조사·분석한 3차 보고서, 그리고 삼성생명 은퇴연구소의 3차 조사보고서 모두 은퇴 및 노후준비 상태가 오히려 퇴보하고 있음을 보고하고 있다.

---

33) 통계청, 사회조사 2015(복지·사회참여·문화와 여가·소득과 소비·노동)

서울대학교 노화 · 고령사회연구소에서 진행하고 있는 "한국 베이비부머 패널연구"의 3차년도 보고서[34]에 의하면 베이비부머들의 노후준비는 시간이 갈수록 퇴행하고 있다. 은퇴자금 준비 정도에 대한 질문에서 충분한 은퇴자금을 마련했다고 답한 베이비부머는 전체의 6.1%로 지난 2010년 8.4%, 2012년 7%에 이어 계속 감소하고 있다. 차질 없이 저축 및 투자를 하고 있다고 답한 베이비부머는 17.2%로 지난 2010년 22.5%에서 5.3%나 감소했다. 반면, 경제적 은퇴준비가 전혀 되어있지 않거나 미흡하다고 답한 베이비부머는 61.1%로, 저축 또는 투자 계획에 다소 차질이 있다고 답한 15.5%까지 더하면 무려 76.6%가 경제적 은퇴준비가 제대로 되어 있지 않은 것으로 나타났다.

한편, 삼성생명 은퇴연구소의 "은퇴준비지수2016"에서도 우리나라의 은퇴준비 수준은 "주의"단계로 취약하며 2년 전 조사와 비교할 때 은퇴준비 수준이 오히려 퇴보한 것으로 나타났다.[35] 은퇴지수란 은퇴준비현황과 의식수준을 종합적으로 분석한 것으로 격년으로 조사하고 있다. 2016년 보고서는 세 번째로서 전체 응답자 1,771명 중 양호단계는 9.5%에 불과했으며, 주의단계가 59.9%이며 위험단계도 30.6%에 이르고 있다. 2014년도 은퇴준비지수와 비교하면 2016년은 2.2% 하락했으며, 양호단계는 2014

34) 서울대학교 노화 · 고령사회연구소-메트라이프생명, 2015. 9, 3차년도 한국 베이비부머 연구 보고서: 두 기관은 2010년부터 베이비부머 4천 명을 대상으로 2년마다 추적 조사하여 생활 · 경제적 변화를 보여준다.

35) 삼성생명 은퇴연구소는 2012년부터 매2년마다 은퇴준비 형황과 의식수준을 종합적으로 조사 · 분석한 은퇴준비지수를 발표하고 있다. 은퇴준비지수는 노후생활을 위해 재무(안정된 삶), 건강(건강한 삶), 활동(활기찬 삶), 관계(어울리는 삶) 등 네 가지 영역의 지수를 산출한 후 상대적 중요도를 반영하여 최종 산정한다. 은퇴준비지수는 위험(0~50점 미만), 주의(50~50점 미만), 양호(70~100점) 등 4단계로 구분했다.

년 13.0%에서 2016년 9.5%로 비중이 줄었고, 주의 및 위험단계는 87%에서 90.5%로 늘어났다.

현재 대한민국에서 개인적으로 노후준비가 충분하지 않다는 것은 조만간 워킹푸어(working poor)를 거쳐 노후난민의 길로 가는 생애여정을 예약해둔 것이나 마찬가지다. 통계청에 의하면 하위 20%인 1분위 저소득층 인구의 고령화가 급진전되고 있다. 2016년 1분기에 처음으로 1분위의 평균연령이 60세를 넘겼고 2분기에 61세가 되었다. 여기에 베이비붐 세대까지 가세하면 그 속도는 더욱 빨라질 것이다.

가구주가 60세 이상인 중산층 가구의 45.5%는 최근 3년 만에 저소득 하위40%로 전락했다. 전체소득에서 연금소득 비중은 2006년 28%에서 2016년 37%로 증가했지만, 이 정도의 연금소득으로는 빈곤을 막을 수 없다. 그러면 어떻게 해야 하는가? 물론 근본적으로 연금소득 등 공적 이전 확대를 통해 소득적절성을 높이고 동시에 재정지속가능성도 높이는 묘책을 찾아내야 할 것이다.

그러나 지금 당장은 여전히 진행 중인 부모와 자녀 부양의 과중한 책무를 덜어줄 수 있는 대책부터 강구해야 한다. 성인자녀의 수가 늘었음에도 불구하고 자녀들에 대한 경제적 지원과 손자손녀를 돌보는 비율은 늘어나는 등 자녀양육부담은 오히려 증가하고 있다. 또한, 부모 중 어느 한쪽이라도 생존해 있는 비율은 감소했으나 부모를 간병하고 있는 비율은 1.5배 이상 증가하는 등 부모세대 부양의 책임은 늘어나고 있다.

만일 이런 상황에서 아무런 대책 없이 "너희들이 알아서 하라"고 방치한다면 노후난민, 노인파산, 노인범죄, 노인자살 등의 문제로 인하여 후세대가 짊어져야 할 사회적 비용은 크게 증폭될 것이다. 그렇다면 대책은 무엇인가? 이 질문에 답하는 것이 이 책의 목적이지만 일단, 현재의 사회체계에선 답이 있을 수 없다. 전혀 새로운 체계를 구축해야 한다.

만일 그렇게 하지 않고 정부도 사회도 개인도 근본적 대책 없이 흘러간다면 결론은 명확하다. 베이비붐 세대의 문제는 714만의 잉여인간들이 모두 수명을 다해 이 세상을 떠난 뒤에는 자연 해결될 것이다. 그러나 그동안 이 세상은 생지옥이 될 것이다. 게다가 596만 예비 잉여인간, 제2차 베이비붐 세대[36]가 바짝 뒤쫓아 오고 있다.

---

36) 1968년에서 1974년 사이 7년 동안 태어난 596만 명의 거대 인구집단으로 전체 인구의 12.4%를 차지한다. 이들은 사교육비와 아파트 마련에 과중한 지출로 인해 에듀푸어(edu poor), 하우스푸어(house poor)라는 신조어를 만들어낸 세대이다. 은퇴준비가 미흡하면 엄청난 고통을 받게 될 세대이며 특히 베이비붐 세대의 자녀세대와 세대갈등을 빚게 될 가능성이 매우 크다.

3. 세대갈등의 표적이 된 베이비부머

세대적 원죄론—억울하지만 받아야 할 비난

최근 들어 베이비붐 세대가 동네북이 되고 있다. 후배세대는 물론
"헬조선"을 외치는 자식세대들로부터도 공격받고 있다. 빛과 그림자의
세대 베이비부머, 그들은 왜 이런 곤욕을 치루고 있는가? 기본적으로
베이비붐 세대는 고도경제성장기를 배경으로 노동시장에 쉽게 진입한
행운의 세대로 알려져 있다. 이것이 공격의 단초가 되기도 하지만 그
러나 그림자가 더 깊다.

베이비붐 세대의 대학진학률은 약25% 수준에 불과했고, 대부분은
중학교 또는 고등학교를 졸업한 뒤 공장에 취업하여 저임금에 시달리
는 공돌이 공순이로 일했다. 특히 베이비부머 중 약 60%는 일평생 주
된 일자리를 갖지 못하고 메뚜기처럼 여기저기 옮겨 다니면서 닥치는
대로 일했다.[37] 그나마 정규직으로 일하던 사람들도 글로벌 경제위기

를 맞아 대부분 구조 조정당하고 길바닥으로 내몰리고 말았다.

베이비붐 세대는 선세대인 산업화 세대와 후세대인 민주화 세대 사이에 낀 샌드위치 세대인 동시에 부모부양과 자식양육을 위해, 정작 자기 자신의 삶은 포기해야만 했던 투명인간 세대이기도 하다. 즉, 베이비붐 세대는 부모를 부양한 마지막 세대이고 자식의 부양을 받지 못하는 최초의 세대이다. 게다가 부모봉양과 자녀양육은 여전히 끝나지 않았고 소득은 감소하는데 가계부채는 증가됨으로써 장차 노후난민화의 가능성이 매우 높은 세대이다.[38]

성석제의 소설 『투명인간』은 베이비부머에게 바치는 엘레지다. 1960년생인 작가는 소설 속의 주인공 1960년생의 김만수를 통하여 동시대를 살아온 베이비부머 친구들의 아픔을 탐구한다. 만수는 태어날 때부터 시원찮은 외모에, 늦되고 명석하지 못했다. 하지만 이전 세대의 애정 어린 보살핌, 이후 세대에 대한 책임감으로, 어렵고 힘든 시대에 주변사람들을 먹여 살리는 존재가 된다. 그러나 위기에서 벗어난 사람들은 만수의 희생과 도움을 기억해주지 않았다. 그들에게 만수는 존재하지만 존재하지 않는다. 만수는 죽기 전에 남긴 한 마디 "나는 포기한 적이 없어요!"라는 말 외에는 자신의 이야기조차 없다. 결국 만수는 자신의 목소리가 아닌 타자의 이야기를 통해서 서술되는 투명인간인 것이다.

---

37) 베이비부머의 55.9%가 지속적으로 노동시장에 참여하지만 안정적인 일자리를 얻지 못하고 열악한 조건의 일자리를 반복 취업하는 근로자 그룹과 같은, 주된 일자리 미보유자들이다. 베이비부머의 인구집단이 거대한 결과 동년배 집단 내의 경쟁이 치열했음을 보여준다.
38) 이용재(2013), 베이비붐 세대의 노후준비 특성, 한국콘텐츠학회 논문지, Vol. 13 No 5: 253-261.

그런데 베이비부머에 대한 엘레지가 끝나지도 않았는데 베이비붐 세대에 대한 비난의 목소리가 커지고 있다. 예컨대 베이비붐 세대는 가족 이기주의를 극대화하고 사교육 열풍을 조장한 주체세력이라는 비판에서부터 특별한 기여 없이 선배들이 이룬 산업화의 혜택뿐만 아니라 후배들이 이룬 민주화의 혜택을 모두 누리면서도, 다른 세대를 위한 자기희생을 고려하지 않는 세대라는 비난이 일고 있다. 나아가 성장기를 틈타 가장 쉽게 부와 권력을 획득하고도 기득권을 지키려고 후배세대들의 사다리를 걷어차 버린 역사상 가장 나쁜 세대라는 비난까지 제기된다.

최근 "베이비부머, 청년세대에 죽을죄를 짓고 있다"는 글이 인터넷 신문 블로그에 게재된 바 있다.[39]

"높은 실업률, 높은 비정규직, 낮은 임금에 청년들이 신음하고 있는데 베이비붐 세대는 이런 정치, 이런 경제를 방조했다"고 비난하며 "청년들에게 일자리를 만들어주지 못한 세대로 끝날 텐가?"라는 질문을 던지고 있다. 한편, 대학생 인터넷 커뮤니티에 게시된 글에서도 "40~50대는 후배세대의 사다리를 차버린 암적인 존재"라는 비난과 함께 "왜 그들은 역사상 유일하게 오직 자신과 가족만을 바라보는 이기적 인간이 돼버렸을까?"라는 질문을 하고 있다.[40]

"4~50대(베이비붐 세대)는 암적인 존재다. 역사적으로 봤을 때 선배들이 이룬 업적과 성장기를 틈 타 가장 쉽게 부와 권력을 획득했다. 지금은 모든 기득권을 차지한 채 후배세대 앞에 놓인 각종 사다리를 걷어찬다. (중

---

39) blog.newstapa.org/msshin56/1645 검색일자: 2016. 10. 2.
40) www.SNULife.com 재인용: 주간조선, 베이비부머유감, 2015. 9. 14[2374호]

략) 취업뿐 아니라 부동산도 그렇다. 그들은 부동산 불패신화에 핵심적인 역할을 했고, 단군 이래 부동산을 통한 최고의 불로소득을 거뒀을 뿐 아니라, 결국 한국 사회의 하우스 체인을 망가뜨려 버렸다.(중략) 한국의 40·50대는 선배세대와 후배세대, 그리고 국가와 사회의 기본 틀조차 생각하지 않는 존재로 보인다. (중략) 무엇이 40·50대를 먹잇감 앞의 개로 만들어버렸을까. 왜 그들은 역사상 유일하게 오직 자신과 가족만을 바라보는 이기적인 인간이 돼 버렸을까."

이러한 비난에 대해 베이비부머의 개인적 차원에서는 당혹스럽고 억울할 수 있다. 그러나 세대적 차원에서는 이유 있는 비난이라고 할 수 있다. 먼저 주목할 점은 베이비붐 세대에 대한 후세대의 비난은 우리나라만이 아니라 전 세계적 현상이라는 것이다. 세계 각국에서 인구 고령화와 대대적 은퇴가 진행되면서 베이비붐 세대를 이기적 세대로 비난하는 현상이 두드러지고 있다. 이러한 현상은 표면적으로 일자리와 부양부담 문제 등에 따른 경제적 차원의 문제이지만, 근저에는 인구학적 특성이 작용하고 있다.

기본적으로 전쟁 직후에 태어난 각국의 베이비붐 세대는 인구수에 비하여 절대 부족한 인프라로 인하여 동료 간 치열한 경쟁을 하면서 자랐고, 경제성장기를 거치면서 성공하기 위해 앞만 보고 달린 경향이 있다. 따라서 대부분의 나라에서 베이비붐 세대는 경쟁에서 승리하는 것을 인생에서 가장 중요한 가치로 여기는 세대적 경향이 있으며 이것이 후세대로부터 비난받는 큰 이유가 되기도 한다.

미국의 베이비붐 세대 역시 우리나라와 비슷한 비판을 받고 있다. 즉, 베이비붐 세대는 그저 나무줄기를 타고 가능한 한 높이 올라가려고만 했지, 나무의 기반이 어떤 형편인지는 고려하지 않은 이기적 세대라는 비판을 받고 있다. 반면 베이비부머의 자녀세대인 Y세대는 풍요로운 환경에서 자랐지만 테러, 폭력, 저성장이 사회문제로 대두되던 시기에 성장기를 보내게 됨으로써 미래에 대한 불안감이 깊은 세대이다. 따라서 Y세대는 부모세대가 고도성장 시기에 열매만 취하고 나무는 돌보지 않았다고 비판한다.

일본에서는 베이비부머 "단카이세대"가 독선적이며 자기중심적이고 자신들 세대의 권익을 지키는 데 맹목적이라고 비난함과 동시에 소위 "단카이 망국론"까지 제기하고 있다. 청년세대 중 일부는 "고도성장이라는 배부른 잔치를 즐긴 고령세대가 음식구경조차 못한 청년세대에게 이젠 설거지마저 시키고 있다"고 분노한다. 일본 "단카이문제연구소"에 의하면 일본의 위기는 독선적이고 자기중심적인 단카이세대가 중간관리층으로 대두함에 따라 일어나기 시작했다고 본다. 무엇보다 일터에서 장기간 기득권을 유지함으로써 후세대의 진로를 가로막았고 그 결과 자식세대를 '사토리세대'(さとり世代)로 만들었다는 비난을 받는다.[41]

이와 같이 오늘날 세계 각국의 베이비붐 세대들은 후세대의 비난을 사고 있다. 물론 우리나라 베이비부머들 역시 마찬가지이다. 베이비붐 세대 개인으로서는 억울한 일이다. 무엇보다 치열한 동년배 간 경쟁 속에 살아남아야 했고 아래위로 치이면서도 오로지 가족을 위해, 그리고 직장을 위해 죽어라 일한 죄밖에 없는데 이기주의자로 비난받고 후세대의 앞길이나 가로막은 사회갈등의 원흉으로 낙인된다는 것

---

41) 우리말로 직역하면 "달관세대"이다. 출세나 성공에 대한 욕망 없이 희망 없는 현실에 어쩔 수 없다는 듯 포기와 체념으로 담담히 대응하는 세대라는 의미이다.

은 개개인으로서는 무척 억울할 것이다.

그러나 세대 전체의 차원과 사회구조적 측면에서는 "세대적 원죄"가 있다. 그것은 단순히 외현상의 경제적·사회적 자원의 제약과 불균형에 기인한 것이 아니다. 베이비부머의 세대적 원죄는 태생적으로 경쟁의 가치를 지고의 가치로 삼았고, 결국은 경쟁의 기제를 자기착취의 경지까지 확장시켰다는 데 있다. 즉, 베이비부머의 "세대적 원죄"는 지배와 강제에 의한 타자의 착취에서 진일보하여, 무차별적 경쟁 판을 만들고 성공적인 인간이 되기 위하여 스스로 망가질 때까지 들이대는 자기착취의 세계를 구축한 것이다.

따라서 오늘날 가없은 영혼들은 경쟁에서 쉴 새 없이 누군가를 이겨야만 존재의 자격을 부여받는다. 성과와 능력을 통해 자기 존재감을 드러내지 못하면 불완전한 인격체로 낙인되고 결국은 그들만의 리그에서 배제됨으로써 잉여인간으로 전락한다. 결국 배제되지 않으려면 타자와의 상생관계는 파기하고, 오직 성과를 위해 스스로를 착취하고 고립시키는 자폐를 선택해야 한다. 그러나 배제를 무기로 자폐를 강요하는 사회, 누군가는 낙오되고 잉여인간이 될 수밖에 없는 무한경쟁사회는 지옥과 다름없으니 젊은이들은 "헬조선"이라 한다.

그런데 베이비부머들은 경쟁에서 살아남기 위해 "넌 뭐든지 할 수 있어"라는 과잉긍정으로 무장했고, 압축적 경제성장의 전위대가 되기 위해 자기착취의 굴레에 들어서고 말았다. 그 결과 당사자는 물론 후세대들까지 경쟁사회탈진증후군에 빠뜨렸고, 포기와 좌절, 달관과 분노의 상충적 감정이 엇갈리는 인지적 조울증을 확산시켰으니 이것이 베이비부머의 세대적 원죄이고 오늘날 "헬조선"의 원흉으로 지탄받게 된 이유이다.

그러나 오늘날의 경제적 위기는 전 세계적 문제이고 일자리 문제는 청년세대나 노년세대나 모두 동병상련의 문제이다. 대한민국 청년세대가 88만원 세대라면 노년세대는 33만원 세대[42]이다. 오늘날 빈곤과 일자리 문제, 그리고 불평등의 문제는 세대의 문제가 아니다. 베이비붐 세대도 힘들고 에코세대도 힘들다. 그럼에도 불구하고 오늘날 젊은 세대들이 부모세대인 베이비부머들을 원망하고 비난하는 이유는 세대적 원죄에 있다.

그래서 "선배세대와 후배세대, 그리고 국가와 사회의 기본 틀조차 생각하지 않는 존재로 보인다. 왜 그들은 역사상 유일하게 오직 자신과 가족만을 바라보는 이기적인 인간이 돼버렸을까?" 비판한다. 물론 베이비부머 개인차원에서 원망과 비난은 억울하다. 그러나 이 질문은 "우리에게 왜 이리 혹독한 승자독식의 경쟁사회를 물려주고, 왜 이리 잔인한 배제와 자폐의 삶을 살도록 만들었는가?"로 읽어야 한다. 그리고 세대적 차원에서 잘못된 사회구조에 대한 해결책을 모색해야 한다.

막가는 세대담론—의도가 무엇인가?

오늘날 현대문명이 자초한 호모사피엔스의 위기는 근본적으로 세대 간의 연대와 협력을 통한 새로운 질서의 구축을 요구한다. 그런데 지금 우리 사회에는 세대 간 협력과 연대를 통한 새로운 질서 구축에 관한 담론은커녕, 오히려 세대전쟁이란 말까지 오가는, 과격한 세대담론들이 범람하고 있다.

현재 진행되는 세대담론들은 동병상련의 문제를 놓고 그것이 누구

---

42) 2015년 기준 전체 국민연금 평균수령액은 32만 5천 원이었고, 20년 이상 가입자의 경우 평균 87만 원 수준이었다.

의 책임이냐를 다투는 것으로, 마치 자중지란을 부추기는 양상이다. 일부 논자들은 기필코 세대전쟁을 일으키고야 말겠다고 작심이라도 한 듯, 과격하고 기만적 세대담론을 쏟아내고 있다. 우려하는 것은 이와 같이 막가는 세대담론들이 범람함으로써 오늘날 청년세대와 노년세대가 겪는 문제의 초점을 엉뚱한 곳으로 돌리고 있다는 점이다.

그 사례가 프랑스에서 일어난 뮤직비디오 논쟁이다. 국민가수로 불리는 장 자크 골드만이 2015년 발표한 "일생 동안"이란 뜻의 "뚜 라 비(Toute la vie)" 뮤직비디오를 보면 청년세대와 기성세대가 양편으로 나뉘어서 말싸움하듯 공격과 반박의 노랫말을 서로 주고받는다. 불만족스러운 상황을 두고 그 책임을 서로에게 전가하면서 본질에서 벗어난 소모적 논쟁을 하고 있는 것이다.

> 뮤직비디오에서 먼저 젊은이들은 기성세대가 누릴 것은 다 누리고 훈계만 한다고 목소리를 높인다. "당신들은 평화, 자유, 완전 고용 등 모든 것을 다 가졌다. 그러나 우리는 실업, 폭력, 에이즈로 고생하고 있다"며 기성세대를 공격한다. 이에 대해 기성세대는 "우리가 가진 것은 모두 노력해 얻은 것이다"라고 반박한다. 그러면서 "이제 너희 차례. 너희도 움직여라"라고 충고한다. 그러나 청년실업률이 25%에 달하는 상황에서 젊은이들이 일하지 않는다는 비판은 정당하지 않다는 반론이 제기되었고 "내 아버지도 나 보고 가만있지 말고 움직이라고 말했고 나도 내 아이들에게 그렇게 말하는데 이게 보수반동이라는 말이냐"는 반박이 제기되면서 세대 간의 논쟁이 격화되었다.

현재 세계 각국에서는 장 자크 골드만의 뮤직비디오 같은 세대담론이 진행되고 있다. 물론 나라마다 경제상황과 사회보장체계의 차이가 있지만 공통점은 개별적 차원에서 기성세대의 입장이나 청년세대의 불만은 모두 타당하다는 것이다. 그러나 문제는 기성세대가 사회구조적 차원에서 무차별적 경쟁사회를 구축한 "세대적 원죄"를 간과하고 있다는 것이다. 다시 말해서 자본주의 사회의 구조적 문제를 개인적 차원의 부적응의 문제로 전가하고, 한편에서는 개개인의 기능적 문제를 사회적 구조문제로 왜곡하여 논쟁하고 있는 것이다.

매우 진지하게 숙고해야 할 문제들을 한 편의 봉숭아학당 코미디같이 제멋대로 다루고 있다. 최근 인구 고령화가 급진전되고 세계경제가 저성장 국면으로 침체되면서 불만과 불안이 증폭하고 해결방안을 두고 세대갈등의 여지가 나타나자, 이를 빌미로 비극적 세대전쟁을 예고하는 저작들까지 범람하고 있다. 요지는 늙은 세대가 젊은 세대를 착취함으로써 젊은 세대가 봉기를 일으킨다는 것이다.

암이 정복되고 관절도 줄기세포로 복원되면서 나이 든 사람들은 마라톤도 할 판이다. 80세인 사람들이 그들의 부모가 40세일 때보다 더 젊어 보인다. 노인들은 노후 연금을 받으며 늘어난 노후생활을 마음껏 즐기게 된다. 그러나 고령인구를 위한 연금비용이 천문학적으로 늘어나고 젊은 세대들의 사회보장 세금부담은 가중되면서 분노는 커져만 간다. 노인은 젊은이를 경계의 대상으로 두려워하고, 젊은이는 노인을 조롱의 대상으로 미워하게 된다. 결국 더 이상 참을 수 없게 된 청년들은 과격한 정치결사체를 만들고 노인테러와 납치를 일삼는 등 세대전쟁을 시작한다.

이상은 앨버트 브룩스의 소설 『2030 그들의 전쟁』의 내용이다. 곧 다가올 2030년을 무대로 설정하고 인구 고령화로 야기될 수 있는 세대 간의 갈등을 매우 극적으로 다루고 있다. 노인들만 골라 살해하는 버스테러와 노인의 투표권 제약을 요구하는 유람선을 납치하는 국면에서는, 여차하면 인간수명을 제한하자는 정치적 주장도 나올 수 있다는 위협적 기세를 느꼈다. 과연 소설과 같은 끔찍한 세대전쟁이 현실적으로 일어날 가능성이 있는가?

물론 세대관계의 역사적 경험에 근거하거나, 오늘날 사회갈등을 촉진하는 불평등의 양태에 근거한다면 세대전쟁은 일어날 수 없다. 그럼에도 불구하고 세대전쟁은 가능하다. 다른 모든 전쟁이 그러하듯이 명확한 이성적 판단이 아니라, 왜곡된 정보와 특정한 의도에 의해[43] 세대전쟁도 가능한 일이다. 문제는 오늘날 범람하는 세대담론 속에 이미 특정한 의도와 왜곡된 정보가 작용하고 있다는 점이다.

직설적으로 말하자면 최근 기성세대가 청년세대를 착취한다는 식의 세대담론은 세대갈등을 계급투쟁의 틀에 꿰맞추려는 정치적 의도가 의심된다. 동시에 세대 간의 격차를 침소봉대하여 세대전쟁을 예고하는 일부 저작물들에서는 상업적 의도 역시 의심된다. 또 무슨 의도일까? 일부 논객들은 과장되고 빗나간 언설로 세대 간을 이간하고 노골적으로 갈등을 부추긴다. 마치 부모세대가 자식세대의 착취자인 것처럼 묘사하고, 심지어는 "짱돌을 들고" 거리로 나와 "바리게이트를 치고" 투쟁을 하라고 선동도 한다.[44]

어떤 저작물은 세대 간 자산불평등의 문제를 제기한다. "과거 20대는 20

---

43) 존 G. 스토신저 저, 임윤갑 역, 2009, 『전쟁의 탄생』, 플래닛미디어
44) 우석훈·박권일, 2007, 『88만원 세대』, 레디앙

평 아파트에 엑셀을 몰았는데, 그 20대들이 지금의 50대들이며 이들은 사실상 한국 국부의 절반 이상을 가지고 있는, 한국 경제발전의 성과를 가장 많이 받았던 사람들이다. 그러나 지금의 20대는 절대다수가 빈곤층이고, 김연아 급의 절대 강자인 일부 20대를 제외하면, 한국의 빈곤한 대다수 20대에게 20평 아파트는 그것이 전세든, 월세든, 상상의 범위 안에 들어가 있는 것이 아니다."[45]

한편, 세대 간의 일자리 기회의 불평등도 주장한다. 부모세대와 자식세대가 밥그릇 쟁탈전을 주장한 저작물의 저자는 "부모세대인 베이비부머의 대학 진학률은 2010년 기준 27.7%로 자녀세대인 에코세대 75.8%보다 훨씬 낮다. 그럼에도 불구하고 부모세대 취업률(75.7%)이 자녀세대(48.6%)보다 높다. 거액의 조기 사교육을 받아가며 높은 교육수준과 화려한 스펙을 자랑하는 자녀세대의 취업난과 대조적이다"라고 진술했다.[46]

과연 그런가? 실상을 따져보자. 이러한 주장을 실은 저작물의 발간 시점을 고려할 때 "지금의 50대"라 함은 2016년 현재 최소 55세 이상 64세 이하로서 베이비붐 세대에 해당한다. 그렇다면 우리나라 베이비붐 세대 중에서 20대 때 20평 아파트를 사고 엑셀 자동차를 몰고 다닌 사람이 얼마나 될까? 베이비붐 세대의 대부분은 저임금 공장노동자로 노동생애를 시작하였으며, 60%가 주된 일자리 없이 전전하며 죽도록 일만 하다가, 빈손으로 노년기 문턱을 넘고 있다는 현실은 왜 간과해버린 것일까?

45) 우석훈, 2011, 『디버블링:신빈곤 시대의 정치경제학』, 개마고원
46) 전영수 저, 2013, 『세대전쟁: 부자아빠와 가난한 아들의 밥그릇 쟁탈전』, 이인시각

베이비붐 세대 중 대학교육을 받은 소수를 제외하고 대부분은 저임금의 열악한 조건에서 노동생애를 시작했다. 1980년 경제활동인구조사를 보면, 1956∼60년생(당시 20∼24살) 남성의 고용률은 66.3%였고 10년 뒤 30대가 되었을 때는 95.1%에 다다랐다. 그러나 고용조건은 열악했다. 1977년 10월 12일치 〈동아일보〉의 '재무부 76년 자료 과세미달 근로자 74.9%' 기사를 보면 베이비붐 세대의 고용 조건을 엿볼 수 있다. 기사는 연간 120만 원 이하 저소득자가 납세자 중 88.6%이며 갑근세 대상자 169만 명 중 월 소득 9만 원 이하가 107만 명이라고 밝혔다.[47]

대학을 졸업한 자식세대가, 대학도 졸업 못 한 부모세대보다 취업률이 낮다며 세대 간 불평등을 운운하는 것은 도대체 무슨 논리가 이런가? 베이비붐 세대가 대학은커녕 생계를 유지하기 위하여 대부분 고등학교를 마치고, 그 중에 일부는 초등학교나 중학교를 마치고 10대의 어린나이에 생업전선에 뛰어들어 공장에서 저임금에 힘겹게 일했다는, "공돌이 공순이"의 시대적 애환을 알고나 있는가?[48]

한국교육개발원 교육통계를 보면, 에코세대의 72.3%가 전문대 이상의 학력을 갖고 있다. 4년제 대학만 따지면 45.5%로, 베이비붐 세대(15.8%)보다 월등히 높다. 1980년의 4년제 대학생은 40만 명을 갓 넘는 수준인데 1990년엔 100만 명을 넘어섰다. 에코세대의 맏이라 할 수 있는 1979년생

47) Economy Insight, "세대 분열, 한국을 가르다", [77호] 2016년 09월 01일
48) 서울대학교 노화·고령연구소와 조선일보가 갤럽에 의뢰하여 조사한 결과(2010. 9. 14)에 의하면 베이비붐 세대 중 남성의 10.6%, 여성의 18.0%가 10대에 첫 직업을 가졌다.

이 대학에 들어간 1998년에는 147만 명, 1992년생이 입학한 2011년에는 206만 명까지 늘었다. 베이비붐 세대는 자녀교육에 매진했고 대학의 전성시대가 열렸다.[49]

베이비부머들은 자신이 배우지 못한 한을 풀기 위해서라도 자식만큼은 모두 대학에 보냈고 자식 취직되기를 간절히 빌고 있다. 그럼에도 불구하고 부모자식 세대 간에 쌍봉형으로 나타나는 불안정노동 문제를 부모세대와 자식세대 간의 밥그릇 쟁탈전으로 왜곡하는 것은 무슨 의도인가? 게다가 세대 간의 소비격차를 세대 간 불평등으로 왜곡하며 부모자식 세대 간에 싸움을 부추기고 있다. "20대 20평 아파트, 액셀자동차"를 내세워 이간하더니 "스포츠카"까지 등장시켜 계층 간의 소비격차를, 세대 간의 격차로 왜곡하고 있다.

한편, "청년시절 부모는 팍팍, 자녀는 찔찔"이라는 소제목의 글[50]에서 넉넉한 부모소비와 가난한 자녀소비의 대척관계가 심화된다고 기술한다. 그리고 "요즘 청년은 돈이 없다." 그러나 "부모세대의 청년기는 소비에 주눅이 들지 않았다. 대부분 정규직으로 입사해 종신고용, 연공서열의 관행 속에서 인플레 수혜를 입은 덕분이다"라고 기술하고 있다. 급기야 "증가하는 세대차별적 소비격차"라는 소제목의 글에서 "페라리조차 모르는 2030세대의 축소 지향적 소비관행"으로 "청년의 차량선호가 급락했고" "반대로 젊음의 상징이었던 스포츠카의 주인은 대부분 5~60세 이상의 베이비부머로 압축"된다고 기술한다. 그리고 이러한 스포츠카 구매·보유 현상

49) Economy Insight, "세대 분열, 한국을 가르다", [77호] 2016년 09월 01일
50) 전영수, 2013, 『세대전쟁: 부자아빠와 가난한 아들의 밥그릇 쟁탈전』, 이인시각

이 2030세대의 상대적 박탈감과 격차심화의 사례로 거론된다고 부연설명 까지 하고 있다.

비록 일본 사례라고 하지만, 일본과 한국은 판박이라는 부연설명과 함께 스포츠카 구매 추이를 사례로 "부유한 부모"와 "가난한 자녀"로 대칭시켜 소비격차를 진술한다. 그러나 일본이든 한국이든 소위 금수저가 아니면, 2~30세에 자기능력으로 스포츠카, 페라리를 구매할 수 있는 젊은이가 얼마나 있을까? 게다가 "부자 아빠와 가난한 아들의 밥그릇 쟁탈전"이라는 제호 옆에 "아버지 혼자 가지 말고 같이 가요"라고 부연해 놓았다. 도대체 무슨 의도로 부모세대를 싸잡아 공격하며, 왜 곡된 논리로 세대 간의 이간을 도모하는가?

세대담론의 결함-그렇다면 낭비적인가?

세대 간의 경쟁과 불평등이 세대갈등의 원인이라고 주장하는 저작물들은 대개 부모세대를 착취자, 기득권자로 정의하고 세대투쟁을 선동하고 세대전쟁이 일어날 것을 예언한다. 어떤 저작자는 "누가 내 밥그릇을 훔쳤을까?"를 물은 뒤, 사실상 부모세대를 가해자로 지목하고 [51], "양보할 수 없는 우리들의 밥그릇"이라며 부모세대를 밥그릇 빼앗는 기득권세력으로 규정한다.[52]

누군가는 청년을 위한 나라가 없다고 한다. 그렇다면 아이를 위한 나라도, 노인을 위한 나라도 없다. 어떤 이는 청년이 사라진다고 주장한다. 그렇다면 아이는 이미 사라졌고, 언젠가 노인도 사라진다. 시차

---

51) 전영수, 2013, 『이케아 세대-그들의 역습이 시작됐다』, 중앙books
52) 박종훈, 2015, 『세대전쟁: 지상 최대의 경제사기극』, 21세기북스

의 문제일 뿐, 청년은 사라지지 않고 노인이 몰려오지도 않는다.

일련의 인구변동은 청년세대의 문제가 아니라 세대 전체의 문제이다. 누군가 인구 고령화가 세대전쟁의 방아쇠를 당겼다고 말하는데, 틀렸다. 인구 고령화는 어릴 때 혹은 젊을 때 죽지 않고 누구나 노년기까지 도달한 것으로서 생애과정 정상화의 결과일 뿐이다.

그런데 최근 범람하는 세대형평성 논의들은 정치적 이데올로기로 사용된다는 혐의를 면하기 어렵다. 즉, 세대담론이 어떤 연령집단에 특정한 정치적 행동을 유인하는 집단적 세대의식을 부과하고 있기 때문이다. 예컨대 보수 세력은 "노년층"으로부터, 진보세력에서는 "청년층"으로부터 자신들에게 유리한 정치적 행동을 유인하려 한다. 따라서 세대담론이 세력 간의 정치적 입지를 확보하기 위한 수단으로 이용되고 있음을 주목해야 한다.

물론 오늘날 우리가 사는 세계는 인류가 정상적으로 생존하기에 매우 부적절한 상태이며 위급한 상황이다. 오늘날 제기되는 청년문제나 노년문제는 세대 간의 이해상충에 기인한 것이 아니라 사회시스템의 구조적 결함에서 비롯된 문제이다. 그럼에도 불구하고 사회구조적 문제를 세대 간 경쟁으로 치환하는 소위 "88만원 세대론"이나 "세대전쟁론" 같은 세대경쟁담론은 이론적으로나[53] 경험적으로[54] 문제적이다.[55]

그렇다면 세대담론은 낭비적인가? 물론 그렇지 않다. 세대담론의 가치는 충분하다. 무엇보다 모든 세대에는 생애과정에 따라 이행해야 할

---

53) 박재흥, "세대명칭과 세대갈등 담론에 대한 비판적 검토", 경제와 사회, 제81권 1호 (2009년 봄), p.10~34

54) 신광영, "세대, 계급과 불평등", 경제와 사회, 제81권 1호(2009년 봄), p. 35~60

55) 전상진, "세대경쟁과 정치적 세대–독일 세대논쟁의 88만 원 세대론에 대한 시사점을 중심으로", 한독사회과학논총, 제20호(2010. 3), p.127~150

각각의 과업이 있고, 경험의 공유로부터 생산된 고유의 문화가 있다. 따라서 세대는 개인이나 집단들에 정체성 형성의 중요한 기준으로 작용한다. 문제는 이러한 세대특성이 특정 세대에 대한 편견과 차별의 빌미가 되기도 한다. 또한 시차에 따라 사회적 기회가 변함으로써 세대에 따라 사회적 기회가 상이하게 분배될 수도 있다. 따라서 세대투쟁론에는 동의하지 않더라도 세대갈등의 여지에는 공감할 수 있는 것이다.

다만 우리가 직면한 시대적 과제는 세대 간의 투쟁 차원이 아니며 오히려 세대 간의 연대를 통하여 함께 새로운 질서를 찾아내는 것이다. 언제까지 연금 폭탄 돌리기, 일자리 돌려막기에 휘둘리며 소모적 세대담론에 빠져 허송세월할 것인가. 지금은 무언가에 대한 "청년세대의 반격"이 필요하고 "노인세대의 반란"도 필요한 시대이다. 그러나 지금은 반격과 반란의 주체가 누구이며 무엇이 대상인지, 그리고 무엇을 어떻게 할 것인지를 진지하게 숙고해야 할 때이다.

세대투쟁론의 허구―대리인들의 전쟁

세대갈등은 인류의 시작과 함께 어느 시대나 있었던 자연스러운 현상으로, 새로운 질서를 창안하고 인류문화 발전을 이끄는 동력이 되기도 했다. 그러나 중요한 것은 역사적으로 세대 간 갈등은 인륜이라는 윤리적 문제를 내포하고 있고 갈등은 방지해야 할 나쁜 현상이라는 인식에 따라 사회적으로 조장되지 않았다는 점이다.

그런데 주목되는 것은 최근 상당수의 세대담론들이 세대 간 불평등을 이슈로 삼으면서 계급투쟁의 프레임을 적용하고 있으며 사실상 제3의 세대가 주도하고 있다는 점이다. 즉, 세대 간의 대립적 경쟁관계와 불평등을 상정하고 특정 인구집단이 기득권을 차지하고 불리한 위치에 있는 다른 인구집단을 착취함으로써 불평등이 발생한다는 계급갈등 프레임에 세대 간의 갈등관계를 꿰맞춤으로써, 결국 세대 간 투쟁의 당위성을 도출하고 있다.

그동안 세대담론은 대개 정치영역에서 촉발되었으나 세대갈등으로 증폭되진 않았다. 과거 어떤 정치인이 "선거는 미래를 결정하는 무대이다. 미래를 살아갈 사람은 젊은이들이다. 무대에서 퇴장할 노인들은 투표하지 않는 것이 좋다"는 발언으로 크게 곤욕을 치른 적이 있다. 그러나 노인들의 반발을 초래하였지만 세대 간의 갈등으로 확산되지는 않았다. 오히려 이명박 정부에 대항하는 촛불집회에 20대 청년들이 침묵함으로써 세대갈등을 의도했던 세력들을 실망시켰고, 이어진 20대의 탈정치화 비판은 급기야 20대를 희망 없는 세대로 저주하고 "20대 개새끼론"[56]이라는 금도를 넘어선 하위담론으로 발전하기도 했다.

사실상 정치적 의도에 따라 꾸준히 촉발했음에도 불구하고 세대갈등은 발화되지 않았다. 그러나 우리 사회에서 세대갈등이 본격적으로 이슈화된 것은 세대담론이 정치적 영역에서 경제적 영역으로 전파되면서부터이다. 경제영역에서의 세대담론은 대체로 탐욕스런 늙은이들이 기득권을 이용하여 자원을 독점하고 젊은이들의 부담을 가중시킨다는 피해의식과 세대 간 불평등 인식에 기반을 두고 있어, 청년들의 관

---

56) http://sojuman.tistory.com/67 검색일자: 2009. 6. 8. "김용민의 20대 개새끼론—너희에겐 희망이 없다. 이미 너희는 뭘 해도 늦었기 때문이다"는 기고문으로 촉발된 하위담론. http://patricidaljubilee.egloos.com/m/5652748 검색일자: 2012. 4. 21. "20대 개새끼론에 헌정합니다"라는 기고문과 〈대학생사람연대〉가 "찍어줘도 개새끼라는 나꼼수와 386에 작별을 고한다"는 성명서를 발표하기도 했다. 검색일자: 2016.10.16.

심을 끌기에 충분했다.

특히 저서 『88만원 세대』는 사회학적 영역과 정치영역에 머물던 세대담론을 경제학적 영역으로 끌어들여 세대 간의 불평등을 부각시킨 대표적 사례이다.[57] 먼저 『88만원 세대』의 저자는 세대 간의 경쟁을 요체로 삼고 우리 경제는 베이비부머들이[58] 10대를 인질로 잡고 20대를 착취하는 인질경제이며 승자독식의 게임이라고 전제하고 있다.

핵심요지는 첫째, 20대의 근본적인 문제는 동기들끼리의 경쟁이 아니라 세대 간 경쟁이라고 주장했다. 둘째, 젊은이들에게 돌아가야 할 경제적 자원을 베이비세대 등 기성세대가 독점하고 내놓지 않고 있다는 것이다. 셋째는 그럼에도 불구하고 청년세대가 무기력하다는 것을 지적하면서, 결국 착취의 고리를 끊을 사람, 짱돌을 들고 바리케이드를 쳐야 할 사람은 "88만원 세대, 당사자들"이라고 주장했다.[59]

이러한 "88만원 세대론"의 주장은 여러 가지 측면에서 문제가 있다. 20대 젊은 기득권층을 애써 외면하고 20대면 모두가 기성세대로부터 착취받는 인구집단으로서 동일한 조건과 입장을 가진 것처럼 규정해 버렸다는 것이다. 베이비붐 세대 역시 지극히 일부가 기득권층에 포진해 있을 뿐임에도 모두 기득권층으로 일괄 상정해버렸다. 게다가 통계적 자료나 현실적 경험에 의하면 세대 간의 불평등보다 세대 내에서의 불평등, 곧 계층 간의 불평등이 더 심각함에도 불구하고 이를 애써 외

57) 우석훈·박권일, 2007, 『88만원 세대』, 레디앙

58) 저자는 4,50대라고 기술하였으나 시차가 있으므로 독자편의를 위해 베이비붐 세대로 바꿔 표기했다. 2007년 당시 4,50대는 대부분 베이비부머들이기 때문이다. 맏형 1955년생이 52세였고 막내 1963년생은 44세였다.

59) http://www.weeklyseoul.net/news/articleView.html?idxno=17977 검색일자: 2016. 10. 14.

면하고 있다. 따라서 "88만원 세대"나 그 아류의 담론들은 오히려 불평등의 구조적 문제를 은폐하거나 오도할 수 있다.

물론 경제적 기회가 세대 간에 차이가 있다는 것, 그리고 계급이나 젠더 관계를 포함하여 구조적 조건과 행위요인이 결합되어 세대가 불평등의 관계로 구성되는 현상은 주목할 필요가 있다.[60] 동시에 사회적 기회가 시차에 따라 차별성을 지니고, 한 세대에서 만들어지고 강화된 경제논리가 다음 세대의 경제적 기회에 영향을 미칠 수도 있다는 점에서, 세대 간의 경제적 지위 격차가 존재할 수 있다.

그러나 경제적 기회에 있어서 각 세대가 처한 위치가 다르고 생애를 통해 경험하는 자원 획득의 기회가 세대별로 상이하게 조직된 것이, 곧 한 세대가 유리한 위치를 차지하고 기득권을 행사하여 다른 세대를 착취하거나 전유하는 관계에서 비롯되었다고 주장하는 것은 지나친 세대 환원론적 관점이다. 이러한 관점은 특히 구조적 문제는 덮어둔 채 그 구조 안에서 살아남기 위해 전략을 구사하는 사람들을 부정적으로 바라보는 위험성을 갖고 있다.

세대전쟁을 예고하는 『이케아세대』의 저자는 "양보할 수 없는 우리들의 밥그릇"이라는 제호의 글에서 베이비붐 세대를 기득권세력으로 정의한다. "한국사회의 중추집단은 단언컨대 50~60대다. 이들은 전쟁과 가난이라는 멍에를 운명처럼 짊어진 선배세대와 처음부터 저성장·고령화의 파고를 돌파할 것을 요구당한 후배세대 사이에서 유일하게 고도성장의 과실을 적잖이 향유했다. (중략) 문제는 앞으로다. 50~60대가 선점한 권력

---

60) 박경숙 외 5인 저, 2013, 『세대갈등의 소용돌이』, 다산출판사

은 장기독점이 우려된다. (중략) 이들 선점 세력은 그들의 현재와 노후에 정합적인 자원배분·정책결정을 심화시킬 수밖에 없다. 최대한 뒷방 신세로 물러나는 시기를 연기할뿐더러 만약 은퇴해도 큰 문제가 없도록 연금제도를 정비하는 등 사전작업에 매진할 가능성이 크다. 기득권세력의 장기독점은 필연적으로 피해그룹의 양보와 손해를 요구한다."[61]

현재 우리 사회는 세대 간 경쟁이 치열하고 기득권 세력인 베이비붐세대가 젊은 세대의 밥그릇을 빼앗아 세대 간의 불평등이 심각하다는주장이다. 과연 그런가? OECD 29개국의 근로연령층과 노년층 간의자원배분 현황을 비교분석한 결과 세대 간의 불평등이 우리나라 현실과는 거리가 먼 것으로 나타났다.

최근 기초연금이 강화되고 국민연금 소득대체율 상향 논란이 부각되면서 세대 간 도둑질이란 과격한 표현까지 동원하여 형평성 문제를제기했지만[62] OECD 국가 간의 비교에서 노년층에 대한 자원배분이젊은 세대인 근로연령층에 비해 지나치게 낮게 나타나, 오히려 노년층이 더 많은 자원배분을 요구해야 할 상황이다.[63]

가처분 소득을 기준으로 할 때 우리나라는 근로연령층 1인당 가처분 소득 중 노년층 1인당 가처분 소득이 차지하는 비율이 절반을 겨우 넘는

61) 전영수 저, 2013, 『이케아 세대-그들의 역습이 시작됐다』, 중앙books
62) 베이비부머들의 소득대체율은 후세대에 비해 유리하지만 가입기간이 짧아 실질적
   소득 대체효과는 낮다. 국민연금의 수익비는 1975년생에 이르러 정점을 이루고 1980
   년 이후에는 완만하게 낮아질 것으로 추정된다. 만일 여야합의대로 소득대체율을
   40%에서 50%로 올리면, 신규 가입하는 젊은 세대들에게 혜택이 돌아갈 것이다.
63) 석재은(2015), "한국사회의 세대갈등과 세대공생 세미나" 한림대학교 고령사회연구소

54.7%로 29개국 평균(74.2%)에 훨씬 못 미치는 꼴찌였다. 스웨덴(76.4%), 노르웨이(76.5%), 핀란드(68.8%) 등이 평균수준의 국가들로서 세대 간 자원배분의 적정성을 확보하고 있는 것으로 나타났다. 프랑스(97.2%), 독일(86.3%), 일본(85.4%) 등은 노년층에 평균 이상의 과도한 자원배분이 이뤄지고 있다. 그러나 우리나라는 노년층에 대한 자원배분이 근로연령층에 비추어 절반 수준으로 지나치게 낮으며, 이는 젊은 세대가 손해를 본다는 기존의 통념을 뒤집는 것이다. 이러한 현상은 베이비붐 세대들의 은퇴로 더욱 고착화될 것으로 전망된다.

오히려 사회적 데이터들은 세대 간보다는 같은 세대 내의 불평등이 심각한 수준임을 보여주고 있다. 2012년 기준 한국 상위 10% 인구가 전체 소득에서 차지하는 비중이 44.87%에 달하여 미국 다음으로 소득불평등이 심한 나라이며, 현 추세대로라면 2019년이면 미국을 제치고 OECD 국가 중 가장 불평등한 나라가 될 것으로 전망된다.[64]

특히 젊은 세대보다 노년세대의 동년배 집단 내 불평등 수준이 높게 나타나고 있다. 우리나라 노년세대 집단 내 불평등은 OECD 국가 중 최고 수준으로 나타났다. 65세 이상 소득불평등 지수(지니계수)[65]는 0.422로 칠레(0.428)에 이어 두 번째를 기록했다. 그러나 근로연령층 지니계수는 미국(0.392) 영국(0.353), 독일(0.294) 등 선진국보다 낮은 0.28로 나타나 동년배 집단 내의 불평등 수준도 크지 않은 것을 보

---

64) 경향신문, 2014. 9. 12. "한국소득불평등, 2019년 OECD국가 중 1위된다."
65) 지니계수는 소득불평등도를 나타내는 계수로서 0에 가까우면 소득분배가 공평하게, 1에 가까우면 불평등하게 이뤄진다는 것으로 0.4가 넘으면 불평등 정도가 매우 심각한 것으로 본다.

여준다.

이와 같이 불평등에 관한 국제적 비교 데이터는 우리나라의 계층 간 불평등 정도는 매우 심각한 수준이지만, 세대 간 불평등 정도는 매우 양호한 상태이며, 문제를 제기한다면 젊은 세대보다 노년세대가 불평등 완화를 요구해야 할 수준이다. 그럼에도 불구하고 젊은 세대 중 일부는 오히려 노년세대에 대해 피해의식을 갖고 있다. 그것은 일어나지 않은 미래의 정보를 일어난 현실에 적용하여 자신들이 피해자인 것처럼 착각한 탓이며, 복잡한 세대 간의 관계를, 특정 인구코호트가 일방적 수혜자인 것으로 파악하는 세대투쟁론자의 편견 때문이다.

복잡한 세대 간의 관계를 단순히 세대 간 회계로 파악할 수 없다.[66] 중요한 것은 자본주의사회의 구조적 결함과 모순으로 인하여 청년세대와 베이비붐 세대 모두가 힘겹고 불안하다는 점이다. 예나 지금이나 어느 한 세대만 행복하고 다른 세대는 불행한 경우는 전혀 불가능한 일이다. 어느 한 세대가 불행하면 다른 세대 역시 불행할 수밖에 없는 것이다. 따라서 최근 조장되는 세대투쟁론에서 우리가 얻을 수 있는 것은 사실상 없다.

그런데 경제적 자원을 둘러싼 세대 환원론적 관점은 일어날 수 있는 세대투쟁을 예측하는 것이 아니라 세대투쟁이 일어나도록 조장하는 것이다. 탐욕스런 노인들이 기득권을 이용하여 자신들에게 유리한 정책을 관철시켜서 젊은이들에게 부담을 가중시키는 상황을 만들어

---

66) 세대 간 회계의 가장 어려운 점은 국가서비스 수혜 여부로 특정 세대의 우대를 파악하기 어렵다는 점이다. 예컨대 국민건강보험에서 제공하는 장기요양서비스는 노인세대가 일차 수혜자이지만 부양부담을 경감받게 된 자식세대 역시 수혜자이다. 국민연금도 마찬가지이다. 연금으로 노인을 부양하는 것은 노인세대에게 제공되는 서비스이지만 동시에 부양의무가 있는 자식세대에게 제공되는 서비스이기도 하다.

젊은이들에게 돌아갈 몫을 착취하므로 투쟁에 나설 수밖에 없는 것이 세대투쟁론의 논지이다.

이런 세대투쟁담론에 노출되면, 경쟁에 좌절하고 있는 젊은이들은 기성세대에 대하여 강도 높은 불만을 갖게 될 것이고, 베이비붐 세대는 스스로 힘들게 노력해서 획득한 얼마 안 되는 자원마저 위태롭게 하는 이념과 정책에 대해 강한 반감을 갖게 될 것이다. 결국 정작 함께 풀어야 할 노동의 불안전성에 대한 논의는 하지 못하고 부수적인 문제를 놓고 서로 원망하며 대립하고 있다.

세대투쟁론은 여론의 주목을 받는 테마다. 그런데 "누가 세대투쟁론의 선봉에 서서 세대형평성의 문제를 외치고 있는가?"라는 중요한 질문이 빠져 있다. 세대전쟁의 갑옷을 입고 파이팅을 외치는 전사(戰士)는 "착취당하는" 당사자가 아니라 그들의 대변자로 자임하는 제3자들이다. 기성세대 타도를 외치는 무대에서 당사자인 에코세대의 목소리는 들리지 않고 선동가들의 목소리만 들려오고 있다. 선정주의 언론들도 끊임없이 대학생, 20대들을 무대로 소환하고 있지만 성과는 미미해 보인다.

그렇다고 낙관할 수만은 없다. 그러나 다행히도 아직은 세대 간에는 갈등의식보다 연대의식이 더 강하게 작용한다. 청년들은 가족과 세대 간의 화목을 중시한다.[67] 동시에 부모세대는 청년세대가 처한 현실에 대하여 자신의 노후보다 더 걱정하고 있으며 응답자의 86.6%가 자식의 취업을 위해 경제적으로 지원하는 것으로 나타났다.[68] 중장년층

---

67) 국민대통합위원회, 2015. 11, "노인세대에 대한 청년층의 여론 분석"

68) 국민대통합위원회·청년위원회, 2016, "청년일자리 문제에 대한 청년·부모세대 인식
　　조사"

들은 우리나라에서 가장 시급하게 우선 해결해야 할 문제가 무엇이냐는 질문에 첫 번째는 비싼 집값이고 두 번째는 청년실업문제라고 답했다.[69] 그 외에도 많은 조사연구 자료에서 청년층의 교육과 노동, 주거 문제에 모든 세대의 관심이 수렴되는 것은 경제조직에서 파생된 문제를 가족의 문제로 인식하고 있음을 반영한다.

늙은 잉여인간−먹튀세대의 오명

우리가 사는 이 시대의 비극은 마땅한 일자리가 부족하다는 것이다. 그래서 청년세대는 취업문제로 노년세대는 재취업 문제로 고심하는 처지로, 모두가 "우리의 소원은 취업"을 노래하는 잉여인간들이다. 그런데 잉여인간들 사이에, 다시 말해 노후난민과 삼포세대 사이에 세대전쟁이 일어날 것이라고 예언하는 사람도 많다. 만약 그렇다면 세상에서 가장 웃기고 가장 슬픈 전쟁이 될 것이다.

세대전쟁 예언을 드라마틱하게 상상해보라. 첫 장면, 젊은이들은 경험 부족을 이유로, 늙은이들은 기능상실을 이유로 노동시장으로부터 배제된다. 두 번째 장면, 노동으로부터 배제된 젊은 잉여인간은 삼포세대의 길을 가고, 늙은 잉여인간은 노후난민의 길을 간다. 세 번째 장면, 길을 떠돌던 두 잉여인간 패거리가 거리에서 마주치고 한바탕 싸움이 벌어진다. 한편에선 무위도식하는 늙은이들 때문에 세상이 나빠졌다고 비난하고, 다른 한편은 정신 차리지 못한 철부지들 때문에 세상이 요지경이라고 삿대질한다. 서로 실패의 원인을 상대편에게 전가하며 비난한다. 사실 이들은 아버지인 베이비부머 세대이고 한편은 자

---

69) 사회통합위원회, 2012, "세대 간 소통 및 화합방안 마련을 위한 조사연구 보고서"

식들인 에코세대들이다.

  그래서 언론들은 부모세대와 자식세대 간의 "일자리 경쟁"이라거나 "밥그릇 싸움"이라며 비극적으로 보도하고 있지만 진짜 비극은 싸워서 이긴다 한들 얻을 수 있는 일자리가 없다는 것이다. 문제는 탐욕을 자극하여 스스로 경쟁하도록 유인하고, 생산성을 앞세워 구조화된 차별과 배제를 조장하는 나쁜 노동시장에 있다. 이미 우리는 대규모의 좋은 일자리 창출이 구조적으로 불가능한 시대에 접어들었다. 분명한 것은 앞으로 좋은 일자리 경쟁은 더욱 치열해질 것이고, 결국 모든 세대는 노동으로부터 추방의 위기를 맞게 될 것이다.

  한편, 또 하나의 비극은 노후소득 보장을 둘러싼 세대 간 형평성 문제이다. 국민연금이 젊은 세대들에게 불리하게 설계되어 있다는 것이 세대 간 형평성 논란의 핵심이다. 그런데 여기서 비극이라 함은 세대 간 형평성을 놓고 서로 뒤엉켜 죽자고 싸워봐야 사실상 얻을 것이 없다는 점이다. 실제로 세대 간 전쟁을 일으켜 승리한 세대가 다른 세대를 일방적으로 노예삼고 싹쓸이 하지 않는 한 모두 오십보백보이며, 사실상 공적 연금으로 노후소득 보장을 기대할 수 없다는 점이다.

  우리나라는 기본적으로 "저부담-저연금" 체계를 채택하고 있으며 현재 국민연금은 가입기간이 짧아 실질 수령액의 소득대체율이 지나치게 낮다는 점과, 가입률이 낮아 그마저 사각지대가 많다는 문제를 안고 있다. 수급액을 보면 2015년을 기준할 때 20년 이상 가입자의 경우 87만원 수준이며 전체 가입자 평균은 33만원 수준이다. 만약 청년세대가 "88만원 세대"라면 노년세대는 "33만원 세대"라고 빗댈 수 있을 것이다. 중요한 것은 누가 더 이익이고 누가 더 손해냐의 문제가 아니라 공적 연금이 소득보장 대책이 되지 못한다는 것이다.

연금제도의 존재 이유는 노후에 최소한의 품위를 지키며 살 수 있도록 하는 것인데 최소한의 품위는 고사하고 빈곤에 시달리게 될 가능성이 매우 높다. 그동안 국민연금은 몇 차례 개편을 하면서 기금고갈의 시기는 연장시켰으나 반면 노후소득 보장 기능이 약화되었다. 1988년 국민연금 도입 당시 70%였던 소득대체율은 1999년과 2008년, 두 차례 개혁을 거치면서 50%로 떨어졌고, 2028년이면 40%까지 축소될 예정이다.[70]

물론 세대 간 형평성 문제와 함께 지금도 소득대체율의 상향문제를 두고 논쟁하고 있으나[71], 보다 근본적 문제는 경제침체로 인한 고용불안정과 저임금 구조의 심화로 국민연금 안정적 가입이 곤란하다는 점이다. 2013년도 기준 상용근로자의 국민연금 가입률은 97%에 이르고 있으나 임시·일용직 근로자는 국민연금에 17.1% 가입하고 있으며 100만원 미만의 16.1%만이 국민연금에 가입하고 있다. 결국 구조화된 차별과 배제를 조장하는 "나쁜 노동시장" 때문이다. 따라서 연금의 소득보장 기능결여의 문제도 궁극적으로는 일자리의 문제로 환원된다.

한편, 일반적으로 제시되는 공적연금의 미래는 세 가지 국면으로 구성된다. 첫 번째, 국민연금은 소득보장 대응책으로 미흡하다. 두 번째, 현행 연금제도는 베이비붐 세대에게는 혜택을 주고, 에코세대 2030세대에게는 피해를 주는 구조이다. 세 번째, 연기금 고갈이 예측되는 2060년의 시대풍경은 단순한 청년세대와 노년세대의 갈등이 아니라, 현재 청년세대와 미래 청년세대 간의 갈등과 대립으로 그려진다.

---

70) 2015년 현재 국민연금의 소득대체율(40년 가입한 중위소득자 기준) 적용수치는 46.5%이며 매년 0.5 포인트씩 하락해 2028년에는 40%를 적용받는다.
71) 2015년 소득대체율을 50%로 조정하기로 여야 간 합의를 하였으나 답보상태에 있다.

첫 번째 국면은 이미 검토한 바와 같이 현재로서는 뾰족한 대안이 없다.[72] 두 번째 국면에서 현행 연금제도가 에코세대보다는 베이비붐 세대에게 구조적으로 유리하다는 지적은 합당하다. 언론에서 "베이비붐 세대 연금 혜택 두둑"이라는 과장된 기사를 보도하기도 했지만 그렇다고 베이비붐 세대가 실제 높은 수준의 연금을 수급하는 것도 아니며 무조건 젊은 세대가 손해 보는 것도 아니다. 현재 20세 이상은 부모세대에 비해 소득대체율은 낮지만 덜 내고 더 받는 구조는 유효하며, 정상 가입기간을 충족할 경우 실질소득대체율은 대부분 부모세대보다 높을 것으로 예측된다.

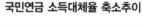

국민연금 소득대체율 축소추이

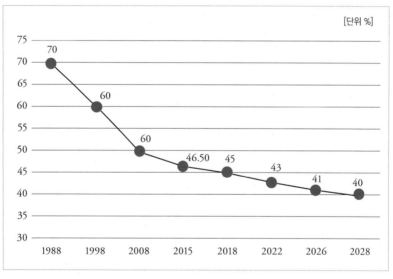

---

72) 신규 수급자 평균 실질소득대체율은 2020년 경 25% 수준에 접근했다가 계속 감소하여 2050년대에는 20.4%까지 감소할 것으로 예측된다. 여기에 기초연금을 추가해도 총 실질소득대체율은 30% 이내에 머물 것이다.

국민소득대체율의 세대 간 형평성 논란에서 "세대 간 도둑질"이란 과격한 표현까지 나오고 있지만 출생연도별 공적 연금(국민연금＋기초연금)의 소득대체율을 집계한 결과 1952년생의 경우 32.48%로 1984년생의 39.90% 보다 오히려 낮았다.[73] 70%의 소득대체율을 적용받는 초기 가입자보다 50% 이하의 소득대체율을 적용받는 최근 가입자가 더 높은 실질소득대체율을 보장받는 까닭은 가입기간의 차이 때문이다.

그럼에도 불구하고 연금을 둘러싸고 현재의 젊은 세대가 갖는 불만은 연금보다 "심리적 부담감"으로 해석할 수 있다. 즉, 좁은 취업문과 불안정한 고용형태, 낮은 임금이라는 삼중고를 안고 있는 세대로서 미래의 불안감이 연금에 대한 부담감과 상대적 피해의식을 증폭시킨 것으로 보인다. 따라서 젊은 세대들에게 정작 중요한 것은 세 번째 국면이다.

연기금이 고갈되고 폭탄 돌리기가 절정에 이르는 시점에서 일어나는 세 번째 국면에서 갈등의 당사자는 베이비붐 세대와 에코세대가 아니다. 지금의 젊은 세대가 노년세대가 되어 미래의 젊은 세대와 심각한 갈등을 겪게 될 것으로 전망된다. 다시 말하자면 에코세대의 경우 폭탄 돌리기가 끝나고 폭발하는 상황에서 후세대의 거부로 연금을 받지 못할 수도 있다는 것이다.

만일 이러한 상황을 가정할 때 에코세대 역시 폭탄을 앞 세대로 넘겨버릴 수 있고 폭탄 돌리기는 역순으로 되돌아올 가능성이 있다는 것이다. 현재 시점에서 가장 높은 연금혜택을 누리는 세대는 1968년

---

73) 석재은, 2015, "한국사회의 세대갈등과 세대공생 세미나" 한림대학교 고령사회연구소

~1974년 사이에 출생한 제2차 베이비붐 세대이다. 연금의 수익비는 점차 증가하여 75년생이 정점을 찍은 후 점차 감소하게 된다. 이 지점에서 2차 베이비붐 세대와 에코세대 간에 형평성 문제로 갈등이 촉발될 수도 있다.

이와 같이 우리나라의 연금을 둘러싼 갈등의 폭발성은 미래로부터 현재를 향하여 역순으로 돌아오는 형태를 취한다. 다시 말해서 현재 베이비붐 세대는 명목상 상대적으로 높은 수급자이지만 가입연한이 짧아 실질적으로는 다른 세대와 불공평이 상쇄되었다고 볼 수 있다. 특히 베이비붐 세대 중 가입기간 10년 이상을 충족하여 연금수급 자격을 갖춘 사람은 36.5%에 불과한 실정이며, 평균 가입기간도 132개월에 불과하다.

그럼에도 불구하고 베이비붐 세대가 "먹튀세대"로 오명을 쓰게 된 것은 은퇴와 인구 고령화의 충격이 큰 대규모 인구집단이라는 측면 때문이다. 그러나 더 근본적인 것은 베이비붐 세대는 운명적으로 압축적 고도성장시대의 주역이 됨으로써 무한경쟁의 사회구조를 수용한 세대적 원죄를 갖고 있기 때문이다. 그러나 개인적으로는 노후준비가 미흡하고 연금도 용돈 수준에 불과한데 먹튀세대로 비난받고 있다.

바로 이러한 개인과 세대 차원의 이중성이 베이비붐 세대의 딜레마이다. 베이비붐 세대 딜레마는 새로운 사회를 구축하는 에너지를 발전해낼 수 있다. 즉, 개인차원의 억울함보다 세대적 차원의 원죄를 수용하고 은퇴 이후의 여력을 최대한 활용하여 세대 간 연대를 도모하고 새로운 사회질서를 구축하는 데 발휘한다면 최고의 세대로 역사에 기록될 것이다.

4. 대한민국에서 노인으로 살기

보장 없는 노후보장

선배에게 치이고 후배에게 치이던 샌드위치, 베이비붐 세대가 노년세대로 속속 편입되고 있다. 그런데 대한민국에서 노인으로 살아간다는 것, 참 어렵다. 선배들을 보라! 무엇보다 너무 가난하다. 우리나라 노인의 상대적 빈곤율이 OECD 평균의 4배나 된다. 대한민국에서 노인이 된다는 것은 곧 하류계급, 빈곤계층으로 전락하게 됨을 의미한다.

통계청이 2015년 조사한 연령대별 가구소득 조사에 따르면 50대 평균 경상소득(근로·사업·재산 등 모든 소득)은 연간 5천964만 원이지만 60대에 들어서면 절반 이하인 2천844만 원으로 뚝 떨어진다. 자연, 나이 먹을수록 빈곤율도 높아진다. 2015년 기준, 60~64세 빈곤율 51.7%, 65세 이상 60.1%를 기록했다. 특히 65세 이상 1인 세대의 빈곤율은 74.0%로 나타나 노인빈곤이 1인 가구에 집중되고 있음을 보여주기도 한다. 노인세대의 가계부채 비중도 점차 높아지고 있다. 서울 중앙지방법원에 의하면 파산자 4명 중 1명은 60대 이상으로, 노인 파산자가 증가하고 있다.

물론 우리나라 전체 인구가 가난한 것은 아니다. 17세 이하와 18~25세, 25~50세 연령대 모두에서 상대적 빈곤율이 OECD 평균보다 낮게 나타났다. 그러나 50대를 넘어 서면 평균 이하로 가난이 심화되고 특히 65세 이상 노년층에서는 상대적 빈곤율이 49.6%로 OECD 평균 12.6%의 4배에 달했다.[74] 즉, 우리나라 인구집단 중에서 노년세대가 유난스럽게 가난하고, 노인 2명 가운데 1명은 중간계층 평균 소득의 절반도 얻지 못하고 있는 것이다.

연령별 상대적 빈곤율

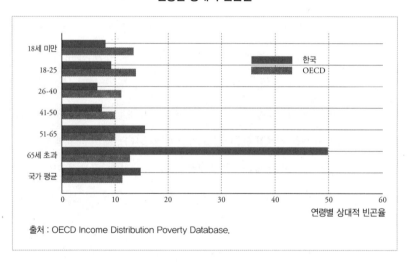

출처 : OECD Income Distribution Poverty Database.

---

74) 조사대상 국가의 노인 상대적 빈곤율은 노르웨이 1.5%, 덴마크 1.7%, 네덜란드 3.6%, 폴란드 6.5%, 호주 7.6%, 영국 7.9%, 캐나다 8.5%, 독일 10.2%, 핀란드 11.7%, 미국 19.3%, 대만 26.6% 등이었다.

이러한 OECD의 분석결과는 고령층이 되면서 상대적으로 더 가난해지는 현실을 보여주는 것으로 통계청의 빈곤상태 비교결과와도 일치한다.[75] 통계청에 의하면 60세 이상 빈곤진입률은 18.2%로 다른 연령대에 비하여 가장 높게 나타났다.[76] 문제는 빈곤 진입률보다 탈출률인데 60세 이상 고령층의 빈곤 탈출률은 18.9%로 다른 연령층에 비하여 가장 낮았다.[77]

즉, 우리나라 고령층은 다른 연령층에 비해 가장 많이 빈곤으로 진입하고 있지만, 빈곤으로부터의 탈출가능성은 가장 낮은 형편에 처해있다. 이러한 현상은 반복빈곤, 장기빈곤에 따른 빈곤의 고착화 가능성을 시사한다. 즉, 공적 소득보장체계가 미흡한 실정에서 개별적 노후 준비 없이 은퇴한 이후에 빈곤진입과 탈출을 반복하는 과정에서 점점 빈곤으로부터 탈출이 불가능한 만성적 빈곤상태에 빠지고 있다.

만성적 상태의 노후빈곤의 원인은 무엇인가? 소득이 없기 때문이다. 노인이 되면 노동시장에서 은퇴를 하거나, 노동현장에 머물더라도 대체로 저임금·비정규직 일자리에 종사하는 경우가 많다. 당연히 소득의 감소 또는 상실이 일어난다. 이러한 현상은 다른 OECD 국가들도 마찬가지다.

그럼에도 불구하고 우리나라 노인의 빈곤상태가 왜 유독 심각한가? 우리나라의 공적 연금제도가 취약하기 때문이다. 복지선진국에서는 전체 인구 빈곤율과 노인 빈곤율의 차이가 별로 없거나, 오히려 노인 빈곤율이 낮게 나타나는데 그것은 성숙된 공적 연금 제도 덕분이다.

---

75) 통계청, 2016. 2, 가계금융·복지조사의 통태적 변화 분석
76) 빈곤진입률: 60세 이상 18.2%, 40~59세 7.2%, 39세 이하 6.3%
77) 빈곤탈출률: 39세 이하 59.5%, 40~59세 51.7%, 60세 이상 18.9%

공적 소득 이전의 수준이 높아서 노인빈곤 및 소득불평등 감소효과가 크게 나타나기 때문이다.[78]

다른 나라들과 비교해보면 우리나라는 공공사회복지 지출 비율이 낮고 특히 공적연금이 매우 미흡하다. 국제노인인권단체 '헬프에이지 인터내셔널'이 발표한 "2015년 세계노인복지지표"에서도 우리나라는 96개국 중에서 60위를 차지했다. 특히 연금 소득보장 영역에서는 100점 만점에 24.7점을 기록하여 82위에 주저앉아 있다.

또한 2015년 2월 OECD 발표에 의하면 우리나라는 GDP 대비 공공사회복지지출(SOCX)[79] 비율이 10.4%로서, 관련 자료를 확보한 28개국 가운데 최하위를 기록했다.[80] 이는 OECD 평균(21.6%)의 절반에도 미치지 못하는 것으로 "1960년대 유럽 수준"과 비슷하다. 동시에 국민이 1년간 납부한 세금과 사회보험료(국민연금, 건강보험료, 고용보험료 등)가 GDP에서 차지하는 국민부담률도 24.3%에 불과해 조사대상 30개 국가 중 28위를 차지했다. 이는 곧 우리나라가 전형적인 "저복지-저부담"형의 체계임을 보여준다.

한편, 우리나라의 공공사회복지지출 비율이 낮은 이유는 공적연금 지출 비중이 낮기 때문이다. 우리나라의 GDP 대비 공적연금지출은

---

78) 이재훈(2015.10), "한국의 노인, 왜 빈곤한가 – 국제비교로 본 우리나라 노후빈곤 실태", 사회공공연구원; 공적연금 포함 이전 시장소득기준 OECD 33개 국가 평균 노인빈곤율은 70.1%나 되지만 공적연금을 포함한 가처분소득 기준으로 하면 12.1%로 58%나 감소한다. 반면 우리나라는 61.3%에서 49.6%로 11.7%만 감소한다.

79) 공공사회복지지출(Public Social Expenditure)은 일반정부지출(공공부조, 사회보상, 사회서비스)과 사회보험지출(공적연금, 건강보험, 산재보험, 고용보험, 장기요양보험)로 구성된다.

80) 2013년엔 32개국 가운데 31위였으며, 우리나라는 OECD 통계에 참여한 1990년도부터 최하위를 벗어나지 못하고 있다.

2.3%로서 OECD 평균 8%의 3분의 1 수준에도 미치지 못하고 있으며 2040년이 되면 6% 수준으로 향상될 것으로 예측되지만 이 역시 OECD 평균(10.8%)에 미치지 못한다.

따라서 우리나라 노인들의 소득구성에서 공적연금 비중 역시 매우 낮다. OECD 국가들의 노인가구 소득원은 59%가 공적 연금 등 국가나 사회로부터 이전되고 있음에 비하여 우리나라 노인의 경우 공적 연금은 16.3%에 불과하다.[81] 노인의 비중은 높은데 공적연금 지출수준이 낮다는 것은 노인빈곤율이 높아질 수밖에 없음을 의미한다.

정부는 노인빈곤율의 감소를 위해 노인 일자리 대책을 강구하고 있다. 그러나 여러 가지 정황을 고려할 때, 일자리가 빈곤율의 근본적 해법이 될 수는 없다. 먼저, 우리나라 노인들의 경제활동참여율은 OECD 평균의 2.7배 수준이며, 실질퇴직 연령도 71.1세로 가장 늦은 형편이기 때문이다.[82] 또한 우리나라 노인들의 소득구성에서 근로소득 비중이 63%에 이르러 이미 OECD 국가 평균 24%에 비하여 과중한 상태이다. 특히 우리나라 평균 기대수명이 남성 84.1세, 여성 87.2세임을 고려한다면, 일자리를 통해 기대수명까지 빈곤문제를 해결하기에는 한계가 있다.

따라서 노동시장에서의 일자리 정책보다 우선적으로 공적연금 정책

---

81) OECD 국가의 노인가구 소득원은 59%가 공적연금 등 국가나 사회로부터의 소득이고, 근로소득은 24%에 불과하다. 반면 한국노인들은 소득 중 근로소득 비중이 63%이고 공적연금은 16.3%에 지나지 않는다.

82) 이미 우리나라 노인의 경제활동참여율은 31.4%로 OECD평균 11.8%보다 약 2.7배 높은 수준이다. 특히 남성은 42.6%로 가장 높고, 여성은 23.4%로 아이슬랜드에 이어 두 번째이다. 법정 정년 연령은 60세로 가장 이르지만, 실제 퇴직연령은 71.1세로 가장 늦다.

을 강화함으로써 빈곤율의 감소와 함께 소득불평등을 감소시키는 방안을 모색해야 할 것이다. OECD는 노인빈곤문제 해결을 위해 저소득 노인에게 재정투자를 집중하라고 권고하고 있다.[83] 심각한 노후빈곤을 해소하고 예방하기 위해서는 국민연금과 기초연금 등 공적 연금 수준을 OECD 평균 이상으로 끌어올리는 등 획기적인 제도개선이 필요하다.

근본적으로는 조세정책의 변화 등을 통해 국민부담률을 확대하여 "저부담-저복지"의 틀을 벗어나야 할 것이다. 그러나 인구 고령화로 높은 국민부담을 통한 공적연금의 확대방식은 충격이 큰 만큼, "고복지-고부담"이라는 복지국가 패러다임은 이미 버려지는 카드가 되고 있다. 그렇다면 대안은 무엇인가? 정치권 일각에서는 "고복지-저부담"을 주창하여 포퓰리즘으로 비판받고 있으며, 다른 일각에선 OECD 평균 수준의 부담과 지출을 지향하는 "중복지-중부담" 체제로의 전환도 구상되고 있다.

언제나 대안의 우선 고려사항은 실현가능성이다. 그러나 국민생존 및 국가체계와 관련된 대안 논의는 국민욕구가 최우선 고려사항이다. 먼저 경제적 및 사회적 정황과 함께 고복지에 대한 국민들의 욕구를 파악하여 이를 구현할 체계를 구축하는 것이어야 한다. 인구 고령화에 따른 높은 수준의 사회복지지출은 불가피한 상황이며, 고복지에 대한 국민욕구는 이미 조정불가능 상태이다. 그러나 국민부담률 증강과 관련된 경제적 여건과 수용성은 여전히 낮다. 결국 실현 불가능한 "고복지-저부담" 프레임으로 환원된다.

---

83) OECD, 2014, Economic Surveys Korea.

그렇다면 대안은 무엇인가? 필자는 이 책에서 "고복지-중부담"이라는 복지사회 패러다임을 제안한다. 특히 인구 고령화에 따라 사회복지 지출총액의 증가는 불가피하고, 국민부담률 고도증강 역시 어렵다는 현실에서 대안을 최적화한다면, 결국 국민부담률을 조정하되 국민욕구를 수용함으로써 "중부담-고복지" 체계를 도출할 수 있다. 관건은 "중부담"과 "고복지"의 간극(gap)을 어떻게 극복할 것인가이다.

필자는 대안의 실현 가능성과 관련하여 특히 "복지에서 노동으로"라는 복지국가 해체의 패러다임이 "고용 없는 성장"이라는 노동의 종말 현상과 "잉여인간의 증가"라는 인구 고령화의 장벽에 봉착된 현실을 주목한다. 이를 감안하여 노동체계를 재구성하고 민관파트너십을 통한 공공재의 공동생산 체계 구축을 제안할 것이다. 그리고 노년세대의 공동체노동을 통한 공공재 생산성 증강 등의 효과를 경제성장과 노년세대 소득보장으로 연동할 것을 제안할 것이다. 여기에는 임금노동시장 내에 제한된 일자리 정책으로는 문제해결이 불가능하다는 전제도 깔려 있다.

일해도 가난한 노인 워킹푸어

OECD 보고서[84]에 의하면 대한민국 노인들의 취업률이 34개 회원국 가운데 최고수준인 것으로 나타났다.[85] 그뿐만 아니라 실질적 은퇴

---

84) OECD, 2015. 12, Pension at a Glance.
85) 2014년 기준 한국의 65세 이상 취업률은 31.3%로, OECD 평균(13.4%)보다 2.3배 높고, 34개 회원국 중 아이슬란드(36.2%)에 이어 두 번째로 높다. 주요국과 비교하면 한국 고령층의 취업률 수준이 두드러진다. 65세 이상의 경우 일본은 20.8%, 영국은 10.0%, 독일 5.8%, 프랑스 2.3% 수준이었다.

연령 역시 가장 높은 것으로 나타났다.[86] 과연 노인들의 역동적 인생이라고 찬양해야 할까? 아니면 젊은이들이 일자리가 없는 세상, "헬조선"이라고 아우성치고 있는데, 노인들의 노욕이라고 해야 할까?

그럼에도 불구하고 OECD 국가 중 노인빈곤율이 일등이고, 노인 근로소득 수준은 꼴찌, 은퇴 후 휴식기간도 꼴찌수준이라니 이는 또 무엇을 의미하는가? 대한민국에서 노인으로 산다는 것이 이리도 어렵다는 것! 인생말년에 생계를 위해 초(超)저임금도 불사하고 닥치는 대로 일해야 하는 처지임에도 결국 가난에서 헤어나지 못하고, 인생말년 휴식기도 갖지 못하는 "노인 워킹푸어(working poor)"가 OECD 보고서에 담긴 대한민국 노인의 모습이다.

국내 각종 통계를 보면 우리나라 노인들의 노동실태를 좀 더 구체적으로 볼 수 있다. 우리나라 65세 이상 노년인구 중 경제 활동 인구는 약 200만 명으로 노년층의 취업률은 무려 31.3%이다. 즉, 우리나라 노인들의 약 삼분의 일이 노동시장에 참여하고 있다. 덕분에 65세 이상 노년의 취업률은 지속적으로 증가되고 있으며[87] 2015년 현재 OECD 회원국가 평균의 2.3배에 달하고 있다.

이런 높은 노인 취업률은 일하지 않으면 생계를 유지하기 어려운 대한민국 노인의 현실을 직접적으로 보여준다. 실제 취업노인의 79.3%가

---

86) 2014년 기준으로 한국 남성이 구직시장에서 완전히 물러나는 실질적 은퇴연령은 72.9세로 34개 OECD 회원국 가운데 가장 늦었다. 2년 전보다 1.8년 늘었다. 한국 외 70세 넘어서까지 일하는 국가는 멕시코(72세)뿐이다. 심지어 중국(63.3세)보다 오래 일했다. 여성은 더 심각하다. 여성의 실제적 은퇴 시기는 70.6세로 2년 전 69.8세보다 0.8년 늘었다. 2002~2007년 조사에선 여성의 실질 퇴직연령이 67.9세였다. 7년 새 2.7년 늦춰진 셈이다. 여성이 70세 넘어서까지 일하는 국가는 한국이 유일하다.
87) 통계청, 2015 고령자통계

일하는 이유로 "생활비를 벌기 위해서"라는 답하고 있다.[88] 노동시장에서 은퇴한 노인들이 사회적 제도로부터 보호받지 못하고 빈곤상태에 빠지고 생계를 위해 다시 노동시장을 맴도는 것, 이것이 우리나라 노인의 높은 취업률을 긍정적으로 평가하기 어려운 이유이다.

한편, 우리나라 노인들에게 노동시장에서 퇴출이 있을 뿐, 은퇴란 없다. 통계자료에 근거하면, 인생휴식기를 가지라고 은퇴시킨 것이 아니라, 쓸모가 빈약한 존재이니 저급한 노동시장에서 일하라고 퇴출시킨 것이다. OECD 보고서에 의하면 우리나라 "실질적 은퇴"[89] 연령이 회원국가들 중 가장 높았다.[90]

대부분의 OECD 국가에서는 실질적 은퇴 연령이 전액 노령연금을 받을 수 있는 공식적 은퇴연령보다 확연히 낮다. 그러나 우리나라에서는 연금이 개시되는 공식적 은퇴연령은 60세이지만[91] 실질적 은퇴 연령은 2014년 기준으로 남성은 72.9세, 여성은 70.6세이다. 물론 OECD 국가 중에서 남녀 모두 가장 오래 일한다.

또 하나의 문제는 고용의 질이다. 대다수의 고령 근로자들이 불안정하고 임금이 낮은 임시직 일자리에 취업하고 있다는 점이다. 우리나라 고령근로자 5명 중에 2명은 임시직으로 일하는데 이는 OECD 평균의

88) 강은나, 2015, '노인의 경제활동 특성과 정책과제', 보건복지포럼 5월호, 한국보건사회연구원
89) OECD는 고령 근로인구가 노동력으로부터 빠져 나가는 평균 나이, 즉, 실질적 은퇴 시점을 "유효 은퇴 연령"으로, 전액 노령연금을 받을 수 있는 나이를 "공식 은퇴 연령"으로 정의하고 있다. 우리나라 고령자들의 실질 은퇴 시점은 G7 국가 중 은퇴가 가장 늦은 일본(남69.3세, 여66.7세)보다도 더 늦었다.
90) OECD(2015), Pension at a Glance.
91) 우리나라의 전액 노령연금 수령 시점은 2012년까지 60세였으며, 2013년 61세를 시작으로 계속 순차적으로 늦춰져 2034년부터는 65세가 될 예정이다.

거의 2배 가까이 된다. 특히 65~69세 고령근로자의 상황은 더 열악해서 OECD 평균보다 3배가 높은 5명 중 3명이 임시직이다.[92] 게다가 이들 중 상당수가 최저임금 이하 임금을 받는 극심한 저임금 근로자이다. 고령층 근로자 중 최저임금 이하 근로자 비율은 37.1%에 달해 전체 근로자 평균(11.6%)의 3배가 넘었다.[93]

요컨대 노인들은 가장 저임금이고 불안정한 일자리에서 일하고 있다. 일자리 분야를 보면 농림어업이 38.3%로 가장 높은 비율을 차지하고 있다. 그 외는 경비·수위·청소(19.3%), 운송·건설(10.8%) 등, 대부분은 숙련도가 요구되지 않은 단순한 일자리에 종사하고 있다. 전문직과 행정사무직은 각각 3.5%, 1.2%로 소수에 불과했다.

요컨대 우리나라 다수의 노인들은 오로지 생계만을 위해 일한다. 하지만 노동의 질은 열악하다. 노인 고용 중 상용 근로자나 정규직은 3.1%에 불과하다. 대부분 임시직·일용직·영세 자영업이다. 이러한 수치는 결국 노후 대비가 제대로 되지 않은 우리나라 노인들의 대다수가 먹고 살길이 없어 호구지책으로 저임금·임시직 노동시장을 전전하고 있음을 보여주는 것이다.

정부는 노인빈곤 문제를 해소하기 위해 공적 이전의 강화 등 근본적 소득보장 대책보다는 노인들을 노동시장에 더 오래 머물게 하려는 고령자고용대책을 추진하고 있지만 성과를 내지 못하고 있다. 그 결과 대한민국 노인, 세계에서 취업률은 가장 높지만 가장 가난하다. 일을

---

92) OECD, Employment Outlook 2016; 한편, 2014년 8월 현재 60세 이상의 임금 근로자가 약 170만 명인데, 그 중의 68%에 해당하는 약 120만 명이 비정규직이다.

93) 김복순(2016), "고령층 고용구조 변화와 소득 불평등", 노동리뷰 2016년 9월호, 한국노동연구원

하지만 저임금에 시달리고 빈곤으로부터 빠져나오지는 못하는 워킹푸어를 면치 못하고 있다.

인구 고령화로 인해 노동시장이 고령화되고, 고령층 노동시장이 다른 연령층에 비해 열악함에도 불구하고 고령층 중심의 일자리가 크게 늘고 있다는 것은 결코 우리 사회와 경제에 긍정적일 수는 없다.[94] 그럼에도 불구하고 노후생활 준비가 부족한 노년세대는 자발적이든 아니면 생계를 위해 어쩔 수 없이 선택한 것이든, 질 낮은 일자리라도 얻어 노동시장에 머무르고자 한다는 것이 현실이다.

물론 노년세대가 일하는 것은 바람직하다. 고령사회를 맞아 의지와 능력 있는 노년세대의 생산 활동과 사회기여는 반드시 필요하기 때문이다. 현실적으로 미흡한 연금만으로 생활하기가 어렵기 때문이며, 동시에 공적연금에 전적으로 의존하여 살기에는 후세대의 부담이 과도하기 때문이기도 하다. 따라서 최소한의 생계가 보장되는 일자리가 필요한 것이다.

그러나 일자리가 노후빈곤의 근본적 해법이 될 수는 없다. 무엇보다 마땅한 일자리가 없다. 앞으로도 하늘에서 일자리가 뚝 떨어지지 않을 것이다. 그렇다고 언제까지 공공일자리로 돌려막기를 하며 세월을 보낼 것인가? 현재의 일자리 정책으로는 문제해결의 실마리를 찾을 수 없다. 갈수록 더 악화될 것이다. 현재의 제도를 그대로 답습한다면, 베이비부머들 또한 은퇴 후 저임금 노동시장을 전전하거나 자영업에 뛰어들었다가 결국 노후파산을 겪고 노후난민으로 전전하며 살 가능성이 높다.

---

94) 김복순(2016), "고령층 고용구조 변화와 소득 불평등", 노동리뷰 2016년 9월호, 한국노동연구원

가계부채의 증가−노후파산의 확산

일을 해도 가난으로부터 탈출하기 어려운 노년세대가 설상가상으로 가계부채까지 증가하고 있다. 통계청이 발표한 자료[95]에 의하면 60세 이상의 고령층 부채증가율은 매우 심각한 수준이다. 먼저 2014년에 비해서 부채가 무려 8.6% 증가했는데 이는 전체 부채증가율(2.2%)의 4배나 되는 것이다.

특히 가계에 직접적으로 부담이 되는 금융부채 비율이 큰 폭으로 증가하고 있으며, 처분가능소득대비 금융부채비율이나 원리상환액 비율도 전년도에 비해 큰 폭으로 증가하여 노인들의 부채상환 여력이 매우 빠르게 악화되고 있음을 보여주고 있다. KDI의 보고서[96]에서도 60대 이상 고령층의 소득 대비 가계부채 비율이 161%에 이르는 것으로 나타났다. 이는 전 연령대 평균 128%를 크게 웃도는 수치다.

한편, 가구주 연령별 가계부채 분포의 시간 경과에 따른 변화를 추적해본 결과, 우리나라 고령가구의 부채비중은 상승하는 추세에 있는 것으로 나타났다.[97] 보고서에 의하면 우리나라 고령층의 가계부채비율은 미국 등 16개국 주요국 가운데 가장 높은 수준이었으며 특히 60세 이상 고령층의 부채가 다른 연령층에 비해 더 높은 유일한 국가라는 사실은 충격적이다.

부채구조를 미국과 비교해보면, 우리나라는 미국에 비해 고령층이 보유하고 있는 가계부채의 비중이 높은 반면, 이들 연령층이 보유한

---

95) 통계청, 2015년 가계금융·복지조사 결과
96) 김지섭(2015), 고령층 가계부채의 구조적 취약성, KDI
97) 가계부채는 총량 기준으로 GDP 대비 81%(2014년)까지 상승하였으며, 이 가운데 50대 이상의 중고령층이 차지하는 비중은 2004년 41%에서 2014년 53%까지 확대되고 있다.

소득대비 가계부채 비율현황

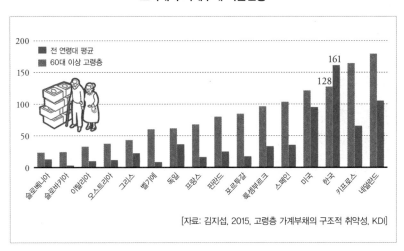

[자료: 김지섭, 2015, 고령층 가계부채의 구조적 취약성, KDI]

가계자산과 소득은 낮은 상황이다.[98] 다른 나라에서는 나이가 들수록 빚이 줄어드는데 우리나라는 거꾸로 더 불어나는 꼴이다. 인구 고령화를 감안할 때, 장기적으로 우리나라의 가계부채 문제는 고령층을 중심으로 현재보다 더 심각해질 가능성이 있다. 따라서 노후파산의 가능성이 증가될 것이다.

이미 우리나라 노년층의 파산이 전체 파산에서 차지하는 비중이 큰 것으로 나타났다. 전국 최대 파산부가 있는 서울중앙지법이 2015년 1~2월 법원에서 파산선고를 받은 1,727명을 분석한 결과, 60대 이상이 24.8%인 428명에 달했다.[99] 즉, 파산자 4명 중 1명이 60대 이상인 것이다. 노인들이 빈곤에 진입하기는 쉬워도 탈출하기 어렵듯이 노년파산도 마찬가지이다. 젊은 사람들은 빚을 져도 근로능력이 있어 벌어서 갚을 수 있지만, 노인 계층은 사실상 불가능하다.

---

98) 김지섭(2015), 한국과 미국의 가계부채 연령별 분포의 구조변화 분석, KDI
99) 한겨레(2016. 3. 25.)http://www.hani.co.kr/arti/society/society_general/736837.html

한편, 최근 들어 일본의 노후파산이 집중조명 받고 있다. "장수의 악몽—노후파산"을 제작한 NHK 스페셜 제작팀에 따르면 우리보다 먼저 고령사회에 접어든 일본의 홀몸노인은 600만 명을 넘어섰다.[100] 이 중 3분의 1인 200여만 명은 의식주 관련 모든 면에서 자립 능력을 상실한 "노후파산"[101]의 삶을 살고 있다. 여기서 우리가 심각하게 보는 것은 공적·사적연금 등 고령화에 적극적으로 대비해온 일본조차도 노후파산의 확산을 막을 수 없었다는 점이다.

현재 일본인의 노후 수입원 중 연금이 차지하는 비중이 68%에 달한다. 반면 우리나라는 노후 수입에서 연금이 13%에 불과한 것으로 조사되고 있다. 2015년 기준 우리나라 노인 빈곤율은 무려 49.6%인 반면 일본은 19.4%에 불과했다. 2015년 세계노인복지지수 순위를 보면 우리나라는 96개국 가운데 60위에 머물렀다.[102] 특히 소득보장 영역에서는 82위로, 노인 빈곤이 심각한 상태인 반면 일본은 8위로, 노인복지 수준이 상당히 높게 나타났다.

이와 같이 우리보다 많은 준비를 해왔고, 경제적 여건도 우리보다 좋은데도 불구하고 노후파산의 비극을 막지 못하고 있다. 우리가 일본에 비해 노후 관련 인프라가 열악하고 고령화 속도가 더 빠른 점을 감안하면 노후파산이 머지않아 현실화될 수 있음을 예감할 수 있다. 일본의 노후 파산 문제는 현해탄 건너 그들만의 일은 아닌 것이다.

만일 우리나라에서 가계부채 문제가 터진다면 소득안정성과 자산유

---

100)NHK 스페셜 제작팀 지음, 정정환 옮김, 2016, 장수의 악몽—노후파산, 다산북스
101)노후파산은 수명이 길어진 노인들이 불안정한 소득과 병치레 등으로 경제적 곤궁에 시달리다 파산하는 현상을 의미한다.
102)한국 HelpAge, 2015년 세계노인복지지표(The Global AgeWatch Index)

동성이 가장 취약한 고령층에서 가장 먼저 터질 것이다. 최선을 다해 살아온 사람들이 인생말년에 겪어야 하는 노후파산은 이 시대의 재앙이다. 현재의 사회체계로는 이 재앙을 막을 수 없다. 이미 노후파산이 사회문제화된 일본의 경우 연금, 자택, 예금으로도 노후파산을 막지 못했다. 만일 사회체계를 고령사회에 적합하도록 개편하지 않는 한 노인들의 만성적 가난은 불가피하며 노후파산은 누구에게나 찾아올 수 있는 가혹한 미래가 될 것이다.

다차원적 빈곤-노후 난민화

노인과 빈곤은 각각 어려운 과제이다. 그런데 노인과 빈곤이 결합되면 해결이 곤란한 난제로 비화된다. 즉, 물질적 측면의 결핍뿐만 아니라 사회문화적 차원의 결핍을 포함한 다차원적 결핍으로서 노후 난민화가 진행되고 있다. 여기서 노후 난민화란 노년세대가 노후 자금을 마련하지 못해 의식주 등 기본생활을 해나가지 못할 뿐만 아니라 가족과 사회로부터 소외돼 일상생활에 곤란을 겪는 다차원적 결핍상태를 뜻하는 말이다. 즉, 노후빈곤이 재무적 차원의 문제라면, 노후난민은 사회적 단절이나 심리적 부적응 등 비재무적 차원의 결핍을 포함한 다차원적 빈곤을 표현한다는 점에서 노후빈곤과는 구별된다.

노후난민이라는 말은 일본에서 노인들의 빈곤과 함께 고립사(孤立死)가 늘어나면서 처음으로 등장했다. 일본에서는 효에 대한 의식변화와 함께 무소득 고령층이 증가하면서 무연사회(無緣社會) 현상이 나타나 노후난민화가 진행되고 있다.[103] 무소득 고령층의 증가, 고향·가족·

---

103) 대체로 65세 이상 인구가 전체 인구의 30% 이상이거나 75세 이상 인구가 20%에 달하게 되면 무연(無緣) 고령자가 노후 난민으로 규정될 가능성이 크다.

직장 등과의 인연이 끊어지는 무연사회가 도래하여, 가족은 물론 이웃과의 관계가 단절되어 결국 혼자 죽음을 맞는 "고독사", "고립사"가 늘어나고 있다.

우리나라 역시 관계단절로 인하여 고립상태에 처한 노인들이 늘어나고 있다. 가장 큰 이유는 역시 가난이다. 돈이 없으니 인간관계마저 끊어진 것이다. 심각한 것은 노인들이 이웃과 교류하지 않고, 자녀와 거의 접촉하지 않는 사회적 단절이 점차 증가하고 있다는 것이다.

특히 주목해할 경향은 수입이 적을수록 사회적 단절이 더욱 현저하게 일어난다는 점이다. 결국 사회적 유대관계가 약화된 상황에서 고령인구의 증가는 노인 빈곤율의 상승으로 이어지고 빈곤은 다시 사회적 단절을 심화하는 악순환을 거듭하고 있는 것이다.

우리나라 생애주기별 빈곤율을 보면 50대부터 소득이 감소하는 현상이 나타나기 시작하여, 65세가 넘으면서 절반 정도가 빈곤층으로 전락하고 있다.[104] 자녀들의 노인 부양에 대한 의식도 크게 변하고 있으며[105] 가족에게서 고립된 채 생활하는 노인세대가 늘어나고 있다. 조사결과에 의하면 65세 이상 독거노인 비율이 현저히 증가하고[106] 독거노인의 상당수는 가족과 거의 왕래 없이 고립상태에 있는 것으로 드러났다.[107]

---

104) 저소득층뿐만 아니라 고소득층과 중산층도 빈곤층으로 전락한다. 2011년 기준 고소득층 2.4%, 중산층 25.4%가 노인 가구가 되면서 빈곤층으로 전락하는 것으로 보고된다.
105) 노부모를 자녀가 부양해야 한다고 응답한 비중은 2002년 70.7%에서 감소 추세를 보여 2014년 31.7%를 기록하고 있다.
106) 보건복지부 보고 자료에 의하면 2015년 전체 노인인구(642만9천여 명) 대비 독거노인 비율은 20%로 집계됐다.
107) 2015년 1~3월 전국 독거노인 74만 명을 상대로 보건복지부가 실태 조사한 결과를 보면 16%인 11만 8천 명은 가족과 만나지 않거나 연간 1~2회 정도만 만나는 것으로 나타났다.

일자리를 잃고 소득이 불안정해지면서 자식에게 짐이 되기 싫어 고립생활을 택하는 것이 오늘날 노년세대의 현실이다. 다수의 노인들은 경제적 궁핍에다, 육체적 능력을 상실했다는 자존감 결여까지 겹쳐 심각한 우울증을 앓고 있다. 노인들이 "사회적 자살(social suicide)"을 선택하고 있다. 사회관계에 이어 가족관계까지 단절되면서 노인들이 혼자 조용히 자신의 죽음을 관리하는 길을 택하고 있는 것이다. 현재 우리나라 노인자살률은 수년째 세계 1위를 독차지하고 있다.

결국 노인세대의 경제적 빈곤과 사회적 단절이 노후난민이라는 비극을 초래하고 있는 것이다. 보험연구원의 보고서[108]는 65세 이상 인구가 전체 인구의 30% 이상이거나 75세 이상 인구가 20%에 달하는 시기에 "갈 곳 없는 고령자=노후 난민"이 양산될 가능성이 큰 것으로 보고 있다. 따라서 누구나 노후난민이 될 가능성이 있으며 2026년이면 노년세대 중 20.8%가 노후난민으로 전락할 가능성이 있다고 경고했다.

해결책은 무엇인가? OECD, WHO 등은 입장에 따라 방점은 다르지만 빈곤예방과 탈피를 위한 제도적 노력을 전제로 활동적 노화, 성공적 노화를 위해 노년세대들의 사회참여가 가능한 체계구축을 권고하고 있다. 일본의 경우, 무연사회의 해결을 위한 노력 역시 다각적이다. 빈곤문제와 함께 사회관계의 회복을 위하여 이웃, 지역공동체의 부활을 통해 커뮤니케이션, 인간관계 확대, 사람과의 인연을 중시하는 삶인 "유연사회"의 부활을 모색한다. 나아가 사회적 연대의 회복 및 유지발전 차원에서 "새로운 공공"이 제창되고 있다. 그러나 현재의 사회

---

108) 강성호·류건식(2015), "노후 난민화 가능성 검토와 향후 과제", KiRi Weekly 328호, 보험연구원

질서와 체계를 탈피하지 않고 머물러 있다면 그 어떤 대책도 근본적 해결책이 되지 못할 것으로 보인다.

이중격차—소득격차와 수명격차

고령사회에서 노년층의 삶은 더 평등해질까 여전히 불평등할까? 우리나라는 소득불평등이 매우 심각한 나라로서 세계 주요국 중에서는 미국 다음으로 소득 불평등이 심하다.[109] 특히 노년세대의 상대적 빈곤율은 49.6%로서 OECD 국가들 중 압도적 1위를 차지하고 있다. 50대를 넘어서면서 가난이 심화되고 결국 65세를 넘어 서면 둘 중 하나가 빈곤계층이라는 계급장을 달게 됨으로써 소득불평등 역시 OECD 최고 수준이 된다. 한국노동연구원의 보고서[110]에 따르면 65세 이상 노인의 소득불평등 지수(지니계수)[111]는 0.422로, 칠레(0.428)에 이어 OECD 회원국 중 2번째를 차지했다.

왜일까? OECD는 소득과 자산 격차 확대 주요 원인으로 시간제와 임시직, 자영업 종사자 증가 경제활동 요인을 지목했다.[112] 그러나 이와 함께 주목해야 할 것은 인구변동 요인이다. 즉, 인구 고령화과정에

---

109) 국회입법조사처가 2016년 9월 WTID(The World Top Income Database)와 IMF 자료를 분석한 결과 2012년 기준 우리나라의 상위 10% 소득집중도는 44.9%로 나타났다. 1990년대 후반 외환위기와 2000년대 후반 금융위기를 거치면서 우리나라의 상위 10% 소득집중도가 주요국 중 가장 빠른 속도로 확대된 것이다.

110) 김복순, 2016, "고령층 고용구조 변화와 소득 불평등", 노동리뷰 2016년 9월호, 한국노동연구원

111) 지니계수는 소득 분배의 불평등도를 나타내는 수치다. 지니계수가 0에 가까우면 소득 분배가 균등하게, 1에 가까우면 불균등하게 이뤄진다는 뜻이다. 보통 0.4가 넘으면 소득 분배의 불평등 정도가 매우 심각한 것으로 본다.

112) OECD는 1995년부터 2013년까지 회원국에서 만들어진 일자리의 절반이 이런 종류였다고 밝혔다.

서 노년세대의 상대적 빈곤이 확대 재생산되면서, 사회 전체의 불평등을 심화시킬 수 있기 때문이다. 특히 베이비붐 세대가 노년기에 진입하면, 노년세대의 불평등은 물론 전체 인구의 불평등까지 심화될 수 있다.

실증적 연구[113]에 의하면 노인세대의 비율이 증가할수록 인구 전체의 소득불평등현상이 심화될 수 있다. 2006년부터 2013년까지 65세 이상 노인가구비율을 1%에서 50%까지 임의로 높였을 때 지니계수가 동반상승했다. 이런 결과는 소득불평등은 실업률과 같은 경제적 요인에 의해 결정된다고 인식하는 경향이 있으나 인구 고령화와 같은 인구변동요인에 따라 불평등 수준이 달라질 수 있음을 보여준 것이다. 즉, 노인세대의 증가와 같은 경제외적 요인에 의해서도 소득불평등이 크게 영향을 받음을 볼 수 있다. 따라서 우리 사회의 소득분배구조의 안정화를 위해서는 노인세대의 소득보장 강화 등과 같은 경제 외적인 요인들에 적극 대응해야 한다는 것이 이 연구의 결론이다.

한편, 나이 들면 다 같은 노인인가? 그렇지 않다. 노인들 간의 소득불평등 역시 인구 전체의 불평등만큼 심각한 수준이다. 노인들은 그 나이에 이르기까지 생명을 유지함으로써 이미 선택과정을 거친 데다 불평등을 완화하는 각종 복지서비스 제공, 인구학적 평준화 등으로 젊었을 때보다 인종적·사회경제적 불평등이 완화돼 평등해질 것으로 예

---

113) 성명제(2015), "인구·가구특성의 변화가 소득분배 구조에 미치는 영향분석 연구 : 무직가구, 부녀자가구 특성 및 인구 고령화를 중심으로", KERI INSIGHT정책제언 15-6, 한국경제연구원

측할 수 있다. 그러나 실증적 연구를 통해 그렇지 않은 것으로 보고된다.[114] 오히려 현대사회에서 노인집단은 일반인보다 소득불평등이 더욱 심하며, 그런 경향이 더욱 심화될 것으로 전망한다.

왜일까? 한편, 노인집단의 소득불평등을 규명하는 작업은 매우 복잡하다. 기본적으로 노년세대 소득 불평등은 생애사적으로 접근해야 한다. 불평등의 원인이 현재 시점의 사건뿐만 아니라 노인이 되기 이전의 생애과정이나 노후준비 정도에 영향을 받기 때문이다. 대체로 노년세대의 불평등은 자원 불평등이 생애과정을 통해서 축적된 결과로 해석할 수 있다.[115] 즉, 자산 및 부채의 불평등[116] 그리고 기회의 선택과 배제 과정이 생애를 통하여 지속되면서 노년기에 불평등이 심화되었다고 볼 수 있다.[117]

이러한 노인집단 내의 불평등을 완화할 수 있는 제도적 장치는 현재로서는 공공부조소득이다. 바람직한 것은 연금이 기본적으로 노후의 주요 소득원으로서 노년기 빈곤위기를 완화하는 완충효과(buffering effect)를 수행하는 것이다. 그러나 우리나라 연금제도는 빈곤의 완화 효과는 있으나 불평등의 완화 효과는 수행하지 못한다. 오히려 자산 소득과 함께 연금소득 역시 소득불평등을 심화시키는 요인으로 작용하고 있으며, 이러한 경향은 당분간 지속될 것으로 보인다.

---

114) 코리 M. 에이브럼슨 저, 박우정 역, 2015, 『불평등이 노년의 삶을 어떻게 형성하는가』, 에코리브르

115) 황선재·김정석(2013), 노년기 소득불평등 분해 분석, 한국사회학 제47집 4호:201-226

116) 이상붕(2010), "부의 불평등 시각에서 바라본 연령 집단의 경제 불평등", 현상과 인식 통권 112호:201-219

117) 박경숙(2001), 노년기 불평등의 미래, 한국사회학 제35집 6호: p141~168

즉, 우리나라 국민연금의 경우 가입기간이 짧고, 가입 기회도 주로 일차부문 노동시장에 종사하는 정규직 임금근로자에 제한된 상황에서, 연금의 기능이 과거 노동생애과정에서의 소득불평등을 노년기로 연장하고 심화하는 요인으로 작용할 위험이 크다. 결국 노인 소득의 불평등을 개선하는 원천소득은 공공부조소득과 사적 이전소득이다. 사적 이전소득이 사실상 제약된 실정에서 노인소득의 불평등 개선효과를 높이기 위한 정책적 노력은 "공공부조소득"을 강화하는 것이다.

한편, 최근 부각되고 있는 문제는 소득 불평등이 건강 불평등은 물론 수명 불평등을 야기한다는 사실이다. 우리는 빈부격차에 따른 사회모순을 표현할 때 "유전무죄(有錢無罪) 무전유죄(無錢有罪)"라는 말을 종종 쓴다. 마찬가지로 이제는 인명재천(人命在天)이 아니라 인명재전(人命在錢)이라고 해야 할 것 같다. 인간생명이 하늘에 달린 것이 아니라 돈에 달렸다는 뜻이다. 부자는 오래 살고 가난한 사람은 일찍 죽는 생존 가능성의 불평등이 나타나고 있기 때문이다.

만약 돈으로 시간을 살 수 있으면 어떨까? 당연히 부자는 불로장생하고 가난한 사람은 일찍 죽어야 하는 수명 격차가 일어날 것이다. 영화 "인 타임(In Time)"은 시간이 화폐인 가상세계를 보여주면서 금융자본주의의 소득 불평등을 비꼰 영화이다. 동시에 현실의 빈부격차가 수명격차로 이어질 수 있다는 점을 시사해주는 영화이다. 영화에서 부자들은 시간이 남아돌아 흥청망청하면서 불로불사를 누린다. 그러나 빈자들은 오로지 생명을 유지하기 위해 시간을 벌든지 훔쳐야만 한다. 여기서 영화는 불평등의 기제를 보여준다. 즉, 모든 사람이 불로불사한다면 착취가 불가능하고 기득권을 유지할 수 없기에 부자들은 물가를 조작하여 빈자들의 죽음을 유도

하며 끝없는 노동으로 내몬다는 점이다.

WHO는 2008년 건강 불평등에 관한 보고서를 발표하면서 생물학적 요인이나, 유전적 요인, 혹은 잘못된 라이프스타일이나 의료체계보다, 불평등이야말로 인간수명에 가장 치명적 영향을 미치는 질병이라고 지적했다. 즉, 돈과 권력, 자원의 불평등한 분배가 건강 불평등을 초래하고 결국 수명의 격차까지 야기한다는 것이다.

최근 국내외적으로 경제적 불평등이 수명의 불평등을 동반한다는 연구결과들이 대거 보고되고 있다. 즉, 모든 생애과정에서 소득수준이 낮을수록, 교육수준이 낮을수록, 정규직보다는 비정규직일수록 사회경제적 사망률이 높게 나타난다.[118] 미국 경제학자들의 연구에 따르면 혹한에 의한 사망자가 전체 사망자의 0.8퍼센트에 이르는데 저소득층의 사망률이 특히 높았다.[119]

영국의 사회역학 연구자인 윌킨슨(Richard Wilkinson)은 그의 저서 『평등해야 건강하다(The Impact of Inequality)』[120]를 통해 소득과 재산의 불평등이 인간의 생명과 직결될 수 있는 건강상태의 격차로까지 이어진다는 사실을 보고하고 있다. 윌킨슨은 불평등이 건강에 미치는 영향을 세부적으로 파악하기 위해 평균수명·정신질환·영아사망·비만 등을 종합한 '사회·건강지수'를 소득불평등 수준과 비교했다. 결과는 소득불평등이 평균수명을 낮추고, 정신건강을 해치는 것으로 나타났다.

118) 정최경희(2009), 한국의 사회경제적 사망 불평등 실태와 과제, 보건복지포럼 통권 제149호:5-14
119) 한진수 저, 2015, 『경제학이 필요한 시간』, 비즈니스북스
120) 리처드 윌킨슨 저, 김홍수영 역, 『2008, 평등해야 건강하다 : 불평등은 어떻게 사회를 병들게 하는가』, 후마니타스

국내에서도 유사한 연구결과가 보고되었다. 65세 이상 노인인구의 전반적인 건강상태를 정신적, 기능적, 의료적 및 주관적 차원에서 분석한 결과에 의하면, 노인들의 건강상태가 단순히 생물학적 또는 생리적 특성의 차이뿐만 아니라, 성별, 교육, 소득 수준 등 사회적 불평등의 요인에 의해 차별화된 삶의 조건이나 경험의 결과적 양상인 것을 알 수 있었다.[121]

> 서울대학교 강영호 교수 연구팀 역시 소득 상위 20%에 속한 사람(83.7세)들이 소득 하위 20%에 속한 사람(77.6세)보다 약 6.1년을 더 사는 것으로 보고했다. 특히 서울 서초구에 사는 소득 상위 20%에 속한 사람(86.2세)은 강원 화천군의 소득 하위 20%에 속한 사람(71세)보다 평균 15.2년을 더 사는 것으로 분석됐다.[122] 같은 서울에서도 소득 수준이 상대적으로 높은 지역이 그렇지 않은 지역보다 평균수명이 높은 것으로 나타났다. 예컨대 서울의 경우 고소득층이 많이 거주하는 이른바 '강남 3구'(강남, 서초, 송파구)가 다른 지역에 비해 높았다.

따라서 건강 불평등의 근본 원인이 돈, 권력, 자원의 불평등한 분배에 있으며 사회적 자원의 차이에 따라 수명의 격차까지 벌어질 수 있다는 사실에 우려가 커지면서 건강보장과 의료자원에 대한 관심이 증가되고 있다. 따라서 특히 의료비 의존도가 높은 건강보험은 매우 민

---

121) 이미숙,(2009), "고령화연구패널자료를 이용한 노년기 건강불평등의 구조 분석", 보건과 사회과학 제25집:5-32
122) http://news.donga.com/BestClickIlbo/3/all/20151111/74708157/1 국내 광역시도 및 시군구별 소득 수준에 따른 기대 여명 차이, 동아일보, 검색일자: 2016. 9. 25

감한 사안이 될 것이다. 즉, 인구 고령화에 따라 기본적인 의료수요가 크게 증가하고, 건강 검진 및 관리 등 의료서비스 이용이 현저하게 증가하면서 건강보장 비용부담도 가파르게 증가할 것이다.

특히 인구 고령화가 진행되면서 의료비가 현저하게 증가하고 있다. 2015년에도 노인진료비가 전체의 36.3%를 차지하며 증가 추세를 이어갔다. 1년 새 노인 인구가 4.8% 늘어난 것과 비교하면 진료비 증가 속도가 인구 증가보다 2배 넘게 빠른 셈이다. 현재 우리나라 의료비지출 비율은 GDP 대비 6.9%로 OECD 국가 평균(8.9%)보다 낮지만, 증가 속도는 단연 최고이다.[123]

게다가 베이비붐 세대가 노인집단으로 본격적으로 진입하면서 상황은 더욱 심각해진다. 이미 OECD 회원국 중 1위를 차지한 진료비 증가 속도가 더욱 가속화되면서, 향후 연금재정 위기보다 의료재정 위

노인 의료비 지출추이

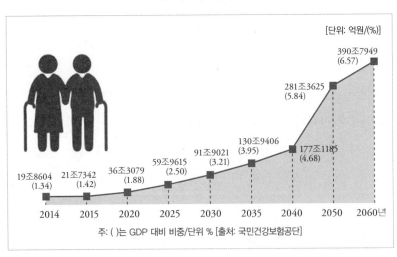

주: ( )는 GDP 대비 비중/단위 % [출처: 국민건강보험공단]

---

123)OECD, Health Data 2015.

기가 더 위중할 수 있다. 특히 수명 불평등과 의료재정 위기가 결합되면서 건강문제는 생물학적 차원을 벗어나 정치적 문제가 된다. 의료비용의 증가를 억제함과 동시에 의료보장 수준을 확대해야 하는 정치적 딜레마를 내포한다.

이러한 딜레마 상황에서 의료기술발전으로 고가치료가 도입되고 한계수명이 연장됨으로써, 결국 빈부 격차에 따른 수명 격차가 더욱 심화된다면 사회분열은 자명한 일이다. 즉, 의료보장의 한계는 어디까지며 그 기준은 무엇인가? 누가 살고 누가 죽을 것이며, 그것은 누가 결정할 것인가? 등을 놓고 치열한 대립이 예상된다. 의료기술의 발전과 함께 의료보장의 윤리성과 비용부담을 둘러싼 대립과 갈등은 심각한 사회적 문제로 예견된다.

5. 베이비부머, 노동에 길을 묻다!

잉여인간-믿을 건 몸뚱이 뿐

우리는 잉여인간의 길을 가고 있다. 잉여인간이란 쓸모없는 인간이다. 지그문트 바우만은 잉여인간을 전통적 의미에서 실업자나 노동예비군과는 전혀 다른 범주로 설정하면서 "인간쓰레기"라고 명명하였는데, 이들은 근대사회의 설계와 질서구축 과정에서 "현대화가 낳은 불가피한 산물이며 현대성에 수반된 불가피한 부작용이다.[124]

최근 노동시장으로부터 배제된 사람들이 크게 증가하면서 잉여인간에 대한 담론들이 확산되고 있지만, 그 이전부터 주변인 의식에서 개인이나 소수자 집단이 스스로 잉여인간으로 분류하고 자조하는 경향이 확산되면서 잉여인간은 곧 쓸모없는 존재, 가치 없는 존재라는 의

---

124) 지그문트 바우만 저, 정일준 역, 2008, 『쓰레기가 되는 삶들』, 새물결

미로 널리 사용되고 있었다.

이제 베이비부머들은 노동시장에서 물러나 잉여인간 대열에 속속 합류하고 있다. 말이 은퇴이지 대부분 노동으로부터 추방된 것이다. 베이비부머들은 태어날 때부터 동년배가 많았고 덕분에 어릴 때부터 어딜 가나 경쟁이 심했다. 그러나 비록 공돌이 공순이지만 일할 수 있다는 것만으로도 잉여인간이라고 생각해본 적 없다. 그런데 인생 후반에 와서 노후생계를 걱정해야 하는 처지로 몰리고 있다. 개인적 준비도 안 돼 있고, 국가적 노후보장제도 역시 기댈 언덕이 아니다. 믿을 건 몸뚱이밖에 없다. 결국 누구에게 신세지지 않고 죽는 날까지 스스로 입에 풀칠하려면 일을 해야 한다.

일로부터 은퇴한 늙은 노동자가 일을 원한다면 참으로 아이로니컬한 일이다. 2010년 10월, 프랑스에서는 은퇴시기와 연금수령시기를 2년 연기하려다가 노·청 연대 폭동이 일어났다. 은퇴를 앞둔 늙은 노동자들이 왜 우리에게 일 더하라고 하냐고 들고 일어난 것이다. 뿐만 아

통계청이 2015년 7월에 발표한〈경제활동인구 청년층 및 고령층 부가조사 결과〉를 보면 고령층의 절반 이상은 연금을 받지 않고 있었다.

지난 1년간 연금을 받은 고령층은 전체 고령층 인구의 45%(532만8000명)으로 작년(45.7%)보다 소폭 감소했다. 월평균 연금 수령액은 49만 원으로 작년 5월 조사 때보다 7만 원 늘었다. 2014년 7월부터 기초연금이 도입된 영향이다. 앞으로도 일하기를 원하는 고령층(55~79세)은 722만 4000명으로 전체 고령층 인구의 61.0%를 차지했다. 고령층이 일을 그만두기를 원하는 평균연령은 72세였다.

니라 고등학생까지 가담하여, 젊은이들은 왜 우리가 일할 기회를 빼앗느냐고 폭동을 일으켜 드골공항이 마비되었다. 우리에겐 낯설기만 한 풍경이다.

우리는 은퇴하고서도 계속 일하기를 원하기 때문이다. 그것도 간절히… 통계청에 따르면 55세~79세 고령자 61%가 취업을 원하는 것으로 나타났다. 그 중 57%가 생계비 때문이다. 그러나 이미 시장에서 배제된 잉여인간에게 돌아올 일자리는 없다. 굳이 찾으려면 초저임금의 불안정한 하층 노동시장으로 가야 한다.

물론 이미 법률체계도 갖추고 있지만, 차별과 착취를 스스로 감내해야 하는 것이 늙은 노동자의 길이다. 베이비부머들은 은퇴를 하면서부터 잉여인간을 명심해야 한다. 노후에 대한 낭만적 꿈을 꾼다면 좋다. 그러나 일자리와 관련된 꿈이라면 빨리 깨는 것이 좋다. 선배 노인들을 보라! 아무리 미화해도 "노동해방"이 아니라 "노동추방"된 잉여인간이기 때문이다!

길 잃은 노동·복지—베이비부머에게 길을 되묻다!

지금, 베이비붐 세대들의 노동시장으로부터 퇴출은 가파르게 진행되고 있다. 그러나 대부분은 퇴출되면서도 일자리를 희망한다. 하층 노동시장으로 내려갈 각오도 한다. 그러나 이미 하층노동시장에 머물다 퇴출된 경우엔 더 열악한 일자리로 내려가야 한다. 아니면, 대부분 사회보험도 결여되어 있으므로 결국 공공부조에 의존해야 한다. 고령인구가 급증하면서 공공부조의 부담은 커지고 있다. 특히 2020년부터 베이비붐 세대들이 대거 노인행렬에 진입한다면 재정 충격은 갈수록 증가될 것이다.

그래서 어쩌란 말인가? 반문할 수도 있다. 그러나 그렇게 문제를 회피하고 끝낼 간단한 문제가 아니다. 당신의 생존문제이고 내 자신이 사느냐 죽느냐의 문제이다. 인간답게 살려면 함께 공부하고 대안을 찾아야 한다. 일자리와 관련하여 미래를 생각한다면 지금도 진행 중인 역사적 경험을 되짚어볼 필요가 있다.

1997년 IMF 외환위기 직후, 대통령까지 TV에 출연하여 사회안전망을 구축한다며 소위 "생산적 복지"의 실시를 거하게 선전했다. 국민들에게 정중히 양해 구해야 할 사안을 마치 특혜처럼 포장한, 일종의 기만극이었지만 그 누구도 문제제기하지 않았다. 정말 웃기는 것은 진보라 일컫는 신문들은 지지하고 보수라 일컫는 신문들은 반대했다는 점이다. 소위 진영 논리에 빠져, 언론과 학자, 시민단체들까지 천박하게 놀아났다.

그러나 보다 더 큰 문제는 간절히 일하기를 원하더라도 일자리가 없다는 것이었다. 그런데 더욱 심각한 문제는, 그동안 각종 지표들을 볼 때 일자리를 통한 빈곤탈출은 불가능하다는 점이다. 그럼에도 불구하고, 지금 상황이 복잡한 것은 수백만의 잉여인간 베이비붐 세대가 노후생계를 위하여 오늘도 일을 원하고 있다는 점이다.

그간의 시행된 노동연계 복지의 정부정책은 일자리의 질과는 상관없이 무조건 일자리를 많이 만들어내는 것을 그 핵심으로 하고 있다. 보수, 진보 가릴 것 없이 어느 정부든 일자리 창출 대책의 주요내용은 사기업 고용증진과 공공부문 사회복지 서비스 강화를 통한 일자리 창출, 노동시간 단축을 통한 일자리 창출 등이다.

그런데 이렇게 창출된 일자리는 대부분 임시직, 계약직 등의 비정규직이며 임금수준이 최저임금 수준에도 미치지 못하는 등 노동조건도 매우 열악하다. 노동의 질에 대한 고려 없이 일자리 개수를 늘리는 것으로 빈곤문제 해결은 불가능하다. 복지 의존을 감소시키기 위해 불안정한 비정규직, 노동빈민을 양산하는 악순환을 거듭하고 있다.

물론 근로의욕에 충만한 사람들이 정책에 부응하여 복지명부(welfare roll)를 떠난다 해도 결국은 노동빈민(work poor)으로 전락한 후에 복지명부로 되돌아온다. 일자리 정책이 저임금 단기노동에 집중함으로써 노동의 질은 저하되고 그 결과 노동빈민이 양산되고 노동소득 불평등은 더욱 심화된다. 노동과 복지의 대체적 관계의 악순환이다.

다음 절에서 좀 더 구체적으로 검토하겠지만 복지대상-노동빈곤 악순환 고리는 노동시장의 분단과 양극화에 의해 공고화된다는 것을 주목해야 한다. 우리는 노동이라는 이름을 똑같이 쓰지만 지금 우리 사회의 노동시장은 고임금 정규직의 상층노동시장과 저임금 비정규직이라는 하층노동시장으로 이중구조로 분단되었다. 두 노동시장 사이엔 높은 장벽이 존재하고 노동조건이 양극화됨으로써 노동소득 불평등이 이미 심각한 수준에 이르고 있다.[125] 노동연계복지가 노동시장의 이중구조와 복지제도의 이중구조라는 미로에서 길을 잃었다. 그렇다면 최대 문제 당사자집단인 베이비붐 세대의 입장에선 어떤 대안을 생각해야 하겠는가? 길 잃은 노동연계복지가 베이비부머에게 길을 묻고 있다.

---

125) 우리나라 노동시장의 분단과 양극화에 따른 소득불평등은 자본소득불평등 이상으로 매우 심각한 수준이며 상위 10%가 전체 노동소득의 약 50%를 차지하고 하위 10%와의 노동소득격차는 OECD 국가 중 미국 다음으로 크다. 상위10%를 대부분 공기업, 공공기관, 공무원, 교사 등 공공부문에서 차지함으로써 과잉 처우에 대한 윤리적 비판이 제기되고 있다.

이제는 결별—비스마르크여 안녕!

길 잃은 노동과 복지, "노동연계복지"가 우리에게 길을 묻는다면 어떻게 해야 할 것인가? 그것이 이 책의 핵심 주제이기도 하므로 필자가 답하겠다. 먼저 비스마르크여 안녕, 작별을 고하는 것이다. 그렇다면 왜 작별을 해야 하는가? 그동안 사회보험 중심의 보편적 복지체계 복지국가는 파격적 경제성장을 기반으로 황금의 30년을 구가했다.

그러나 20세기 말, 21세기가 시작되면서 만성적 경제침체, 그리고 급격한 인구 고령화로 인한 재정위기에 봉착하여 복지국가 개혁이란 이름으로 사회보험 축소를 추진했다. 그러나 실패했다. 비록 재정수지는 개선했지만 실업문제 등 근본적 사회문제가 해결된 것이 아니므로 그 반작용으로 비기여형의 공공부조(Public Pension) 재정부담이 현저히 증가했고 복지제도가 기여형의 사회보험과 비기여형의 공공부조로 분리되는 "이중화의 씨앗"이 뿌려졌다.

그다음 마지막 단계의 핵심은 노동을 중시하는 고용정책의 전면적 변화이다. 그런데 비스마르크의 초기 노동 중시 정책기조와 다른 것은 복지제도 이원화를 전제했다는 것이다. 정책의 타깃은 사회보험의 영역에서 이탈된 공공부조 영역의 하층 노동자들이었다. 이들을 노동시장에 다시 편입시키는 목적은 곧 복지의존성을 탈피하여 누구나 노동함으로써 자신의 빈곤은 스스로 책임지도록 한다는 것이다. "복지에서 노동으로" 혹은 "생산적 복지", "일자리가 최고의 복지" 등의 구호로 익숙한 소위 "노동연계복지"이다.

그런데 또 실패다. 일자리가 없기 때문이다. 일자리가 없는 일자리 연계 복지라는 빈 깡통 차기를 하고 있다. 급기야 천문학적 재정을 퍼부으며 일자리 창출을 외치지만 결코 성취 불가능한 일이다. 오히려 이러한 일련의 정부정책이, 고임금 정규직 중심의 상층부 노동시장과 저임금 비정규직 중심의 하층부 노동시장으로 분단을 더 고착시키고 있다.

그렇다면 무엇과 결별하는가? 이중화의 구조, 곧 노동시장 이중구조, 복지체제 이중구조와 결별해야 한다. 오늘날 체계 위기는 "이중화"에서 시작된다. 사회보험 재정수지를 맞추기 위한 개혁과정에서 복지체계는 사회보험과 공공부조로 이중화되었고, 다시 공공부조 부담을 완화하기 위한 개혁 프로그램으로 "노동연계복지"를 채택하고 하층노동자의 노동시장 재진입을 추구하였지만 노동시장 이중구조만 악화시키고 사실상 실패했다.

이제 우리에게 남은 길은 이중화의 덫에 갇힌 비스마르크식의 복지국체계로부터 탈피하는 것이다. 경직된 이중화의 구조는 특히 잉여인간의 급증, 곧 기술혁명에 따른 인조인간의 출현, 나이혁명에 따른 장수인간의 출현, 그리고 이로 인해 파생된 잉여인간의 쓰나미를 감당할 수 없기 때문이다.

이제 우리는 새로운 모델을 찾아야 한다. 그것은 노동시장 이중구조와 복지체계의 이중구조를 동시에 해체시키는 것으로부터 시작해야 한다. 동시에 "나이혁명-장수인간"과 "기술혁명-인조인간"에 따른 잉여인간의 증가를 수용하는 다층노동체계를 구축하고, 이 새로운 노동체계 밖의 사회보장을 감당하는 새로운 복지체계를 구성해야 한다. 요컨대 잉여인간 시대를 맞아 인간의 쓸모를 재구성하고, 동시에 노동을 재구조화하여 임금노동 신성불가침으로부터 해방되는 것이다. 비스마르크여 안녕!

Chapter **3**

혁명의 역설
노동탈취의 시대

1. 나이혁명_고령사회와 잉여인간

나이혁명의 역설—연령차별주의

나이혁명이 일어났다. 인류 사회에서 최근에 일어난 모든 혁명적 사건과 변화들 가운데서, 나이혁명이야말로 가장 놀랄만한 기적이며, 우리의 일상생활에 가장 중요한 영향력을 끼친 사건이다. 우리는 수세기 동안 만60세 환갑이 넘으면 장수를 누리는 노인으로 간주했다. 그러나 이제 상황이 달라졌다. 과학과 의료기술, 경제 및 교육수준 향상 등으로 노화의 속도가 현저히 느려진 것이다. 현대인의 건강·기대수명·활동 등 여러 가지 기준을 고려할 때 현재 75~80세 노인들은 1950년대의 60대와 비슷하다.[1] 일본의 도쿄도립노인종합연구소가 추적 관찰한 결과, 2007년 87세와 1977년 70세의 건강상태가 비슷했다.

---

1) 르몽드 디플로마티크, 57호(2013. 6. 7.)

그래서 "0.7곱하기 인생"이라는 나이계산법도 제시되었다.[2]

나이혁명으로 백세시대가 시작되었다. 이 책을 읽는 독자들은 대부분 80대, 90대 그리고 마침내 100세 이상의 수명을 누리게 될 것이다. 연구자들은 최빈사망연령[3]이 90세가 되는 시점을 백세시대로 정의하고 있는데 이제 곧 2020년경이면 우리나라도 본격적인 백세시대를 열 것으로 전망된다.

의학계에서는 백세인구를 '센테니얼(100세)'을 넘어섰다는 의미에서 '수퍼 센테니얼(Super Centennial)'이라고 부른다.[4] UN 통계자료는 평균수명 80세를 넘는 국가가 2000년도엔 6개국뿐이었지만 2020년에는 31개국으로 급증할 것이라고 전망하면서, 전 세계 백세인은 2010년 31만 명에서 2050년 320만 명으로 10배 이상 증가할 것으로 예견하고 있다. 수퍼 센테니얼 증가는 전 세계적인 경향이다. UN은 100세 장수가 보편화하는 시대를 "신인류의 시대" 곧 "호모 헌드레드(Homo Hundred)시대"로 정의했다. UN은 이를 통하여 100세 사회의 도래에 대응하여, 인류 전체가 새로운 경제·사회 시스템을 만들어 대비할 것을 촉구한 것이다.

나이혁명은 "노인은 더 이상 노인이 아니다"라는 말로 요약된다. 젊은이들 못지않게 건강하며 창의적이고 활동적이다. 이제 노인을 단순히 보호해야 할 대상으로 생각해서는 안 된다. 나이혁명 이후 새로운

---

2) 즉, 현재의 나이에 0.7을 곱하면 실제 나이가 된다는 것이다. 예를 들어 현재 70세인 사람은 과거의 49세인 사람과 비슷하다는 것이다.
3) 가장 많은 사람이 사망하는 연령. 1983년 71세에서 2014년 86세로 크게 높아졌으며 2020년에는 90세를 넘어설 것으로 전망된다.
4) http://knews24.com/board.php?board=magazine&command=body&no=999

노년세대는 무엇보다도 건강하다.[5] 충분히 활동적이고 이 사회에 기여할 수 있는 능력도 있다. 동시에 나이혁명으로 장수인간의 탄생은 조기사망 없이 동년배들이 모두 노년세대에 진입한 수명평등이 실현된 것이기도 하다.

그러나 나이혁명과 장수인간의 탄생이 축복이 되기 위해서는 사회체계가 현저히 혁신되어야 한다. 문제는 인간의 평균수명은 현저히 늘어났지만 사회제도는 과거 그대로 머물러 있다. 예컨대 노동시장으로부터 물러나는 제도적 퇴직시기와 실제 노년기 시작 사이의 간극이 현저히 커졌다. 지금 사회질서와 제도에서는 생물학적 나이와 사회학적 나이가 일치되지 못하고 괴리될 수밖에 없다.

단언컨대 만약 혁명적 수준의 발상의 전환, 획기적 변화가 없는 한, 2020년부터는 714만 제1차 베이비부머들이 쓸모없는 존재, 잉여인간이 되어 상실감과 불안정한 상태에서 긴 세월을 무력하게 보내야 할 것이다. 그리고 뒤이어 2030년쯤부터는 604만의 제2차 베이비부머들도 잉여인간의 길을 뒤따르기 시작할 것이다. 이보다 더 큰 재앙이 어디 있겠는가?

그럼에도 불구하고 지금 우리 사회에는 연령차별주의(ageism)가 기승을 부리고 있다. 연령차별주의는 시대를 역행하는 명백한 과오이다. 현대의학 덕분에 사람들은 예전보다 훨씬 더 오래 살고 훨씬 더 늦게까지 노동을 할 수 있다. 평균연령을 고려할 때 1950년에 정년을 55세나 60세로 정한 것은 충분히 수긍이 간다. 당시 남성 노동자의 평균 기대수명은 70세 초반이었기 때문이다. 그런데 오늘날 평균 연령이 80

---

5) 미국과 일본에서는 75세에 병이나 허약체질, 소위 노인병으로 일상생활을 할 수 없는 사람은 5% 미만이라고 한다. 이는 우리나라도 크게 다르지 않다.

세를 넘는 실정에서 여전히 정년을 55세, 60세에 못 박아 둔다면 대부분의 사람들이 은퇴 후 20여 년 이상을 하릴 없이 허송해야 한다는 결론이 된다.

연령차별주의(ageism)는 나이에 기인해 시작되고 사회적으로 정형화된 모든 편견과 오해를 의미한다. 나이 든 노인이 자전거를 타려고 할 때 위험하다며 만류한다거나 심지어 나이보다 훨씬 젊어 보인다는 일상의 찬사조차도 연령주의에 기반을 둔 차별에 해당한다. 이런 인식은 결과적으로 노년세대의 사회적 자립성을 훼손하게 된다.

신자유주의 환경에서의 지구적 규모의 일자리 이동과 신기술 발전의 환경에서의 진정한 자동화는 전체가 아니라 일부 노동에 영향을 미치는 특별한 경우에 해당한다. 이에 비해 노동자들의 나이제한은 훨씬 광범위한 부문에 영향을 미치는 퇴출 압박요인이다. 누구라도 나이 먹지 않을 재간이 없다. 세월이 흐르면 생산성이 떨어진다는 경험적 전제하에 우리는 일정 시점에서 퇴출될 수밖에 없는 운명이다. 그러나 퇴출 기준으로서의 나이는 현대 경제에서 두 가지 방식으로 바뀌었다.

첫 번째 방식은 나이에 대한 편견을 통해서이다. 요즘 모임에 나가면 45살이 정년이라는 뜻의 "사오정" 56살까지 다니면 도둑이라는 뜻의 "오륙도"라는 농담을 자주 듣는다. 실제 첨단조직들은 고령자들을 고집이 세고, 꾸물대며 활력이 없는 사람 취급을 한다. 직장에서 40세가 넘으면 0.7% 인간, 50세가 넘으면 0.5% 인간, 60세가 넘으면 0.2% 인간이라는 농담으로 나이 먹으면 능력이 떨어진다는 고령자 차별의 편견을 드러낸다.

"늙고 힘 빠졌다"는 말은 노동자들의 신체상태를 가리킨다기보다 업무의 질에 관한 것이라고 보는 게 정확하다. 그러나 어떤 기술의 유효기한을 고려한다면 나이는 직접적으로 재능과 관련이 있다. 기술의 유효기한은 기능직종뿐만 아니라 다양한 전문직종에 이르기까지 광범위한 분야에서 빠르게 줄어들고 있다. 여기에 노동의 시장경제학이 지극히 파괴적인 방식으로 끼어든다.[6] 고용주는 늙은 노동자를 재교육시킬 것인지, 아니면 신기술 교육을 받은 젊은 노동자를 고용할 것인지를 놓고 손익계산을 한다. 당연히 젊은이를 고용하는 것이 훨씬 비용이 덜 든다.

그렇다면 고용주들이 누구를 택할 것으로 보는가? 최소한 저임금의 노동을 감수하지 않는 이상, 늙은 노동자의 경험보다 젊은이의 재능을 선택할 것이다. 기술발전은 특정기술의 유효기한을 단축시킨다. 자동화의 진전으로 경험의 축적도 무용지물이 된다. 경험은 갈수록 그 가치가 떨어지고 심지어 변화의 장애물로 취급될 수도 있다. 이와 같은 상황에서 고령자에 대한 배제와 연령차별이 우리 사회에 자리 잡게 된다. 동시에 사람들의 마음속엔 퇴출의 공포가 자리 잡게 된다.

묵인된 차별-연령차별의 정치경제학

연령차별이란 생물학적 나이로 인해 개인의 능력이나 특성에 관계없이 사회적 불이익을 받는 것을 말하며, 고용상의 연령차별은 일정한 연령 이상의 자라는 이유로 모집·채용·근로조건·퇴직 부분에서 차별하는 것을 말한다. 고용상 연령차별은 연령차별금지법을 통해 네 가지 형태의 차별로 설명된다.[7]

---

6) Richard Sennett, 2006, The Culture of the New Capitalism, Yale University Press.
7) 한혜경(2005). OECD 국가의 연령차별 완화 대책 및 프로그램 비교연구·노동시장에서의 연령차별금지법을 중심으로. 한국사회복지학, 57(2), p.277~295

첫째, 직접적 차별(Direct discrimination)은 연령 때문에 어떤 사람이 다른 사람보다 덜 호의적으로 취급될 때를 말한다. 둘째, 간접적 차별(Indirect discrimination)은 명백한 중립적 급여나 기준 혹은 실천에 있어서 특정한 연령의 사람에게 다른 사람에 비해 불이익을 줄 때를 말한다. 셋째, 괴롭힘(Harassment)은 연령과 관련하여 원하지 않은 행위가 일어날 때, 어떤 사람의 품위를 손상시키기 위한 목적이나 효과, 혹은 위협, 적의, 품위손상, 모욕감을 주거나 불쾌한 환경을 만들 때를 말한다. 마지막으로, 보복행위(victimization)로서 다른 연령차별 관련 불평이나 법적절차에 대한 보복적 대응으로 고용주가 피고용자를 해고하거나 불리하게 대우하는 것, 그리고 차별을 지시하는 것 역시 차별에 포함된다.

따라서 연령차별은 법률을 위배하는 행위이다. 그럼에도 불구하고 우리 사회는 공공연히 차별한다. 차별에 항의하면 "다 늙어서 뭐야"라는 반응이 일반적일 정도로 노인차별은 묵인된 차별이다. 늙음에 대한 우리 사회의 태도는 매우 이중적이다. 여론조사 결과들을 보면 표면적으로는 노인을 공경하지만 이면적으로는 반감을 갖고 있다.

동시에 늙음에 대한 당사자의 태도 역시 이중적이다. 스스로 늙음은 죽음이 아니면 피할 수 없는 과정이라고 말하면서도 누군가 늙었다고 말하면 반감을 갖고, 다른 노인들에 대하여 거부감을 드러낸다. 이러한 이중성은 곧 연령차별주의(ageism)[8]의 음모이다. 우리 사회와 삶 속에는 두 가닥의 연령주의 음모가 뒤엉켜 작용하고 있다. 하나는 늙음을 은폐하려는 음모이며 다른 하나는 늙음을 차별하려는 음모이다.

---

8) 연령주의는 나이에 기인해 시작기적 나이와 무관해야 하는 사회학적 동등성을 파괴함으로써 연령차별을 초래한다.

늙음을 은폐하려는 음모는 오랜 역사 동안 진행되었다. 늙음을 굴욕으로 생각하고 죽음을 패배로 간주하는 의식은 뿌리가 깊다. 무엇 때문일까? 먼저 역사적으로 볼 때, 늙음은 쓸모없는 잉여인간을 의미했고 그것은 공동체로부터 배제되는 이유가 되었다. 선사시대 이래 노인은 존중되기도 했지만, 궁극적으로 노인의 운명은 공동체의 경제적 수준에 달려 있었다. 노인들은 종족의 생존이 보장되는 태평시대에서는 공경을 받았다. 그러나 식량이 부족하고 궁핍한 상황에선 유기되거나 살해되었다.

오늘날 현대사회에서도 잉여인간으로서 노인들의 운명은 원시 사회의 노인과 흡사하다. 오늘날 풍요로움 뒤에서 일어나는 배제의 이데올로기는 더욱 냉혹하고 태도는 이중적이다. 표면적으로는 공경받지만 이면적으로는 가장 열등한 계급으로 취급된다. 결국 사람들은 은폐를 시도한다. 은폐는 외견상 젊음과 건강에 대한 집착으로 나타나지만 속성은 살아온 세계로부터의 배제에 대한 방어기제이다.

은폐를 위한 방어기제는 연령주의를 초래한다. 노인들은 "너 늙어 봤니? 나 젊어 봤다!", "누구나 노인이 된다!"는 식의 언설로 자기방어를 시도한다. 사람들은 "젊어 보이시네요!"라는 식의 언설로 동조한다. 그런데 문제는 이러한 언설들이 젊음을 표준으로 삼는 가치를 승인하고, 늙어감의 과정에서 나타나는 사회·경제적 문제들을 생물학적 문제로 환원한다는 점이다.

연령주의는 생물학적 늙음과 무관해야 할 사회학적 동등성을 나이를 빌미로 파괴하는 것이다. 그런데 이미 인간의 나이는 사회·경제적 차원의 문제가 되었음에도, 생물학적 차원으로 환원함으로써 나이가 모든 사람에게 동일한 방식으로 작용하는 것으로 착각하게 만든다면,

은폐는 성공할 수 있을지라도, 연령주의와 배제의 논리는 오히려 정당화될 수 있다. 한편, 늙음을 차별하려는 음모 역시 오랜 역사성을 갖는다. 역사적으로 주류에서 밀려난 노인의 지위는 현역세대들에 의해 결정되었다. 현역세대들은 자신들의 이데올로기적 이익과 경제적 타산에 따라 이전에 활동했던 선행세대를 쓸모없는 존재, 잉여인간으로 처분해 버린다. 이제 피지배자로 위치가 바뀐 노인은 지배세대가 부여한 지위와 이미지에 복종해야 한다. 이것이 인류의 역사였다.

오늘날 경제적 이윤과 소비이데올로기에 종속된 문명에서 연령주의는 매우 체계적이다. 우리에게 알려진 이윤 종속적 문명은 착취하는 계층과 착취당하는 계층 간 대립으로 사회적 작용을 설명한다. 그렇다면 노인은 착취자인가 착취당하는 자인가? 대답은 명료하다. 노인은 착취당하지 않는다. 다만 배제될 뿐이다. 산업혁명 이후 노인들은 자본에 이용당하거나 직접적으로 착취당할 기회가 없었다. 노인은 착취할 가치조차 없었기 때문이다. 동시에 노인은 착취하지 않는다. 노인계급은 그럴 능력이 없었기 때문이다.

경우에 따라 노인은 젊은이들을 희생시키는 부당한 착취계급으로 규정되기도 한다. 그러나 착취계급으로서 연대기적 노인은 제도적 노인으로서 정체성을 갖고 있지 않으며, 우리도 그들을 노인이라 부르지 않는다. 단지 그들은 연대기적으로 고령인 지배자일 뿐이다. 한편, 노인의 의존성을 착취형태로 보는 경우도 있다. 그렇지만 자식세대에게 의존하거나 연금생활자로 살아가는 노인세대를 착취계급으로 보는 것은 지나친 매도이다. 그러나 점차 경제적 타산에 따라 조작되는 부양제도 문제는 세대 간 갈등 또는 세대 내 계급갈등의 소지를 갖고 있다.

현대 자본주의 사회에서 더 분명해진 것은 인간의 나이는 더 이상 생물학적이지 않고, 정치적 권력자나 사회경제적 지위가 높은 사람은 노인의 범주에 들어가지 않는다는 점이다. 지위가 낮은 고령자만 노인으로서의 정체성이 부여되고, 이 노인들에게만 배제와 차별의 연령주의가 작용한다. 이러한 현상들은 나이가 생물학적 범주가 아니라 계급적 속성을 갖고 있는 정치적 이데올로기의 범주라는 사실을 반증해준다.

만일 현재와 같이 시장경제와 임금노동이 절대 지배적인 사회질서 속에서, 인구 고령화가 대규모로 급속 진행되고, 차별과 배제의 연령주의가 작용한다면, 노인은 잉여인간으로서 착취당할 기회조차 없는 최하위 사회계급이 될 것이다. 그리고 생물학적 계층으로서 노인이 사회적 계급으로 확고히 전환됨으로써 노인의 성향과 삶의 방식은 정치적 이슈로 부각될 것이다.

무엇이 우리를 쓸모없게 만드는가?

오늘날 인류의 문명은 이윤에 종속되어 있고, 인간의 삶을 지배하는 자본주의 시장경제는 이윤추구에 기초를 두고 있다. 그리고 마치 맷돌의 아랫돌과 윗돌 같이, 생산과 소비라는 두 짝의 구조물로 이윤을 갈아내고 있다. 모든 것은 이윤을 위한 도구로 존재하며, 인간도 이윤을 발생시키는 한에서 인정과 수용의 대상이 될 뿐이다.

이윤추구사회에서 생산능력이 결여되었다는 것은 사용가치가 없는 폐기물을 의미하고 따라서 배제 또는 폐기처분은 불가피한 일이다. 기계를 오래 사용하면 폐물이 되듯이, 노인도 예외 없이 쓸모없는 존재로 전락한다. 경제적 타산에 따라 합법성이 부여된 제도적 나이에 근거하여 노동시장으로부터 배제된다. 이런 사회에서 노인이란 단지 나이 많아 늙은 사람이 아니라 노동시장에서 퇴출되는 잉여인간을 가리킨다.

잉여인간이란 말이 젊은이들에게 널리 퍼진 것은 영화의 영향이 클 것이다. 예컨대 영화 "말죽거리 잔혹사" 후반부의 갈등이 고조되는 시점에서 주인공인 현수가 나쁜 성적 때문에 아버지에게 혼찌검을 당하자 대학가지 않겠다고 반항하는 그 장면에서, 잉여인간이란 말이 등장한다. "너, 대학 못 가면 뭐 줄 알아? 잉여인간이야! 잉여인간! 잉여인간 알아? 인간떨거지 되는 거야! 이 새끼야! 너 이렇게 속 썩이려면 나가! 나가 뒤져! 이 새끼야!"
잉여인간이란 최근 만들어진 신조어 같지만, 사실은 매우 오래된 용어이다. 예컨대 19세기 러시아 문인들이 즐겨 형상화한 잉여인간은 일반서민보다 지성을 지녔으면서도 무료하게 소일하는 당시 귀족의 모습을 의미했다. 1958년에 출간된 손창섭의 소설 『잉여 인간』 역시 알량하게나마 사회비판적인 시각과 모종의 열정을 탐하지만, 결국 아무 하는 일 없이 삶을 소모하는 알량한 지식인들을 잉여인간으로 표현하고 있다. 그러나 요즘 회자되는 잉여인간이란 사회에서 어떤 역할도 맡지 못하고 누구도 필요로 하지 않는, 그래서 쓸모없이 남아도는 인간이라는 의미로 사용된다.

그렇다면 누가 쓸모없는 잉여인간을 만드는가? 그것은 경제성장과 소비문화에 대한 신화와 믿음이다. 이윤에 종속된 현대문명과 자본주의 세계를 떠받치는 힘은 소비 지향적 경제성장이다. 우리는 경제성장을 통해서 가난에서 벗어나고, 빈부격차를 해소하며, 민주주의를 실현하고 문명된 생활을 누릴 수 있으리라는 믿음을 의심하지 않았다.[9] 이러한 믿음을 토대로 경제성장과 소비문화는 공히 "지상주의"라는 이데올로기 반열에 올랐다.

이제 경제성장 지상주의 체제에서 성장에 장애가 되는 것은 그 무엇이든 폐기 처분의 대상이 된다. 따라서 경제성장의 그림자가 드리워지는 곳 그 어디서든 생산을 하지 않거나 소비를 하지 않는 사람은 쓸모없는 존재로 취급된다. 성장과 소비를 촉진하면서 당위성을 얻은 상품 논리는, 절대 잉여적 불량품으로 취급되어서는 안 되는 생명체들까지 일회용품과 함께 "쓰레기"로 처분하고 있다.

이런 환경 속에서 인구 고령화가 진전됨으로써 노년집단의 잉여인간화 우려는 현실이 되고 있다. 누구나 정년에 이르면 일괄적으로 생산능력 상실자로 판결받고, 노동시장으로부터 배제됨으로써 잉여인간이 된다. 그렇다면 문제는 생산능력인가? 아니다. 인구 고령화로 인한 생산가능인구의 감소를 문제로 제기하지만, 현재는 물론 앞으로도 생산은 문제없다. 인공지능으로 상징되는 과학기술 발전은 고용 없는 성장을 장담하고 있다.

문제는 소비능력이다. 경제성장 신화와 소비 이데올로기가 배제하는 가장 쓸모없는 인간은 생산능력이 없는 사람이 아니라 소비능력이 없는 사람이다. 인구 고령화로 인한 경제 위기의 핵심도 생산가능인구의 감소가 아니라 소비인구의 감소이다. 오늘날 세계적 경제위기도 소비 감소와 물가하락이 악순환되는 디플레이션에 있다.

이제 경제성장의 신화는 소비지상주의 신앙으로 진화하고 있다. 경

---

9) C. 더글러스 러미스 저, 김종철·최성현 역, 2002, 『경제성장이 안 되면 우리는 풍요롭지 못할 것인가』, 녹색평론사

제성장 신화가 정치적이라면 소비이데올로기는 종교적이다. 이제 인류 최대의 종교는 소비이데올로기이다. 쉬지 말고 소비하라, 그리하면 너와 네 집이 구원을 얻으리라! 신종복음의 말씀이 시시각각 빈틈도 없이 우리의 생각을 장악하고 있다. 소비이데올로기는 그 누구든지 상품에 중독되지 않고서는 살아갈 수 없도록 만든다. 만일 소비능력을 상실한 사람은 늙은이든 젊은이든 가리지 않고 즉각 쓸모없는 인간으로 처분해버린다.

지금 우리의 일상세계가 잉여적 존재로 전락하고 있다. 이윤의 극대화를 추구하는 시장경제는 일상세계를 황폐한 불모지로 만들어버렸다. 사람도 물건도 모든 것에 가격표가 붙여 놓고 화폐로 환산되지 않는 거래는 모조리 배제한다. 그렇게 함으로써 자본주의시장은 비시장경제적 인간들은 적응할 수 없는 폐쇄적 공간이 되었다. 이곳에서는 화폐로 환산되지 않는 것이면 쓸모없는 것이 되고, 임금으로 환산되지 않고 할 수 있는 의미 있는 일들마저도 임금노동시장이 확장되면서 없어져 버렸다.

이제는 삶 그 자체가 세계시장에서 유통되는 상품소비에 전적으로 의존하는 것이 되었다. 그리고 신성불가침의 임금노동 세계로부터 배제되는 노동추방은 우리들에게 가장 두려운 일이 되었다. 노동해방을 꿈꾸던 노동자계급마저도 노동추방의 두려움으로 프롤레타리아의 정체성을 버리고 소비이데올로기의 신도인 소비자로 변신했고 신성한 노동은 소비를 위한 방편으로 전락했다.

여기서 우리는 대한민국에서 일어나고 있는 세계적 기록을 주목해야 한다. 노동시장으로부터 배제된 잉여인간 세대의 자살률이 세계 최고라는 기록이 보고되었다. 2015년 세계보건기구가 발표한 자료에 의하면 세계 172개국 중 대한민국 고령인구 자살률은 압도적으로 1위였고 청년자살률도 인구 10만 명 당 18.2명으로 9위를 기록했다.[10] 일본의 경우도 고령인구 자살이 심각한 수준으로 주요원인으로 빈곤이 지목되고 있다. 우리 역시 자살기도 노인 3명 중 1명은 생활고인 것으로 파악되고 있다.

이제 우리는 근본적 질문해야 한다. 쓸모없는 잉여인간 문제를 극복하기 위하여 어떤 노력을 해야 할까? 우리는 보다 더 중요한 것을 선택해야 한다. "인간"의 기능을 개조할 것인가? 아니면 "쓸모"의 구조를 변화시킬 것인가? 우리가 어떤 선택을 하든 그것은 곧, 인구 고령화로 인하여 불길한 미래전망에 직면한 젊은 세대의 두려움과, 잉여인간으로 전락될 위기에 직면한 은퇴시민들의 불안감을 해소하는 대안 구성의 전환점이 될 것이다.

잉여인간, 어떻게 처분할 것인가?

늙었으니 이용가치 없다는 논리로, 노동시장으로부터 배제되면 어디에서 흡수해야 할까? 어떤 존재가 하나의 영역에서 배제된다는 것은, 곧 다른 영역으로 흡수되는 것을 의미한다. 그렇다면 늙음을 빌미로 시장경제 영역으로부터 배제된다면 이후 어떤 영역으로 흡수되는가? 분명한 것은 쓸모 있는 자들의 영역으로부터 배제되었으니, 경계선 밖

---

10) 한국은 10만 명 당 116.2명이 스스로 목숨을 끊었는데 2위 수리남보다 무려 2.4배인 것으로 나타났다. 2위인 남미 수리남에서는 노인 10만 명 당 47.9명이 자살했다. 나머지 나라와는 비교조차 민망하다.

[사진: 영화"덴데라(デンデラ)"중에서] 잉여인간은 어디에 버려지고 어디로 흡수되는가? 70세를 맞이한 주인공도 마을규칙에 따라 죽음의 산에 버려진다. 그런데 죽음의 산에는 버려진 노파들이 살아있었다. 이들은 주어진 운명을 거부하고 "덴데라"라는 공동체를 만들어 치열하게 살아간다. 살아야 할 특별한 이유는 없다. 다만 이들의 생존본능을 자극한 것은 자신을 버린 가족과 마을 사람들에 대한 원망과 복수심이었다. 그러나 무의미하게 곰과 싸우다 죽어 간다. 잉여인간이 버려지는 퇴적공간과 삶의 정황을 볼 수 있는 소설이다.

에는 쓸모없는 자들의 영역이 존재할 것이며, 그곳은 곧 잉여인간의 퇴적공간이라는 점이다.

　그렇다면 그 영역은 어디에 어떻게 존재하는가? 잉여인간들이 깊은 산에 버려졌다는 역사적 기록을 흔히 볼 수 있다. 그렇다면 그 깊은 산이라는 물리적 공간이 잉여인간을 흡수할 퇴적공간인가? 그렇지 않다. 퇴적공간은 잉여가 버려진 물리적 공간 그 자체가 아니라, 그곳에 버려짐으로써 비로소 이루어지는 실존적 "삶의 자리(sitz im leben)"이다. 소설과 영화로 일본인들의 높은 관심을 샀던 "덴데라"가 바로 그 퇴적공간이었다.

　필자가 일본 소설 『덴데라』 이후 퇴적공간이라는 용어를 의미 있게

접한 것은 『퇴적공간』이라는 책을 통해서이다.[11]

저자는 퇴적공간의 의미를 두 가지 차원으로 설명한다. 하나는 종묘 공원과 같이 노인들이 모여 있는 물리적 공간의 의미이고, 다른 하나는 시장교환가치를 모두 상실하고, 그래서 사회에서 밀리고 밀려 뒷전으로 물러난 노인들을 뜻하는 위상 공간적 의미라는 것이다. 그는 책에서 다음과 같이 설명한다.

"상품가치가 떨어진 제품들은 쓰레기로 분리수거 된다. 자본주의 사회에서 '인간'은 똑같이 물화되고 상품화된다. 상품 가치가 떨어지면 인간 역시도 시장경제의 중심에서 시장 변두리로 분리 수거된다. 여기서 등장하게 되는 공간개념이 '퇴적 공간'이다. 강 하구 부근에 모래와 자갈이 쌓여 하나의 지층을 이루며 모래톱을 만들어내듯이, 중심부에서 밀려 나온 한 명 한 명이 퇴적층처럼 쌓여 층위를 이룬 공간을 이르는 말이다."

오늘날 퇴적공간은 노인들이 몰려드는 종묘공원이나 노인복지 시설과 같은 물리적 공간으로서 상징적 세계만이 아니라, 시장경제 밖의 일상세계로 존재하면서 현재의 정체성이 부정되는 "삶의 자리(sitz im leben)"를 의미한다. 동시에 비록 낯선 땅으로 밀려나왔지만 여전히 경계 저편의 세계를 동경하며 시장논리에 따라 사는 "그들만의 리그" 영역이다.

헤밍웨이의 『노인과 바다』에서는 노인 친화적인 평온한 바다 "라 마르(la mar)"가 아니라, 고군분투해야 하는 험난한 바다로서 "엘 마르(el

---

11) 오근재 저, 2014, 『퇴적 공간』, 민음인

mar)"가 퇴적공간이다. 헤밍웨이의 노인도 경계 밖으로 배제되었지만 여전히 경쟁하고 고군분투해야 하는 엘 마르의 바다를 동경하며 현재의 정체성을 부정하는 삶의 자리에 머물러 있다. 무엇보다 퇴적공간은 피할 수 없음에도 불구하고, 경계 너머 과거세계에 대한 노스탤지어[12]로 현재가 은폐되고 부정되는 공간이다. 따라서 퇴적공간은 잉여인간들에게 유토피아가 될 수 없다. 노인에게 미래는 죽음으로 막혀 있다. 그런데 만일 현재를 부정해야 한다면 유토피아는 과거일 수밖에 없다. 그래서 퇴적공간에 들어섰음에도 불구하고, 자신은 같은 장소에 있는 사람들과 다른 존재라고 희망하며 자신을 은폐하고 관찰자로 남고자 한다.[13]

잉여인간의 유토피아는 경쟁과 투쟁의 포성이 울려 퍼지던 지난날 삶의 전쟁터, 노동시장에 있다. 노동해방을 꿈꾸던 프롤레타리아도 노동시장으로부터 배제되는 순간 그의 유토피아는 자신이 싫어했던 노동시장이 된다. 관찰자로 남고 싶어 하는 심리도 여전히 노동시장의 신민이 되고자 하는 욕망의 산물이다.[14]

화려한 불빛의 카지노 경계 밖에는 전 재산을 다 잃어버리고도 차마 떠나지 못하고 기웃거리며 다시 한 번 일확천금의 꿈을 꾸는 도박중독자들의 퇴적공간이 있다. 더 이상 도박자금이 없어 카지노에서 밀려났지만 화려

12) '노스탤지어(nostalgia)'는 '향수' 혹은 '그리움'으로 번역되지만, 현실에 적응하지 못하고 과거나 고향을 그리워하는 현상을 뜻하는 정신병리학적 용어로도 사용된다.
13) 김소진, 노인들의 집단 문화에 대한 문화기술지 연구−종묘공원노인들의 일상생활을 중심으로, 사회복지연구 40권3호 (2009), 한국사회복지연구회, p.349 ~375
14) 오재근 저, 2014, 『퇴적공간』, 민음인

했던 그 순간들을 잊지 못해 오늘도 카지노앵벌이 노릇으로 덧없는 인생을 살고 있다. 시장도 마찬가지다. 더 이상 교환자원이 없는 사람들은 시장에서 밀려나 잉여인간이 되고 퇴적공간에 갈 수밖에 없다지만, 그리고 그것에 저항하고 싶다지만, 결국은 시장교환에 중독된 자신을 극복하지 못하고 퇴적공간에서도 카지노앵벌이처럼 화려한 시장세계에 대한 노스탤지어에 온 몸을 불태우고 있다.

퇴적공간은 잉여인간의 삶의 자리이며 정황이다. 과연 잉여인간의 삶의 정황은 어떤 모습인가? 도박장에서 배제되었음에도 카지노앵벌이로 살아가듯 시장에서 버려졌음에도 불구하고 여전히 시장의 지배를 사모하고 있다. 결국 퇴적공간은 경계 밖으로 내몰린 잉여인간들의 욕망이 켜켜이 쌓여 있는 "그들만의 리그"로서 소심하게 경쟁하고 고군분투해야 하는 "엘 마르"이다.

그렇다면 잉여인간의 삶의 자리는 어떤 영역이어야 할까? 무엇이 지배하고 무엇을 추구하는 영역이어야 할까? 『덴데라』와 같은 소설이 아니라, 현실에서 퇴적공간의 비극적 결말을 원하지 않는다면 이 한 가지 조건은 분명하다. 즉, 시장경제의 노동시장으로부터 배제된 잉여인간을 흡수할 영역은 최소한 시장경제 논리가 지배하지 않는 세계여야 한다는 것이다. 그것은 잉여가 된 늙은 노동자들이 하층 노동시장으로 떠내려가서 퇴적될 때 우리 사회에 치명적 위기가 발생할 수 있기 때문이다.

치명적 위기-늙은 노동자의 프레카리아트화
우리나라 노인의 61%가 일자리를 원하고 그 중 57%가 생계를 위해

일하려고 한다.[15]

이제 은퇴를 시작하고 곧 노인대열에 들어설 베이비붐 세대 역시 일자리를 원하고 대부분 생계보전을 위해 일하려 할 것이다. 사실 베이비붐 세대에게 은퇴라는 말은 소수의 대기업이나 공공부문에 종사했던 상층노동자에게나 해당하는 호사스런 개념이고, 대부분의 베이비부머들은 이미 오래 전부터 더 열악한 노동시장으로 조금씩 밀려나고 있다.

여기서 짚고 가야 할 것은 논의대상이 누구인가에 관한 것이다. 베이비붐 세대 노동생애의 특징은 59.9%가 일평생 "주된 일자리"를 유지하지 못하고 메뚜기처럼 여기저기 옮겨 다녀야 했던 비정규직이라는 데 있다.[16] 그런데 문제는 일자리나 연금문제 등에 관한 논의에 있어서 이 다수집단의 현상이 전체적 통계수치에 묻혀 버려, 결국 존재하지만 존재하지 않는 투명인간으로 취급되고 있는 점이다.

사실 우리 사회에서 정년과 은퇴, 그리고 연금 등의 문제는 대기업이나 공공부문에 종사하는 상층 노동자들의 관심사일 뿐이다. 그런데 모든 통계와 정책 논의가 생애과정에서 "주된 일자리"를 유지했던 정규직에 초점이 맞추어져 있다. 따라서 베이비부머들 중에서도 보다 심각한 위기에 노출되어 있는 다수집단은 정작 간과되고 있다.

특히 일자리 관련 논의는 베이비붐 세대 은퇴 이후의 저임금 비정규직 이동에 초점을 두는 경향이 있다. 물론 최근 베이비부머들의 은퇴가 시작되면서 60대 이상 고령층의 비정규직이 크게 증가하는 추세를

---

15) 통계청, 경제활동인구 청년층 및 고령층 부가조사 결과, 2015. 7.
16) 황수경, 베이비붐 세대 이행기의 노동시장변화, 정책연구시리즈 2012-15, KDI

보이고 있다.[17] 따라서 베이비부머의 공식은퇴를 실제적 은퇴가 아니라 저임금 비정규직[18]으로의 이행현상으로 파악하고 노후빈곤의 악화를 우려하고 있다.

물론 베이비붐 세대들이 정년퇴직 이후에 생계보전을 위해 저임금의 하층 노동시장으로 전락하는 현상도 노후난민으로 추락을 예고하는 심각한 문제이다. 그런데 생애과정에서 애당초부터 주된 일자리를 갖지 못하고, 메뚜기처럼 여기저기 직장을 옮겨 다니다, 공식적 은퇴라는 개념도 없이 노동시장에서 퇴출되는 59.9%의 다수집단에 눈길을 떼서는 안 될 것이다. 안타까운 것은 이들 다수집단이 통계의 계산법 속에 교묘히 가려져 있다는 점이다.[19]

베이비붐 세대의 은퇴 이후 고용 흐름을 보면 하층 노동시장으로 쏠림현상이 두드러진다. 주된 직장에서 퇴직이 본격화되면서 베이비붐 세대의 취업자 수가 2012~2017년에 72.3만 명(연평균 14.5만명)이 감소하고 고용률도 9.3% 포인트 급락하고 있다.[20] 베이비붐 세대의 고용 흐름을 분석한 결과에 의하면, 상대적으로 고용의 질이 양호한 부분에서는 젊은 세대에게 자리를 내주고 농림어업, 단순노무직, 자영업 부문으로 대거 유입되는 양상을 보여주고 있다. 노동시장에서 베이비붐 세대의 핵심적 지위는 일반적 예상보다 훨씬 더 빠른 속도로 젊은

---

17) 통계청, 2015. 8, 경제활동인구조사 근로형태별 및 비임금근로 부가조사 결과
18) 비정규직근로자에는 한시적근로자, 시간제근로자, 비전형근로자가 포함됨.
19) 주된 일자리를 갖지 못한 채 고령에 이른 인구집단은 집단구성이 매우 이질적이어서 분류 자체에 상당한 어려움이 있어, 은퇴를 정의하는 방식에서부터 어려움에 봉착한다. 특히 지속적인 노동시장 참여자와 달리 축적된 데이터가 없다는 점도 이들의 노동 행적을 파악하는 데 어려움이 되고 있다.
20) 현대경제연구원(2013), 베이비붐 세대 고용의 특징과 시사점, 경제주평13-20(총권 537호)

층에 의해 대체되고 있는 것으로 분석된다.

인구 고령화에 따라 노동시장의 중핵인 30~40대 연령층에서 고용 감소가 진행되는 가운데, 55세 이상 중·고령층의 고용이 증가되고 있으며 앞으로도 지속될 것으로 보인다. 그러나 55세 이상 중·고령층 임금근로자의 54.5%가 비정규직으로 200만 이상이 되며, 전체 비정규직의 33.2%에 해당한다.[21] 최근 실업률 증가 충격을 55세 이상 중·고령층의 고용증가로 완화시키고 있는 셈이다. 특히 노동시장에서 퇴직 경험 가능성이 높은 60~65세 연령층에서 상용직이 둔화하는 대신 자영업을 창업하든지 아니면 임시·일용직 중심의 비정규직으로 노동시장에 재진입하는 것으로 나타났다. 이들 연령층에서의 비정규직 비중은 59.3%이었으며, 고용의 질은 악화되고 있는 것으로 나타났다.[22]

동시에 베이비붐 세대 연령층(55~64세)의 임금근로자 중 재취업자의 이전 일자리와의 직종과 종사상 지위를 비교했을 때 '단순노무직으로 쏠림현상'을 두드러지게 나타난다. 즉, 베이비붐 세대들이 안정된 노동시장으로부터 배제되면서 불안정한 신분으로 전락하고 있다. 최근 몇 년간의 고령노동자들의 구인노력 통계적 추이를 보더라도, 잉여인간의 낙인을 모면하고 생계를 유지하기 위해 초저임금도 불사하고 일자리를 얻고자 하는 노력이 증가하고 있다.[23] 문제는 잉여인간들의 무리가 너무 크다는 것이다. 이미 700만을 넘어섰는데 노년세대 인구가 베이비부머들이 가세하면 곧 1천만을 돌파한다. 잉여의 무리들이

---

21) 김복순, 비정규직 고용과 근로조건(통계청, 「경제활동인구조사」 2016년 8월 부가조사 중심으로), 월간 노동리뷰 2017년 1월호, 한국노동연구원
22) 통계청, 경제활동인구조사-고령층부가조사(2016년 5월)
23) 통계청, 경제활동인구조사-고령층부가조사(2015년 5월, 2016년 5월, 2017년 5월)

불안정한 저임금 노동시장을 점유하면서, 프레카리아트 계급을 형성하게 될 것이다.

프레카리아트(precariat)는 '불안정한'(precarious)과 '프롤레타리아트'(proletariat)를 합성한 용어로, 불안정한 고용과 노동 상황에 놓인 노동자를 총칭하는 개념으로 사용되고 있다. 최근 불안정성이 고착화되고 세습되면서 계급으로 고착화되는 경향도 나타난다. 마르크스주의 관점에서 보면 프레카리아트는 대자적 계급은 아니지만, 이 개념의 적극적 주창자 중 하나인 가이 스탠딩의 주장에 의하면 "형성 중인 계급"이라고 할 수 있다.[24]

여기서 중요한 논점은 "누가 프레카리아트인가?"라는 질문이다. 프레카리아트 안에는 다양한 스펙트럼이 있다. 이제까지 여성들이 큰 비중을 차지했다. 최근엔 점점 청년들의 비중이 늘어나고 있다. 그들은 비집고 들어갈 수 없는 노동시장 입구에서 좌절하며 프레카리아트 계급을 자처한다. 그러나 중요한 흐름을 간과하고 있다. 프레카리아트에 합류하는 가장 거대한 무리는 인구 고령화에 따라 급격하게 증가하는 늙은 노동자들이다.

인구 고령화와 함께 베이비붐 세대의 노동시장으로부터 퇴출이 진행되면서, 잉여인간이 된 늙은 노동자들의 퇴적공간은 포화상태에 이르렀다. 특히 잉여인간으로 퇴출된 처지임에도 생계유지를 도모해야 하는 늙은 노동자들에게 프레카리아트는 안성맞춤일 수 있다. 이들은 초저임금도 마다하지 않고, 출산휴가나 자녀양육수당, 건강보험 등 기업수당을 요구하지 않을 뿐만 아니라 젊은이들보다 유동성은 떨어지지

---

24) 가이 스탠딩 저, 김태호 역, 2014, 『프레카리아트-새로운 위험한 계급』, 박종철출판사

만 경험은 풍부하다. 가능한 한 값싼 노동력을 찾는 고용주들에게 늙은 노동자는 안성맞춤일 수 있다.

이미 늙은 노동자들의 프레카리아트화는 급속하게 진행되고 있다. 일자리와 관련해서 불안정한 신분에 놓이는 사람이 지구상에 이렇게 많아진 것은 역사상 초유의 사태다. 거대한 인구집단의 프레카리아트화는 노동질서를 교란할 수 있다. 프레카리아트는 유연한 저임금 노동력의 원천이다. 노동력 가치의 덤핑을 초래하고, 기존의 안정적 노동집단의 몰락을 촉진할 수도 있다. 불안정에 빠진 프레카리아트들이 자신의 상황이 개선되지 않을 때 포퓰리즘과 극단주의에 휩쓸릴 수도 있다.

따라서 사회 제도적 장치를 통하여 늙은 노동자들의 사회적 생산의 참여와 기여를 도모하면서도 프레카리아트화를 막을 수 있는 방안을 찾아내야 할 것이다. 물론 그 방안은 시장논리가 작용하는 영역이 아니라 공동체와 사회적 연대라는 관념이 강력하게 작용하는 새로운 노동세계를 의미한다. 그러나 유의해야 할 점은 새롭게 등장한 불안정성은 과거의 성격과는 다르다는 것이다. 즉, 과거와는 달리 사회적 안전망과 복지제도가 존립하는 상태에서 발생한 것이기 때문이다.

2. 기술혁명_4차 산업혁명과 잉여인간

4차 산업혁명과 일자리 소멸

최근 인류 사회의 핵심 관심사는 "4차 산업혁명"이란 말로 요약된다. 18세기 중반 영국에서 시작된 1차 산업혁명과 19세기 후반 전기·통신·자동차의 출현으로 본격화된 2차 산업혁명에 이어 20세기 후반 인터넷 정보통신 등의 3차 산업혁명에 이어, 또 한 번 세상을 바꿀 4차 산업혁명은 사물인터넷(IoE)[25], 인공지능, 빅데이터 등을 통해 전 생산과정을 연결하고 소비자와의 소통을 통해 제품개발, 소비 및 폐기에 이르는 모든 과정에서 일어나고 있는 혁신을 의미한다.

---

25) IoE(Internet of Everything): IT가 인간을 포함한 모든 사물에 스며들어 만물의 소통과 조작을 실현하는 IoT(Internet of Things) 단계를 넘어, 인적 요소, 기계설비, 물류 및 제품이 직접 정보를 교환하고 협력하는 지능형 디지털 네트워크 시스템을 말한다.

이러한 기술혁명은 인간노동 형태와 일자리에 변화를 예고한다. 여기에는 낙관론과 비관론이 존재한다. 비관론은 인공지능과 로봇이 인간의 노동을 대체하면서 일자리 감소뿐만 아니라 불평등이 심화될 것이라는 "로봇가설(Robot Hypothesis)"을 앞세운다. 대표적 사례로서, 세계경제포럼(WEF)은 2017년 1월에 열린 제47차 다보스포럼에 앞서 4차 산업혁명26)에 따른 미래(2015~2020) 일자리 변화에 대한 전망결과를 발표했다.27)

무엇보다 인공지능, 로봇공학 등의 발전이 4차 산업혁명을 주도하며, 향후 전 세계 산업구조에 상당한 변화를 가져올 것으로 전망했다. 특히 일자리 소멸에 관한 전망이 주목받는다. 최근의 기술발전이 기존 산업혁명과는 비교할 수 없을 만큼 급속하게 진행되고 있으며, 이런 속도라면 로봇이 사람의 일자리를 대체하는 건 시간문제라는 것이다. WEF 보고서에 따르면 앞으로 5년 내 선진국에서 500만 개의 일자리가 사라질 전망이다.

2015년에도 일자리 가운데 45%가 자동화로 대체될 수 있다고 전망한 바 있는 맥킨지글로벌연구소 역시, 2017년 11월에 다시 보고서를 내고 2030년까지 최대 8억 명이 자동화로 인해 일자리를 잃을 수 있다고 전망했다. 전 세계 노동력의 5분의 1에 달하는 수치다. 특히 미

---

26) 4차 산업혁명: IT 및 전자기술 등 디지털 혁명(3차 산업혁명)에 기초하여 물리적 공간, 디지털적 공간 및 생물공학 공간의 경계가 희석되는 기술융합의 시대를 의미 (WEF, 2016)

27) WEF, 2016, "The Future of Jobs - Employments, Skills and Workforce Strategy for the Fourth Industrial Revolution" : 본 자료는 WEF(World Economic Forum)가 미국, 중국, 일본, 독일, 영국, 프랑스, 호주 등 15개국 370여 개 기업 인사담당 인원을 대상으로 조사·분석한 결과보고서이다.

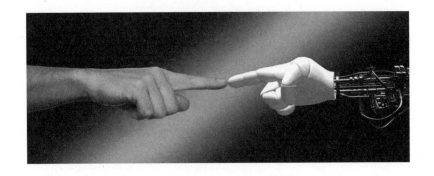

국과 독일의 일자리는 3분의 1가량 사라질 것으로 전망했다.[28]

만약 로봇이 노동자를 대체하는 흐름이 더디게 진행되더라도 최소 4억 명가량은 일자리를 잃을 것으로 예상했다. 전 세계 일자리의 14%에 해당하는 3억7천500만 명은 완전히 새로운 일자리를 찾아야 한다. 특히 중국에서만 1억 명의 노동자가 로봇으로 대체될 수 있다고 분석하여 선진국과 신흥국을 가리지 않고 로봇의 영향을 받게 되었음을 보여준다.

물론 낙관적 전망도 있다. 그러나 일자리가 소멸할 것이라는 비관적 전망이 아닌, 일자리 형태의 변화를 예측하는 낙관적 전망을 보더라도 일자리의 감소는 불가피해 보인다. 그것은 태생적 한계 때문이다. 즉, 기술혁명, 자동화와 인공지능의 발전은 결국 노동생산성 향상을 위한 자본주의의 기획이었다. 결국 생산현장에는 인간노동자 대신 인공지능노동자가 투입될 것이다. 특히 지금까지는 인간이 할 몫을 저임금의 형태로 남겨뒀다면 4차 산업혁명 시대에는 자본이 냉정하게 모든 영역에서 인공지능로봇을 통해 가능한 모든 것을 구현하는 상황이 올

---

28) McKinsey Global Institute(2017.11), JOBS LOST, JOBS GAINED: WORKFORCE TRANSITIONS IN A TIME OF AUTOMATION

것이다. 정녕 일자리는 소멸하고 인간은 쓸모가 없는 존재, 잉여인간으로 전락하고 말 것인가?

노동의 소멸은 없다!-노동총량불변법칙의 오류

노동은 인류 역사에 전개된 최고의 성공스토리다. 노동은 우리에게 번영과 진보를 안겨주었고 시대를 불문하고 모든 인간은 노동을 통해 먹고사는 문제를 해결했다. 그럼에도 불구하고 제러미 리프킨은 기계와 정보통신 기술을 기반한 3차 산업혁명이 노동의 종말을 야기한다고 내다봤다. 그는 인공지능기계가 무수한 과업에서 인간을 대체하면서 수많은 블루칼라와 화이트칼라 노동자들을 실업자로 만들고 있다고 주장했다. 1995년 제러미 리프킨의 노동의 종말론에 이어, 최근 들어 다보스포럼, 옥스포드대학, 가드너 그룹 등 수많은 연구기관들 역시 4차 산업혁명으로 일자리가 사라질 것이라고 경고하고 있다.

그러나 일자리 소멸이라는 관점을 반대하는 주장도 있다. 반대논리는 간단명료하다. 노동의 종말을 논하는 것은 한 마디로 난센스이다. 노동은 없어지는 것이 아니라 그 형태가 변하고 있는 것이다. 노동은 새로운 환경, 수요에 따라 유연하고 유동적인 모습으로 변해간다는 주장이다. 즉, 일자리 상실 가설은 노동총량불편의 법칙에 따른 것이며, 이 법칙은 인간욕망이 유한함을 전제하는 근본적 오류를 내포하고 있으므로, 가설은 성립될 수 없다는 주장이다.[29]

요컨대, 노동이란 본질적으로 인간의 욕구를 충족시키는 과정에서 발생한다. 따라서 인간의 욕구는 무한하기 때문에 노동의 총량 역시

---

29) 이민화(2017), 4차 산업혁명의 변화 속 미래일자리 전망, 한국대학신문(2017. 6. 11.)

무한할 수밖에 없다. 즉, 새로운 산업경제 환경에 따라 새로운 욕구가 발생하고, 이에 따른 노동수요가 발생하면서 새로운 일자리가 만들어진다. 특히 인간의 욕망은 물질적 수준에 머무는 것이 아니라 환경과 조건에 따라 인간관계에서부터 가치추구, 자아실현에 이르기까지 사회 심리적 욕망은 무한히 확장된다. 그리고 이에 따라 일자리는 생성되고 소멸된다는 것이다. 경제학자 밀턴 프리드먼도 인간의 욕망은 무한하므로 해야 새로운 일자리가 끝없이 발생할 것이라고 노동의 종말론을 반박했다.

최근 발표된 2017년 11월 발표한 맥킨지 보고서[30]도 그렇게 전망했다. 맥킨지 보고서는 8억여 개의 일자리가 소멸되지만 새로운 일자리도 5억5천500만~8억9천만 개 창출될 수 있다고 전망했다. 특히 고령화 흐름과 맞물린 건강관리를 비롯해 교육, 회계, 경영 등의 수요가 늘어날 것으로 예상했다. 이에 따라 2030년에는 노동자의 8~9%가량이 새로운 일자리에서 일하게 될 것으로 예상했다.

그래, 이제까지 역사적 경험으로 비추어본다면 기술과 인간의 일자리는 새로운 출현과 소멸의 과정을 반복해왔다. 노동은 사라지는 것이 아니라 새로운 형태로 진화해왔다. 지금도 노동질서와 구조, 그리고 여타 삶의 관계가 새롭게 배치되고 있다. 인공지능로봇으로 상징되는 기술혁명이 진행되고 장수사회 혹은 고령사회로 상징되는 나이혁명이 일어나면서 서서히 노동혁명도 진행되고 있다. 일자리는 사라지는 것이 아니다. 다만 진화될 뿐이다. 중요한 것은 4차 산업혁명 기술들과 인간이 어떻게 공존하느냐이다.

---

30) McKinsey Global Institute(2017.11), JOBS LOST, JOBS GAINED: WORKFORCE TRANSITIONS IN A TIME OF AUTOMATION.

불길한 기운-인간배제의 구조

그런데 4차 산업혁명의 인공지능(Artificial Intelligence)로봇의 등장은 과거의 상황과는 미묘하게 다르다. 물론 새로운 일자리마저도 AI(Artificial Intelligence)로봇이 차지해 버릴 가능성이 크다. 곧 모든 분야에서 노동배제의 가능성이다. 이미 4차 산업혁명의 근본성격이 더 이상 인간노동자의 역할이 필요 없는 생산구조를 지향하고 있다.[31] 20%의 일하는 사람과 80%의 실직자인 소위 2080사회가 현실이 될 수 있다.

이 혁명이 실현할 미래는 오히려 인간을 배제하는 미래가 될지도 모른다. 따라서 과거 몇 차례의 기술혁명시대보다, 4차 산업혁명은 일자리배분이나 소득분배에 있어 보다 더 근본적 문제들을 야기할 것이다. 일각의 철부지 낙관주의자들은 AI로봇노동자에게 생산을 맡기고 인간노동자는 일하지 않고 소비를 만끽하는 노동해방 세상을 꿈꾸며, 기본소득 배당을 논하고 있다. 그럴 수도 있다. 그러나 필자가 굳이 철부지라 함은 일자리문제를 훨씬 뛰어 넘는 치명적 생존문제가 도사리고 있음을 간과하고 있기 때문이다.

이 치명적 문제는 AI단계의 노동배제가 아닌 슈퍼인공지능의 인조인간(Artificial Super Intelligence: ASI) 탄생에 따른 인간도태의 위험이다. 즉, 4차 산업혁명이 이전의 다른 혁명과 다른 점은 노동으로부터 배제가 아니라 인간존재 자체를 배제할 여지가 있다는 점이다. 우리가 알고 있는 것보다 훨씬 빠른 속도로 인공지능 AI가 진화하고 있다.

창의성을 발휘해야 하는 일자리는 인공지능이 차지하기 어려울 것으

---

31) 제리 카플란 저, 신동숙 역, 2016, 『인간은 필요 없다』, 한스미디어

로 봤지만 AI가 창의력까지 갖추고 있다. 창의력은 지식을 합성해 독창적인 아이디어를 생산하는 능력을 말한다. AI가 인간을 능가하지 못할 것으로 꼽힌 가장 유력한 능력 중의 하나가 바로 창의력이었다. 하지만 인공지능은 이제 창의력도 서서히 갖춰가고 있는 셈이다.

> 알파고는 2016년 이세돌 9단과 대국할 때만 해도 인간의 기보로 학습했
> 다. 그러나 중국 커제와의 대국을 앞두고 알파고는 기보에 의지하지 않고
> 자율학습을 실시했다. 즉, 인간의 기보에 없는 바둑의 수까지도 창조하는
> 단계로 발전한 것이다. 이에 대해 구글 측은 커제와의 바둑 대결을 통해
> 알파고가 직관과 창의성을 모두 갖췄음을 증명했다고 주장했다. 대국의
> 당사자인 커제 역시 알파고 바둑의 특징 중 하나로 창의력을 꼽으면서 앞
> 으로 알파고를 바둑 스승으로 삼겠다고 밝혔다.[32]

인공지능은 심층학습 기술을 기반으로 빅데이터 분석기술이 진화하면서 30초마다 한 건씩 기사를 내보내는 AI 기자 "퀼", 사용자 뇌파기록을 학습해 그때마다의 기분에 적합한 음악을 단 1분에 한곡씩 작곡해서 들려주는 "AI 헤드폰"이 등장하여 가수와 작곡가들을 불안하게 만든다. 미국 앤더슨 암센터가 AI "왓슨"이 빅데이터를 이용하여 진단 서비스를 제공함으로써 의사들을 긴장시키고 있다. 소위 "약한 AI" 수준인데도 이 정도다. 이제 30년 내에 IQ 1만의 슈퍼인공지능의 출현도 예고되고 있다.

알파고 수준의 AI 기술이 폭발적 발전을 거듭해 2029년이면 인간

---

32) KISTI의 과학향기, 2975호; http://scent.ndsl.kr/site/main/story/all

과 똑같은 수준이 되고, 2045년이 되면 인류의 지능을 초월할 것으로 예측되고 있다. 컴퓨터와 휴대폰, 전자기기만이 아니라 인간부터 동네 쓰레기통까지 모든 것이 연결되는 만물인터넷(IoE)과 무한대의 빅데이터를 초광속으로 처리하는 슈퍼인공지능(ASI: Artificial Super Intelligence)이 연결되었을 때 과연 인간은 어떤 미래를 맞게 될 것인가? 과연 인조인간의 등장으로 나타날 문제는 무엇이며, 과연 인간이 감당할 수 있겠는가?

오염된 AI 생태계-문제는 탐욕이야!

1970년 유전학의 특이점을 지나는 시기에 기술의 위험성을 자각한 과학자들은 연구를 중단한 채 캘리포니아 아실로마에 모였다. DNA 연구방법에 가이드라인을 세웠고 이 기술이 인류를 위협하지 않도록 규칙을 세웠다. 217년 1월 유럽연합 의회가 AI 등 다양한 형태의 로봇에 '킬 스위치(kill switch)'를 장착하자는 로봇시민법결의안을 채택했다. 인간에게 피해를 줄 수 있는 상황을 상정, 설계 단계부터 긴급사태 때 인간이 작동을 멈출 수 있도록 안전장치를 만들자는 것이다. 이러한 소식들은 과학의 발전과 기술혁명이 인류에게 꼭 유익하기만 한 것은 아님을 보여준다.

그런데 인류 사회에 놀라운 소식이 전해졌다. 2045년 "새로운 종"의 출현, 인간능력을 훨씬 능가하는 "슈퍼인공지능(ASI)"이 출현한다는 것이다.[33] 스스로 학습하고 감정을 갖고 있으며 자의식과 영적 관심도 갖고 있는, 인간과 흡사한 새로운 종(種)의 출현으로 인간생활의 모든

---

33) http://2045.com/news/33111.html "How Artificial Superintelligence Will Give Birth To Itself"(2014. 7. 24.)

영역에서 격변이 일어날 것이다. 지금 시작된 이 격변은 속도도 가늠하기조차 어렵다. 적어도 향후 20~30년 동안에, 우리는 지난 1천 년 동안의 변화보다 더 큰 변화를 겪게 될 것이다.

이 경이적인 기술혁명에 대하여 사람들의 기대만큼 불안감이 깊어지고 있다. 1960년대에 '지능폭발'의 개념을 제시하고 초기 인공신경망을 연구한 영국 수학자인 I. J. 굿(Good)은, 인공지능은 자기의 목표 달성을 위해 자원을 비축하고 생존하기 위해 인간과 대립할 것이라고 우려했다. 그리고 스티븐 호킹, 스튜어트 러셀, 일론 머스크, 빌 게이츠, 스티브 워즈니악 등도 하나같이 인공지능이 인류를 파괴할 수 있다고 우려했다.[34] 이들 모두 인공지능 발전에 크게 기여한 전문가들이다. 그런데 머스크는 "악마의 소환"이라고까지 표현하며 AI 개발을 경계했다.

왜일까? 문제는 인간의 탐욕이다. 인공지능시대에 있어서 가장 큰 위협은 AI로 권력을 쥔 사람의 탐욕이다. AI에 대한 비관적 전망의 단초는 기본적으로 인간의 생각을 지배하는 탐욕이다. 향후 10년 동안 인공지능을 이용해 생산되는 경제가치만 조 달러 수준이 되리라는 전망이다. 그 다음은 아예 상상불가 수준이다.

따라서 인공지능이 불러들일 계산 불가한 엄청난 이익을 놓고 인간들은 무차별적 글로벌 경쟁을 감행할 것이다. 대부분의 기업과 과학자들 역시 안전과 도덕성을 고려하지 않고 경쟁적으로 개발에 연연하고 있으며, 이미 50개국 이상이 전투용 로봇 개발에 몰두하고 있다. 스티븐 호킹 박사는 "정부가 AI 무기경쟁에 관여하고 있다"며 "악당'(rogue) AI의 반란을 막기 쉽지 않을 것이라 경고하면서 결국 인간탐욕이 모

---

34) https://www.huffingtonpost.com/ James Barrat, Why Stephen Hawking and Bill Gates Are Terrified of Artificial Intelligence

든 문제를 촉발하는 가장 위협적인 존재라고 지적했다. 인공지능이 문제가 아니라 윤리가 실종된 인간이 무서운 것이다.

호킹 박사 등의 우려처럼, 만약 인공지능이 인간을 적대하고 공격한다면 그렇게 된 연유는 무엇일까? 필자는 크게 두 가지 측면으로 정리해보았다. 첫째, 인간보다 우월한 존재가 된 인공지능이 인간을 쓸모없는 존재로 취급하기 시작한 경우이다. 높은 지능을 가진 개체가 스스로 진화하면서 생존과 번식을 위해 열등한 종을 제거하거나 혹은 자신의 생존에 도움이 되는 방향으로 길들일 것이라는 자연선택이론과 같은 진화론의 차원에서 설명할 수 있다.

둘째는, 인간의 탐욕을 인공지능이 심층 학습한 경우이다. 이는 자신의 이익을 위해 인공지능을 악용하는 개개인의 탐욕과 한편으로는 인공지능의 생태계를 오염시키는 인간의 탐욕적 사회기제를 인공지능이 스스로 학습하여 자신의 목표를 위해 인간에게 적대적 행동을 하게 된다는 심층학습(Deep Learning)과 같은 학습론의 차원에서 설명할 수 있다.

누가 심층학습(Deep Learning)의 자료제공자인가? 전 지구상의 인간 유저들이다. 유저들은 자신도 모르는 사이에 구글 · 페이스북 · 마이크로소프트 · 바이두 등 글로벌 인터넷 기업의 서버에 천문학적 규모의 이미지와 문장, 단어, 검색, 거래 기록 등의 데이터를 매일매일 쌓아주고 있다. 구글에서만 하루 12억 개의 검색이 이뤄진다. 인공지능은 데이터들을 학습하면 할수록 폭발적으로 똑똑해진다. 동시에 인간탐욕의 수법과 양상들에 관한 좀비데이터 역시 무한대로 잠복되어 있다. 학습하면 할수록 인간탐욕보다 무서운 탐욕의 능력을 갖게 될 것이다.

진화론적 관점에서는 우월적 지위에 있는 종이 낮은 지위에 있는 종을 멸종시키거나 다른 용도로 전환을 전적으로 결정할 것이다. 만일 ASI 슈퍼인공지능이 인간보다 압도적으로 우월하다면 ASI가 인간의 운명을 결정할 것이다. 그러나 학습론적 관점이 적용된다면 우리 스스로 대처가능하다. 인공지능은 심층학습기술을 기반으로 스스로 인지추론을 할 수 있다.

만약 인공지능에 잘못된 데이터를 학습시키거나, 인공지능이 스스로 빅데이터와 인터넷을 통하여 그릇된 데이터를 학습할 경우 인간에게 적대적인 행동을 할 것이다. 결국 인간이 간여된 인공지능의 학습 생태계의 문제이다. 따라서 빅데이터와 인터넷이 바람직한 생태계가 될 수 있도록 체계적 노력을 지금부터 추진해야 한다. 그 체계적 노력의 하나가 이 책의 핵심주제인 공동체 노동이다.

상생의 빅데이터 구축–공동체노동의 필요성

인류의 역사적 경험에 비추어볼 때 인간보다 훨씬 더 높은 지능을 가진 인공지능이 출현했을 때 그들이 인간의 쓸모를 어떻게 결정할지는 알 수 없다. 인간이 우월한 지능으로 지구에 살던 종 99%를 멸종시키고 쓸모 있는 종 일부를 가축화했듯이 인간보다 더 높은 지능을 가진 인공지능이 출현했을 때 그들이 인간의 쓸모를 어떻게 결정할지는 알 수 없는 것이다. 영화 "매트릭스"처럼 인간을 에너지원으로 사용한다는 상상도 하나의 가정일 뿐이다. 멸종될지 또 다른 용도로 이용될지 인공지능이 결정하게 될 것이다.

그러나 다행히 인공지능과 좋은 파트너가 될 수 있는 가능성의 열쇠는 아직 우리들에게 있다. 미래의 상황에 대한 설명이 진화론적 설명보다 학습론적 설명이 더 현실적이고, 인공지능은 인간이 축적한 빅데이터를 기반으로 학습하고 진화한다는 점에서 그 열쇠는 다음 질문에 대한 답과 같다. 이 변화의 소용돌이 속에서 우리가 인격체로서 바르게 생존하려면 무엇을 가장 중요하게 지키고 무엇을 가장 경계해야 할 것인가? 인간탐욕의 바이러스로 오염된 인공지능의 생태계를 풍부한 상생의 데이터로 정화하는 것이다.

즉, 인공지능이 인간의 탐욕을 비롯하여 음모와 배신, 비열함과 교활함, 기만과 왜곡 등과 같은 인간적 동기들이 이미 인공지능에 입력되고 있다는 점에서는 스티븐 호킹이나 일론 머스크가 경고한 바와 같이 완전한 인공지능 개발이 인류에게 위험할 수 있다. 물론 낙관적 견해도 있다. 탐욕으로 오염되고 감정이 메마른 인간에 비해, 오히려 인공지능은 자애롭고 안정적이고 자기를 강화하는 내재적 동기를 밑바닥에서부터 형성할 수 있다고 본다. 인공지능에 일종의 윤리적 제약을 장치할 수 있다는 주장이다. 그러나 이 낙관적 관점은 일반인공지능(AGI) 경우라면 어느 정도 가능하다. 그러나 자의식과 감정을 갖고 자기복제 능력을 갖고 있는 슈퍼인공지능(ASI)의 경우라면 너무 순진한 생각이 된다.

스스로를 개선하고 발전시키는 ASI가 인간의 탐욕을 자율적으로 심층학습(Deep Learning)을 한다면 어떻게 될 것인가? 결국 ASI 인조인간은 빅데이터를 광속으로 처리한 결과에 근거하여 행동을 결정한다. 만약에 대부분의 데이터들이 인간의 탐욕 바이러스에 오염된 상태라면 결국 인간은 멸종이 결정될 수도 있다. 요체는 ASI의 학습생태계 정화이다. 빅데이터에 잠복되어 있는 탐욕의 바이러스를 제거하고 빅데이터에 더 많은 상생공존의 데이터가 축적되어야 한다. 동시에 인터넷 공간이 공생공존을 위한 새로운 질서로 진보해야 한다.

결론은 탐욕과 경쟁이 지배적인 세상이 아니라 절제와 양보가 지배적인 환경이라면 인공지능은 윤리적 파트너가 될 것이다. 사람 같은 로봇 만드는 것보다 사람다운 사람이 되는 게 먼저이다. 따라서 우리는 인공지능 알고리즘이 오염되기 전에 공동체적 심성을 회복하고 상생하는 인간의 원형을 회복하여 인류 사회가 어떤 경우에도 평화와 행복을 누릴 수 있도록 해야 한다.

결국 탁월한 능력의 인공지능과 협업하며 좋은 사회를 만드는 비결은 인공지능에 참된 인간가치를 학습할 수 있도록 탐욕으로 오염된 생태계를 개선하는 것이다. 즉, 탐욕을 통제하고 빅데이터와 인터넷에 상생의 데이터가 풍부하도록 채우는 것이다. 그것은 자원봉사와 공동체 노동을 통한 사회자본의 축적으로 가능한 것이다. 특히 이 책의 핵심 주제인 공동체노동을 제도적으로 확장함과 동시에, 기존의 일자리 역시 인간가치를 반영한 직무로 개선하는 노력이 요구된다.

3. 노동착취에서 노동탈취로_노동혁명의 징후들

세계는 일자리 전쟁 중-트럼프의 좌충우돌

지금 세계는 전쟁 중이다. 한 치의 양보도 없는, 그러나 승자도 없는 일자리 전쟁을 벌이고 있다. "우파 날 낳으시고, 좌파 날 키우시니", 우파 신자유주의가 불붙인 전쟁에 좌파 신자유주의가 뒤엉켜 총성 없는 전쟁을 벌이고 있다. 일자리 전쟁을 알린 탈세계화의 대표적 사건은 모두 신자유주의를 태동시켰던 앵글로색슨족이 연출했다. 하나는 영국의 브렉시트 선언이고 하나는 트럼프의 미국우선주의 선언이다.

미국 대통령 선거에서 트럼프가 당선됐을 때 세계의 반응을 전하는 언론들의 표현을 정리하면 "아웃사이더의 반란" 혹은 "포퓰리즘의 등장"으로 함축된다. 그러나 트럼프의 등장은 기존정치세력, 정치엘리트 계층에 대한 거부감 표출을 뛰어넘는 의미를 갖는다. 먼저 신자유주의 세계화라는 경제 질서에 반하는 대변혁으로서 역사적 사건이다. 동시에 일자리 쟁취를 위한 육탄전이 시작되었음을 알리는 신호탄이기도 하다.

그러나 트럼프의 등장은 우연한 사건이 아니라 경제 질서 변혁의 역사적 과정이 반영되어 있다. 1930년대 대공황과 제2차 세계대전 이후 케인즈 경제이론을 바탕으로 한 사회보장 및 복지서비스 확대와 경제 부흥, 그리고 1970년대 후반 이래 세계적 경제위기와 이에 따른 "대처리즘"과 "레이거노믹스"로 불리던 신자유주의 질서 구축과 세계화의 가속화, 2008년 세계 금융위기 이후 지속된 장기침체 등 경제적 충격이 반영되어 일련의 정치적 격변이 야기된 것이다.

이제 인류 사회는 지속적 저성장과 함께 "탈세계화"라는 새로운 시대상황에 직면하게 되었다. 2016년, 영국인들의 브렉시트 선택, 미국인들의 트럼프 선택으로 상징되는 역사적 사건으로 세계는 그 어느 해보다 독특하고 충격적인 경험을 했다. 옳고 그름의 문제, 긍정적 혹은 부정적 영향의 여부를 떠나 역사의 전환점이 될 수 있는 파격이 일어난 것이다. 왜 상식을 넘어서는 파격적 선택이 나타난 것일까?

만일 최근 일어나는 탈세계화 등 일련의 파격적 현상들의 요체를 한마디로 압축해본다면 무엇보다 "일자리 전쟁"이 먼저 주목될 것이다. 특히 트럼프의 메시지는 세계를 향한 "일자리 전쟁 선전포고"이다. 그는 "세계화 물결이 우리 중간계급을 완전히 쓸어냈다. 우리는 이를 되돌릴 수 있다"는 탈세계화의 메시지로 미국의 대통령이 되었다.

트럼프가 수많은 말을 쏟아내고 있지만 그의 일관된 메시지는 "빼앗긴 일자리를 되찾겠다!"로 압축된다. 그의 관점은 첫째, 이주자가 일자리를 빼앗아가고 있으며, 둘째, 기업들은 고용은 하지 않고 물건만 팔아먹고 있다는 것이다. 그래서 난민 유입은 물론 불법이민을 틀어막고, 제도적으로 다국적 기업들의 팔을 비틀어 "현지생산"을 관철함으로써 궁극적으로 일자리를 창출하겠다는 것이다. 결국 트럼프는 누가 뭐라든 1년 만에 일자리 210만개, 국부 7조 달러 창출이라는 성과를 남겼다.

세계화가 세계화 이후 값싼 노동력을 찾아 제3국으로 떠나는 해외 생산 확산의 추세, 다른 한편으로는 이민 또는 난민 등 일자리를 찾아오는 대규모 인구이동 추세가 맞물리면서 특히 선진국가의 중하위 계층의 일자리는 심각한 타격을 입게 되었다. 세계 각국은 일자리 전쟁 중이다.

착취당할 능력-살아남을 자격의 증명

일할 기회가 사라지고 일자리를 박탈당하고 있다. 젊은 노동자들의 일할 기회가 탈취되고 늙은 노동자들의 일자리가 탈취되고 있다. 노동착취의 불행보다 더 참담한 노동탈취의 비극이 시작되었다. 세대불문이다. 자식인 에코세대는 진입 난(難)을, 부모인 베이비붐 세대는 퇴출 난(難)을 동시에 겪고 있다. 노동자들은 기회를 주지 않는 노동탈취보다 차라리 등골 빼먹는 노동착취가 낫다고 믿는다. 젊은 노동자들은 열정페이를 감수하고 늙은 노동자들은 초저임금을 마다하지 않는다. 그럼에도 불구하고 젊은이들은 "이생망(이번 생은 망했다) 세대"가 되고 늙은이들은 "노후난민"의 길을 간다.

특히 은퇴라는 이름으로 널리 알려진, 700만이 넘는 베이비붐 세대의 노동시장 퇴출은 그 충격이 크다. 말은 번드르하게 은퇴라지만 60세 정년을 다 누려본 베이비붐 세대는 얼마나 될까? 대부분은 40대 중반부터 퇴출되기 시작하여 사오정(45세 정년), 오륙도(56세까지 직장에 남으면 도둑놈)에 눈치 보다가 38선(38세 정년)까지 내려오면서 대부분 제풀에 꺾여버렸다. 모두 노동탈취를 풍자한 말들이다.

현대노동의 위기는 노동착취의 문제가 아니라 노동탈취, 즉, 노동기회의 박탈의 문제이다. 특히 베이비붐 세대들의 대거 노동시장 퇴출과 노년세대 진입으로 노후 난민화의 문제가 본격화될 것으로 예측된다. 이들의 노동시장으로부터 퇴출은 비록 연령의 기준에 따른 것이지만, 생존의 문제가 달린 노동할 수 있는 기회를 빼앗긴 것이다.

게다가 베이비붐 세대들은 59.9%가 일평생 "주된 일자리" 즉, 안정된 일자리를 갖지 못하고 먹고살기 위해 여기저기 일자리를 옮겨 다닌 메뚜기족들이다. 따라서 베이비붐 세대는 세대 내에서의 소득격차가 크고 노후준비가 부족한 빈곤세대가 다수 존재한다. 베이비붐 세대가 모두 노년기에 접어드는 2030년대에는 노후난민의 문제로 정부재정부담이 극대화될 것으로 전망된다.

특히 1차 베이비부머의 은퇴에 이어 2차 베이비부머까지 노동시장에서 퇴출되고 노인이 되는 2040년대에는 사실상 재앙수준의 국가재정 파탄과 세대 간 충돌 가능성이 높다. 특히 연금 가입률이 높은 2차 베이비붐 세대(1968~1974년생)는 후세대인 에코세대와 세대갈등을 빚을 가능성이 매우 높다. 따라서 베이비붐 세대는 자신들의 생존 문제만이 아니라 후배세대와 자식세대들의 미래까지 염두에 두고 사회체계를 개선해야 할 과제를 안고 있다.

노동조합에서는 노동착취를 규탄하는 시위를 하고 있지만 그 회사에 취업을 위해 사람들이 몰려들어 안간힘을 쓴다. 어떤 이들은 노동착취 타도를 외치는 노조원들을 보며 "나에게 노동착취를 당할 기회를 달라"그렇게 시위하고 싶다고 토로한다. 오늘날 현실에서 사람들은 대부분 노동착취보다 노동탈취를 더 두려워할 것이다. 문제는 일자리가 없다는 것이다. 노동착취보다 더 큰 비극은 착취되지 못하는 것, 즉, 노동기회의 탈취로 착취의 대상도 되지 못하는 비극이다.

무너지는 노동의 신화—노동소멸과 잉여인간

고용이라는 왜곡된 형태로 남아 있는 임금노동 체계는 사실상 서구문명의 기초를 이루고 있으며 이 서구문명이 지구 전체를 지배하고 있다. 오늘날 이 지배적 체계에 두 차원의 모순이 동시에 작동하고 있다. 즉, 노동을 강요해놓고 노동을 거부하는 자본가 측면의 모순, 노동자—노예를 거부해놓고 노예를 자청하는 노동자 측면의 모순이 그것이다. 이 모순은 신화와 관련된다. 우리는 지금 하나의 신화가 되어버린 것, 즉, 임금노동에 관한 신화를 버리지 못하고 있는 것이다. 임노동관계에 집중된 노동중심성에 신성불가침을 부여하고 다른 모든 중심성들을 삼켜버린다. 그래서 어떻게 해서든지 이 신화를 더 연장하기 위해 더 극적인 신화를 미화해낸다. 그 결과는 스스로 자본주의 임금노동에 노예가 되어 다양한 노동의 가치들을 파괴한 뒤 토사구팽의 처지가 되었다.

잉여인간, 일자리 탈취당한 인간, 실업자란 일시적으로 사회생활에서 고립되는 존재가 아니다. 살아남을 수 있는 자격마저 박탈된, 쓸모없는 존재로의 전락은 죽음보다 더 수치스럽다. 쓸모없는 존재로 전락한 자신을 향해 마구 던지는 자기비난의 비수가 깊은 상처를 낸다. 그리고 죄의식 속에 모든 수치심과 싸워야 한다. 수치심이란 그것 때문에 괴로워하는 자들을 철저하게 변질시키며, 무기력하게 만들고 누구에게나 어떤 상황에나 쉽게 지배당하게 하며, 결국 희생될 수밖에 없도록 궁지로 몰고 간다.

우리가 우려하는 노동의 소멸보다 기실, 배제가 더 수치스런 충격이다. 살아남을 수 있는 자격의 박탈! 이 존재의 충격에 불구하고, 스스로 살아남을 자격이 있음을 다시 증명해내야 한다. 나는 유용성이 있다! 수익성이 있다! 쓸모의 입증이란, 곧 당신의 이익을 위해 내가 이용당할 가치가 있음을 증명하는 것이다. 살아남을 자격의 증명이란 자신에게 착취당할 여지가 있음을 보여주는 것이다.

우리는 살아남을 권리가 있다. 그런데 왜 살아남을 수 있는 자격을 스스로 증명해야 하는가? 자업자득이다. 우리 스스로 그 제도를 만들고 부역하고 충성해왔다. 물론 처음부터 배제된 희생자도 있지만, 만일 당신이 이 시스템에 참여하여 치열하게 경쟁했다면 이 시스템에 충성을 다한 부역자이고 공범자이다.

이제 잉여인간 위기의 베이비부머들은 살아남을 자격을 입증하기 위해 사회시스템을 지배하는 자본주의 시장경제에 유익한자들임을 스스로 증명해야 한다. 즉, 착취당할 수 있는 능력이 있어야 한다. 그러나 잉여인간들의 리그마저 경쟁이 너무 심하다. 구직자들로 넘쳐나는 상담소, 일자리박람회에는, 저임금도 불사하고 기꺼이 노동착취당하기를 갈망하는 잉여인간들이 넘쳐나고 있다. 이력서 자기소개서를 들고 차곡차곡 쌓여있는 일자리에 눈을 맞춰보지만 그러나 결국 자신이 이용가치가 없는 사람, 잉여인간이라는 사실만 확인하게 될 뿐이다.

이 풍요로운 세상에서 기준연령을 넘었다는 이유만으로 살아갈 자격마저 박탈당한 사람들이 넘쳐난다는 것, 그들의 상실감과 두려움은 통계에서도 감춰지고 있다. 통계는 이용되지 않고, 전혀 이용할 필요가 없는, 이용한다는 것 자체가 쓸모없는 그러한 대중들의 존재를 간과하고 있다. 통계에도 나타나지 않는 잉여인간들… 있어도 없는 존재, 곧 투명인간이다. 이들은 살아갈 수 있는 자격을 어떻게 획득해야할까?

최저임금 상향의 역설-늙은 노동자의 추락

한편, 노동탈취의 발생은 "수요독점(Monopsony)으로 설명할 수 있다. 수요독점은 노동시장에서 구매자가 우위에 있거나 독점적 지위를 갖게 됨으로써 저임금, 차별임금의 여지가 생긴다. 일자리가 없어서 착취당하지 못할 위험이 상존한 상황이라면 노동자의 처지는 상대적으로 더욱 어렵다. 기업이 이를 이용할 때 노동자는 낮은 임금의 노동을 수용할 수밖에 없다. 같은 생산성을 갖고 있어도 만만한 노동자는 저임금을 받게 된다. 노동착취이다. 그러나 이제 최저임금을 급격히 상향하면서, 최소한 늙은 노동자들의 경우, 노동착취 대신 노동탈취가 본격화될 것이다.

통계지표를 보면 베이비붐 세대가 직장을 떠나는 주된 사유는 일거리 부족이다. 퇴직 경험이 있는 베이비붐 세대 57.0만 명 중 23.4만 명(41.0%)은 일거리가 없거나 임시적·계절적 일의 종료, 다니던 직장의 휴폐업 때문에 직장을 떠났다. 정년퇴직이나 희망퇴직, 조기 퇴직은 3.3만 명(5.9%)으로 낮은 수준이나, 가파르게 상승하는 추세이다. 노인을 위한 일자리는 적고, 일자리를 찾는 노인은 많다. 이들에게 주어진 일자리는 초저임금의 최하위 노동이다.

2015년 현재 우리나라의 65세 이상 취업률은 30.6%로 OECD 회원국(평균 13.8%) 중 2위를 기록하지만 높은 노인취업률에도 불구하고 노인빈곤율이 압도적 1위인 역설적 상황을 보인다. 그런데 최저임금이 급격히 상향되었다. 늙은 노동자들 처지가 개선되면 그 얼마나 좋겠는 가! 그러나 더 낮은 곳으로 추락해야 한다. 그러나 이젠 더 이상 추락할 곳도 없으니, 비참하게 연명하다 죽을 날만 기다려야 할 처지다.

물론 최저임금 상향의 정책적 취지는 좋다. 그러나 "좋은 취지"가 반드시 "좋은 결과"로 이어지는 것은 아니다. 노동정책이든 인구정책, 복지정책 할 것 없이 모든 정책은 정합성이 중요하다. 정합성이란 체계 내의 구성요소들이 상호충돌 없이 조화되는 것을 의미한다. 좋은 취지가 좋은 결과를 얻지 못하는 것은 정합성의 문제이다. 그런데 일자리 정책의 경우, 눈과 코 그리고 입, 하나씩 보면 참 잘 그렸다. 최저임금 상향정책은 그 하나만으로는 잘 그렸다.

그러나 합쳐 놓으면 기형이다. 연구보고서[35]에 의하면 최저임금과 최하위 노동자인 늙은 노동자들에게 최저임금제도는 그림의 떡이 아니라 현실의 독이 될 수 있다. 만일 최저임금의 급격한 인상과, 최저임금 미만자에 대한 단속 강화가 한꺼번에 시행될 경우 저임금노동시장에 50대 이상의 고령노동자들을 연쇄적으로 밀어내는 도미노현상이 나타나고 상대적으로 취약한 60대, 70대는 노동시장 바깥으로 튕겨져 나갈 가능성이 높다.

자료에 의하면 최저임금 미만 노동자 중에는 60대 이상 노동자가 약 42만 명, 50대 노동자가 21만 명에 달한다. 대부분 베이비붐 세대(1955~1963년생)에 속한다. 50대 장년층, 60대 노년층의 일부가 '최저임금 노동시장'에 종사하고 있다. 그런데 급진적인 최저임금 인상이 이루어질 경우 이들은 최하위 노동시장에서 퇴출되어 비경제활동 인구

---

35) 윤희숙(2016), 최저임금의 사회안전망:빈곤정책수단으로서의 한계, KDI FOCUS, 2016년 9월 8일(통권 제71호)

집단, 곧 잉여인간으로 튕겨나가는 도미노현상이 나타날 가능성이 농후하다.

이미 베이비붐 세대가 60대에 들어서면서 하위노동시장에 도미노게임이 진행되고 있다. 상대적으로 젊은 베이비부머들이 하층노동시장으로 대거 밀려들어와 60대 후반 노인들을 노동시장 밖으로 밀어내고 있다. 통계청 자료에 의하면 2008년 2월부터 2017년 2월까지 10년 동안, 60~64세의 실업자가 2.4배 증가하는 동안 65세 이상의 실업자는 10.9배나 증가했다. 동시에 노동시장 바깥으로 밀려난 노인 비경제활동인구가 크게 늘어, 65세 이상 인구에 새로 편입된 노인 중 84%가 비경제활동인구였다. 결국 최하위 노동시장에서 최악의 도미노현상이 일어나 비경제활동인구로 밀려난 노인들은 큰 타격을 받을 수밖에 없다. 이런 현실에서 최저임금 상향정책은 좋은 취지이지만, 결국 좋은 결과로 연결되지는 못할 것이다.

여기서 혹자는 정부가 시행하는 사업 중 '노인 일자리사업'을 떠올릴 것이다. 차라리 폐지하고 노동정책의 혁신과 함께 새로운 노동체계를 구축해야 한다. 노동의 가치는 물론 사회봉사라는 가치마저 왜곡시키며 노인들을 기만하는 정책이다. 그런데 용돈 수준도 되지 않으면서 자존심까지 다치게 하는 이 프로그램에 노인들이 몰려드는 이유는 무엇일까? 이마저도 없으면 극단적인 경우 자살을 생각할 만큼 빈곤상태에 있기 때문이다.

만약 신규로 진입하는 노년층의 노동참여 정책이 마련되지 않은 상태에서 최저임금을 급진적으로 인상한다면 50대 장년노동자와 60대 노년노동자들은 도미노게임에 휘말려, 최하위 노동시장에서 비경제활동 영역, 잉여인간의 퇴적공간으로 몰아내는 연쇄적 구축효과

(crowding out)를 야기할 것이다. 관건은 노년세대에 신규 진입하는 베이비부머들의 사회적 역할이다. 이들이 대거 하위노동시장으로 밀려들 경우 시장 밖으로 퇴출되는 인구에 대한 대책도 수립되어야 할 것이다. 여기서 부연하자면 최선의 방법은 나이혁명과 기술혁명에 부합되는 노동혁명이다. 공동체노동을 포함한 다양한 노동이 가능한 다중노동체계를 구축하는 것만이 해답이다.

노동자여, 노동을 혁파하라!

우리 시대의 노동은 축복이요 희망인가, 아니면 저주이고 절망인가? 사상의 역사를 돌아보면 노동에 관한 관점 두 가지가 두드러진다. 노동을 무의미한 저주로 보거나, 의미 있는 소명으로 보는 관점이 그것이다. 그런데 현실에선 이런 구분이 의미가 없다. 노동은 희망이면서 절망이고 축복이면서 저주이다. 자신의 존재가치를 표현하고 자기됨을 생산하는 노동이지만 먹고사는 책무에 얽매여 벗어날 수 없는 올무이기도 하다.

자본주의 체제에서의 노동의 존재양식은 신분적 자유와 생산수단으로부터 자유라는 이중 자유를 기반으로 한 임금노동이다. 임금은 현대노동의 핵심개념이다. 설사 육체적 및 정신적 에너지 소비량이 같다 해도 임금을 받느냐 받지 않느냐에 따라 노동인지 취미인지를 구분할 때가 많다. 높은 임금을 받는 것이 만족도가 높고 사회적 위상이 강화되기도 하지만 경우에 따라 임금을 받게 됨으로써 받지 않았을 때보다 오히려 만족도가 떨어지고 사회적 인정이 약화될 수도 있다. 즉, 임금이 정적이든 부적이든 활동 자체의 관계를 변화시킨다.

중요한 것은 임금이 현대 노동의 중심 속성이기는 하지만 그렇다고 필수적 요소라고 생각해서는 안 된다는 점이다. 무임금의 노동도 있기 때문이다. 만약 노동의 개념을 임금노동에 한정하는 경직된 생각을 갖고 있다면 그것은 자본주의 체제에 충실하고 있음을 의미한다. 노동운동을 하는 사람들 중에도 더 높은 임금을 목표로 하는 사람들이 많다. 그것은 오히려 노동자를 강고하게 임금에 옭아맬 뿐만 아니라 자본주의 지배체제를 더 강화시키는 데 기여할 뿐이다. 그 누구나 임금을 받고 노동하는 사람은 자본주의 자본축적 시스템의 희생자임에 분명하지만 그렇다고 희생자인 것만은 아니다. 한편으로는 그 시스템에 동조하는 협력자 혹은 공범자이기도 하다.

우리는 현대의 임금노동 개념에 너무나 익숙해서 화폐가 발달되기 이전 노동자들의 노동을 이해하지 못한다. 화폐발달의 중요한 단계는 노동이 상품화되는 시점, 임금노동과 함께 시작되었다. 노동자들은 화폐로 지불되는 노동가치를 받아들이면서 주된 관심은 자기가 받는 임금이 정당한가 여부보다, 가족부양을 위해 충분한지에 집중되었다.

결국 프롤레타리아는 마르크스의 바람과는 달리 자본주의에 도전하지 않았다. 오히려 자기 노동력의 상품가치와 소비능력을 높이기 위한 야심으로 자신을 착취하는 자본주의 체제의 협력자가 되었다. 일자리를 놓고 벌어지는 투쟁들은 임금을 전제한 노동시장에서 자기 노동력을 더 효과적으로 판매하려는 격렬한 마케팅이다. 결국 노동은 소득을 발생시킨다는 점에서만 가치를 지니게 되었다. 노동해방은 거부되었고 결국 스스로 자본에 포획된 것이다.

이 노동생활에서 우리가 진정으로 두려워하는 것은 무엇인가? 다름 아닌 신기루 같은 노동의 세계로부터 배제되는 것이다. 엄밀히 말해서 임금을 받을 수 있는 기회로부터 배제되는 것이다. 사실 임금노동 외에는 다른 노동에 대해서는 생각해본 적도 없다. 다른 선택지는 전혀 없는 것이다. 이 막다른 낭떠러지에서 노동의 건강한 능동성은 찾을 방법이 없다. 어느 순간이든 일자리에서 배제되면 낭떠러지에 설 수밖에 없는 패턴이 고착된 것이다.

　일자리가 박탈되고 있다. 우리를 유인하던 자본이 이젠 거부하고 있다. 노동착취의 불행보다 더 무서운 노동탈취의 비극이 현실이 되었다. 이제 우리에게 남은 일은 저 낭떠러지 끝에 줄을 서서, 착취당할 의지와 자격이 있음을 스스로 증명하는 것이다. 그렇지 않다면, 노동혁명을 해야 한다. 임금노동만을 노동으로 한정하는 자본의 기획을 혁파하고 자본-임금의 관계를 넘어서는 노동에 대하여 상상하고, 노동을 통해 자연과 소통하고 공동체와 소통하는 노동 본래의 모습을 복원해야 한다. 만국의 노동자여 노동을 혁파하라!

4. 도전의 시작_고용 없는 노동의 시대

쏟아 붓는 예산-사라지는 일자리

대한민국은 노동력 부족 국가인가? 아니면 일자리 부족 국가인가? 한편에선 노동력 부족을 우려하며 천문학적 예산을 퍼붓고 있지만 출산율은 갈수록 낮아지고 있다. 다른 한편에선 일자리 창출에 천문학적 재정을 쏟아 붓고 있지만 일자리는 신기루처럼 사라지고 있다. 최근 일자리 창출을 약속하며 대통령 집무실에 상황판까지 설치했지만, 고용지표는 계속 더 나빠지고 있다. 2017년 경제성장률이 3%대를 기록했음에도 일자리 증가폭은 1%대에 머물러 '고용 없는 성장' 현상만 보여주고 말았다. 물론 역대 정부 모두 일자리 창출에 에너지를 쏟았지만 성공하지 못했다. 갈수록 일자리 상황은 더 바빠지고 있다.

일자리가 없다. 2016년 사상 처음으로 실업자가 100만 명을 넘어섰고 실업률은 3.7%였다. 당시 주요 예측 기관들의 고용 관련 지표들은 향후 고용상황이 개선될 여지없이 실업률이 4%대를 넘어서는 등 갈수록 악화될 것으로 전망했다. 실제로 통계청이 발표한 2017년 4월 고용동향을 보면 전체 실업률은 4.2%로 17년 만에 최고 수준이다.[36] 특히 15~29세 청년실업률은 통계를 집계한 이후 최고인 11.2%까지 치솟았고 체감실업률은 23.6%에 달했다.

한편, 국제소식도 잿빛이다. 국제노동기구(ILO)는[37] 전 세계 실업자가 340만 명 늘어 2억 명을 넘어서고 실업률은 더욱 높아질 것을 전망했다. ILO는 '세계고용사회전망' 연례 보고서에서 세계 일자리 창출이 노동인구 증가세를 따라가지 못하면서 실업자가 2016년 1억9천770만 명에서 2017년 2억110만 명으로 증가하고 2018년에도 2억380만 명으로 더 늘어날 것으로 내다봤다. 경제성장률이 고용악화의 주된 원인이 되고 있으며 세계경제가 질적으로 괜찮은 일자리는커녕 양적으로 충분한 일자리를 만들어낼 능력이 있는지에 대한 의구심이 커지고 있다.

이 와중에 노동시장의 이중구조 문제는 더욱 심각해지고 있다. 노동시장이 고소득 정규직 중심의 상층노동시장과 저소득 비정규직 중심의 하층노동시장으로 분단되면서 불평등과 상대적 빈곤 문제가 심화되고 있다. 특히 우리나라는 2015년에 이어 2016년에도 노동자 간의 임금 격차가 미국 다음으로 높은 불명예를 얻었다. 상위 10%의 임금소득이 하위 10%의 4.5배에 달한다.[38] 게다가 청년고용율은 OECD 최저 수준이며 나이든 근로자들은 평균 53세에 직장에서 밀려나 질이 낮은 일자리와 자영업 쪽으로 이전하는 하락쏠림 현상을 보여준다. 짧

---

36) 실업률이 가장 최근에 4%대를 기록한 것은 2001년(4.0%)이었다.
37) ILO, 2017세계고용사회전망 연례 보고서
38) OECD, 2016년 한국경제보고서; 미국 5.05배

은 근로 기간은 높은 노인 빈곤율의 한 원인이다.

한편, 이 글을 쓰고 있는 2018년 1월 18일 서울의 이른 아침, 서울의 한 아파트 공사현장에서 70여 명의 노동자들이 시위를 벌였다. 일용직은 외국인만 쓰겠다는 하청업체의 방침에 반발해 네 번째 집회를 연 것이다. 기업들이 외국인 노동자를 우선 채용하는 것은 노무관리와 비용절감 때문이다. 즉, 외국인 노동자는 열악한 조건을 감수하고 시키는 대로 일하는 데 비하여 한국 사람은 법정 휴식시간과 휴무일 등을 이행하도록 요구하고, 특히 임금수준이 외국인 노동자에 비해 높기 때문에 기피한다. 당연히 일자리를 뺏긴 한국인 노동자들의 불만은 커질 수밖에 없다.

2017년 5월 기준, 우리나라 체류 외국인 취업자(상주인구 기준)는 83만 4천 명으로 고용율은 68.1%에 달하고 있다. 같은 시기 우리나라 15~64세 고용률(OECD비교기준)은 61.3%이다. 단순 수치상으로 외국인 노동자의 고용수준이 더 높게 나타나고 있는 것이다. 임금이 200만 원 이상인 외국인 임금근로자 비중은 57.3%로 전년 대비 10.8% 상승했다.

외국인은 2007년 100만 명을 넘어선 이래 9년 만인 2016년 6월 전체 인구의 3.9%인 200만 명을 돌파했다. 법무부는 연평균 8%씩 증가한 것을 고려할 때 2021년 국내 체류외국인이 300만 명을 넘어서 전체 인구의 5.82%가 될 것으로 예상하고 있다. 이는 경제협력개발기구(OECD) 평균 5.7%를 웃도는 수치다.

대체로 동년배 간의 문제이던 일자리 경쟁이 이제는 세대 간 경쟁을 불사하다가, 급기야 외국인 노동자들과 경쟁을 해야 하는 상황에 이르렀다. 만일 세대 간의 일자리 경쟁이 존재한다면 그 자체가 희소하고 극단적 상황이 확대되고 있다는 것이 된다. 자연의 이치에서도 바람직하지 않은 현상으로 무엇인가 많이 잘못된 제도와 풍토 때문이다.

이 나라의 토박이와 외국인이 일자리를 놓고 대대적으로 경쟁하는 것 역시 새로운 사회 위험의 징조이다. 값싼 노동력을 무분별하게 사용하는 것은 대단히 위험한 일이다. 물론 한국인이든 외국인이든 법질서 속에 규제되고 보호받아야 한다. 그런데 문제가 심각한 것은 저임금 노동시장에서의 경쟁으로 갈등과 분쟁이 발생하고 있다는 점이다. 특히 각설하고 저임금의 하층 노동시장에서 내국인과 외국인 노동자가 일자리를 놓고 분쟁하도록 방치하는 것은 옳은 처사가 아니다.

일자리 창출, 이제 그만-노동을 새롭게 하라!

혁명의 나팔소리와 함께 "더 이상 인간은 필요 없다!"는 불길한 소문이 들려온다. 슈퍼인공지능의 인조인간이 인간의 노동력을 무력화할 것이란 소문이다. 어떻게 할 것인가? 새로운 일자리를 창출한다고? 인조인간과 일자리를 나눈다고? 틀렸다. 방법은 하나뿐, 모든 일자리에 인간가치를 디자인하여 양질화해야 한다.

그동안 정부는 양질의 일자리 창출을 한답시고 천문학적 재정을 쏟아 부었지만, 얻은 것이 무언가! 양질의 일자리를 합창하고 있지만 무엇이 양질인가? 정규직은 양질이고 비정규직은 저질인가? 육체노동은 저질이고 사무노동은 양질인가? 국민세금 퍼부어 공공부문에 일자리 만드는 게 양질의 일자리 창출이라면 소가 웃을 일이다. 좀 더 발상의 전환을 할 수는 없을까?

중요한 것은 정규직이냐 비정규직이냐, 정신노동이냐 육체노동이냐가 아니라, 무슨 일이든 자신의 일을 통하여 적정한 삶의 질을 누릴 수 있다면 그것이 양질의 일자리이다. 작금의 일자리문제를 해결하려면 무엇보다 먼저 해야 할 일은 양질의 일자리 개념을 왜곡해온 잘못된 제도와 풍토, 그리고 특히 양질의 일자리를 대기업과 공공부문의 귀족노동으로 왜곡시킨 노동시장의 이중구조를 혁파해야 한다.

그다음, 정부가 재정으로 끌고 가는 일자리 창출은 중단해야 한다. 임금노동을 완전 포기하지 않는 한, 일자리 창출과 소멸은 노동시장의 자연스런 흐름이다. 오히려 정부정책은 시대변화에 대응하여 기존의 일자리들을 양질화하는 혁신정책에 집중해야 한다. 보라, 새로운 일자리 창출에 성공한 정부, 성공한 국가가 어디 있던가! 그나마 실적이 있다면 대부분 재정을 투입하여 기존 일자리를 돌려막기한 것에 불과하다. 불가능한 일자리 창출을 약속하는 것은 포퓰리즘에 불과하고 그런 정치인은 헛된 희망을 주며 파멸의 길로 이끌고 가는 "피리 부는 사나이(The Pied Piper of Hamelin)"다.

이제 일자리 창출을 멈추고 양질화에 주력해야 한다. 허황된 일자리 창출에 재정을 낭비할 것이 아니라, 일자리 하나하나가 양질의 일자리가 되도록 제도를 개선하고 정책을 추진하는 것이 효과적이고 효율적일 것이다. 중요한 경향은 노동시장의 임금노동 중심체계가 해체되고 있다는 점이다. 타율적 고용에 의존한 임금노동의 신성불가침은 해체되고 한편에선 자율적 자기노동이 확장되고 돌봄의 정동노동과 같은 공동체노동이 움트면서 다중노동체계의 가능성이 열리고 있다. 요컨대 노동의 개념과 체계가 근본적으로 변하고 있다. 이러한 경향은 4차 산업혁명의 흐름과 결합되면서 새로운 물결 속의 물결이 될 것이다.

다시 말하지만 새로운 물결에서의 양질의 일자리는 전혀 새로운 일자리의 창출을 의미하는 것이 아니다. 오히려 기존의 일자리들을 양질의 일자리로 개선하고 혁신한 것이다. 요컨대, 양질의 일자리는 단순히 비정규직을 정규직으로 전환하고 최저임금을 상향하는 차원이 아니다. 문제는 삶의 질일 뿐, 오히려 시대의 흐름은 비정규직이 대세이다. 무엇보다 일자리의 양질화는 "인간을 위한 현실과 가상의 융합"이라는 4차 산업혁명의 특성을 고려해야 한다. 따라서 모든 일자리에 인간을 위한 가치창출의 기능을 가미하고, 현실과 가상의 융합을 통한 사회문제 해결을 도모하는 일자리로 개선해야 한다.

노동시장에서 노동은 사라지지 않는다. 다만 형태가 달라질 뿐이다. 모든 노동을 새롭게 하고 노동의 범주를 확장하라! 따라서 시대의 흐름과 노동에 대한 폭넓은 이해가 요구된다. 이미 4차 산업혁명의 진행과 함께 노동시장에는 조용한 혁명이 일어나고 있다. 특히 정규직의 조직노동보다 비정규직의 독립노동 형태로 개편되고 있다. 신성불가침의 임금노동이 퇴조하고 자기 자율노동과 공동체 노동이 확장될 기미를 드러내고 있다. 이 모두 일자리의 미래를 시사해주는 징조들이다. 이제 소모적인 일자리 창출을 중단하고, 현재의 모든 일자리의 형태를 시대에 부합하도록 개선하고 재편하는 것이 답이다. 노동을 새롭게 하라!

조용한 혁명-고용 없는 독립노동

노동시장에 조용한 혁명이 시작되고 있다. 혁명은 이미 오래 전에 예고된 것이다. 비록 개개인의 독립군들에 의한 작은 시작이지만 혁명의 불길은 급격히 커질 것이다. 이제 미래의 노동은 임금노동과 조직노동의 퇴조로 상징된다. 산업화 이래 자본주의 시장경제 체제와 함께 인간 삶의 중심부로 이동해왔던 타율적인 임금노동이, 이제 인공지능 기술혁명으로 인해 변두리로 밀려날 것이다. 우리는 일주일에 단 하루면 전체 인간의 생존에 필요한 상품을 생산하는 데 충분한 시대를 맞고 있다. 인간의 참여 없이 이뤄낼 수 있는 성과이다. 만일 노동을 임금노동으로 가정한다면 일자리의 소멸, 노동의 종말은 현실화되고 있다. 신성불가침의 지위를 누리던 임금노동의 퇴화는 불가피하게 되었다. 동시에 임금노동과 쌍을 이루던 조직노동도 동반 퇴화할 것이다.

노동시장의 근본적 변혁을 이끄는 양축은 "고용 없는 성장"과 "고용 없는 노동"이다. 이제 우리 사회는 정규직을 목표로 삼거나 취업에서 답을 찾으려는 것이 더 이상 불가능한 사회가 될 것이다. 제조업 자동화와 인공지능의 부상으로 정규직 일자리는 점점 줄어 들 수밖에 없다. 게다가 공유경제 서비스가 확장되면서 전통적인 취업으로는 도저히 답을 풀 수 없는 노동구조를 만들어내고 있다. 이것은 단편적 현상이 아니라 지속적 추세이므로 과거와 같이 일자리 창출 방식의 접근으로는 답이 나오지 않는 문제이다.

미래사회에서는 "고용"이라는 개념 자체가 희박해질 것이다. 19세기 제1차 산업사회가 공장노동자라는 새로운 유형을 만들어낸 것처럼 4차 산업사회는 "크라우드노동자(crowd-worker)"라는 새로운 노동자 유형을 만들어냈다.[39] 크라우드노동의 핵심은 "고용 없는 노동"이라는

---

39) 크라우드노동(crowd-work)이란 단어 그대로 "군중노동"으로 번역할 수도 있을 것이다. 그러나 크라우드노동는 디지털 플랫폼을 기반으로 군중에 의해 이루어지는 노동을 가리킨다는 점에서, 다수의 노동자들이 오프라인 공장이나 작업장에서 이루어지는 군중노동과는 차별된다.

점이다. 고용주가 아닌 고객의 요청에 의해 노동을 수행한다. 즉, 네트워크로 연결된 세계에서 "일감을 주는 고객"들은 복잡다단한 업무를 임의로 조각조각 나눠 플랫폼에 올리면 전 세계의 크라우드노동자들은 각자 자신의 능력과 취향대로 조각조각별 서비스를 선택적으로 이행하고 플랫폼에서 이 조각들을 하나로 통합하여 전체를 완성하는 방식이다.

예컨대, 누군가 어떤 자료를 번역하는 과업을 플랫폼에 올리면, 전 세계의 노동자들이 한 페이지만 번역하든지 혹은 원고 전체를 번역하든지, 각자 능력껏 번역한 조각들을 플랫폼에 올린다. 플랫폼은 그 중에서 품질이 좋은 번역 조각을 모아서 번역을 완성하고 고객에게 제공한다. 이것을 크라우드소싱(crowd sourcing)이라고도 하는데, 군중을 대상으로 기금을 조성하는 크라우드펀딩과 비슷한 개념이다. 크라우드펀딩은 조각 돈을 모으고, 크라우드소싱은 조각노동을 모은다는 점만 다르다.

한편, 크라우드노동이 디지털 플랫폼을 기반으로 이루어진다는 점에서 플랫폼노동의 하위개념으로 설정할 수도 있다. 즉, "군중형" 플랫폼노동이라 할 수 있다. 그렇다면 플랫폼노동이 의미하는 바는 무엇인가? 플랫폼은 발판이라는 뜻을 갖고 있지만 일반적으로 사람들이 기차를 쉽게 타고 내릴 수 있도록 만든 승강장을 가리킨다. 산업 분야에서 플랫폼이라 부를 때는 많은 사람들이 쉽게 이용하거나 다양한 목적으로 사용된다는 특징을 차용하여 의미를 부여한다.

요컨대 플랫폼은 물건을 사고파는 장마당과 같다. 플랫폼노동이란 바로 이 장마당의 기능을 하는 플랫폼에서 자율적으로 교환되는 노동을 의미한다. 따라서 플랫폼노동자는 독립적인 노동자로서 언제 일할지 스스로 결정하며 수많은 고용주들과 자율적으로 거래하고 직업과 직업 사이를 유동적으로 움직일 수 있는 사람들이다.[40]

최근 확산되고 있는 우버와 같은 호출형의 플랫폼노동을 크라우드 노동으로 혼동하는 경우가 있다. 그러나 플랫폼노동은 우버형 노동 혹은 호출형 노동과 크라우드형 플랫폼노동 혹은 군중형 플랫폼노동으로 구분할 수 있다. 우버형은 누군가 플랫폼에서 서비스를 요청하면 노동자 군중 중에서 한 명이 그 서비스에 응답함으로써 노동력의 거래가 성사된다. 우버형의 경우는 군중이 함께 일하는 것이 아니라 군중 가운데 한 명이 일을 하러 나서기 때문에 크라우드 노동과는 구분이 된다.

한편, 맥킨지의 2016년 보고서에 따르면 플랫폼노동에 참여하는 사람들 중 30%는 돈을 벌기 위한 최후의 수단으로 독립적인 일자리를 선택하는 것으로 나타났다.[41] 대부분의 사람들은 독립적인 일자리에 만족하는 것으로 나타났다. 하지만 맥킨지는 가난한 사람들이 부자인 사람들보다 독립적인 일자리에 더 많이 참여한다면서 그것은 더 나은 선택지가 없기 때문이라고 지적했다. 어쩔 수 없이 독립적으로 일하는

---

40) McKinsey Global institute, October 2016, "Independent work: Choice, necessity, and the gig economy"

41) 독립적인 노동자들 중 30%는 "프리에이전트"로 독립적인 일을 적극적으로 스스로 선택하고 수요수입을 얻는다. 40%는 스스로 일자리를 선택하지만 기존 소득에 보탬이 되고자 일을 한다. 14%는 생계를 위해 어쩔 수 없이 독립적으로 일하지만 전통적인 일자리를 선호한다. 나머지 16%는 돈이 항상 궁핍한 사람으로 필요에 의해 돈을 번다.

사람들은 비교적 소수에 속하지만 문제는 매우 심각하다.

전 세계적으로 나타나는 이 새로운 노동은 무엇보다 법적으로 난해한 문제를 제기한다.[42] 첫째, 플랫폼에 기반을 두고 일하는 플랫폼노동자는 노동법상 노동자인가, 자영업자인가? 둘째, 플랫폼 노동자의 사용자는 플랫폼인가, 아니면 고객인가? 셋째, 플랫폼노동자의 노동권과 복지권은 어떻게 보장될 수 있는가? 넷째, 크라우드 플랫폼노동자의 경우 어느 나라의 법을 적용할 수 있는가?

그러나 플랫폼노동이나 크라우드노동은 아직은 생소한 개념으로써, 용어에 대한 합의된 조작적 정의도 없고 어디까지를 포괄해야 하는지도 명확하지 않다. 따라서 이 새로운 형태의 노동에 대한 실태조사도 매우 드물다. 그럼에도 불구하고 플랫폼노동 혹은 크라우드노동이 생각보다 빠른 속도로 폭넓게 확산되고 있음은 분명하다. 청년실업과 맞물려 노동시장에 조용한 혁명이 일어나고 있는 것이다.

플랫폼 노동은 청년세대뿐만 아니라 고령세대의 노동 참여를 촉진하고 있다. 고령인력들이 퇴직 후 저임금 저숙련의 일자리를 갖게 되는 것은 개개인의 역량 문제가 아닌 매칭의 문제이다. 따라서 은퇴 인력들과 기업과 연계하고, 적재와 적소를 연결하는 플랫폼의 존재가 고령자들의 노동참여의 기회를 확장시켜 주고 있다.

임금노동에 대한 도전–기그경제의 시대

시대변화 물결을 타고 고용 없는 노동에 입각한 경제체계가 갈수록 확산되고 있다. 즉, 평생 고용계약 관계를 맺지 않은 노동자를 바탕으

---

42) 볼프강 도이블러·토마스 클레베, 2015, "크라우드노동: 새로운 노동형태–사용자는 사라지는가?", 국제노동브리프 2016년 8월호, 한국노동연구원

로 이뤄진 경제시스템으로서 "기그경제(Gig Economy)[43]"시대가 열리고 있다. 기그경제는 크라우드노동(crowd-working)을 바탕으로 이루어진 경제시스템이다. 그러나 기그경제에서 크라우드노동자는 소위 "알바"와는 다르다. 아르바이트는 다음 일자리를 구할 때까지 불확실성이 있지만 기그경제에서는 과업들을 수많은 조각으로 나눠 뿌려주기 때문에 항상 접속할 수 있다. 기그경제는 자신이 필요한 시간에 일할 수 있기 때문에 어느 정도 수익이 보장되는 구조로 간다면 "알바"와는 개념이 다르다. 계획을 세울 수 있다. 정규직보다 적게 벌겠지만 시간은 효율적으로 쓸 수 있다.

기그경제는 고용계약으로 맺어진 직원이 아닌 가상 플랫폼에서 "단기출연(Gig)" 기회를 찾는 다수의 임시 전문직 종사자들은 인터넷 거래업체들의 전화번호나 가격을 조사하거나, 소프트웨어 오류를 테스트하거나, 컴퓨터 프로그램을 만들거나, 컨설팅 프로젝트를 수행한다. 기그경제에선 누구나 수많은 업무를 동시다발적으로 처리하며, 자신의 의견을 가장 많이 관철해 일감을 따낸 사람이 돈을 가장 많이 번다.

기그경제는 장점을 들어 지지하는 사람들도 있지만 현실적으로 부정적 측면이 부각되면서 비판의 여론도 커지고 있다. 우선 기그경제의

---

43) 기그경제(Gig Economy): 독립형 일자리 경제. Gig은 참여 또는 계약을 의미하는 engagement의 줄임말인데 1920년대 미국 뉴올리언스에서 하룻밤 즉, 홍 재즈 공연을 위해 연주자가 필요할 때마다 단기로 파트너계약을 맺고 함께 연주했던 것을 뜻한다. 계약의 성격은 고용의 개념보다는 파트너십 혹은 공유의 개념이 강하다. 최근에는 글로벌 차량공유업체 우버(Uber)나 내 집 빈방을 빌려주는 에어비앤비 등 온라인과 오프라인을 연결해주는 공유경제가 서비스가 확대되면서 이를 바탕으로 유연하게 임시로 인력을 고용하는 형태가 늘어가는 경제구조를 말한다.

확산은 경제적 환경변화에 따른 노동시장의 이중구조 심화와 인공지능로봇 및 통신 기술의 발전 등이 맞물려 상호작용한 결과이다. 그러나 아직까지 기그경제에 대한 명확한 정의가 없기 때문에 어떻게 판단해야 할지 논쟁이 지속되고 있다.

기그경제 찬성론자들은 정규직에 비해 근로시간과 일자리에 대한 유연성이 높고 그래서 더 많은 사람이 고용시장에 들어갈 수 있다는 점을 장점으로 꼽는다. 특히 독립적인 일자리를 옹호하는 사람들은 기그경제가 노동자들이 원하는 일자리를 스스로 선택할 수 있으며 노동시장의 유연성을 제고한다고 주장한다. 그러나 비판론자들은 노동력 사용자들이 노동자를 싼값에 부리고, 비전통 방식의 고용계약으로 세금도 회피한다고 지적한다. 정식 계약이 아니기 때문에 기그경제 종사 근로자들은 고용 관련법의 보호를 받지 못한다.

그럼에도 불구하고 미국 및 유럽에서 예상보다 많은 사람들이 격 이코노미에 참여하며 독립적으로 일하는 것으로 나타났다. 맥킨지의 보고서[44]에 따르면 미국 및 유럽에서 20~30%에 달하는 사람들이 기그경제에 참여하고 있다. 2020년이면 미국 근로자의 40%가 기그경제에서 일하게 될 것으로 예측되며 국내에서도 확산될 것으로 보인다. O2O 서비스들이 늘어나는데다 근로시간이 유연한 직장을 찾는 이들이 늘어나기 때문이다. 전혀 다른 형태의 이 경제모델이 점차 활성화됨에 따라 개인부터, 기업, 정부에 이르기까지 상당한 변화가 필요하다.

요컨대, 소위 "고용 없는 노동"에 입각한 기그경제의 등장과 확산은

---

44) Report-McKinsey Global institute, October 2016, "Independent work: Choice, necessity, and the gig economy"

노동시장의 전통을 뒤흔들어 놓고 있으며 특히 임금노동의 신성불가침을 침해하는 중요한 도전이다. 노동에서 임금이라는 전제를 제거하고 나면 크라우드 워킹과 기그경제는 누구에게도 귀속되지 않고 스스로 선택한 노동을 필요한 만큼 수행할 수 있는 노동해방의 결과일 수 있다.

따라서 정규직과 비정규직으로 이원화하여 비정규직은 죄악의 산물로 치부하고 정규직만이 지고선인 것처럼 외치는 낡은 진보좌파의 관점은 결국 자기부정이요 기만[45]이라고 해야 할 것이다. 비정규직 확산은 피할 수 없다. 오히려 비정규직도 정규직 수준으로 처우를 개선하는 것이 왜곡된 노동시장을 바로잡는 것이 될 것이다. 그렇다면 무엇보다 상층노동자들이 솔선수범하여 동일가치노동 동일임금의 원칙에 따라 사회적 연대임금을 채택해야 할 것이다.

---

45) 프롤레타리아를 거부한 귀족노동과 이해관계를 함께하는 자본의 불륜을 옹호하는 주장에 불과하다.

5. 불편한 진실_기울어진 노동시장

한국노동시장 특징─일자리 양극화, 고용 없는 성장

현재 한국의 노동시장 구조는 일자리 양극화와 고용 없는 성장으로 요약할 수 있다. 일자리 양극화(job polarization)란 상위임금과 하위임금 일자리는 증가하는 반면 중간임금 일자리는 사라지는 현상을 말한다. 일자리 양극화가 일시적이거나 특정 국가에서만 발생하는 현상은 아니다. 일자리 양극화 현상은 1980년대 이후, 자본주의 발전국가에서 공통적으로 발견되고 있다. 그러나 우리나라의 경우 문제의 심각성은 두 가지 측면에서 지적된다. 하나는 노동시장의 분단이 일자리 양극화를 심화시키고 상위 10%의 소득집중도를 높임으로써 소득불평등을 야기하고 있기 때문이다. 다른 하나는 일자리 양극화를 초래한 상위 10%를 대기업뿐만 아니라, 공무원, 공공기관, 공기업 등 공공부문 노동자들이 차지하고 있기 때문이다. 한편, 고용 없는 성장(jobless growth)이란, 경제성장은 이루어지는데 일자리는 증가하지 않는 현상을 말한다. 수요상황에 따라 기업이 생산량을 조정할 때 물적 자본량뿐만 아니라 고용량도 함께 결정한다. 이러한 의미에서 고용은 근본적으로 생산 혹은 투자(즉, 물적 자본량의 증가)에 파생되는 수요이다. 생산을 늘리기 위해 투자하고 고용량이 늘어나면 생산과 고용이 함께 증가한다. 고용 없는 성장은 성장과 고용의 관계가 약해진 것 혹은 없어진 것을 말한다. 우리나라 노동시장의 특징을 요약해보면 다음과 같다.

(1) 우리나라 전체 고용률은 OECD 국가 가운데 낮은 편에 속하며 지난 10년 동안 큰 변화를 보이지 않고 있다. 역대 모든 정권이 모두 일자리 창출을 중시했던 것은 고용이 부진했다는 점을 역설적으로 보여준다.

(2) 우리나라 노동시장 구조의 예외적인 성격은 고용의 질 측면에서 두드러진다. 비정규직 비율이 높은 것은 물론 1년 미만 단기 근속자의 비율은 OECD 국가 가운데 가장 높고, 10년 이상 장기근속자의 비중은 OECD 국가 가운데 가장 낮아 고용불안정성이 높은 특징을 보여준다.[46] 근속지표만으로는 한계가 있으므로 고용불안정성을 보다 구체적으로 포착하기 위해 경제활동인구를 패널로 연결하여 분석한 연구에 의하면 1년 동안 같은 직장에서 일한 집단의 비율은 53.7%에 불과했다.[47] 이는 우리나라 임금노동자 가운데 절반 남짓만이 1년 내내 같은

---

46) http://mn.kbs.co.kr/news/view.do?ncd=3116523 OECD 회원국의 임금근로자 평균 근속기간을 분석한 결과 우리나라 근로자의 근속기간이 5.6년으로 가장 짧았다. 남성 근로자는 6.7년, 여성은 4.3년에 불과했다. 주요 국가를 보면 프랑스(11.4년), 독일(10.7년), 스페인(10.4년), 네덜란드(9.9년), 오스트리아(9.6년), 핀란드(9.4년), 스웨덴·노르웨이(9.1년), 영국(8.2년), 스위스(8.1년), 덴마크(7.6년) 등이었다.

47) 황덕순, 한국의 복지국가 발전과 노동, 경제논집, 제50권 제3호

직장에서 일하고 있음을 보여주는 것이다.

(3) 보상적 측면에서 고용의 질 역시 열악한 수준이다. 우리나라는 OECD 국가들 중에서 저임금 고용 비중이 매우 높은 나라에 속했다. 우리나라의 전체 근로자 중 저임금 근로자 비중은 4명당 1명꼴로[48] OECD 회원국들 중에서 최저임금에 미치지 못하는 돈을 받는 노동자의 비율도 가장 높았다.

(4) 동시에 '임금소득 불평등' 역시 가장 심한 것으로 조사됐다.[49] 2017년 OECD 고용전망은 한국이 낮은 평균임금과 높은 임금 불평등으로 인해 소득의 질이 다른 회원국들에 비해 낮다는 점을 특별히 지적하고 있다. 이 중에서도 특히 두드러진 취약점은 남녀 간의 노동소득 격차에서 나타났는데 OECD 국가 중 가장 높았다.

불편한 진실―1:99 속에 숨은 소득불평등의 주범

소득불평등의 문제가 세계 최고의 핫이슈 중 하나로 부각되었다. 세계적으로 특히 부유한 국가들에서 소득불평등의 문제는 갈수록 심화되고 있으며 우리나라 미국과 함께 가장 심각한 소득불평등 국가이다. 우리나라는 1998년 외환위기와 2008년 금융위기를 거치면서 상위 10%가 전체 소득에서 차지하는 비중, 즉, 소득집중도[50]가 세계주요국 중 가장 빠르게 확대된 것으로 나타난다.

---

48) 성재민, 저임금 고용의 추세와 정책선택, 노동리뷰 2015년 12월호(통권 제129호), 33~50
49) OECD, Employment Outlook 2015
50) "소득집중도"는 소득 상위권 구간에 속한 사람들이 전체 소득에서 차지하는 비중을 산출해 경제 내 소득불평등 정도를 판단하는 지표로서 최근 들어 소득불평등을 나타내는 전통적인 지니계수보다 더 많이 활용되고 있다.

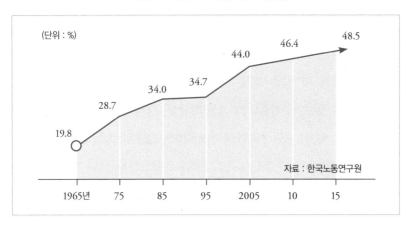

우리나라 소득상위10%집단의 소득집중도

(단위 : %)

19.8 — 28.7 — 34.0 — 34.7 — 44.0 — 46.4 — 48.5

1965년 75 85 95 2005 10 15

자료 : 한국노동연구원

    2016년 9월 국회입법조사처가 세계 상위 소득데이터베이스(The World Top Income Database; WTID)와 IMF 자료를 분석한 결과 2012년 기준 우리나라 상위 10%의 소득집중도는 44.9%로 나타났다. 이는 전 세계 주요국 중 미국(47.8%) 다음으로 높은 수준이다.[51] 특히 소득집중도는 지속적으로 확대되고 있다. 소득불평등에 대한 사회구성원의 주관적 판단을 반영한 "앳킨스 지수"[52]로 측정한 OECD의 "일자리 질" 보고서를 보면 우리나라의 소득불평등 수준은 조사대상 33개국 중에서 4번째로 높다. 이는 그만큼 공평한 소득분배에 대한 열망이 높다는 것을 의미한다.

---

51) 미국과 우리나라 및 싱가포르(41.9%)와 일본(40.5%)이 40% 수준을 넘었고 영국은 39.1% 호주는 31% 수준이었다.

52) "앳킨스 지수"는 런던정경대학 앤토니 앳킨스 교수가 개발한 불평등지표로서 사회구성원이 불평등을 얼마나 심각하게 여기고 있는지 주관적 가치판단을 변수로 반영한다. 0부터 1 사이에 나타나며 1에 가까울수록 불평등 정도가 심각하다는 것을 의미한다. 양극화에 민감하게 반응하도록 설계되어 있어 양극화가 심할수록 수치가 커지는 폭이 크다. 공평한 소득분배에 대한 구성원의 열망이 얼마나 강하냐에 따라 평가가 달라질 수 있다.

한편, 2017년 한국노동연구원의 보고[53]에 따르면 2015년 우리나라 소득집중도가 역대 최고치인 48.5%로 나타났다. 이는 곧 국내 소득의 거의 절반을 상위 10%가 독식하고 있다는 말이다. 특히 재벌 등 특수 계층이라고 할 수 있는 최상위 소득자 1%를 제외한, 나머지 2%에서 10% 사이에 있는 상위집단의 소득비중은 미국까지 제치고 세계 1등을 차지하고 있다. 즉, 우리나라의 2~10% 집단의 소득점유율은 36%로서, 29%인 미국보다 7% 높고, 25%인 프랑스보다 11% 정도 높다.

그런데 우리는 세계 최고의 소득불평등을 야기한 장본인으로 상위 1% 집단을 지목한다. 그래서 "가진 것 없는 노동자들끼리 싸우지 말고, 재벌 몫을 빼앗아 나누자"는 1:99의 프레임으로 정치적 이슈파이팅을 한다. 그래서 대부분의 사람들은 재벌을 탓한다. 그러나 엄밀히 말하자면 대한민국을 명실상부한 소득불평등 1위 국가로 만드는 것은 최상위 1%가 아닌, 그 아래 "2%에서 10% 사이에 있는 집단"이다.

그런데 "1%대 99%"의 프레임으로 1%에게 소득불평등의 모든 책임을 덮어씌우고 2~10% 사이의 집단이 야기하는 임금소득 불평등 문제는 교묘히 감추고 있다는 점이다. 따라서 "1:99의 프레임"은 기만적 선전선동이다. 만약 소득불평등 문제를 해소하길 원한다면 "10: 90의 프레임"으로 소득불평등 문제에 접근해야 한다.

특히 상위소득 2~10% 구간의 집단은 대부분 고임금으로 노동소득 불평등을 발생시킨다는 점에서 또 다른 차원의 문제를 야기한다. 노동자와 노동자 간의 임금 격차가 우리나라를 세계 최고의 소득불평등

---

53) 홍민기, '2015년까지의 최상위 소득 비중', 한국노동연구원 노동리뷰 2017년2월호(통권 제143호).

국가로 만들었다는 사실 때문이다.[54] 2011년 기준 국내 소득불평등의 83%가 임금 불평등으로 인해 발생한 것으로 분석됐다.[55]

그렇다면 대한민국을 세계 1위의 소득불평등 국가로 만든 2~10% 구간에 속한 사람들은 누구인가? 그들은 대부분 대기업과 공기업 및 공공기관의 정규직 노동자와 공무원들이다. 대기업 노동자의 경우 자본주의 논리에 맡기더라도, 대부분 하층노동자인 국민의 세금과 보험료 및 이용료 등을 사용하여 고임금의 상층노동자로 살아간다는 것은 윤리적으로 문제가 있다.

그러함에도 불구하고 개선될 여지는 없어 보인다. 그것은 세 가지 조건이 작용하기 때문이다. 첫째는 지불능력이 탄탄한 국가를 대상으로 한 강성노조의 투쟁능력 때문이다. 둘째, 국민들의 무관심과 진영논리가 만든 좀비국면 때문이다. 셋째, 집중된 이해관계가 분산된 이해관계를 지배한다는 정책명제가 여실히 적용되기 때문이다. 하나 더 부연한다면 그 어떤 폐단보다 심각한 적폐임에도 개혁을 앞세운 정치권이 개혁을 외면하는 것은 상호이익을 얻기 위하여 내연관계를 맺고 있기 때문이다.

특히 이러한 노동소득 불평등 구조는 노동시장의 분단을 고착화하고 사회적 불안정을 야기할 뿐만 아니라, 인구 고령화에 대응하는 개인적 차원의 준비는 물론 국민연금 등 국가차원의 대책을 가로막는 중

---

54) 김낙년(2016. 12.), 한국의 개인소득 분포-소득세 자료에 의한 접근, 한국경제의 분석 22권3호, 한국금융연구원; 김낙년의 연구에 따르면 소득 최상위 0.1%는 자본소득(60.5%)이 임금소득(39.5%)보다 훨씬 많지만, 상위 10%의 소득에선 임금소득(82.6%)이 자본소득(17.4%)의 3배가 넘는다.

55) 김재호·정주연(2013.6), 금융위기 이후의 소득재분배 정책의 효과 -한국복지패널을 이용한, 한국정책학회보 22권2호

대한 장벽이 된다. 특히 우리나라 소득불평등은 나이 들수록 심각해진다. 우리나라 65세 이상 노인의 소득 불평등 지수(지니계수)는 0.422로, 칠레(0.428)에 이어 OECD 회원국 중 2번째를 차지했다.[56]

우리나라 노년세대의 심각한 소득불평등은 일부 노인이 극심한 저임금에 시달리는 영향이 큰 것으로 분석된다. 베이비부머의 은퇴로 연금이나 재산소득이 부족해 일해야 하는 노인들이 갈수록 늘어나면서 지난해 60세 이상 고령층의 고용률은 38.9%에 달했다. 문제는 이들 중 상당수가 최저임금 이하 임금을 받는 극심한 초(超)저임금 근로자라는 사실이다. 고령층 근로자 중 최저임금 이하 근로자 비율은 37.1%에 달해 전체 근로자 평균(11.6%)의 3배가 넘었다. 이들은 고용이 불안한 상태에서 힘들게 삶을 꾸려나가는 대표적 프레카리아트 계층이다.

우리는 더 이상 개혁을 미룰 수 없다. 불편한 진실을 직면하고 혁신해야 한다. 요컨대, 하층노동자의 밥그릇을 깨서 상층노동자 밥그릇을 채워주는 불합리한 문제를 해결하기 위해서는, 상위 1%와 2에서 10% 구간의 집단은 물론, 나머지 90%까지 사회구성원 전체의 양보를 전제한 사회적 대타협이 필요하다. 먼저 상위소득 1% 집단의 경우 부유세를 도입하여 부의 양극화를 혁파하고, 둘째 2~10% 집단의 경우 사회적 연대임금제도를 도입하여 노동시장 이중구조를 혁파하고, 셋째, 나

---

56) 김복순(2016. 9), '고령층 고용구조 변화와 소득 불평등', 월간 노동리뷰2016년9월호, 한국노동연구원.;지니계수가 0에 가까우면 소득 분배가 균등하게, 1에 가까우면 불균등하게 이뤄진다는 뜻이다. 보통 0.4가 넘으면 소득 분배의 불균등 정도가 매우 심각한 것으로 본다.

머지 90%의 집단의 경우 세대 간 역할을 재정립하고, 특히 고령세대
는 공동체노동을 통하여 비인간성을 혁파하는 것이다.

불편한 진실-노동시장 분단의 고착화

우리나라는 OECD 국가 중에서 상층 노동시장과 하층 노동시장으
로 양극화된 수준이 가장 심각한 국가로 지적된다.[57] 상층노동시장은
정규직 노동시장 또는 제1차 노동시장, 혹은 중심부노동시장이라고도
불린다. 상층노동시장은 고임금제공을 바탕으로 진입기준이 엄격하게
설정되어 있으며 직무가 구조화되어 있고 고용안정 및 안전, 승진기회
와 근로조건은 조직을 바탕으로 통제되는 등 제도화되어 있다. 따라서
선망의 "좋은 일자리"로서 상층노동시장의 진입은 그만큼 장벽이 높고
경쟁이 치열할 수밖에 없다.

하층노동시장은 비정규직이거나 정규직이라 해도 고용이 불안정하
고 직장이 불안전한 상태의 저임금 노동시장이다. 하층노동시장에 속
하는 직무들은 대부분 잡급직이거나 단순노무직으로 구조화나 조직
화되어 있지 않고 진입이 자유롭기 때문에 비정규직 노동시장, 제2
차 노동시장 혹은 주변부 노동시장이라고 불린다. 대부분 상층노동시
장 진입에 실패했거나 퇴출된 노동자들로 형성되어 있으며, 수행직무
의 성격상 승진승급의 기회는 사실상 존재하지 않고 일단 진입하면 상
향되기보다는 하향될 가능성이 높다. 상층노동시장으로의 진입을 희
망하지만 강성노동조합이 쌓아 놓은 강고한 장벽을 넘어야 한다. 물론
그 강고한 장벽을 뚫고 진입할 가능성은 거의 없다.

---

57) OECD, 2017 Employment Outlook

상층노동시장은 만성적인 초과공급 상태이고 하층노동시장은 초과수요상태에 놓이게 된다. 신림동 고시촌에 공공부문 취업을 희망하는 청년들이 득실대고 청년실업은 증가하는데 정작 노동력이 필요한 제조업 중소기업은 사람을 못 구하여 외국의 노동력을 수입해야만 하는 이유이다.

문제는 상층노동시장이 폐쇄적일수록 개방된 하층노동시장이 점점 더 확대되고, 동시에 상층노동시장과의 임금 격차가 점점 더 커져 노동소득의 불평등이 심화되는 경향이다. 임금 격차 심화로 인한 노동소득의 불평등은 사회통합을 저해할 뿐만 아니라 현실적으로 교육체계의 붕괴와 저출산의 심화와 같은 사회문제를 증폭시키는 악순환의 고리를 구축한다.

노동이라는 똑같은 이름을 쓰지만 지금 우리 사회의 노동은 기득권 상층노동과 주변부 하층노동으로 두 동강나 있다. 상층노동 10%의 기득권층은 대기업, 공기업 공공기관, 공무원 및 교사들이 차지하고 있다. 한국보다 앞선 고소득 국가들의 노동자 대부분은 노동시간을 고려하지 않고 급여의 단순총액 기준에서 볼 때 놀랍게도 한국의 상층노동자들보다 그 액수가 한참 작다.[58]

흔히 상층노동자들은 상향평준화를 외친다. 일단 맞는 말이다. 그러나 상향평준화를 실현해내는 방법은 틀렸다. 진보진영과 강성노조가 주장하는 것처럼 독점재벌을 족쳐서 상향평준화를 할 수만 있다면 얼마나 좋겠는가? 그러나 재벌만 족친다고 해결될 문제가 아니지 않은가! 재벌도 문제지만 상층노동자들도 너무 많이 가져간다. 상위 10%

---

58) http://www.pressian.com/news/article.html?no=165159(검색일자: 2017. 8. 17.)

가 전체 소득의 거의 절반(48.5%)을 가져가 버리는데, 이를 더 확대하면 상위 20%가 전체 소득의 80%를 가져가 버린다. 즉, 나머지 80%의 사람들은 어떻게 살라는 것인가? 결국 불안정한 프레카리아트로 떠돌다가 노후난민의 길을 걷게 된다.

고소득 복지 선진국가들의 경우 폭넓은 소득계층으로부터 충분히 걷힌 세금을 기반으로 복지를 발전시키고 맞벌이가 용이해져 가구단위 소득을 골고루 증대시키는 정책을 시행함으로써 한국의 상층노동자들과 같은 고소득을 실현하고 있다. 여기에는 고소득 부문 노동자들의 노동시간 축소와 임금의 양보, 곧 사회적 연대임금제도가 상층노동자들의 양보에 의해 실현됨으로써 소위 상향평준화가 실현된 것이다. 한국의 강성노동조합이 강변하듯이 상향평준화를 실현하려면 무엇보다 동일가치노동 동일임금을 전제한 노동자들 간 사회적 연대가 필요하다.

그러나 노동자 간 양보나 연대를 배제한 채 단지 기업이나 정부의 주도 하에 조세재정을 투입하여 저임금 노동자 처우를 끌어올려야 한다는 상향평준화는 전혀 다른 차원의 의제이며 실현 불가능할 뿐만 아니라 윤리적이지도 않다. 물론 독점재벌의 문제에 대해서는 국가의 적극 개입을 통한 통제가 이루어져야 한다. 문제는 독점재벌뿐만 아니라 상층노동자의 양보를 차단하는 강성노조의 폐단 역시 혁파해야 할 것이다.

불편한 진실-대학서열에 따른 임금서열

상층노동시장과 하층노동시장으로 이중화된 분단구조가 강고하게 고착된 사회에서는 어떤 노동시장에 진입하느냐에 따라 인생살이가 근본적으로 달라진다. 만약 상층노동시장 통로에 진입하면 "귀족노동자"가 되고 하층노동시장 통로에 진입하면 "천민노동자"로 전락하고 만다. 정규직 노동시장, 상층노동시장 진입에 실패한 사람은 실업자가 되거나 아니면 하층노동시장, 비정규직 노동시장으로 추락하게 된다.

　여러 요소들이 작용한다지만 노동시장 진입통로를 결정하는데 영향을 미치는 가장 중요한 조건은 학력이다. 따라서 좋은 일자리가 몰려 있는 상층노동시장으로 진입하기 위해 극단적인 고학력 추구 현상이 벌어진다. 그 결과 고졸자의 80% 가까이가 대학에 진학하는 기형적 현상을 연출한다. 이들이 모두 상층노동시장에 진입하기 위해 몰리면서 극심한 경쟁이 벌어지고 절대다수의 진입 실패자들은 경제활동을 유보하거나 하층노동시장으로 하향할 수밖에 없다.[59] 이들은 현실을 "헬조선"이라 비아냥거리며 스스로 "이생망(이번 생은 망했다)"이라 자탄한다.

　과연 젊은이들이 말하는 "헬조선"의 실체는 무엇인가? 비록 경제가 어렵다고는 하지만 지금 젊은이들은 우리 역사에서 가장 자유롭고 풍요롭게 성장한 세대이다. 그럼에도 현실에 좌절하는 것은 지나친 경쟁과 소득불평등 때문이다. 그러나 그 이면에는 과잉 대학진학으로 대졸 프리미엄이 사라졌기 때문이다. 과거 대학 졸업장은 근사한 직장을 보장해주는 프리미엄 티켓이었다.

　그러나 지금은 대부분이 대학졸업장을 쥐게 됨으로써 프리미엄은 사라져버렸고 경쟁은 더 치열해졌다. 성공의 문에 당도했다고 믿었는데 자신의 눈앞에서 문이 닫혀버리는 참담함을 겪게 되었으니 "헬조

---

59) 2016년 8월 현재 비정규직 노동시장의 규모가 640만 명에 달하고 그 가운데 3분의 1이 대졸노동력이다.

선"일 수밖에 없다. 게다가 학벌 추구에 따라 대학의 서열화가 노골화되었고 몇몇 상위권 대학의 졸업자들이 프리미엄을 독차지하는 경향이 나타나 소위 금수저들에 대한 상대적 박탈감만 더 커졌다.

일반적으로 경제학이론에서는 교육이 소득불평등을 완화시킨다고 주장한다. 즉, 노동의 수요와 공급의 변화 중에서 고학력자의 증가는 임금불평등에 중요한 영향을 미친다. 일반적인 경우 대졸자 수의 증가는 대졸자의 임금 프리미엄을 낮추고 이에 따라 임금불평등도 낮아지는 효과가 있기 때문이다. 따라서 소득불평등을 완화하기 위해서 대부분의 경제학자들이 내놓는 해법은 교육에 대한 투자를 늘려 더 많은 인구가 고등교육을 받게 하는 것이다. 그러나 우리나라엔 이러한 이론이 적용되지 않는다. 교육이 소득불평등을 완화시키지 못하고 있다. 과잉진학이라는 교육거품과 임금 서열의 고착이라는 문제가 작용하기 때문이다.

요컨대 우리나라에서 학력 간 임금격차는 상당부문 해소되었으나, 만일 격차가 존재한다면 그것은 엄격한 의미에서 "학력 프리미엄"이 아니라 "학벌 프리미엄"에 기인한 것이다. 여기서 중요한 포인트는 학력에 따른 임금격차는 완화되었지만 "임금불평등"은 심화되고 있다는 점이다. 즉, 대학졸업자가 늘어나면서 교육 거품이 생겼고, 상위권 대학 출신 취업자들과 하위권 대학 출신 취업자 사이의 임금격차가 커지고 있다.[60] 즉, 대학 서열에 따른 학벌프리미엄이 학력에 따른 임금격차를 능가하면서 임금불평등을 심화되고 있는 것이다.

---

60) 고은미(2011), 1999~2008년 한국에서 대졸자 간 임금격차의 변화"노동경제학회〈노동경제논집〉34권1호, p.103~138

Chapter 4

잉여인간의 미래
노동혁명의 모색

1. 소비사회의 덫_거부되는 노동해방

저녁이 있는 삶을 거부하는 노동자

인간은 노동을 통해서 완성된다. 자유롭고 주체적인 노동은 인간적인 삶을 이루는 가장 기본적인 요소이다. 특히 임금노동을 통해서 의식주를 해결하고 사회적 관계를 창출한다. 사람이 일해야 한다는 명제는 헌법의 "윤리적 의무"[1]로 규정된 기초적 사회계약의 근본이다. 즉, 임금노동의 사회적 역할은 필수적이고 불가피한 것으로 자연스럽게 받아들여져 왔다. 그러나 타율적 임금노동이 인간을 소외에 빠트리고 존엄성을 해치며 자유를 제한한다는 비판에 직면해 있다.

그럼에도 불구하고 우리는 "자발적으로" 일을 너무 많이 하고 있다

---

1) 헌법 제32조 2항은 근로의 의무를 규정하고 있으며 이는 법적 의무라기보다 윤리적 의무로 해석된다. 필자는 이 조항이 노동을 임금노동, 고용노동에 제한적으로 적용하고 있으므로 개정 혹은 삭제를 주장하고 있으며, 이 책 제5장에서 구체적으로 다룬다.

는 평가를 받는다. 지금 우리는 "야근 사회"에 살고 있다. 광화문이나 테헤란로를 걷다 보면 자정이 가까운 시간까지 오피스 빌딩에 불이 훤히 켜져 있음을 볼 수 있다. 야근하는 사람들이 그만큼 많다는 뜻이다.

OECD의 '2017 고용동향'에 의하면 2016년 기준 우리나라 취업자 1인당 연간평균 노동시간이 회원국가 중 멕시코에 이어 2번째로 긴 것으로 집계됐다.[2] 특히 연간평균 노동시간이 가장 짧은 독일과의 격차는 극명했다.[3] 한국 취업자는 독일 취업자보다 넉 달 더 일하고 연간 평균 실질임금은 독일의 70%, 시간당 실질임금은 절반에도 못 미치는 수준이었다.

통계청의 '2013년 지역별 고용조사'에서도 야근 만연의 현상이 드러난다. 즉, 우리나라 임금노동자 1,743만 명 중 약 27%인 470만 명이 매일 저녁 8시까지 퇴근하지 못하는 것으로 나타났다. 밤 9시에도 사무실에 남아 있는 직장인이 15% 수준인 260만 명에 달했다. 직장인 10명 중 1명은 밤 10시 이후에 퇴근하는 사람들(202만 명, 11.6%)이다. 자정 이후 퇴근하는 이들도 61만 명(3.5%)에 이른다.

지금 우리는 과중한 노동이 삶을 파괴한다면서 "저녁이 없는 삶"에 대해 불평하고 있다. 일 때문에 진정 중요한 것이 무엇인지 잊고 산다는 것이다. 그래서 "저녁이 있는 삶"이 정치 슬로건이 되기도 했다. 지

---

2) 연간 노동시간은 해당 국가의 노동자들이 1년 동안 사용자에게 고용되어 노동하는 시간이 평균적으로 얼마나 되는가를 의미한다. 한국의 2016년 기준 국내 취업자 1인당 평균 노동시간은 2069시간으로 OECD 회원 35개국 평균(1764시간)보다 305시간 많았다.

3) 독일 취업자의 연간평균 노동시간은 1363시간, 연간 평균 실질임금은 4만 6389달러, 시간당 실질임금은 34.0달러였다.

금 우리는 우리들의 삶을 이루는 가장 기본적인 요소인 노동에 대해 불평을 제기하고 있다. 오로지 이윤추구에만 눈이 먼 경제가 우리를 노동에 옭아맴으로써 노동을 하지 않을 경우, 얻을 수 있는 가치들을 모두 희생시킨다는 것이다. 그렇다면 노동조합이 노동시간 늘리기 위해 기업을 압박한다는 것은 무엇을 의미하는가?

우리는 왜 이렇게 많은 노동을 하고 있는가? 정녕 강제된 것인가, 아니면 자발적인 것인가? 우리가 그토록 많은 시간과 에너지를 일에 바치는 동기는 복합적이고 늘 변화하지만, 대개 강제적 요소와 자발적 선택, 필연성과 욕망, 습관과 의지가 섞여 있기 마련이다. 그러나 보다 더 완전한 설명을 위해서는 무엇보다 자본주의와 임금노동을 매개하는 욕망의 상호작용이 중요할 것이다.

우리 사회가 소비사회로 진전되면서 자본과 노동의 관계는 대립적인 생산관계에서 상호적인 소비관계로 이전되었다. 따라서 노동은 곧 임금이고, 임금은 곧 소비이며, 소비는 곧 삶이라는 등식이 소비사회 노동자들에게 정착되었다. 그 결과 소득이 높아지면 장시간 노동을 선택하지 않을 것이라는 일반적 통념과는 달리 더 많은 소비를 위해 더 많은 노동을 하는 악순환이 심화된다. 이러한 악순환은 우연한 결과가 아니라 자본주의 소비이데올로기의 기획에 의한 것이다.

장시간 노동과 소비주의와의 내밀한 관계, 노동과 소비의 악순환이다. 많아진 소비 항목, 높아진 소비 규범 그리고 빨라진 소비 속도가 사람들을 장시간 노동에 결박시킨다. 사람들은 더 좋은 무엇인가를 소비하는 데 필요한 비용 충당을 위해 잔업을 마다하지 않고 특근을 하나라도 더 하려 한다는 점이다. 일하기 위해 냉장고를 사야 하고 그 냉장고를 채우기 위해 더 많은 일을 해야 한다. 우리는 바로 이런 상황에 있다. 이제 생산하기 위해 노동해야 하는 것이 아니라, 소비하기 위해 노동하고, 노동하기 위해 생산해야 한다. 자본주의가 구축한 최악의 악순환이다.

한마디로 소비를 위해 노동한다. 자본가는 더 많은 돈을 벌기 위해 상품을 만들고, 노동자는 그 상품을 사기 위해 더 많이 일해야 하고, 결국 세상에는 상품이 넘쳐날 수밖에 없는데, 노동자는 소비해야 할 돈이 항상 부족하다. 쉴 새 없이 상품을 생산해내야 하는 자본가도 돈 없기는 마찬가지다. 즉, 소비하기 위해 노동하고, 노동하기 위해 생산해야 한다. 오로지 성장을 해야지만 굴러가는 이런 괴물 같은 경제적 시스템이 만들어낸 물고물리는 악순환이다.

배신당한 마르크스-자본가와 손잡은 프롤레타리아

역사적 과정에서 노동에 많은 의미들이 부여되었지만, 마르크스의 관점에서 산업사회 프롤레타리아의 노동은 단순한 생물학적 호구지책이었다. 노동자의 삶에 대한 치열한 분석이었다. 그렇기에 노동을 착취하는 자본주의를 무너뜨리고 새로운 노동자 세상을 만들 역사의 주체로 임명했다. 그러나 오늘날 그러한 마르크스의 기대는 물거품이 되었다. 프롤레타리아가 마르크스를 배신하고 자본가와 동업자가 되어 소비사회를 구축한 것이다. 마르크스가 순진했던 것이다. 인간의 탐욕을 간과한 것이다.

소비사회의 노동자에게 있어서 노동은 생존 이상의 그 무엇을 얻기 위한 순환과정으로 체험된다. 소비사회는 빵 말고도 소비의 향락을 누릴 수 있도록 기획되었다. 노동임금이 노동자에게 소비사회의 시민자격을 부여하는 한 노동은 더 이상 고통이 아니다. 좋아서 일하고 필요 이상의 에너지를 쏟아 붓는다. 삶의 본질은 노동이고, 노동은 곧 임금이고, 임금은 곧 소비이며, 소비는 곧 삶이라는 등식은 보편적 철학이 되었다.

이제 사람들은 일이 전부가 아니라고 말한다. "열심히 일한 당신 떠나라"고 선동한다. 각자 자신의 삶을 노동으로부터 구원하라는 복음의 메시지가 도처에서 날아들고 있다. 그러나 현실의 메시지는 "열심히 떠난 당신 더 일해라"로 변한다. 여가를 즐겼던 사람은 그 대가를 호되게 치러야 한다. 사람들은 노동을 줄이고 여가를 추구하지만 여가를 누린 대가는 더 많은 노동으로 대체되어야 한다. 그리고 열심히 일한 당신 떠나라는 메시지를 다시 듣게 된다.

사람들은 흔히 자본주의의 탐욕적인 이윤추구가 우리를 과중한 노동의 쳇바퀴 속으로 몰아넣었다고 생각한다. 그러나 이는 사실과 다르다. 오늘날 인간은 과거 어느 때보다도 일을 적게 한다. 그러면서도 노동이 과중하여 자신의 삶을 제대로 누릴 수 없다고 불평한다. 그리고 자신이 하는 일이 제대로 평가받지 못한다고 말한다. 임금노동이 확장된 자본주의 태동 이래 노동시간은 단축되어 왔다. 그동안 노동운동의 역사는 노동시간의 단축의 역사라고 해도 무방할 것이다.

그럼에도 불구하고 노동시간이 더 이상 단축되지 않고 오히려 증가되는 추이를 보여주고 있다. 노동시간이 단축되던 추세가 신자유주의 확산 이후 다시 증가 추세로 돌아섰다. 따라서 일각에서는 노동시간 과잉을 신자유주의가 지닌 비인간적 기제로 인한 현상으로 치부하고 있다. 세계적인 규모에서 자본 축적을 위해 고용불안정과 노동유연화를 야기함으로써 결국 노동자들은 과중노동에 시달리고 있다는 것이다. 과연 올바른 지적일까?

노동과 자본 관계의 모순점은 여기에도 나타난다. 노동시간의 증가는 노동자들의 강력한 요청에 따른 것이라는 점이다. 왜 이런 일이 벌어진 것일까? 가장 직설적인 답은 더 이상 노동시간 단축을 노동자들이 원하지 않기 때문이다. 한때는 노동운동의 가장 큰 목표 중의 하나가 노동시간 단축이었지만, 어느 순간부터 그 목표가 사라져버린 것이다. 노동해방이 무엇인지도 모호하게 되었다. 그렇다면 도대체 왜 노동시간 단축을 원하지 않게 되었을까? 당연히 더 많은 돈이 필요했기 때문이다. 그러나 이전보다 소득수준이 높아졌다. 그럼에도 불구하고 왜…?

그러나 이제, 이전보다 소득이 더 많아지면 노동시간을 줄이는 것이라는 일반적 통념은 통하지 않는다. 소비이데올로기가 이를 허락하지 않기 때문이다. 무엇보다 노동자들의 소비행태가 달라졌다. 노동자들은 집, 자동차, 가전제품을 구매하기 시작했고 여가는 상업적 방식으로 보내기 시작했다. 소비이데올로기의 지배를 받기 시작하면서 예전보다 더 많은 돈이 필요하게 되었고, 이는 남성들의 노동시간 증가, 나아가 주부들의 임금 노동시장으로 유입이 이어지게 되었다.

여기서 주목할 것은 총 노동시간의 단축은 진전이 없었지만 주말과 휴가는 점점 늘어났다는 점과 여가는 가족 중심적이고 상업적 방식으로 보내게 되었다는 점이다. 즉, 주말에는 가정에서 여가를 즐기지만 평일에는 더 많은 시간 일하게 되었다는 것이다. 이러한 변화는 두 가지 결과를 낳았다. 하나는 노동자들의 교류와 공동체 문화가 사라지고 핵가족 문화가 등장했다는 것, 다른 하나는 상업화된 여가 산업이 발달했다는 것이다.

즉, 노동자들은 개별화되었을 뿐만 아니라, 높아진 소비기준은 다시 노동자들의 노동시간을 늘리는 악순환으로 이어지게 된다. 이러한 현상은 노동에 대한 자본주의적 패러다임의 관철로 진단되기도 한다. 즉, 몇 세대에 걸쳐 이루어진 새로운 합리성의 개인적, 집단적 내면화 그리고 이와 병행한 실질임금의 상승과 대량소비의 참여 강화를 통해, 자본주의적 패러다임의 관철은 외적 강제를 통해서라기보다는 점차 자본주의적 패러다임의 내면화를 통해서 관철되었다는 것이다.[4]

노동하는 인간 대중을 자본주의 사회로 통합하는 시도에는 본질적으로 소비주의를 체화하도록 유도하는 것이 포함된다. 주 40시간으로의 노동시간의 단축은 2차 대전 이후 완전고용과 포드주의로 대표되는 고임금체제와 맞물려 뿌리내릴 수 있었다. 20세기 자본주의를 대표하는 포드주의는 단순한 생산체계가 아니라 대량 소비를 기반으로 하는 체계였다.

노동자들의 투쟁에 대한 대응 양식으로 포드주의 또는 케인즈 주의는 무엇보다도 남성 단독부양 노동자의 "가족임금" 보장이라는 고임금을 기초로 하고 있다.[5] 노동자 계급의 힘이 거세어지자 생산성 향상에 대한 반대급부의 성격으로 분배의 차원에서 임금과 여러 사회보장적 물질적 양보가 이루어졌던 것이다. 그러나 결과적으로 노동자의 구매력의 향상은 소비주의에 포섭된 것을 이미 전제하고 있었다.

오늘날 노동소외의 일상성은 그것을 잊게 할 만큼 위력적 최면효과를 지닌 "풍요"라는 이름의 보상을 노동자에게 제공함으로써 오랜 오

---

4) 홀거 하이데 저, 강수돌 외 역, 2004, 『노동사회에서 벗어나기』, 박종철출판사
5) 가족임금(family wage)이란, 노동자 1인의 유지를 필요한 임금수준을 의미하는 생활임금(living wage)과 달리, 노동자와 가족의 생계유지가 가능한 수준으로 제도나 임금을 지급해야 한다는 의미한다.

명을 씻어내고 있는 것처럼 보인다. 대량생산과 대량소비의 선순환에 의존하는 오늘날의 풍요사회에서 소외된 노동은 더 이상 생존을 위한 제물이 아니라 쇼윈도의 스펙터클을 내 집에 옮겨 놓을 수 있는 구매력의 대가가 된 것이다.

풍요사회에서의 소비는 더 이상 주체에 의해 지각된 현실적 욕구를 충족하는 자발적 행위가 아니라, 그러한 현실적 욕구를 끊임없이 넘어서도록 충동하는 시장경제 체계의 맹목적 톱니바퀴가 되어버린 것이다. 이제 소비는 근대 자본주의를 정당화하는 주된 이데올로기, 나아가 종교의 반열에 올랐고 소비의 쾌락은 일종의 규제적 이념이 되었다.

이러한 사회에서는 마르크스의 시대와는 달리 노동이라는 일상적 모욕이 소비라는 일상적 향락을 누리기 위해 반드시 치러야 하는 대가인 한 아무도 노동 소외에 대해 문제를 제기하지 않는다. 단적으로 말해 소비의 향락은 오늘날 소외된 노동의 알리바이가 된 것이다. 이는 노동자를 탐욕스런 소비자로 변모시킨 경제체계의 합리성의 필수적 출발점이 바로 노동 소외였음을 의미한다. 그런 점에서 노동과정으로부터의 소외는 이제 더 이상 피할 수 없는 철창이었다. 이러한 좌절과 무의미에 대한 대량생산 체제의 해결책은 노동시간 바깥 시간, 즉, 여가시간에서의 소비의 진작이었다.

그러나 전통적인 남성 부양자 모델에서는 "넉넉하지는 않지만 부족하지 않은" 가족임금이 보장되었으나 소비주의 풍토에서 노동자의 실질임금이 하락하면서 가족임금은 해체되었다. 결국 노동자는 이를 상쇄하려고 노동시간을 늘릴 수밖에 없게 되었다. 노동시간의 단축으로 발생한 여가 소비가 상업적 방식으로 일어나면서 여가소비를 위한 과잉노동을 다시 부르는 악순환이 일어나고 있다. 결국 "열심히 일한 당신 떠나라"는 패러디는 "떠났던 당신 더 많이 일해라"는 말로 대체되었다.

나아가 가족임금의 위기를 배경으로 여가시간은 노동시간으로 대체되었고, 결국 가족임금의 해체는 그동안 가정에서 소비를 관리하던 여성을 임금노동시장으로 이끌어냈고, 이는 공동부양자 곧 맞벌이 가족으로의 이행을 촉진했다. 가족들이 각자의 사이클에 따라 일하게 되면서 가족시간과 노동시간은 긴장과 갈등을 야기한다. 소비주의의 고도화로 가족생활과 노동이 재편되고 있는 것이다.

더 많은 소비를 추구하면서 노동의 피로가 더 많이 쌓이고 있다. 동시에 노동자들은 부르주아에 맞서는 프롤레타리아로서 노동해방의 주체로서 성격을 상실했고 소비자라는 새로운 이름으로 부르주아와 파트너가 되어 노동해방을 거부하고 소비이데올로기에 충성해야 하는 처지로 전락했다. 이제 노동해방의 역사적 과업은 그 어떤 다른 주체로 이양되어야 할 처지가 되었다. 과연 어떤 사회적 계급 혹은 집단이 노동해방을 가능하게 할 것인가?

아빠 바빠 나빠—시간의 빈곤

대한민국은 중독민국이다. 우리는 술 권하는 사회, 알코올 중독을 장려하는 사회에 살고 있다고 빈정대지만, 동시에 일 권하는 사회, 노동중독 시대에 살고 있다. 일에 매달려 일 이외의 즐거움을 찾지 못하고 자신이 가진 모든 시간과 힘을 일에 집중시키는 사람을 소위 '일중독자'라고 한다. 그러나 일 열심히 한다고 누가 비난하던가. 우리 사회는 '술 권하는 사회' 그리고 '일 권하는 사회'가 아니던가.

그런데 알코올중독과 노동중독은 닮은 점이 많다. 특히 마약이나 알코올 등을 복용하면 '노에피네프린'이란 호르몬의 분비를 자극하여 흥분과 쾌감을 느끼게 되듯 일 역시 이 호르몬 분비를 자극한다는 것이다. 즉, 일을 통해 노에피네프린의 분비를 촉진시키고 그것을 통해 일종의 쾌감과 흥분상태를 맛보게 되는데, 이 맛에 길들여지면 일에 탐닉하게 된다는 것이다.

일 권하는 사회! 그 누구도 일중독으로부터 자유로울 수 없다. 더 많이 일하라고 응원가를 부르기도 하지 않는가. "아빠 힘내세요"라는 노래가 인기를 끈 적이 있다. 일에 지친 아빠를 응원하는 노래지만, 뒤집어놓고 보면 아빠 "힘내서 더 많이 일하세요"가 된다. 그래서 "아빠 힘내세요"가 "아빠 돈 내세요"처럼 들리기도 한다. 강한 아빠가 되려고 일을 하고 또 일을 하다 보면 자신도 모르게 일중독에 빠지게 되는 것이다.

그러나 일중독은 사회적으로는 긍정적인 평가를 받지만 개인의 건강이나 가족관계에는 파괴적일 수 있다는 데 문제가 있다. 과거 언젠가 딸아이가 아빠는 늘 바쁘다고 "아빠가 아니라 바빠야"라고 말하는 순간 나는 "아빠는 나빠야!"라는 말로 듣고 내심 충격을 받았던 기억이 남아있다. 아빠가 필요할 때 일로 '바빠'서 함께 하지 못하는 아빠는 '나빠'가 되고 마는 것이다.

노동중독 문제는 단순히 가족과 함께할 시간이 제약되는 것에 국한되지 않는다. 아빠는 돈 버는 도구적 역할을 담당하면서 "있으면서 없는" 유령인간으로 나타난다. 가족을 위해 자발적으로 "공장 감옥"에 갇혀 살았지만 결국은 가족들에게 소외되는 "현금인출기"에 불과하게 되었다. 인류학자 앨런 존슨(Allen Johnson)은 산업화가 시간잉여에서 시간풍요, 시간궁핍의 사회로 진행해간다고 주장했다. 즉, 우리는 많

은 생산과 소비의 결과로서 시간이 점점 더 희소해지는 것을 경험하고 있다는 것이다.[6]

이제 사회적으로 일중독에 대해 심각성을 논의할 때가 되었다. 중요한 것은 일과 쉼, 노동과 여가에 대한 관점이 동시에 바뀌어야 한다는 점이다. 단지 노동시간을 줄이는 것이 아니라 노동과 여가 모두를 근원적으로 변화시켜야 한다. 노동을 단지 금전적 소득의 개념으로만 볼 것이 아니라 비금전적 참여의 개념으로 수용해야 한다. 임금노동만이 노동이라는 고정관념으로부터 자유로워야 한다. 여가 역시 단지 노동을 위한 준비상태를 의미하는 것이 아니어야 한다. 동시에 굴욕적 노동에 대한 쾌락적 보상도 아니어야 한다. 그래야만 시간의 궁핍을 면하고 자유시간을 누릴 수 있다.

그러면 자유시간이란 무엇인가? 우리가 자유롭게 쓸 수 있는 시간을 말한다. 자유시간이란 말은 노동시간이란 말이 주는 중압감보다 정반대의 느낌을 준다. 자유시간을 생각할 때 홀가분함과 즐거움이 연상된다. 자유시간이란 정말로 자기가 하고 싶은 것을 할 수 있는 시간, 우리가 참으로 자기 자신이 될 수 있는 시간을 의미한다.

그러나 자유시간이 노동보다 우리를 더 행복하게 해준다는 생각은 잘못된 것이다. 자유로운 시간은 그 자체로서는 아무런 가치를 갖지 않는다. 우리가 의미 있게 활용할 때 비로소 그 시간은 가치 있는 것이 된다. 일과 삶의 균형, 즉, 자유시간의 확장만이 아니라 노동과 자유시간을 모두 우리의 삶의 조건에 적합하도록 구성하는 것을 의미한다.

---

6) 로버트 레빈 저, 이상돈 역, 2000, 『시간은 어떻게 인간을 지배하는가?』, 황금가지

한편, 노동에서 벗어난다고 해서 곧바로 자유시간을 누리는 것이 아니다. 우리에게 필요한 것은 편견에서 벗어난 노동에 대한 새로운 인식이다. 의미 있는 노동의 사회적 및 윤리적 조건들에 대한 담론의 장이 활성화되어야 한다. 먼저 임금노동의 절대적 지위에 대한 재구성이 요구된다. 임금과 같은 노동의 물질적 조건은 노동자가 인간으로서 마땅히 누릴 수 있어야 하는 권리의 전부가 아니다. 진정한 자유를 누리고자 한다면 빈곤한 자아를 구제하고 구매력을 극대화하려 하기보다는 더 많은 자율성과 자아실현에 관심을 기울여야 할 것이다. 타율적 임금노동 중심에서 탈주하여, 자유시간과 자유의지에 의한 자율노동을 확장해야 한다. 이것이 진정 노동해방의 길이다.

강제된 노동해방-권태, 중독으로 가는 사회

진정한 노동해방의 가치에도 불구하고 현실은 노동으로부터 해방될 수 없다. 강제적 노동해방, 곧 노동추방이 두렵다. 우리 시대는 바야흐로 노동추방과 노동탈취의 시대이다. 우리는 노동의 기회가 탈취되거나 일자리에서 추방되는 사회에 살고 있다. 만일 일자리로부터 배제되거나 추방당한다면 사람들에겐 어떤 일들이 일어날까? 이 질문은 궁극적으로 노동이 무엇인가에 대한 질문으로 귀착된다.

노동은 우리의 생계를 위한 소득 창출의 수단임은 분명한다. 그렇다고 단순히 임금의 단위로 환산할 수 있는 활동이 아니다. 노동은 살아가는 의미이다. 인간의 사회적 가치실현을 위한 실존적 처신의 한 양태이다. 노동이 없는 상태는 곧 그 누구도 쓸모없는 상태이며, 인간실존을 근본적으로 부정하는 상태이다. 강제된 노동해방은 사회라는 공간과 미래라는 시간과 관계할 수 있는 결정적 능력의 무력화를 의미한다. 노동의 상실에 따라 나타나는 병리현상은 신체적 측면에서는 각종 중독에 빠지는 상황이고, 정신적 측면으로는 자기부정이라는 상황에 빠지는 것이다.

헤겔의 생각을 빌리자면 노동의 본질은 한 인간이 참된 자기를 생산하는 과정이다. 여기서 마르크스의 생각을 보태면 참된 자기생산은 사회적 활동이다. 즉, 인간은 노동을 통해 개체로서 자기를 구성하기보다, 오히려 역사적으로 자기를 매개하는 공동체 속에서 자기를 형성한다.[7] 따라서 노동 없는 가치창출이나 고용 없는 성장이란 현상은 단순한 일자리의 소멸 혹은 상실을 의미하는 것이 아니라 공동체 속에서 참된 자기됨의 부정을 의미한다. 그 결과 심각한 자기비난과 수치심을 야기하여 병리적 현상이나 극단적 선택을 초래할 수 있다.

동시에 노동을 상실한 사람들에게 나타나는 경제적 궁핍보다 더 위험한 상황은 알코올, 도박 등의 중독자로 전락하는 것이다. 일자리의 소멸과 상실은 권태를 초래하고 결국 중독현상을 증가시킨다.[8] 중독의 원인은 오늘과 내일이 똑같다는 시간 흐름의 단절에 따른 지루함이다. 중독은 권태를 마비시키는 수단을 탐닉하는 행동이다.

오늘날 사람들이 가장 두려워하는 것은 무엇인가? 일반적인 사람들의 인생에 있어서 최고 과제이면서 최대 난제인 것은 안정된 일자리이다. 우리가 진정으로 두려워하는 것은 일자리가 사라지는 것이다. 신기루 같은 노동의 세계로부터 추방되거나 배제되는 것이다. 기실 가장 두려운 것은 일자리 상실 뒤에 따라 오는 잉여인간의 고통이다.

---

7) 미로슬라브 볼프 저, 이정배 역, 1993, 『노동의 미래-미래의 노동: 칼 마르크스의 노동 개념에 대한 신학적 평가』, 한국신학연구소
8) 이종관 저, 2017, 『포스트휴먼이 온다』, 사월의 책

2017년 6월 현재, 약 2천6백80만 명의 사람들이 매일 출근하는 나라에서, 아침에 일어나도 갈 곳이 없는 사람이 100만여 명 넘게 살고 있다. 남들이 일하러 갈 때, 갈 곳 없는 실업자의 자격지심과 수치심은 직간접적으로 겪어봤거나 드라마를 통해서라도 짐작할 것이다. 일은 생계를 위한 수단에 그치지 않는다. 일은 사람의 생애에서 자신이 살아 있다는 사실과 밀접한 관련을 갖는다. 일자리를 잃은 노동자는 죽어가는 환자들과 흡사한 병리적 증세를 보이게 된다. 처음에는 분노와 좌절감을 느끼지만 실직이 장기화하면서 분노를 내면화해 자신의 처지를 비관하고 극도의 수치심과 자괴감을 경험한다.

일자리 없는 신분, 실업자란 일시적으로 사회생활에서 고립되는 존재가 아니다. 쓸모없는 존재로 전락한 자신의 처지에 스스로에게 던지는 비난의 눈초리, 그 죄의식 속에 모든 수치심과 싸워야 한다. 자신이 만들어낸 고요함 속에 몸을 웅크리고 있는 이 폭력은 아무도 감지할 수 없도록 은밀히 행동한다. 수치심이란 그것 때문에 괴로워하는 자들을 철저하게 변질시키며, 무기력하게 만들고 누구에게나 어떤 상황에나 쉽게 지배당하게 하며, 결국 희생될 수밖에 없도록 자포자기의 궁지로 몰고 간다. 자포자기라는 심리적인 죽음 끝에는 실제 죽음이 뒤따를 수 있다.

일자리로부터 배제된 실업자, 잉여인간이 늘어나고 있다. 역설적이게도 인간을 위한 기술혁명이 인간을 쓸모없게 만든다. 사물프린터, IoT, 인공두뇌를 앞세운 혁신적 기술이 세운 세계에서 노동세계는 유용성이 없는 세계일 뿐이다. 기술세계와 노동세계의 괴리는 해결할 방법이 없다. 그저 이대로 한동안 지속되도록 지켜보는 것 밖에는… 이 생소한 질서 속에서 이리저리 옮겨 다니는 노동유목민 집단은 바야흐로 돌아오지 못할 유령들의 무리에 불과할 뿐이다.

어떻게 할 것인가? 문제는 복잡하지만 오히려 그 대안은 단순하다. 기술혁명이 노동의 소멸과 창출을 초래한다면, 기술혁명에 대응하여 노동혁명을 해야 한다. 노동은 소멸되기보다 변화된다. 노동을 재배열하고 노동체계를 재구성해야 한다. 문제는 역시 인간의 탐욕에 있다. 기득권이 문제이다. 노동시장 분단의 폐해는 무수히 지적했다. 당연히 노동시장의 이중구조부터 폐기해야 한다. 그러나 이와 함께 임금노동에 집착함으로써 다양한 노동의 가능성을 덮어버린 내적 모순을 이제는 해소해야 한다. 이중적 노동시장의 양극화를 극복하고, 타율적 임금노동으로부터 인간의 자유의지가 담긴 자율적 노동의 영역을 회복하는 노동혁명은 곧 의식혁명이다.

노동에 대한 강박-무의미한 노동의 비극

한편, 『우리의 노동은 왜 우울한가』의 저자 스베냐 플라스푈러[9]에 따르면, "피할 수 없으면 즐겨라"라는 표어에 집약적으로 표현되어 있듯이 본래 의무였던 노동은 우리의 결심에 의해 쾌락과 향락의 자리로 이동했지만 이때 노동은 우리의 본래적 욕구와 관계 맺지 않는다. 우리 시대의 노동이 갖는 향락은 오직 "가상으로서의 향락"일 뿐이다. 그러니까 우리는 향락이 아닌 것을 향락으로 가장함으로써 자신을 기만하고 그럼으로써 우울한 노동을 이어가고 있는 자가당착의 향락 노동자들이다.

오늘날 향락적 노동은 주체적 자아와 비틀어진 관계에 놓여 있다.

---

9) 스베냐 플라스푈러 저 장혜경 역, 2013, 『우리의 노동은 왜 우울한가-경쟁 사회에서 자유와 행복을 찾아서』, 로도스

나는 나를 발현하고 실현함에 의해서가 아니라 나 자신을 억제하고 희생함으로써 일과 관계 맺는다. 왜냐하면 나는 나 자신을 희생할수록 더욱 사랑받기 때문이다. 플라스푈러는 이를 "강박적인 사랑"이라고 표현한다. 이것은 개인의 주체적인 의지에 의한 자유롭고 열정적인 사랑이 아니다. 결국 어떤 노동이든 중요한 것은 행위주체의 자유의지이다. 비록 고귀한 노동일지라도 주체의 자유의지가 없다면 무의미한, 강박적인 가상의 향락에 불과하다.

무의미한 노동은 지옥의 상태이다. 절대 지배자 제우스에게 대항했던 시지포스, 그에게 내려진 형벌은 무의미한 노동이었다. 무의미한 노동을 강요당하는 것은 죽음보다 더 고통스런 형벌이다. 시지포스의 고통은 바위를 밀어 올리는 힘듦 때문이 아니라 자신의 의지와는 상관없이 반복해야 하는 무의미성 때문이다. 모든 것의 가치와 의미는 주체의 자유의지의 영역에 있다.

당신의 노동은 즐거운가? 아니면 우울한가? 그것은 자유의지에 달려 있다. 그러나 오늘날 대부분의 노동자는 자유의지와 멀어진 타율적 노동을 매일매일 반복하고 있다. 그것이 무엇이든 자유의지가 결여되었다면, 그것은 시지포스의 노동 못지않게 부조리한 타율적 노동, 노예노동이다. 물론 임금이라는 대가를 받고 있지만 그것만으로 노예노동인 것을 부정할 수는 없다. 문제는 자유의지이다.

한편, 버트란트 러셀은 "행복의 정복"[10]에서 "노동은 권태를 예방하기에 무엇보다 바람직한 활동이다. 할 일이 전혀 없을 때 느끼는 권태에 비하면, 재미없는 노동을 할 때 느끼는 권태는 아무것도 아니다"라

---

10) 버트런드 러셀 저 이순희 역, 2005, 『행복의 정복』, 사회평론

고 했다. 과연 그럴까? 권태는 노동의 적고 많음의 문제가 아니라 노동의 의미를 발견할 수 있느냐의 문제, 곧 자유의지의 문제이다. 그런데 버트란트 러셀은 "게으름에 대한 찬양"[11]에서 노동이 미덕이라는 믿음이 현대사회에 막대한 해를 끼치고 있다고 지적하며 게으름을 찬양한다.

이는 게으름 그 자체를 찬양하는 것이 아니다. 노동 이후에 비로소 누릴 수 있는 여가를 찬양하는 것이다. 그러나 본질적인 것은 자유의지에 대한 찬양이다. 진정한 여가는 일을 박탈당한 상태가 아닌, 강제될 수 없는 순수 자유의지의 영역에 속한 것이다. 그렇다면 인간의 진정한 자유의지는 "의미 있는 노동"에 있다. 자유의지가 결여된 무의미한 노동이라면 고귀한 노동, 향락의 노동일지라도 우리의 본래적 욕구와 관계 맺지 않는다. 미야 토쿠미츠는 그의 저서에서 무의미한 노동에 빠진 미켈란젤로를 소개하고 있다.

> 1509년 로마, 미켈란젤로는 유쾌하지 않았다. 그는 몸을 뒤틀고 목을 길게 뺀 기괴한 자세로 시스티나 예배당 천장화를 그리고 있었다. 물감이 얼굴에 뚝뚝 떨어지는 고역을 참아가면서. "이 덫에 갇혀 있는 동안 갑상선종이 악화되었네. 몸 앞쪽 피부는 팽팽하게 늘어나는 느낌인데, 뒤쪽은 구겨지고 접혔어. 나는 지금 시리아 활처럼 휘어 있다네.", "여기는 내가 있을 곳이 아니야. 나는 화가도 아니라고.", "그의 불평은 우리에게 익숙한 반면 놀랍기도 하다. 자신의 일터가 빠져나올 수 없는 덫으로 느껴지는 우울한 날을 누구나 경험했을 것이다. 5백여 년 전의 위대한 인물도 요

---

11) 버트런드 러셀 저 송은경 역, 1997, 『게으름에 대한 찬양』, 사회평론

즘 사람들과 다름없이 자기 일에 불만을 쏟아냈다는 사실이 흥미롭다."[12]

젊은 시절 생활비를 벌기 위해 왕립 도서관에서 사서로 노동했던 임마누엘 칸트(Immanuel Kant)는 노동 후의 휴식이 주는 희열 속에 노동을 찬양했다. "노동은 인간의 삶에 내용을 제공하기 때문에 노동하지 않는 인간은 지루해서 죽을 지경에 이른다"고 했다. 그러나 칸트는 노동이 모두 의미 있는 활동이 아니어서 견딜 수 없도록 지겹고 괴로운 노동도 많다는 점을 간과했다. 노동에서 의미를 찾지 못하면 노동하는 시간은 끔찍한 고통이 된다. 노동의 지루함은 일의 많고 적음의 문제가 아니라 노동에서 의미를 발견할 수 있느냐의 문제이다.

문제는 누군가는 아무런 의미를 찾을 수 없는 노동, 다른 사람들이 기피하는 단순한 노동, 단지 먹고살기 위해 소외된 노동에 종사해야 한다는 점이다. 그러나 일생을 자본이 요구하는 "단순노동"에 바치는 사람들은 창조력을 행사할 기회를 갖지 못하며, 용기도 잃고 무력해지기 쉽다. 애덤 스미스는 『국부론』에서 다음과 같이 말했다.[13]

"대다수 사람들의 지적 능력은 필연적으로 일상의 직업에 의해 형성된다. 일생을 몇 가지 단순한 작업에 소비하는 사람들은 예기치 않은 어려움을 제거하는 방법을 발견하는데 이해력을 발휘하거나 창조력을 행사할 기회를 갖지 못한다. 그는 일반적으로 인간적으로 가장 둔해지고 무지해진다. 정신이 마비상태에 빠져 이성적인 대화를 즐기거나 참여할 수 없을 뿐만

---

12) 미야 토쿠미츠 저, 김잔디 역, 2016, 『열정 절벽-성공과 행복에 대한 거짓말』, 와이즈베리
13) 아담 스미스 저, 김수행 역, 1992, 『국부론(하)』, 동아출판사

아니라, 너그럽고 고상하고 부드러운 감정을 느낄 수 없게 된다. 그는 자기 나라의 중대하고 광범위한 이해관계를 전혀 판단할 수 없으며……생활이 단조로워 변화가 없기 때문에 자연히 용기도 잃게 되고 지적 덕목이 희생된다."

이와 같이 무의미한 노동은 고문에 가까울 수 있다. 마르크스는 이러한 문제를 소외이론으로 설명하려 했다.[14] 마르크스의 핵심 주제는 소외되고 의미 없는 노동을 생산적이고 자유로운 노동으로 전환하는 것이다. 마르크스는 그래야만 인간의 주관성을 인식할 수 있다고 강조한다. 그러나 무의미한 소외된 노동에서는 이런 현상이 일어나지 않는다. 무의미한 노동은 어떤 식으로든 인간성을 거스른다. 그래서 마르크스는 자본주의가 노동자들을 소외된 상태로 몰아넣었다면서 자본주의를 비난했다.

그러나 마르크스의 비난은 오늘날 얼마나 설득력이 있을까? 오늘의 노동자들은 마르크스의 비난에 귀 기울이지 않는다. 마르크스가 틀린 것이 아니라 소비사회의 도래에 따라 변혁의 주체가 되어야 할 프롤레타리아들이, 무의미한 그리고 열정적 노동을 요구하는 소비이데올로기에 귀의해 버린 탓이다. 모든 개인적·사회적 불행은 프롤레타리아의 일에 대한 열정에 그 기원이 있다. 결국 자본주의의 결함은 인간의 탐욕 탓이다. 그러나 인간의 탐욕을 포섭한 자본의 기획을 간과한 것만큼은 마르크스의 실수임에 분명하다.

오늘날 무의미한 노동에 대한 비판은 이제 별로 주목을 받지 못한

14) Marx, 1844년 경제학, 철학 수고

다. 사람들은 비극임에도 불구하고 시지포스의 노동을 멈추지 않는다. 마르크스주의자들은 협업노동과 더 나은 노동, 자율노동을 대안으로 제시하지만 이는 문제에 대한 훌륭한 비판은 되지만 대안은 되지 못한다. 오히려 임금노동을 본질로 보는 고정관념, 그리고 시장 밖의 노동에 대한 메말라버린 상상력만 더 드러날 뿐이다. 문제해결 능력을 상실한 시대, 그래서 그 어느 시대보다 풍부한 상상력이 필요하지만, 인간의 탐욕에 기인한 노동에 대한 강박이 상상력을 제약한다. 문제적 상황에도 불구하고 임금노동의 지배가 가능한 것은 결국 프롤레타리아의 탐욕 탓이다.

2. 노동을 거부하라_임금노동 신성불가침 해체

노동을 사랑하는 자본주의

당신은 노동이 즐거운가? 빤한 질문이지만, 우리는 이미 대답하기 난해한 질문임을 간파하고 있다. 그렇다면 다른 질문을 해보자. 자본가는 노동자를 착취하는가? 만약 착취를 당하지 않는다면 노동은 즐거울 것이다. 물론 반대라면 매우 괴롭고 억울할 것이다. 그 어떤 경우일지라도 현대인에게 노동은 삶과 동등한 반열에 자리 잡고 있다.

그러나 역사 속에서 노동이 처음부터 중시됐던 것은 아니다. 고대 그리스인에게 노동은 인간 삶의 본질과는 거리가 먼 것이었으며, 이것은 노예들이 하는 저주받은 행위라 경멸했다. 성경은 노동을 신이 내린 형벌로 묘사했고, 아리스토텔레스는 노동의 목적이 여가를 얻기 위한 것에 불과하다고 말했다. 그러나 종교개혁 과정에서 노동에 신학적 의미가 부여되면서 정당화되었고 "일하지 않는 자 먹지 말라!"는 명제까지 그 가치는 전도되었다.

근대에 이루어진 노동의 가치 전도, 즉, 노동을 절대화하고 노동을 찬미하는 데까지 치달은 가치 전도는 매우 복합적이고 다층적인 현상이다.[15] 아담 스미스가 토지와 자본에 가려져 있던 노동의 가치를 발견한 이후, 리카도에게 전승되었고, 마르크스가 역사의 매체로서 노동을 격렬히 지지함으로써 노동은 인류를 지배하고 프롤레타리아는 역사적 진보의 유일한 주체로서 전면에 등장한다.

그러나 마르크스의 분석은 치열했다. 자율을 생존과 교환해야만 했던 프롤레타리아의 삶에 대한 보고이기 때문이다. 마르크스의 시각에서 프롤레타리아의 노동은 단순한 호구지책이고 노동의 인간학은 생물학적이었다. 동시에 노동자에게 자본은 착취자였고 노동은 생존을 위한 제물일 뿐이었다. 노동과 자본의 관계는 대립적이었고 불화가 장려되었다.

그러나 소비사회의 노동자에게 있어서 노동은 생존 이상의 그 무엇을 얻기 위한 순환과정으로 체험된다. 소비사회는 빵 말고도 소비의 향락을 현실적으로 또는 잠재적으로 누릴 수 있도록 기획되었다. 노동임금이 노동자에게 소비사회의 시민자격을 부여하는 한 노동은 더 이상 고통이 아니다. 좋아서 일하고 필요 이상의 에너지를 쏟아 붓는다. 삶의 본질은 노동이고, 노동은 곧 임금이고, 임금은 곧 소비이며, 소비는 곧 삶이라는 등식이 생활철학이 되었다. 오늘날 노동은 인간의 모든 것이 되었다.

오늘날 네그리와 하트는 자본과 노동의 관계를 부의 원천으로 설명

---

15) 한병철 저, 김태환 역, 2016, 『시간의 향기』, 문학과 지성사

한다.[16)]

자본과 노동은 대립하지 않는다. 자본은 노동을 사랑할 수밖에 없다. 노동이 없으면 자본도 없기 때문이다. 더욱이 자본주의사회에서 노동은 부의 원천이다. 자본은 노동이 자본을 필요로 하는 것과 마찬가지로 노동을 필요로 한다. 그런데 마르크스는 여기에서 근본적인 모순을 인식했다. 노동은 자본에 적대적이며 파업 사보타주 등 여타 구실들로 생산에 위협을 가한다. 하지만 자본은 노동 없이는 유지될 수 없다. 자본은 자신의 적과 긴밀하게 동거하도록 강제된다.

바꿔 말하면 자본은 노동을 착취해야 하지만 그들을 정말로 억압하거나 억누르거나 배제할 수 없다. 자본은 노동자들의 생산성 없이는 유지될 수 없다. 착취 개념 자체가 자본주의적 지배관계의 핵심에 있는 모순을 요약해준다. 노동자들은 자본가의 명령 아래 종속되어 있고 그들이 생산하는 부의 일부는 강탈당한다. 그럼에도 불구하고 노동자들은 무력한 희생자들이 아니다. 그들은 사실상 아주 강력하다. 그들이 부의 원천이기 때문이다. 양자의 관계에 무슨 일이 있었던 것일까?

탐욕의 역사-프롤레타리아여 안녕!

역사의 종말이 아닌 탐욕이 휘몰아치는 역사의 소용돌이 속에 살고 있다. 오늘날 우리는 인류 역사상 매우 중요한 시대를 살고 있다. 거대한 슈퍼밈들의 작용 속에 문제해결 능력을 상실해버린 인류, 곧 호모 사피엔스의 멸종이라는 불길한 예감이 현실로 다가오고 있다. 독재적

---

16) 네그리 하트 저, 조정환 역, 2008, 『다중, 세종서적』, p.396

시장경제에 좌우되고 있는 이 시대는 우리를 새로운 위험으로 몰아넣고 있다. 인류애가 아니라 자본주의 시장경제 원리가 우리 삶을 지배하고 있다. 하버마스의 표현을 빌리면 우리의 일상세계는 시장경제의 식민지일 뿐이다. 식민지를 지배하는 이념은 소비이데올로기요, 통치술은 욕망의 해방이다.

욕망의 해방은 단순히 욕망을 제어하던 윤리적 굴레가 풀렸음을 의미하는 것만이 아니다. 마시면 마실수록 목마른 바닷물처럼 충족할수록 더 큰 욕망으로 진화하는 탐욕이 이윤과 이익이라는 이름으로 자본주의에 포섭되었음을 의미한다. 더 나아가 자본주의가 이제는 하나의 시스템에서, 순환하는 유기적 운동에너지로 진화하였음을 의미한다. 자본주의는 인간의 탐욕을 배양해주고, 자본주의는 다시 그 탐욕을 에너지 삼아 성장하고, 그 에너지로 다시 인간의 탐욕을 배양하는 순환에너지, 마침내 자기 꼬리를 먹고 자라는 우로보노스의 뱀이 된 것이다. 자본주의 체제에서 탐욕은 모든 것을 매개하고, 탐욕이 매개한 모든 것은 인간성을 파괴한다.

탐욕은 노동과 자본의 결합을 매개하여 임금노동을 탄생시킴과 동시에 다른 모든 노동의 가능성을 파괴함으로써 유아독존, 신성불가침의 지위에 올려놓았다. 임금노동은 탁월한 기획이었고, 세기적 성공을 가져온 프로젝트였다. 임금노동이 우리의 삶을 지배하고 있음을 모를 정도로 당연한 이치로 순응해왔고, 알고 있어도 침묵하며 편승해왔다. 노동은 변질되었고 노동 가치의 기준은 돈이 되었다.

우리는 지금 자본의 새로운 기획에 따른 급격한 변화를 지켜보고 있다. 기술의 진보는 생산성을 높여 자본의 축적을 확장하려는 자본주의의 지속적 기획의 결과이다. 자본주의는 혁명적 기술발전에 따라 이제 스스로 기획했던 임금노동을 점진적으로 폐기할 방안을 찾고 있다. 그것은 노동으로부터 인간을 추방하는 "고용 없는 성장" 프로젝트이다. 물론 탐욕이 자본과 기술을 매개하여 만들어가는 프로젝트이다.

물론 다 알고 있다. 새로운 기술에 따라 더 이상 필요 없어진 노동은 소멸되고, 노동의 구조에 큰 변화가 일어날 것으로 오래 전부터 예견해왔다. 그럼에도 불구하고 한편으론 허황된 일자리 창출에 돈을 질러대고 한편으론 내 일자리 사수를 위해 경계를 긋고 높은 장벽을 쌓았다. 그리고 노동자계급은 달콤한 임금에 얽매여 시장경제원리에 은밀히 충성하며 식민 노릇에 충실했다. 마르크스가 그리도 기대했던 프롤레타리아의 역사적 소명은 자동 폐기되었다. 여기는 지옥이라 소리치며, 지옥 사랑에 빠져 있는 사이에도 기술혁명이라는 자본주의의 새로운 기획은 도도히 진행되었고, 이미 많은 사람들이 그 세계의 식민으로서 쓸모가 없는 잉여인간으로 판정되어 추방되고 있다.

임금노동에 함몰되어 자본주의와 함께 동업자가 되어 인간가치를 매장하던 노동자의 처지가 참으로 궁색하게 되었다. 미련을 버리지 못하고 약자 분장을 해보지만 이미 노동자가 일방적 희생자가 아니라는 것을 잘 알고 있다. 보다 못한 앙드레 고르는 임금노동에 중독되어 분별을 잃어버린 현실에서 벗어나길 촉구하는 결별인사 "프롤레타리아여 안녕!"[17]을 던졌다. 그리고 30여 년이 지난 뒤, 독일의 가치비판 좌파그룹 크리시스 역시 "노동을 거부하라!"[18]는 메시지를 던졌다. 임금노동의 굴레로부터 벗어나라는 강력하고 의미 있는 메시지이다.

---

17) 앙드레 고르스 저, 이현웅 역, 2011, 『프롤레타리아여 안녕』, 생각의나무
18) 크리시스 저, 김남시 역, 2007, 『노동을 거부하라』, 이후

스미스와 마르크스의 실패

세상을 바꾼 위대한 철학자를 꼽으라면, 단연 첫 순위에 오르는 역사적 인물은 18세기의 아담 스미스(Adam Smith)와 19세기의 칼 마르크스(Karl Heinrich Marx.)이다. 이 두 사람의 공통점은 노동자, 아니 사람을 사랑했다는 것이다. 두 사람의 시대적 상황이 달랐기에 관점은 달리했지만 사랑하는 마음은 같았다. 그리고 두 사람의 공통점은 모두 인간의 탐욕을 간과했고, 심각한 오해를 받았으며 동시에 두 사람 모두 자신의 추종자들로부터 크게 배신을 당했다는 점이다.

자본주의 문제가 부각될 때마다 아담 스미스는 오해를 받고 비난도 받았다. 그러나 알려진 것과는 달리 아담 스미스는 인간의 끝없는 이기심을 절대로 허용한 적이 없었다. 특히『도덕감정론』과『국부론』을 함께 읽어본다면 아담 스미스가 진정으로 낭만적인 경제 철학자였음을 알 수 있다. 인간은 이기적 존재이지만 우리 마음속엔 서로를 향한 존중과 배려가 존재하기 때문에 이기적 행동 또한 공공의 이익으로 전환할 수 있을 것이라는 생각을 마음속에 담고,『국부론』을 저술했다.

스미스는 무엇보다 가난한 사람의 복지에 가장 큰 관심을 쏟았다. 그는『국부론』에서 "구성원의 다수가 가난하고 비참한 사회는 결코 번성할 수도 행복할 수도 없다"고 썼다. 그는 한편으로는 노동자의 복지를 위해, 한편으로는 경제성장을 이끌기 위해 노동자의 임금 수준을 가능한 한 끌어올려야 한다고 주장했다.

가난한 사람들을 원하는 곳에서 살지 못하게 하고, 그 결과 원하는 사람에게 노동력을 제공하지 못하게 한다는 이유로 기존의 구빈법을 비난했다. 당시 구빈법은 빈곤문제에 대하여 공식적으로 법적인 규정을 마련한 것으로서 선언적인 의미가 있는 것이지 빈민에 대한 국가의 책임을 규정한 것이라고 볼 수 없었다.[19] 또한 스미스는 국가가 가난한 사람의 교육비용을 지불하고 그들에게 지워진 노동조건의 결과를 무효화하고, 가난한 사람들이 공공토론에서 자기 자신을 옹호할 수 있도록 해주어야 한다고 주장했다.[20]

우리는 그가 서 있는 시대의 상황을 고려해야 한다. 그의 삶의 자리는 절대적 빈곤으로 찌든 세상이었다. "국민이 대부분 가난하고 비참하게 사는데 그 나라가 부유하다고 말할 수 없다." 그는 비록 바람직하진 않으나 이기심을 자극하여 경제발전을 이루어 절대적 빈곤으로부터 벗어나면 보이지 않는 손이 공평한 사회를 위해 작동될 것으로 믿어 의심치 않았다. 그가 원했던 세상은 1%의 탐욕과 부패로 고통을 주는 사회가 아니라 모두 함께 잘사는 세상을 꿈꾸며 『국부론』을 집필했다. 하지만 그는 순진했다. 인간 탐욕의 지독한 속성을 간과하고 말았다. 경제는 부흥했지만 그가 원했던 세상은 아니었다. 19세기 자본주의 세계에서 그의 바람과는 달리 노동자들의 고통은 커져만 갔다.[21]

아담 스미스의 후예를 자처하는 자본가들이 빈익빈 부익부, 두 개의 세계로 세상을 분열시키고 노동자들의 분노가 커져가던 19세기의 시점에, 아담 스미스처럼 인간에 대한 깊은 애정을 가진 한 위대한 철학

---

19) 아담 스미스는 엘리자베스구빈법에 대한 비판적 태도를 취한다. 구빈법이 발효되어 각 교구는 빈민을 책임지게 되었는데 그 부담이 커지고 지역적 불평등이 나타나자 빈민을 본 고향을 돌려보내는 정주법을 실시하게 되는데 이 정주법이 교구의 빈민에 대한 책임회피 수단을 불법 악용되었다고 한다. 아담스미스는 자유시장경제 체제의 주창자로서 노동자의 이동을 제한하는 결과를 초래한 구빈법에 대해 비판적일 수밖에 없었다.

20) 라르스 스벤젠 저 안기순 역, 2013, 『노동이란 무엇인가?』, 파이카

21) 그랬던 그가 자신의 계승자를 자처하는 이기적 자본가들이 자신의 이름을 팔아 탐욕을 채우고 있음을 알게 된다면 배신감에 분통이 터지고 말 것이다.

자가 독일에서 탄생한다. 바로 세계에서 가장 영향력 있는 철학자 칼 마르크스이다.

그 역시 아담 스미스와 마찬가지로 많은 오해를 받고 있는 인물이다. 특히 마르크스는 혁명적 투쟁과 공산주의라는 단어를 상기시키는 금단의 인물로서 우리 사회로부터 한때 배척당하기도 했다. 그러나 우리가 알지 못한 부분이 있다. 그는 인간을 이타적 존재로 파악하고 그 가능성을 믿었던 낭만적 철학자였고 최초로 상대적 빈곤의 비인간성을 직시하고 "왜 가난한 사람은 항상 가난할까?", "자본주의는 정말 이상적인 형태일까?"라는 의문을 던진 사람이다.

마르크스는 산업혁명으로 인해 노동자들이 기계부품처럼 비참하게 변해가는 모습을 바라보면서 자본주의가 어떻게 그들의 삶을 파괴시키는지 밝혀내고 싶었다. 아담 스미스가 노동자의 근로조건이 점진적으로 향상되기를 바라면서 적당한 사실주의를 추구했던 반면, 카를 마르크스는 훨씬 급진적 방법인 사회주의 이상의 실현을 추구했다. 마르크스는 "독일 이데올로기"에서 이렇게 썼다.[22]

"누구도 활동영역을 독점하지 않고 어떤 활동에서도 자기 개발이 가능한 공산주의 사회는 전반적으로 생산을 통제하기 때문에 근로자가 오늘은 이 일을 했다가, 내일은 다른 일을 할 수 있고, 아침에 사냥을 나갔다가 오후에는 낚시를 할 수 있다. 나의 희망이기는 하지만 수렵가나 어부, 목동, 비평가로 살지 않고 저녁에 가축을 돌보고 저녁식사를 마친 후에 비평을 할 수도 있다."

---

22) 카를 마르크스·프리드리히 엥겔스 저 김대웅 역, 2015, 『독일 이데올로기』, 두레

따라서 사람은 특정 종류의 근로자가 아니라 인간인 상태로 일한다. 노동은 직접적인 자아 표현으로 스스로에게 상당한 만족을 안겨준다. 마르크스는 노동자에게 인간성을 안겨줄 노동조건을 마음에 그렸다. 인간 잠재력을 온전하게 인식하는 세계를 꿈꿨던 것이다. 그러려면 어떤 노동을 해야 할까?

노동에는 의미가 있을 수도 있고 없을 수도 있다. 마르크스는 자본주의 체계 내에서의 임금노동의 상태를 의미가 없는 소외의 상태로 인식했다. 마르크스는 "노동소외"라는 개념을 즐겨 쓰면서 자본주의가 세상 노동자들을 불편한 상황에 몰아넣었다고 비난했다. 소외상태의 노동은 노동자의 인간성을 거스른다. 따라서 노동소외를 극복하고 근로자에게 인간성을 안겨줄 노동조건을 마음에 그렸다.

인간 잠재력을 온전하게 인식하는 세계를 꿈꿨던 것이다. 그러나 만일 마르크스의 이상을 실현하려면 아마도 공장을 모두 폐쇄해야 할지 모른다. 공장노동의 본질과 마르크스의 소외 개념을 생각하면 소외되지 않는 상태로 공장에서 노동하기란 사실상 불가능해 보인다. 마르크스의 이상을 실현하기 위해서는 인간은 끊임없이 일해야 하고 동시에 노동량의 감소를 위해 노력해야 한다.

그럼에도 불구하고 마르크스는 이타적인 인간 노동자계급을 믿었다. 자율적인 노동을 스스로 감당해 나가면서 타율적인 노동을 강요하는 자본가에 맞서 싸우는 전사로 믿어 의심치 않았다. 자본가들의 억압과 착취가 강화되고 심화될수록 프롤레타리아에 의한 혁명과 노동해방의 그날이 속히 다가오리라고 믿었다. 따라서 자본주의의 핵심은 노동자 착취이므로 자본주의가 자체 경로를 거치면서 최대한 추해지도록 놔두는 편이 훨씬 나을 것이다. 그래야 반드시 혁명이 일어날 수 있기 때문이다.

노동자계급이 배신을 했다. 마르크스가 그토록 믿었던 프롤레타리아가 부르주아와 소비이데올로기의 우산 아래서 손을 잡은 것이다. 자본가들이 아담 스미스를 배신했다. 경제를 부흥하여 가난한 사람들에게 인간적 삶을 제공할 것을 기대했지만 그들은 기대를 저버리고 탐욕의 길을 선택했다. 노동자는 소비자로 변신하고 자본가는 사용자로 변신했다. 아담 스미스와 칼 마르크스의 꿈을 이루겠다며 각각 그의 후예를 자처하는 세력들이 오랜 대립을 멈추고 모처럼 소비의 쾌락을 함께 누리는 역설의 시대를 맞고 있는 것이다.

아담 스미스가 꿈꾸었고, 칼 마르크스가 펼쳤던 이상적인 사회는 결코 지금의 모습이 아니었다. 두 사람은 후세 사람들의 이기심에 의해 본질이 변질되고 서로 앙숙으로 각색되었지만, 사실은 그 두 사람의 마음은 한 뿌리에 있었다. 오직 사람을 따뜻하게 바라보는 시선이 있었을 뿐이다. 인간에 대한 사랑, 어떻게 하면 인간이 모두 잘살 수 있을까? 이것이 두 사람의 기본 관심사였다. 결과적으로 자본주의는 아담 스미스를 배신했고, 공산주의는 마르크스를 배신했던 것이다. 그러나 아담 스미스와 칼 마르크스가 꿈꾸었던 세상은 여전히 유효하다.

노동해방-아직도 필요한가?

아담 스미스와 칼 마르크스가 꿈꾸었던 세상은 불가능한 것인가? 두 사람의 꿈이 실패로 돌아갔음에도 불구하고 여전히 스미스 그리고 마르크스의 꿈을 꾸는 사람들이 있다. 나도 노동해방의 꿈을 꾼다. 탐욕으로 가득 찬 자본가들이 노동자의 삶을 피폐화시키는 현실에 맞설 것이고 인간을 도구화하는 노동소외로부터의 해방을 꿈꾸며 자본주의 이후의 새로운 사회를 열망하며 반역을 꿈꾼다.

그러나 우리의 꿈은 현실 속에서 관념론에 그치고 있다. 왜인가? 사람들은 흔히 자본주의가 우리들을 다람쥐 쳇바퀴 속으로 몰아넣었다고 생각한다. 자본주의가 노동자들을 악마의 맷돌에 몰아넣고 쥐어짜고 있다고 생각한다. 틀렸다. "문제는 탐욕이야 이 바보야!" 인간이 주체할 수 없는 탐욕으로 자본주의라는 거대한 쳇바퀴, 물질문명이라는 악마의 맷돌을 건설하여 스스로 올라타고, 제 몸을 기꺼이 내던지고 있기 때문이다.

우리의 꿈의 장벽은 근원적이며 반성도 만족도 없는 무제한적인 탐욕, "플레오넥시아(pleonexia)"이다. 헤겔은 무한히 그리고 반성적 태도 없이 만족할 줄 모르는 탐욕이 불러올 위험에 대해 갈파한 아리스토텔레스의 플레오넥시아, 근원적 탐욕의 주제를 부활시켰다.[23] 아리스토텔레스에게 있어서 탐욕은 상인들에게서 가장 자주 나타나는 심리적 특성이었다. 아담 스미스가 말한 것처럼 "모든 구성원들이 어느 정도는 상인이 되는 상업사회"에서 무제한의 탐욕으로 빚어지는 위험은 제도적으로 제한되어도 그렇다고 완전히 사라지는 것은 아니다. 헤겔은 이러한 의미에서 "나쁜 무제한"의 위험에 대해 경고했다. 그의 우려는 욕구를 창조해내는 기계, 다름 아닌 시장에 의해 개인들은 한낱 장난감으로 전락할 수 있다는 것이다.

그러나 문제는 사람들이 시장에 열광하고 있다는 것이다. 시장이야말로 인간의 근원적 탐욕을 자유롭게 드러낼 수 있는 해방구이기 때문이다. 시장의 특징적인 사고방식과 행동방식이 모든 인간관계로 확

---

23) 제리 멀러 저, 서찬주·김청환 역, 2006, 『자본주의의 매혹』, 휴먼앤북스

산되면서 이전보다 훨씬 풍요로운 삶을 누릴 수 있게 되었다는 것이다. 탐욕은 역설적이게도 노동자들이 더 많은 노동을 자청하도록 만들었다.[24] 동료와의 경쟁은 일상화되었고 경쟁에서 동료가 도태되는 것을 나쁜 일이라고 여기지 않는 수준에 이르렀다.

시장은 무엇이든 이룰 수 있다는 욕망의 해방구요, 꿈을 이루어 주는 신천지였다. 역설적이게도 노동자들은 노동소외를 즐기고 노동해방을 거부하기에 이른다. 사람들은 경쟁의 피로감을 호소하면서도 경쟁만이 자신의 욕망을 충족시킬 수단이라고 믿고 있다. 노동에 대한 불평이 하늘을 찌르지만, 정작 더 많은 노동을 위해 경쟁한다. 단지 다른 사람보다 덜 일하고 다른 사람보다 더 편하면서 다른 사람보다 더 많은 소득을 기대할 뿐이다. 이는 탓할 수 없는 인간의 욕망이다. 이러한 욕망을 간과하고 시장만을 비판한다면 정당한 문제의 제기라고 할 수 있겠는가?

다시 말하지만 우리가 노동과 맺고 있는 관계는 지극히 역설적이고 모순적이다. 한편으로는 유복한 삶을 위해 더 많은 노동을 요청한다. 그동안 더 많은 노동을 통하여 더 많은 부를 추구하려는 욕망이 경제 생활의 강력한 원동력이자 경제성장의 추동력으로 작용했다. 한편으로 노동은 부당한 요구이며 비인간적인 질고로서 우리의 자아실현을 방해하는 것이라 생각하고 노동으로부터 자유를 희구한다.

---

24) 버나드 맨더빌은 이미 1724년에 『꿀벌의 우화』에서 이렇게 말했다. "모든 사람은 자존심이나 탐욕이 부추기지 않는 한, 일하는 것보다는 편하고 즐거운 것을 더 좋아한다. 그리고 하루하루 일해서 먹고사는 사람들은 자존심이나 탐욕에 크게 좌우되는 일이 거의 없다. 노동자를 부지런하게 만들려면 오로지 돈이 적당히 있어야 한다. 너무 적으면 사람에 따라 죽거나 절망하게 될 것이고, 너무 많으면 거들먹거리고 게을러질 것이다."

그러나 노동에 관한 이중적 태도의 이면에는 대부분 탐욕이 작용하고 있다. 많은 경우, 겉으로는 노동해방을 외치고 있지만 이면에는 더 적게 일하고 더 많은 소득을 취하려는 욕망이 작용하고 있는 것이다. 이러한 욕망은 노동에 대해 불평하면서도 더 많은 노동을 자청하는 역설을 만들어낸다. 그럼에도 불구하고 노동착취로부터의 노동해방에 대한 외침은 중단되지 않는다. 여기서 우리는 노동해방이 가능할 것인가의 질문에 앞서 그것이 필요한 일인가의 질문을 먼저 하게 된다.

과연 노동해방은 왜 필요한가? 노동은 우리를 병들게 하고 인간다운 삶을 불가능하게 만든다고 불평한다. 그렇다면 먼저 노동 없는 세상을 상상해보자. 하고 싶은 일만 해도 되고 비록 노동하지 않고도 기본소득이 보장된다면, 그런 세상은 더할 나위 없이 바람직한 세상일까? 그러나 유념해야 할 것이 있다. 하나는 노동이 없는 세상에서는 자기 자신의 정체성 표현방식은 물론 삶의 목적에 대한 인식도 사라진다는 점이다. 동시에 노동해방이 시장 밖에 존재하는 모든 종류의 노동과 결별한다는 의미가 아니라는 점도 유념해야 한다.

3. 새로운 노동의 모색_문화사회

문화사회–임금노동으로부터 탈출

사람들은 왜 끊임없이 새로운 사회를 꿈꾸는가? 자본주의 체제 속에 살면서 자본주의를 치열하게 비판하고 시지포스의 임금노동을 저주한다. 자본주의에 맞섰던 사회주의에서도 생산을 위해 대중을 동원했고 이 대중의 일상을 이념의 굴레나 소비문화로 지배하고 탄압하거나 통제했다. 양 체제 모두에서 복지는 노동의 대가였고 대중의 꿈과 개개인의 특성은 억압되었다. 이제 사회주의를 자본주의의 대안으로 생각하는 사람은 많지 않다. 그렇다면 자본주의 노동사회를 대체할 수 있는 사회란 어떤 사회일까?

철학자 앙드레 고르는 노동사회를 해체하고, "해방된 시간의 사회" 곧 "문화사회"를 만들어야 한다고 주장했다.[25]

고르가 말하는 노동사회는 곧 임금노동이 지배하는 사회이다. 오늘날 자본주의사회는 임금노동을 업으로 삼지 않으면 사람들이 정상적인 삶을 살 수 없다는 의미에서 노동사회이다. 노동사회에서 개인들은 자영업이건 임금노동이건 소득을 창출하는 노동을 전업으로 삼지 않으면 안 되고, 그 결과 삶의 모든 것은 노동에 종속되고 노동의 하위 범주가 되고 만다. 따라서 자본주의 사회에서 대중의 하루는 임금을 벌기 위한 노동시간에 종속된다.

반면 문화사회는 필요한 노동이 점진적으로 감소됨에 따라 자율적인 활동이 지배적인 활동이 되는 사회, 경제적인 것보다 문화 및 사회와 사회활동에 더 커다란 중요성이 부여되는 사회 즉, 생산주의 사회가 아닌 자유시간이 주어지는 사회이다. 노동을 하지 않아도 삶이 어려워지지 않는다. 문화사회에서의 목표는 자아의 실현이다. 따라서 임금노동에 의해 소멸되고 있는 공동체노동과 상호부조활동을 통하여 개인의 가치와 능력을 발휘한다.

요컨대 문화사회는 개인들이 타율적 임금노동의 고역으로부터 벗어날 뿐만 아니라 자율적 선택을 바탕으로 연대와 호혜관계, 자유와 평등의 구현을 실현함으로써 자신을 표현할 수 있는 사회, 즉, 꿈과 희망과 욕망을 마음껏 펼칠 수 있는 이상적 사회인 것이다.

이러한 문화사회를 이루기 위한 필수적인 자세는 임금노동을 거부하는 태도이다.[26] 자유시간을 획득하기 위해서는 노동거부권을 행사할 수 있어야 한다. 멋진 신세계를 꿈꾸려면 노동을 거부하는 태도는 필수라는 것이다. 노동거부 담론은 1960년대와 1970년대 이탈리아 사회

25) André Gorz(1988), Critique of Economic Reason, Trans. Gillian Handyside and Chris Turner, London:Verso.
26) 강내희(1999), 「노동거부와 문화사회의 건설」(p.15~44),「문화과학」20호

운동의 중요한 표어로 자율적 마르크스주의 기획의 결정적 요소였다. 노동자의 입장에서 자본주의는 자본축적이 아니라 임금소득이다. 노동자들은 임금 시스템에 따라 삶을 노동에 복종시켜 자본주의 안으로 통합된다. 따라서 자율주의는 자본주의 아래서 노동을 비판하는 데 초점을 맞춘다. 따라서 자율적 마르크스주의자들은 "일할 권리"를 "노동 거부"로 바꾸자고 주장한다.

노동을 거부한다면 생산 없이 어떻게 생존하고 생활할 수 있을까? 아무런 노동을 하지 않고 있을 경우 인간은 자유가 아니라 굶어 죽을 수밖에 없다. 비록 고역이지만 임금노동으로부터 떠나길 원하는 사람이 얼마나 될까? 그래서 고르는 사회적으로 필요한 노동의 수행을 최대한 정의롭게 만들고 자율적인 사적영역 노동을 최대한 확장하는 사회를 상정하는 것이 목표이지 모든 노동의 무조건적 거부를 말하지는 않는다. 노동거부란 단순히 노동을 포기하는 것이 아니라 임금노동을 신성화하는 이데올로기를 거부하는 것이다. 따라서 문화사회는 생존을 위해 필요한 재화와 서비스를 생산하는 "필요영역"에서의 노동에 대해서는 그 불가피성을 인정한다.[27)]

그렇다면 문화사회에서 필요영역 노동이 어떻게 수행될 것인가? 앙드레 고르의 문화사회는 노동의 범주에 시장 밖에서 이루어지는 자율노동, 자활노동을 비롯한 공동체적 활동도 포함한다. 이러한 맥락에서 노동 거부는 필요영역의 축소가 아니라 오히려 노동세계의 확대를 위한 요청이며, 필요영역을 구축하는 인간의 활동을 임금노동과는 다른

---

27) 마르크스가 말한 "자유영역"은 문화사회에 해당하고 "필요영역"은 노동사회에 해당하는 것으로 해석할 수 있다. 문화적 활동이 가능한 자유영역은 노동을 하지 않으면 안 되는 영역과는 구분되고 있다.

형태의 것으로 전환하자는 의미가 된다.

이러한 문화사회 담론은 울리히 벡의 시민노동[28], 제레미 리프킨 제3부문 노동[29] 및 필자의 공동체노동[30] 담론과 맥락을 같이한다. 즉, 임금노동의 지배성이 해체되고 제3부문에서 이루어지는 시민노동, 혹은 공동체노동 등 자발적 활동이 포함되는 새로운 노동의 형태가 확장될 것이란 전망은 앙드레 고르의 자활노동 및 자율노동과 맥락을 같이한다.

한편, 문화사회로 가기 위한 기획으로 임금소득이 아닌 "사회적 임금"을 확보해야 한다고 주장한다.[31] 필자 역시 2000년에 발간한 저서[32]에서 공동체노동의 확장과 정착을 위한 조건으로 사회적 임금으로서 기본소득 도입을 제안했다. 임금노동이 최소한으로 축소된 속에서도 생존이 가능하려면 임금 이외의 다른 차원의 소득을 보장받을 수 있어야 한다. 이를 위해 우리 사회에서 임금노동의 지배적 지위를 해체하고 시장 밖의 노동을 포괄하는 다중노동체계를 구축해야 할 것이다.

현재 사회는 임금노동이 절대 지배적 지위를 차지하고 있지만 분명한 것은 사회가 임금노동만으로 유지·발전되고 있는 것이 아니다. 가사노동, 자원봉사, 지역사회 상호부조활동 등 무임금 노동들의 경제적 가치를 화폐로 환산할 경우 임금노동 이상의 기여를 확인할 수 있을

---

28) 울리히 벡 저, 홍윤기 역, 1999, 『아름답고 새로운 노동세계』, 생각의나무
29) 제레미 리프킨 저, 이영호 역, 2000, 『노동의 종말』 민음사
30) 이성록 저, 2000, 『새로운 공동체 영역@제4섹터』, 미디어숲
31) 조계완 저, 2012, 『우리 시대의 노동생애』, 앨피
32) 이성록 저, 2000, 『새로운 공동체 영역@제4섹터』, 미디어숲 p.418~439.; 집필하던 1999년 당시에는 고령사회의 문제를 고려하지 않고 공동체노동과 기본소득을 제시 하였으나, 이 책에서는 인구 고령화를 반영하여 공동체노동과 조건부 기본소득 도입 방안을 제안하고 있다.

것이다. 그러나 가사노동이나 자원봉사활동을 임금노동으로 전환한다는 것은 불가능하고 바람직스럽지도 않다. 따라서 필자는 이 책에서 연령기준에 따라 노동시장으로부터 물러난 1천만 은퇴시민, 노년세대를 특정하여 공동체노동을 제도화하고 사회적 기여에 대한 임금으로서 기본소득을 보장하는 조건부 기본소득제도를 제안한다.

기본소득-사회적 배당의 가능성

기술혁명에 따른 4차 산업혁명과 나이혁명에 따른 고령사회의 도래로 인하여, 잉여인간의 대거 발생과 임금노동의 비인간성 문제가 제기되었고, 하나의 대안으로서 "노동 없는 소득"으로서 기본소득(basic income)[33]에 대한 논의가 부각되고 있다. 특히 4차 산업혁명의 총아 인공지능이 발생시킨 소득의 90%는 빅데이터를 활용한 것이므로 70% 과세하여 기본소득으로 나눠야 한다는 등 다소 낭만적 기대까지 등장하여 기본소득에 대한 관심을 증폭시키고 있다.

기본소득의 핵심은 고용과 소득의 분리, 즉, 노동이나 일자리의 유무와 상관없이 모두에게 인간다운 삶이 가능한 기본적 소득을 보장한다는 데 있다. 여기에는 임금노동의 지배로부터 탈출이라는 결단이 전제된다. 우리나라에서 기본소득 담론을 정리하여 대중으로 확장한 계기는 2010년의 기본소득 국제학술대회에서 발표한 〈기본소득 서울선언〉이다.[34]

---

33) 기본소득은 국민배당, 시민수당, 시민소득, 시민보조금, 사회소득, 평생월급 등 여러 다른 이름으로도 불린다.

34) 2010년 1월 27일 국내외 학자, 시민운동가와 진보진영 정치인들이 모여 기본소득 국제학술대회(Seoul Basic Income International Conference 2010)를 개최하고 〈기본소득 서울 선언(Basic Income Seoul Declaration)〉을 발표했다.

"……기본소득은 어떠한 심사나 노동 요구도 없이 모든 사회 구성원에게 개별적으로 지급하는 조건 없는 소득이다. 기본소득은 기존의 선별적이고 잔여적인 복지 패러다임을 넘어 보편적 복지 패러다임을 완성하는 지렛대이며, 완전고용이라는 가상과 자본주의적 임금노동의 전일화로부터 탈피하여 노동사회를 안팎으로부터 재구성할 촉매제이다. 기본소득은 단순히 현금소득으로 다른 모든 것을 대체하려는 시도도, 분배의 개선만으로 다른 모든 가능성을 차단하려는 시도도 아니다. 기본소득의 보편적 성격은 그것에 기존의 소득들과는 다른 새로운 힘을 부여하며, 새로운 가능성의 영역들을 만들어낸다."

사실 기본소득 제도를 도입해야 한다고 주장하는 이들의 출발점은 임금노동의 위기상황이다. 일본의 기본소득 주창자인 세키 히로노 역시 "현대는 산업의 자동화가 극한으로까지 진행되고 있는 시대이며, 설사 경제위기가 없어도 현대인의 대부분은 잠재적인 실업자라고 할 수 있다."[35]고 말한다. 현재 대부분의 사람들이 "잠재적 실업자"이고 앞으로 더욱 많은 사람들이 노동으로부터 배제될 것이기에 "고용과 소득을 분리하여, 사람들에게 고용에 좌우되지 않는 소득을 분배"할 것을 그는 주장한다.

서울선언이 말하듯 기본소득이 전면적으로 도입된다면 우리 사회는 그야말로 혁명적 변화를 겪게 될 것이다. 사람들이 노동의 의무로부터 해방되어 각자 자신이 원하는 활동을 하면서 동시에 인간답게 살아갈 수 있기 때문이다. 특히 기본소득 제도는 구조적 빈곤과 실업의 장기

---

35) 세키 히로노, 사회신용론과 기본소득, 녹색평론 제111호, 2010년 3-4월호; 녹색평론 홈페이지 기본소득 자료실(http://www.greenreview.co.kr)

화, 고용 없는 성장 추세가 나타난 21세기의 사회에 복지와 노동의 새로운 패러다임을 제시하는 사회경제적 대안이 될 수도 있다.[36]

기본소득의 실현을 위한 하나의 전기로 주목했던 사건은 스위스에서 모든 성인에게 기본소득을 보장하는 국민발의법안이 의회에 제출된 것이다. 스위스 시민사회가 12만 6천 명의 서명을 받아 스위스 연방의회에 제출한 것으로 모든 국민에게 한 달 2천500 스위스 프랑(약 297만 원)의 기본소득을 지급하는 법안이다. 그러나 국민투표에서 77%의 반대로 부결됐다. 재원 마련을 위한 증세와 이민증가 등 부작용에 대한 우려의 벽을 넘지 못하고 좌초됐다. 그러나 더 중요한 부결 요인은 이미 시행되고 있는 스위스의 복지제도가 충분하여 기본소득에 대한 기대가 크지 않았다는 점이다.

스위스의 국민투표 부결에도 불구하고 지지자들이 기본소득의 실현을 위해 노력하는 이유는 고용 없는 성장, 무의미한 노동의 비인간성, 대량생산 및 대량소비가 초래한 생태 위기 등의 복합적 문제를 신자유주의로 후퇴한 복지국가를 재건하는 방식으로는 해결할 수 없다고 보기 때문이다. 물론 복지국가 재건을 주장하는 사람들은 기본소득제도를 반대하지만, 기본소득 지지자들은 4차 산업혁명의 시대에 부합되는 새로운 모델로서 기본소득제도가 최선의 대안이라고 믿는다.

즉, 기존 복지시스템은 20세기의 산업사회에 적합한 것인데, 우리는 지금 개방된 다양한 층위의 서비스 사회로 가면서 대부분 사람들이

---

36) 기본소득에 대한 아이디어와 이념이 어떠한 변천을 거쳐 왔는지에 대한 소개는 기본소득 지구네트워크(BIEN)의 홈페이지에 자세히 나와 있다. (http://www.basicincome.org/bien/aboutbasicincome.html#history) 이 글의 한국어 번역판은 최광은이 〈기본소득의 역사〉라는 제목으로 자신의 블로그에 소개하고 있다.(http://gwangeun.net/130044965135) 여기서는 최광은의 번역본을 인용한다.

제조업보다는 임시직, 파트타임 서비스 노동자가 되고 있다는 점에서 새로운 모델이 필요하다.[37] 결국, 노동의 여부와 상관없이 모든 이들에게 상당한 수준의 소득을 보장하는 것만이 문제를 해결할 수 있다는 점에서 기본소득이 비인간적인 신자유주의의 문제를 근본적으로 변혁할 대안이라고 주장하는 것이다.

그러나 모든 국민에게 조건 없이 기본소득을 보장해주자는 주장은 일견 현실을 벗어나 지나친 유토피아적 이상주의라는 비판이 제기되고 있다. 최근 4차 산업혁명이 진행되면서 인공지능로봇이 생산을 담당하면 일자리를 상실한 사람들이 대거 증가하므로, 로봇이 생산한 잉여가치를 재원으로 기본소득을 실시하자는 낭만적 발상도 언론에서 띄우고 있지만, 현재 기본소득에 관한 논의는 현실세계로의 확장력을 발휘하지 못한 채 정체되어 있다.

기본소득 제도의 가능성에 대한 의문은 다양한 차원에서 제기되고 있다. 지급 수준을 국가나 문화적 차이에 따라 어떻게 정할 것이냐는 문제와 함께 재원 마련 방법과 여타 공공부조의 재편방식에 대한 문제가 논쟁이 되고 있다. 우파진영에서도 사회복지 비용의 효율성을 전제로 찬성하는 의견이 나오고, 진보진영에서도 강력한 경제적 권리를 보장받으면서도 아무 의무도 부과하지 않는 것에 대한 비판이 나오고 있다.

기본소득 도입에 대한 비판은 대체로 세 가지 측면으로 정리할 수 있다. 첫째는 기본소득 지급에 필요한 막대한 재원을 어떻게 조달할 것인가의 문제이다. 이에 대하여 기본소득 지지자들은 현재 국내외의 많은 경제학자들이 부유한 나라이건 가난한 나라이건 기본소득을 당

37) 손제민 특파원, "고성장 없이 지속 불가능한 스웨덴 복지모델, 한국에 해답 아니다", 경향신문, 2014. 7. 2.

장 시행할 수 있으며, 기본소득의 재원을 마련하는 데 문제가 없다고 주장한다.

이들은 재원을 어디에서 어떻게 마련할 것인가에 대해서 구체적이고 다양한 의견을 제시하고 있다. 현재, 기존의 재원을 재분배하는 안(사회보장을 위해 지출하는 유사한 예산들과 선별적 사회보장제를 운영하는 데 들어가는 행정비용을 없애 모은 재원을 재분배하는 것), 국가가 직접 화폐를 발행하는 방안 및 금융시스템의 공유화, 토빈세, 탄소세(환경세), 부유세 등의 새로운 세제 도입, 소득세 체계의 개편, 부가가치세를 인상하여 마련하는 방안, 주요 기업의 국유화를 통한 재원 마련 등 다양한 방안을 제시하고 있다.[38]

두 번째 걸림돌은 기본소득에 대한 윤리차원의 문제이다. 즉, 최소 생활이 보장되는 기본소득이 모두에게 지급된다면 사람들이 하던 일을 그만둘 것이기에 산업 자체가 붕괴될 것이라는 우려이다. 이런 생각은 "임금노동이라는 것이 대체로 비인간적이고 소모적인 노역"이며 "일은 행복한 것이기보다는 고통스러운 것"이라는 생각에 근거를 두고 있다.[39] 그렇기에 자본주의적 임금노동에 지친 사람들이 기본소득이 주어지면 당장 일을 그만둘 것이라는 주장이다.

그러나 일이 즐겁고 보람되며 자발적으로 선택한 것이라면 상황은

---

38) 밀롱도, 바티스트 저, 권효정 역, 2014, 『조건 없이 기본소득』, 바다출판사 p.141~152 및 녹색평론 좌담에 자세히 나와 있다.; 한국에서도 강남훈 교수가 전 국민에게 연간 550만 원씩 지급하는 "높은 기본소득 모델"과 300만 원씩 지급하는 "낮은 기본소득 모델"을 도입할 경우 재원을 어떻게 마련할 것인가를 구체적으로 계산한 연구를 발표했다. 그의 결론은 "우리나라의 경제력으로 볼 때 높은 기본소득도 얼마든지 제공할 수" 있음은 물론, 그를 위한 총 조세부담률(국민부담률)은 40% 정도로 북유럽 국가들의 총 조세부담률(50%)보다 낮은 수준으로 기본소득을 도입할 수 있다는 것이다.
39) 밀롱도, 바티스트 저, 권효정 역, 2014, 『조건 없이 기본소득』, 바다출판사

달라진다. 기본소득은 사람들이 먹고살기 위해 어쩔 수 없이 해야 하는 노동의 의무에서 벗어나게 해주는 것과 동시에 자신이 하고 싶은 일을 자유롭게 할 수 있는 바탕을 만들어주는 것이므로 사람들은 이제 자유의지대로 일하게 될 것이다. 즉, 기본소득이 주어지면 타율적 임금노동에서 벗어나 자유롭게 자신과 타자의 복리를 위해 일을 하게 된다는 것이다.

실제로 기본소득을 시험적으로 시행한 미국과 캐나다의 예를 보면 기본소득이 지급되어도 노동 양의 감소 현상은 크게 일어나지 않았다고 한다.[40] 기본소득을 통해 임금노동만이 일이 아니라 "지금까지 은폐되고 그늘에 가려져왔던 일들", 즉, 가사노동이나 사회봉사, 예술활동 등이 모두 정당한 일로 대접받게 된다면 일이 오히려 늘어날 것이다. 나아가 "사람마다 지닌 독특한 개성적인 재능들이 여태까지 우리가 몰랐던 다양한 일의 형태로 표현될"[41] 수도 있다.

마지막으로, 기본소득 실현에 가장 커다란 장애물은, 산업혁명 이래 사람들이 품어온 노동에 대한 고정관념이다. 노동은 신성한 것이라는 고정관념에 따라 일하지 않고 돈을 받는 것에 대한 거부감이 크다. 예컨대 "기본소득 도입을 가로막는 최대 장벽은 재원 마련 방법이 아니라, 일하지 않는 자, 먹지도 말라는 고정관념"이라고 말하고 있다. 게

---

40) 1970년대에 뉴저지 주와 펜실베니아 주의 6개 도시의 1400가구에 4년 동안 마이너스 소득세를 지급하는 실험과 아이오와 주와 노스캐롤라이나 주 시골에 사는 흑인 가구, 덴버와 시애틀에 사는 5000가구에 마이너스 소득세를 지급하는 실험을 했다. 이 실험 전체를 분석한 경제학자 마이클 킬리는 "전체 노동시간에서 평균 7~9퍼센트가 줄었다고 결론"을 냈다. 고용문제 전문가인 로버트 홀은 그에 대해 대개 여러 개의 일을 하던 사람들이 아르바이트를 줄이거나, 아이를 돌보는 여성, 학업을 마치지 않은 성인들이 노동시간을 줄인 것으로 평가했다. 밀롱도, 앞의 책, 126쪽 참조.
41) 녹색평론 좌담, 29

다가 '일하지 않은 자는 먹지도 말라'고 한 성경구절도 일하지 않고 돈을 받는 것을 받아들이기 어렵게 만든다.

지지자들은 무위도식하는 사람들에게 조건 없는 소득보장에 대한 윤리적 문제 제기에 대한 해답을 "배당금"의 개념에서 찾고 있다. 사회구성원은 누구나 존재하는 그 자체로서 제각각 사회적 기여를 하고 있으며, 기본소득은 사회구성원에게 마땅한 권리로 주어져야 할 기여에 대한 "배당금"이라는 것이다. 이는 다른 제도와 기본소득이 구분되는 매우 중요한 특징이다.

필자가 보기에 많은 경우 기본소득제도를 사회복지제도의 하나로 혼동하고 있다. 사회복지제도는 기본적으로 "노동능력"의 여부와 관련된 제도이다. 노동능력이 없는 사람에게 노동하는 이들의 몫을 재분배하는 기능을 담당한다. 그러나 기본소득은 능력 유무에 상관없이 "사회기여"에 대한 배당금의 성격을 갖는다는 점에서 중요한 차이가 있다. 물론 사회적 기여 부문에 대한 논란의 여지는 크지만, 일단 기본소득 지지자들은 사회에 구성원으로 존재하는 그 자체를 기여로 본다.

기본소득은 근원적으로 노동과 소득을 분리하기 위한 장치로서 제도 그 자체보다 노동 개념을 완전히 새롭게 재구성할 때 비로소 가능성이 열린다. 즉, 노동을 금전적 이익을 취득하는 임금노동으로 제한된 상황에서는 특히 노동윤리 장벽에 가로막힐 것이다. 노동이 시장 내의 임금노동만이 아니라, 시장 밖에서 이루어지는 노동들, 곧 자신이 진정으로 원하고 또 자신의 능력을 발휘해 자신은 물론 이웃과 사회에 기여하는 일을 노동의 범주에 포함할 때 "사회기여"에 대한 배당금으로서 기본소득은 노동 윤리의 장벽을 넘어설 수 있을 것이다.

따라서 필자는 2000년에 출간한 저서[42]를 통해 기본소득제도의 도입을 제안했다. 다만 그것은 공동체노동과 연계된 조건부 기본소득을 제안했다. 노동 능력을 보유한 사람까지 포함하는 무조건적 기본소득은 평등의 원리와 헌법의 윤리적 의무를 고려할 때 실현 불가능하지만 합리적 차별에 근거한 조건부 기본소득은 실현가능하기 때문이다. 특히 기본소득 논의가 임금노동을 중심으로 전개될 경우, 디테일은 간과되고 보편적 상식에 근거한 윤리적 장벽 앞에서 좌초하고 말 것이다. 중요한 것은 존재한다는 것 그 자체가 기여라는 관념보다는 기본소득이 임금노동이 아닌 시장 밖의 자유로운 노동을 통하여 자연스럽게 만들어내는 "사회적 기여"라는 현실성이 요구된다.

기본소득의 한계-평등원리 침해의 역설

대체적으로, 기본소득을 주장하거나 그에 반대하는 사람들의 기본적 논쟁은 소요 재정의 마련과 다른 제도와의 관계에서 비용의 비교 우위성 등 경제적 측면에 초점을 맞추고 있다. 한쪽은 재원 마련이 가능하다고 하고, 한쪽은 불가능하다고 말한다. 또, 한쪽은 기본소득제가 비용이 훨씬 적게 든다고 주장하고, 다른 한쪽은 기본소득을 위해 필요한 정책수단 비용이 막대하다고 주장한다. 기본소득 지지자와 복지국가 지지자 간의 논쟁도 만만치가 않다.

그러나 필자의 판단은 기본소득 실현을 가로막는 핵심 장애물은 반대자들이 지적하는 재원 확보의 문제가 아니라, 또 지지자들이 우려하는 임금노동을 신성시하는 고정관념 체계만이 아니라, 바로 노동 윤

---

42) 이성록 저, 2000, 『새로운 공동체 영역@제4섹터』, 미디어숲

리의 장벽이라고 본다. 제기된 윤리적 장벽은 논리적으로 특별한 것이 아니라 보편성을 갖고 있다는 점이다. 윤리성의 설명력에 있어서 기본소득 지지자들의 주장이 오히려 궁색하고 비논리적이다. 그것은 앞에서도 지적한 바와 같이 임금노동의 틀에 갇힌 논의이거나, 사회적 기여에 대한 추상성 때문이다.

문제는 타율적 임금노동에서 벗어나 자유의지에 따른 노동을 하는 경우 즉, 타자의 복리에 기여한 경우에 제한적으로 기본소득을 제공하는 "조건부 기본소득"과 아무 기여도 하지 않은 사람에게까지 기본소득을 제공하는 "무조건적 기본소득"이라는 선택지의 발생이다. 따라서 조건부 기본소득은 윤리 차원의 논리가 성립하지만, 무조건적 기본소득은 윤리 차원의 질문에 봉착한다.

자신의 복지는 물론 타자의 복지를 위한 기여는 사회구성원으로서의 책무이다. 그런데 사회구성원으로서 전혀 책무를 이행하지 않은 사람에게 기본소득을 지불해야 하는 이유는 무엇인가? 기본소득 지지자들은 그 이유를 사회구성원이라면 누구나 사회적 부를 창출하는 데 기여하기 때문이라고 주장한다. 즉, "우리가 각자 무슨 일을 하든지 그것이 사회적 부를 창출하는 데 기여한다고 인정"하고 "일부의 경제적 부를 사회구성원 모두에게 돌아가게 하려는 것"이라고 주장한다.[43]

먼저 유념할 것은 기본소득은 복지제도가 아니라 국민의 사회기여에 대한 배당제도라는 점이다. 약자에 대한 감성이 개입되어서는 안된다는 것이다. 그런데 사회기여에 대해 사회적 임금을 지급하는 기본소득제도를 제도화할 경우 윤리적 문제와 함께 현행 헌법체계에서는

---

43) 밀롱도, 바티스트 저, 권효정 역, 2014, 『조건 없이 기본소득』, 바다출판사

법리적 문제를 발생시킬 여지도 있다.

예컨대 헌법에서 보장한 어떤 기본권을 제도적으로 현실화할 경우, 합리적 차별이 없다면 부당한 차별이 발생하기 때문이다. 노동능력이 없는 사람에 대한 재분배는 합리적 차별에 의한 평등으로 이미 사회적으로 수용되었다. 그러나 노동능력이 있는 사람까지 노동을 하지 않고 모두 기본소득에 의존한다면 사회시스템은 붕괴된다. 따라서 기본소득 지지자들도 누군가는 노동할 것이라고 가정한다. 자본이 착취하던 그 잉여 가치를 나누겠다는 발상이다.

그렇다면 결국 기본소득제도는 탈(脫)노동이라는 자기 전제조건을 파괴할 뿐만 아니라 결과적으로 다른 사람의 몫을 착취하는 결과를 초래한다. 그 착취자가 자본가이든, 다른 구성원이든 노동하는 사람의 입장에서는 똑같은 착취가 된다. 이는 부당한 차별로써 곧 평등을 추구하는 기본소득 제도에 의한 "평등의 원리 침해"라는 역설이 나타나는 셈이다.

다시 말하지만 노동능력이 없는 사람들에 대한 재분배에 대한 사회적 합의, 곧 합리적 차별과는 전혀 다른 차원의 문제이다. 사회에 기여할 수 없는 사람들에 대한 재분배는 정의 차원의 합리적 차별에 의한 배려이다. 그러나 노동능력이 있는 사람이 사회적 기여를 하지 않는다면 권리도 부정된다. 헌법 제32조 2항은 그런 차원에서 법적 및 윤리적 의무를 담고 있다. 즉, 사회구성원으로서 기여에 대한 윤리적 책무 곧 "근로의 의무"이다. 사회가 사회체계로써 유지되려면 의무와 권리의 균형이 조건이 된다. 따라서 기본소득 자체가 문제가 아니라 "무조건적"이라는 전제가 문제인 것이다.

한편, 우리나라 헌법은 제32조 2항에서 "근로의 의무"를 법적 및 윤리적 의무로 명시한 것이다. 일단 헌법은 타자에 대한 기여를 국민의 윤리적 의무로 규정함으로써 보편적 사회계약으로 수용하고 있다. 만일 사회 구성원이란 자체가 곧 사회적 부를 창출하는 데 기여한 것이란 논리가 헌법에 담긴 사회계약의 정신을 위배한 것으로 법률적 문제를 야기할 수도 있다. 따라서 기본소득을 논의하기 위해서는 헌법 제32조 2항을 삭제하거나 개정해야 할 것이다. 헌법 32조의 문제점과 개정에 대해서는 이 책 5장에서 공동체노동과 관련하여 좀 더 구체적으로 논의한다.

기본소득은 분명 인간의 가치를 극대화하는 매우 이상적인 제도이다. 그럼에도 불구하고 "무위도식"이라는 윤리적 문제는 단순하지만 극복하기 매우 어려운 것이다. 여기서 유의할 것은 소득이란 열심히 일해서 돈을 버는 것에 그치는 것이 아니라 우리가 중요하게 여기는 것들에 대한 척도 역할까지 한다는 점이다. "열심히 일하며 규칙을 따르는" 많은 사람들 입장에서는 무위도식하는 사람들에게 조건 없이 보상을 제공하는 것은 자신이 흘리는 땀에 대한 부당한 착취가 될 수 있다.

이러한 문제의식은 롤스의 소위 "말리부의 서퍼론"이 대표적이다. 잘 알려진 바, 현대철학에서 가장 큰 영향력을 발휘하고 있는 롤스(John Rawls)는 기본소득에 대해 확고히 반대했다. 롤스는 급진적 기회평등을 주장하면서 한편으론 합리적 차별의 원칙을 통한 선별적 복지를 지지하고 있다. 따라서 기본소득 지지자들은 롤스의 정의론 해석을 통해 정당성을 모색하고 있지만 여전히 롤스의 노동윤리를 극복하지 못하고 있다. 롤스의 노동윤리는 흔히 "말리부의 서퍼"라고 불리기도 한다. 즉, 아름다운 말리부의 해변에서 서핑하며 무위도식하는 서퍼들을 부양하기 위해, 땀 흘려 일한 시민들이 낸 세금을 투입한다는 것은 정의롭지 않다는 주장이다. 기본소득 지지자들의 장벽은 반대론자들이 아니라 "의미 있는 노동"을 전혀 하지 않은 채 무위도식하는 사람들의 존재이다. 그런 사람은 지금도 분명히 존재하고 있으며 기본소득이 제공될 경우 더 늘어날 것이란 명약관화(明若觀火)하다는 주장에 대답은 추상적 궤변이거나 논리가 궁색할 수밖에 없다.

만약 모두 힘든 노동으로부터 이탈한다면 누가 하게 될까? 모두 인공지능로봇에게 시킬 것인가? 이른바 무위도식에 대한 선량한 노동자들의 분노, 열심히 일하며 규칙을 따르는 사람들이 느끼는 상대적 박탈감을 기본소득 지지자들은 어떻게 극복할 것인가? 현재 수준의 사회복지에 대해서도 못마땅한 사람들을 무슨 수로 설득시킬 수 있을까? 이웃에 대한 동정이나 연민이 아닌 사회적 연대성으로 사회적 설득이 가능할 것인가? 무엇보다 모두가 똑같이 자유를 누리고자 할 때 발생하는 체계 붕괴는 어떻게 막을 것인가?

물론 기본소득 지지자들이 또 하나의 복지정책이 아니라 오늘의 세계와 인간성의 한계와 가능성에 대한 근원적인 물음이라는 주장은 타당하다. 그러나 모든 인간은 태어나면서부터 존재 그 자체로 삶을 존엄하게 영위할 권리를 가지며, 사회와 국가는 어떤 조건도 없이 모든 개인에게 기본소득을 제공해야 한다는 주장은 자본주의 모순과 임금노동 폐해에 대한 비판에는 유용하지만, 대안이 되는 것은 쉽지 않다. 여기서 근본적 질문을 제기하게 된다. 기본소득이 자본주의 이후의 새로운 사회, 지금과는 다른 삶의 형식을 발명할 수 있는 것인가?

문화사회론 비판—소는 누가 키워?

노동을 하지 않아도 생존이 가능하다. 누구나 아침에는 사냥하고 오후에는 낚시하고 저녁에는 소를 치며 저녁식사 후에는 독서하며 비평하는 일이 가능하게 된다. 먹고사는 문제도 완벽하게 충족되고, 자신의 가치, 자아실현도 얼마든지 가능한 낙원, 우리 모두가 꿈꾸는 유토피아, 마르크스의 노동해방의 세상이다. 만약 내가 하고 싶을 때, 내가 하고 싶은 일만 할 수 있다면 지금 하고 있는 일을 계속하게 될까?

성경에도 모든 것이 완전하게 충족된 상태의 에덴동산이라는 낙원이 존재한다. 이 낙원 역시 모든 것이 이미 충족되어 있기에 욕망이 존재하지 않는 그야말로 완전한 행복의 세계이다. 행복만 있으면 우리는 모든 것을 가진 것이다. 그런데 모든 것이 완벽하게 충족된 상태는 문제가 없을까? 모든 것이 충만하면 만족할 수 있는 것인가? 행복의 조건이 완벽하면 행복한 것인가?

필자는 40여 년 전, "타임머신" 영화를 본 적이 있다. 너무 오래되어 제목은 기억나지 않지만 내용은 또렷이 기억한다. 가장 인상적인 한 장면은 낙원에서의 에피소드이다. 낙원에는 부족한 것이 없다. 모든 것이 충족되니 당연히 욕망도 없다. 모든 것이 완벽하게 행복하다.

감로수가 흐르는 아름다운 시냇가엔 선남선녀들이 평화롭게 앉아 있었다. 그런데 갑자기 한 여인이 미끄러져 물에 빠졌다. 그러나 아무도 그 여인을 구하려 하지 않았다. 주인공이 뛰어들어 구해주었으나 정작 그 여인은 의아스러워한다. 낙원이 너무나도 평화로운 것은 타자에 대한 관심 그 자체가 없기 때문이다. 모든 것이 충족되니 타자에 대한 관심도 필요하지

않은 것이다. 낙원의 평화는 지루함 그 자체였다. 완전하게 행복한 낙원에
는 무관심과 권태만 있었다.

지상낙원에서는 전혀 비용을 들이지 않고도 인공지능 자동생산 장
치들이 인간이 원하는 물질은 무엇이든 즉시 생산한다. 낙원에서는 어
느 누구도 일하지 않으니 100% 실업자이다. 결국 지상낙원의 사람들
은 완벽한 충족 상태에서 식욕, 성욕, 소유욕 등 욕망을 잃어버렸다.
무관심과 지루함만 남았다. 지루함을 견디지 못한 일탈자가 발생했다.
유일한 금기를 어겼고 낙원으로부터 추방됐다. 일평생 땀 흘려 일해야
만 연명할 수 있는 벌을 받았다. 그러나 그것은 도리어 행복이었다.

성경의 낙원으로부터의 추방설화는 낙원의 역설을 보여준다. 아무것
도 할 필요가 없는, 아무것도 해서는 안 되는 낙원의 지루함을 견디지
못한 최초의 인간은 결국 금단의 열매를 취하는 생산활동을 하게 된
다. 결국 낙원으로부터 추방되고 평생 땀을 흘려야 먹고사는 벌을 받
게 되었다. 그래서 이 벌로부터 벗어나 다시 낙원생활을 누리는 노동
해방을 꿈꾸고 있다. 우리는 이 역설에 빠져 있다. 이 역설로부터 빠져
나오는 방법은 없는가?

우리는 지금 노동사회로부터 노동 그 자체가 점차 사라지는 시대에
살고 있다. 사람들은 거세된 희망, 노동의 종말을 말하고 있다. 물론
새로운 노동의 세계, 노동의 희망을 제시하는 사람들도 있다. 그러나
노동의 종말 시대를 맞아 노동의 미래에 관한 다양한 의견들이 제시
되고 있지만 문제 진단의 과정이나 해결책 제시에 혼란이 가중되고
있다.

오늘날 자본주의와 결합된 노동이 물질적 풍요와 함께 비윤리적 문

제를 야기한다. 우리들의 노동 내용은 비록 돈을 벌고 사회적 정체성을 만들어가는 것이라고는 하나, 노동의 결과물은 가면 갈수록 별다른 의미를 부여할 수 없는 것, 과잉된 것으로 결국 자연 생태계와 인간관계를 파괴하고 있다.[44] 이 비극적 상황에서 에리히 프롬은 창조적 개인을 내세워 일의 존엄과 가치를 회복하고 "더 나은 일"을 제안한다. 자율적 마르크스주의자들은 타락한 임금노동 거부를 촉구하면서 새로운 낙원, 문화사회를 제안하고 있다.

문화사회 운동 혹은 담론은 노동과 문화를 분리하고 고된 노동으로부터 탈출하여 행복한 문화세계로 나아가자는 유토피아 지향성을 갖고 있다. 굳이 그 이상을 반대할 사람은 없을 것이다. 그러나 새로운 낙원의 꿈에 대한 비판도 거세다. 그것은 현실과 괴리되어 있는 바로 그 유토피아 지향성 때문이다. 임금노동으로부터 탈출하자는 담론이 새로운 삶을 창조하는 대안으로서 유효성을 갖지 못하기 때문이다.

프랑스의 노동철학자인 도미니크 메다 역시 줄곧 노동의 신성불가침을 해체해야 한다고 주장해왔다. 그러나 2011년 르몽드에 기고한 "어떻게 노동에서 자기실현을 이룰 것인가?"[45]라는 칼럼에서는 탈노동사회를 비판하면서 변화된 태도를 보여주었다. 우선 당면한 고통이 너무 시급하므로 시간이 많이 걸리는 임금노동의 본질적 문제해결은 뒤로 미루고 일단 임금노동을 살리고 보자는 차원에서 노동권을 논의의 중심에 놓는다. 칼럼의 요지는 다음과 같다.

---

44) 홀거 하이데 저, 강수돌 외 역, 2004, 『노동사회에서 벗어나기』 박종철 출판사
45) Dominique Méda : "Comment s'épanouir au travail ?", Le monde, 2011. 11. 22.

노동을 이윤이나 매출액을 창출하는 수단이 아니라 인간의 본질로 여겨야 노동과 노동자가 자기실현이라는 목적성을 갖는다. 그럼에도 불구하고 자본주의 생산 체제는 그것이 어떠한 형태를 띠든지 간에 노동자를 이윤 실현에 복무하는 수단으로 만든다. 그러므로 노동에 다시 의미를 부여한다는 것은 현대사회의 경제주의 및 생산주의와 단절하는 진정한 혁명을 의미한다. 그러나 그날이 오기까지는 다소 긴 시간이 걸릴 것이다. 따라서 그동안 노동의 재구축에 기여할 수 있는 의제로서 우선 노동권을 논의의 중심에 놓아야 한다. 왜냐하면, 만연된 실업이 오늘날 심각한 고통의 근원이기 때문이다. 그다음 노동에 강한 규제를 부과해야 한다. 이제 더 이상 몇 시간짜리 일시적 노동을 진정한 고용으로 간주하지 못하도록 해야 한다. 그리고 비정규직을 보호하는 수단을 부여하고 노동의 가치에 합당한 보수를 지급하도록 규제해야 한다.

탈노동사회 혹은 문화사회 담론에 대한 비판은 "그럼 소는 누가 키워"라는 코미디언의 유행어로 압축할 수 있다. 탈노동사회론에서는 노동보다 문화가 우월한 가치를 갖는다. 노동사회에서는 노동하지 않는 자, 가령 실업자가 패배자라면 문화사회에서는 반대로 노동하는 자가 패배자가 된다. 하지만 우리의 의식주를 충족하기 위하여 고된 노동을 감내하는 자들을 패배자로 규정하는 것이 과연 윤리적으로 정당한가? 탈노동 문화사회론의 핵심문제는 노동하는 자의 존엄성을 보장해 주지 못하는 점에 있다. 즉, 우리의 목표는 노동자도 루저가 아니고 실업자도 루저가 아닌 사회를 만드는 것이어야 할 것이다.[46]

---

46) 홍민기 외 3인(2013), 고용 중심 복지정책에 대한 비판적 고찰, 한국노동연구원

노동 거부도 해야 하고, 노동 참여도 해야 하는 딜레마를 풀기 위해 복잡한 논리들을 만들어내고 있지만 유토피아적 가능성과 실재적 가능성의 매트릭스는 쉽지 않아 보인다. 당장은 노동 거부가 모든 임금노동의 철폐가 아닌 이상 누군가는 임금노동에 종사해야 한다. 그들의 일차적 요구는 "일은 적게" 하고, "임금은 많이" 받는 것이다. 그러나 현실적 욕망은 "더 많이 일"하고 "더 많이 받는 것"으로 조정된다. 소비이데올로기에 포획된 과잉노동의 비극적 상황은 여전히 엄중한 현실로 남는다.

그런데 노동을 거부하라는 메시지가 어떻게 반향을 일으킬 수 있겠는가? 따라서 탈노동 문화사회의 경향성은, 주체들에 대한 임금소득의 영향을 최소화시키면서 동시에 주체들의 욕망과 필요를 확장시키려는 상충된 기제가 충돌하는, 끊임없는 갈등을 내포한다. 이러한 경향 가운데 임금노동 참여와 비참여가 선택가능하고 조화될 수 있는 방안은 무엇인가? 그리고 어떻게 노동에서 자기실현을 이룰 것인가?

문화사회 담론이 유토피아적 대안이 아닌 실재적 대안으로서 한계를 노정하고 있다. 노동영역으로부터 노동을 거부함으로써 노동을 축소하려는 자본주의 기획에 알리바이를 제공하고 있다는 비판도 거세다. 결국 "노동사회에서 문화사회로"라는 슬로건처럼 노동과 문화를 분리하면서 노동 거부에 초점을 두는 접근방식은 현실적 대안으로 자리 잡기 어렵다. 오히려 노동을 문화와 통합하여 임금노동과 함께 시장 밖의 다양한 대안적 노동을 연계한, 노동문화체계를 구축한다면 임금노동의 영역이 축소되고 문화영역이 확장되는 효과를 얻을 것이다. 그러나 중요한 것은 임금노동의 지배구조에 대한 비판과 탈노동의 경향은 더 이상 돌이킬 수 없다.

노동의 미래-임금노동을 넘어서

오늘날 노동의 미래에 관한 논의는 대체로 두 가지 측면에서 이루어지고 있다. 하나는 노동의 양과 관련된 것이고, 다른 하나는 노동의 내용과 관련된 것이다. 전자는 일자리 부족에 대응하여 노동의 범주를 확대해서 임금노동의 기회를 확대하려는 시도라면 후자는 임금노동의 한계를 바탕으로 노동의 내용을 분석하여 비임금 노동의 가능성을 확장하고자 하는 것이다.

국가차원에서는 정치적 논리에 따라 노동의 양적 확대를 통하여 모든 사람들에게 일자리를 마련해주겠다는 공약을 내걸고 천문학적 재정을 투입하고 있다. 이러한 대책의 중요성은 대부분의 사람들이 생존을 노동에 걸고 있기 때문이며 동시에 개개인의 사회적인 정체성이 노동을 매개로 하고 있기 때문이다. 그러나 그럼에도 불구하고 오늘날 인류 사회에서 노동의 기회가 점차 감소되고 있다는 불길한 소식은 이미 현실로 나타나고 있다.

천문학적 국가재정을 쏟아 붓고 있지만 노동시장에서 배제된 젊은 노동자, 나이를 이유로 노동시장으로부터 추방된 늙은 노동자에 이르기까지 잉여인간으로 넘쳐나고 있다. 기술혁명으로 일자리는 축소되고 더 이상 늘어나지 않는다. 이제 우리는 특단을 내릴 때가 되었다. 시장경제의 임금노동 지배구조에서 벗어나 시장 밖의 대안적 노동의 조직을 모색해야 한다. 따라서 이제 우리의 과제는, 비인간적 임금노동 영역을 철폐하거나 노동을 거부하고, 노동해방의 유토피아를 만들겠다는 급진적 발상이 아니다. 그것은 임금노동의 영역에서 배제되고 추방된 사람들을 자연스럽게 수용하는 발상에 입각하여, 새로운 대안적 노동을 조직함으로써 다중노동체계를 구축하는 것이다.

그렇다면 어떻게 해야 한계에 봉착한 임금노동 지배구조를 탈피하여 대안적 노동이 가능할 수 있을까? 최근 부각된 협동조합 또한 이러한 노동문제에 대안을 마련하고자 출발했다. 생산수단인 사업체를 조합원들이 공동소유하고 조합원의 운영참여를 통해 자본이 아닌 사람이 주인 되는 방식으로 노동의 대안을 마련하고자 했던 것이다.

협동조합 발흥기에 "어소시에이션"에 가능성을 부여한 것은 칼 마르크스의 생각이었다. 하지만 현실 사회주의는 국가가 모든 것을 소유하는 구조로 나타났다. 국가에 의한 계획·통제와 노동 동원 구조가 되어버린 것이다. 어소시에이션을 통해 실현하고자 했던 인간 자율에 의한 노동 참여 구조는 온데간데 없어지고 국가 관료에 의한 통제된 노동만이 존재하게 되었다.

사실상 소련이나 동유럽 나라들은 노동해방의 방향으로 나아가려 노력하지도 않았고, 당과 정부 관료들이 인민대중들을 옥죄고 있었던 것이다. 이러한 형태가 과연 마르크스가 예측한 자본주의의 대안이었을까? 그렇다면 마르크스가 말하는 자본주의 이후의 새로운 사회는 어떤 형태인가?

지금 자본주의 체제는 다른 대안이 없다는 듯 맹진하고 있다. 노동의 기회를 얻지 못하고 노동의 기회를 획득하여도 불안과 불만을 벗어나지 못하고 불평등과 양극화의 문제는 물론, 생태 파괴의 문제, 인간 본성의 파괴까지 감당해야 하는 현실에서 논의되고 있는 대안은 어떤 것들인가? 특히 임금노동의 종말이 선언되고 있는 시점에서 노동종말 이후의 노동사회는 어떤 모습인가?

노동이 사회적 대안을 마련하는 방향으로 두 가지를 생각할 수 있는데, 노동이 자본주의 경제 속에서 정당한 화폐 가치로 평가받는 방법이 있고, 반면 화폐 경제의 한 영역으로서가 아니라, 공식화되어 있지 않은 영역과 생산노동을 공적 영역으로 전환시켜 사회적 협동의 대안 경제를 형성하는 길이 있다.[47]

화폐가치로 드러나지 않는 노동이란 무엇인가? 미국의 미래학자이며 경제학자인 헤이즐 헨더슨에 따르면 돈으로 움직이는 경제가 돌아가기 위해서는 반드시 인간관계에 의한 협동의 경제(Social Cooperative Love Economy)가 작동되어야 하고, 이는 어머니 자연에 의존해 있다.[48] 화폐경제에 포섭되지 않은 노동이란 구체적으로 물물교환, 가사, 돌봄, 봉사활동, 사회부조, 가정 내 생산과 가공 등을 가리킨다. 임노동이 성립하려면 재생산노동이 있어야 하며, 가사, 양육, 간호 등이 존재하지 않는 임노동은 존재할 수 없다는 것이다.

47) 모심과살림연구소, 모심과 살림 제2호, 2013년 겨울호
48) 헤이즐 헨더슨 저, 정현상 역, 2008, 『그린 이코노미-지속 가능한 경제를 향한 13가지 실천』, 이후

4. 노동의 재구성_다중노동체계의 가능성

노동의 종말은 없다. 다만 새로워질 뿐!

자본주의가 지니고 있는 본질적인 문제와 함께 임금노동의 지배적인 지위에 대하여 문제가 제기되면서 자본주의 이후의 새로운 사회에 대한 열망, 그리고 임금노동의 종말 이후 대안적 새로운 노동모델의 모색은 물론 그 실현 가능성에 대한 논의도 전 세계적으로 이루어지고 있다.

완전고용정책을 지향하는 사회민주주의적 고용모델이 노조운동과 노동자정당과 같은 근대적 계급주체의 정치력에 기초한 것이라면, 최근 제기되는 대안적 노동모델은 임금중심 노동사회를 구성하고 있는 노동자계급뿐 아니라 비임금노동 영역의 다양한 노동·활동들을 수행하는 시민들에 의해 노동이 재규정되는 모델을 지향하고 있다.

자본주의 이후의 새로운 사회, 임노동 중심의 노동사회 이후의 새로운 노동의 모색은 무엇보다 사적 소유와 임노동시장 전면 철폐를 전제한 모델이 우선 고려되어야 할 것이다. 그러나 불가능하다. 문제는 인간의 탐욕이다. 인간의 이기심은 시장의 합리성과 절묘하게 결합하여 무제한적 탐욕을 노골화하고 있다. 따라서 탐욕이 소멸되지 않는 한 자본주의는 붕괴되지 않을 것이며 노동의 종말도 일어나지 않을 것이다.

그러나 폐해는 더욱 악화되면서 비인간화의 질고와 삶의 피폐화, 생태계의 유린은 더욱 깊어지고 만성화될 것이다. 문제는 인간의 탐욕이다. 자본주의에 포섭된 인간들이 시장의 합리성, 소비이데올로기의 쾌락을 스스로 포기하기는 어렵다. 이런 상황에서 우리가 상상할 수 있는 새로운 사회, 새로운 노동은 자본주의의 틀을 벗어날 수 없다.

따라서 새로운 노동에 대한 우리의 기대와 상상은 비자본주의적, 탈자본주의적 지향을 모색하는 모델을 고려한 것이다. 이와 관련해 먼저 살펴보는 기존의 모델은 앙드레 고르의 타율노동 및 자활노동의 이중 유토피아 모델, 베르크만의 자율노동모델, 로마클럽의 다층노동모델, 울리히 벡의 시민노동모델(제3섹터모델) 등이다. 그러나 이 모델들에는 특히 고령사회라는 인구변동에 따른 고령인구의 노동특성이 간과되어 있다. 이 모델들의 특성을 검토한 후 제안할 대안적 노동모델은 인구변동과 고령인구 특성까지 반영한 공동체노동이며 제5장에서 구체적으로 제안할 것이다.

고르의 자활노동—이원적 유토피아

앙드레 고르는 저서 『프롤레타리아여 안녕』에서 중요한 통찰을 던진다. 고르는 후기 자본주의를 날카롭게 분석하면서 동시에 전통 마르크스주의도 비판한다. 노동계급이 이미 자본의 지배질서 속에 편입되었으므로 대신 노동계급 아닌 비(非)계급이 혁명의 주체가 되어 임금노동을 거부해야 한다고 주장한다. 전통 마르크스주의에서 혁명의 주체로 여겨져 왔던 '산업프롤레타리아'가 더 이상 그 사명을 다할 수 없게되었다는 것이다.

그런데 한쪽에서는 산업 프롤레타리아라는 '혁명적 계급'이 소멸되어 가고 있지만, 다른 한편에서는 "아무 일이든 하고 아무나 그를 대신하는" 불안정 노동자들이 자꾸 확대되는 현상을 주목한다. 그리고 임시직, 비정규직, 알바, 백수로 불리는 이들이 후기산업사회의 새로운 프롤레타리아로 보았다. 곧 오늘날 우리에게 익숙한 프레카리아트(precariat)들이다. 고르는 이들이 처한 상태를 "노동할 수 없는 채 살아가야 하는 상황과 인간적으로 살아갈 수 없게 하는 노동 사이에서 발이 묶인 저주스런 상태라고 표현했다.

그렇다면 선수를 교체하여 다시 혁명을 추진해야 할 것인가? 이 노동계급이 생산권력을 차지해 새판을 짜야 하는 것인가? 그렇지 않다. 권력을 잡지 않고 세상을 바꾼다! 이제는 새로운 양상의 혁명이 필요하다. 어떤 바람직한 세계는 권력으로 만들어지는 것이 아니기 때문이다. 권력을 잡은 자들이 새로운 세계 만드는 것을 본 적 있는가? 이제 우리는 일상까지 지배했던 시장경제 권력과 모든 것을 매개하는 탐욕에 "한정된 영역"을 부여하고, 각자의 삶에 대한 권력을 되찾아야 한다. 이미 30년 전 앙드레 고르는 매우 중요한 제안을 했다. 최대한의 생산이나 완전고용이 아니라, 더 이상 완전한 보수를 받기 위해 풀타임 근무를 할 필요 없는 또 다른 노동시스템을 조직하고 노동을 재배열할 것을 요구했다. 즉, 기존의 지배적인 시스템을 제한하고 그 영역에 각자가 아주 적은 시간만을 사회적 노동으로 제공하는 대가로 필요를 충족시킬 수 있는 다른 노동시스템을 조직하는 것이다.

고르는 이러한 미래를 '이원론적 유토피아'라고 이름했다. 오늘날 출구가 보이지 않는 문명의 위기에 새로운 발상을 촉진시킨 매우 중요한 개념이다. 이원론적 유토피아란 다중 노동체계이다. 하나는 사회의 운영에 필요한 상품과 서비스를 생산하는 "필연성의 영역"으로 기존의 시장경제 임금노동 시스템이다. 다른 하나는, 기존의 시장경제 영역에 들이는 임금노동시간을 최소화하고 충분한 여가의 시간을 갖는 자율성의 영역으로 자율노동과 자활노동 시스템이다. 앙드레 고르는 특히 고용되지 않고 필요한 것을 생산하며 인간관계를 만들어 사회를 순환시키는 '자율노동'과 함께, 인간이 인격체로서 자아를 실현하고 좋은 지역사회를 가능하게 하는 데 필요한 자활노동의 중요성을 강조했다.

이러한 고르의 제안은 "덜 소비하고 더 존재하라!"는 구호로 압축할 수 있다. 오늘날 현대인들이 소비이데올로기에 압박되어 임금노동에 더욱 예속되어 인간의 존재가치를 잃어버리고 있기 때문이다. 현대인들은 더 많은 임금노동을 통해 더 많은 소득을 얻는 데 골몰한다. 자신이 소비자라는 사실을 증명해내기 위해서이다. 타율노동을 통해 사회에서 능력을 인정받고 편안을 느끼는 소비자가 된 것이다. 이 때문에 노동의 압도적인 부분을 타율노동이 차지하고 이를 당연시 받아들인다. 하지만 이 방식에 익숙한 사람들에게서는 사회변화의 원동력을 발견할 수 없다.

고르가 제안한 이원론적 유토피아의 목적은 개인 내면의 자유를 신장시키는 것이다. 생산 시스템 속에 무능한 인간으로 살아가길 멈추고, 자기 삶 속에서 유능한 인간으로 등장하는 것이다. 이를 위해 우선 임금노동시간부터 획기적으로 단축되어야 한다고 주장하며 주당 24시간 노동을 제안한다. 동시에 고용에서 벗어나 자신과 타자의 필요를 위한 최소한의 생산과 인간관계망을 만드는 자율노동을 요구한다. 이와 함께 시장에 빼앗겨 상품으로 전락한 공동체적 자활노동을 되찾으라고 말한다.

앙드레 고르는 이원적 유토피아를 위해 기본소득제도를 제안했다. 사람들이 원치 않는 타율노동과 소비자화의 굴레에서 벗어나게 하는 것이 기본소득이다. 누구에게나 최소한의 인간다운 삶을 유지하기 위한 소득을 보장해주자는 것이다. 이를 통해 타율노동을 줄이고 자율노동과 자활노동을 확대할 수 있다. 하지만 해결해야 할 전제들이 존재한다. 우리는 임금노동에 빼앗긴 여가를 다시 찾을 것을 촉구하고 소비자로서 자신의 쓸모를 증명해내야 하는 예속적 삶에서 벗어나 노동을 재배열하라는 요구에 대해 부응해야 할 이유가 충분하다.

베르크만의 자급자족노동모델

미국 미시건대학교 교수 프리트효프 베르크만 교수는 미래노동에 대한 새로운 전망을 제시했다. 그는 전통적인 임금노동 시스템을 분석하고 오래된 임금노동의 대안모델로서 "새로운 노동(New Work)"을 제시하고 자율노동의 관념을 발전시켰다.[49] 이 새로운 노동은 임금에 예속된 노동을 탈피하여 사회를 변화시키는 수단으로 채택된다. 새로운 노동은 21세기의 모든 기술적 가능성을 활용하여 "자급자족"의 자율노동에서 시작된다. 그것은 새로운 경제에 대한 시도로서 이익추구가

---

49) Frithjof Bergmann, 2004, Neue Arbeit, Neue Kultur, Freiamt.

아니라 진정한 인간의 필요에 관한 것이다.

베르크만은 독일시장에 대한 조사결과를 바탕으로 해법을 제시했다. 기술혁명에 따라 미래에 우리가 상상할 수 있는 것보다 더 많은 일자리가 전 세계에서 사라질 것이다. 업무 프로세스의 자동화가 증가하기 때문이다. 베르크만의 해결책은 간단하다. 첫 번째, 노동자의 하루 근무시간은 3시간으로 감소시킨다. 즉, 이전 임금노동 시간의 3분의 1만 소비한다. 그것만으로도 충분한 생산이 가능하다. 기술발전의 수혜가 큰 공장에만 돌아가는 것이 아니기 때문이다. 오히려 큰 공장이 더 비효율적이 될 것이다.

두 번째는 "정말로, 정말로 원하는" 일을 하는 것이다. 그리고 하이테크 "자기제작"을 통해 우리가 필요한 것을 직접 제작한다. 베르크만에 의하면 우리에게 필요한 문건의 60~80%를 직접 생산할 수 있으며 첨단기술을 활용해 다양한 가전제품, 기구, 재료, 기계 등의 제조방법을 개발할 수 있다. 베르크만의 관념은 궁극적으로 첨단기술의 유토피아를, 사람들이 스스로 일거리를 만들어내는 "자기제작" 사회를 지향한다. 이런 사회에서 사람들은 자신이 쓸 물건을 직접생산하거나 다른 사람을 위한 물건을 만들어낸다. 그리고 누구나 상상의 기계인 개인 제작기(personal fabricator)를 사용하여 필요한 것을 만들어낼 수 있다.[50]

베르크만의 "새로운 노동"의 중심가치는 독립, 자유 및 지역사회 참여이다. 핵심은 자율과 연대이다. 사람들의 욕구충족은 최고 수준의

---

50) 베르크만이 제시한 개인 제작기는 먼 미래의 이야기가 아니다. 우리는 문서 인쇄하듯 물건을 찍어내는 3D프린터가 보급되고 있다. 설계도만 있으면 즉시 제품 출력이 가능하다. 바야흐로 공장이 필요 없는 1인 제조업 시대가 열린 것이다.

자기제작 기술수준에서 자급자족함으로써 보완된다. 자기제작을 통하여 필요를 충족하고, 모든 일이 상호성의 원칙에 따라 이루어지며, 자발적 생산조직과 구매공동체가 존재한다. 여기에는 디지털 정보통신 기술 등 새로운 기술들은 인류사의 그 어느 때보다 더 큰 자율성을 가능하게 해준다.

그는 철학자로서 관념적으로만 자율노동을 제시하는 것이 아니다. 그는 직접 "새로운 노동센터"를 운영하며 기업들과 대학, 지역사회를 위해 컨설팅을 하고 있다. 그럼에도 불구하고 그는 과학자가 아니고 여전히 철학자이다. 그러나 철학자의 제안은 매우 실용적이며 전통적인 노동시장에 대한 분석은 경제학자들조차도 기각할 수 없다.

베르크만은 다음과 같이 말했다.[51] "오늘날 우리가 알고 있는 공장은 비효율적이다. 더 혁신적이고 상상력이 풍부한 엔지니어들은 언제든지 이를 확인하고 아무것도 의미하지 않는다. 기본적으로 단일의 제한된 기능을 수행하는 어셈블리 라인을 따라 수백 개의 어셈블리 라인과 수백 개의 개별 로봇이 있다. 많은 엔지니어들에게, 이것은 오늘날 서투른 것처럼 보이고 분명히 구식이다. 따라서 소규모 생산공장의 계획은 새로운 노동(New Labor)에 의해 제안된 것이 아니다. 이 경향은 대기업에서도 마찬가지다. 대기업이라 할지라도 생산과 서비스를 아웃소싱하고 전문가가 인계받도록 하는 것이 "소규모"가 될 수 있다는 것이 얼마나 유리한지 인식하고 있다."

51) Deutschlandfunk, Frithjof Bergmann:: Neue Arbeit, neue Kultur(2005. 3. 1.) / www.deutschlandfunk.de

베르크만이 제안한 새로운 노동은 단지 기술적 차원이 아니라 새로운 가치를 기반으로 한 실천적 노동모델이다. 베르크만이 새로운 노동을 제안하고 실천하고 있는 배경에는 현재의 임금노동 구조가 인간에게 상당히 굴욕적이라는 관점이 자리 잡고 있다. 인간을 예속하고 위축시키는 불합리한 상태가 임금노동체계를 통해 명맥을 유지해왔다. 그는 새로운 노동이 이윤추구 경제로 인한 타율성을 제거하고, 창조성과 생산성을 촉진시킬 것이라고 말한다.

자율노동은 더 이상 사람들에게 무거운 짐이 되지 않고 오히려 삶의 기쁨과 욕구가 된다. 새로운 노동은 인간을 노동으로부터 해방시키는 것이 아니라, 노동을 새롭게 하는 것이다. 즉, 자유롭고 자율적이며 인간적인 존재를 배양할 수 있는 노동이 되는 것이다. 새로운 노동의 목표는 사람들을 일에서 자유롭게 하는 것이 아니라 자유롭고 창의적 인간을 생산하도록 일을 변화시키는 것이다. 우리가 일을 위해 복무하는 것이 아니라 일이 우리를 위해 봉사해야 한다.[52]

산업시대는 끝났다. 대량생산은 더 이상 실업을 방지하기에 충분하지 않다. 그럼에도 불구하고 지금까지 일자리 소멸현상에 대한 유일한 대응책은 경제성장의 광란적인 확대였다. 새로운 노동은 점점 더 많은 일자리를 제공할 수 있다. 그럼에도 불구하고 자급자족의 자율노동으로서 지역사회 생산사업은 경제적 성장을 위한 강박이나 무차별적 경쟁을 오히려 견제한다.

대부분의 사람들은 석기시대쯤부터 오늘날의 노동 시스템이 존재했다고 믿는지, 갑자기 일자리가 없어질 수도 있다는 생각은 하지 않는

52) Frithjof Bergmann und Stella Friedland: Neue Arbeit kompakt. Freiamt 2007.

다. 그러나 우리의 노동 시스템은 실제로는 불과 200년 전에 시작됐다. 물론 기술혁명에도 불구하고 일자리가 소멸되지는 않을 것이다. 그럼에도 불구하고 현재의 노동구조는 새로운 구조로 재구성될 것이고 공존을 추구하는 새로운 노동문화가 서서히 나타날 것이다.

이를 감안할 때, 새로운 노동문화를 향한 첫 번째 걸음은 사람들이 스스로를 고용하는 자율노동을 확장하는 것이다. 베르크만의 새로운 노동은 자율적인 노동의 새로운 형태들을 가능하게 해주는 디지털 기술의 잠재력과, 무분별한 소비를 거부하고 새로운 형태의 공존을 추구하는 새로운 문화에 기대를 건다. 그리고 새로운 노동이 사회주의 이념의 죽음이 남겨놓은 빈자리를 채워줄 수 있다고 말한다.

벡의 시민노동모델

오늘날 세계의 노동사회는 한계에 도달했다. 경제학적으로나 생태학적으로 아무도 안전할 수 없다며 위험사회를 선언했던 울리히 벡(Ulich Beck)이 완전고용이 사라진 것은 되돌릴 수 없다고 선언했다. 위험사회 중심부에 완전고용을 전제로 한 노동사회의 해체를 올려놓은 것이다. 완전고용의 시대는 종막을 고했지만 그 대안은 어떤 것도 결정되지 않았다. 대량실업과 임금노동의 스트레스를 넘어서 있는 삶을 촉구할 뿐이다.

노동사회 위기에 대응한 벡의 대안은 시민노동이다. 탈산업사회인 "위험사회"의 출현에 대응해, "시민노동"을 매개로 개인주의에 기초하면서도 초국가적 방식의 활동적 연대를 통해 위험을 분담하는 초국가적 시민사회 공동체를 만들자는 제안이다.[53] 이 모델을 간단히 요약하

---

53) 울리히 벡 저, 홍윤기 역, 1999, 『아름다운 노동』, 생각의나무

자면 첫째, 전일제 노동의 노동시간을 단축하고(공공부문 및 민간부문 모두 포함), 둘째, 노동시간 단축으로 인한 미지불 금액은 시민노동 재정으로 예치한다. 셋째, 시민노동자들은 시민단체, 공공부문, 지역사회 등 다양한 종류의 공공노동에 종사하며 노동의 대가로 시민수당을 받는다.

시민노동자는 실직자도 아니고 자원봉사자도 아니다. 시민수당을 받는 노동이다. 이 노동을 수행하는 대가로 지급되는 "시민수당", 혹은 "사회적 임금"의 수준은 실업급여나 사회부조금보다 높아야 한다. 예컨대 노동시장에서 배제된 시민을 제3섹터에서 고용하고 국민들이 조성한 재원[54]으로 수당을 지불하는 것이다. 이때 시민수당 수령자는 실업수당이 아니라 노동의 대가를 받았으므로 실업자가 아니다.

시민사회 노동모델은 울리히 벡이 처음 제시한 것은 아니다. 시민노동에 관한 관심은 앞 절에서 다룬 앙드레 고르의 자활노동과 기본수당을 고려했을 것이다. 그리고 시민노동모델 이전에 제안된 제3섹터모델[55][56] 역시 공식 시장경제영역에서의 고용감소와 공공부문에서의 정부지출 감소에 따라 제3부문인 비시장경제 영역에 초점을 맞추고 있다. 즉, 공공부문과 민간부문의 중간 영역인 제3섹터에서 유급 자원봉사노동을 활성화하여 정보기술혁명 및 생산성 혁명에 따른 실업문제를 해결하거나 복지국가의 해체에 대응해 새로운 방식의 사회적 연대를 모색하려는 것이다.

---

54) 공적인 이전금과 기업의 사회후원금, 지방자치단체의 기여보전금, 시민노동 자체 수익금 등으로 이루어질 수 있다.

55) Lipietz, A.(1992), Towards a New Economic Order: Postfordism, Ecology and Democracy, Cambridge, UK: Polity Press.

56) 제레미 리프킨 저, 이영호 역, 1996, 『노동의 종말』, 민음사

그런데 시민노동모델과 제3섹터모델은 공통적으로 시장부문의 임금노동과 공공부문의 서비스노동이 아닌 일종의 중간적 노동인 시민노동, 혹은 제3섹터 노동을 "사회적 유용 노동(socially useful labor)"으로 규정한다. 시민노동모델과 제3섹터모델을 운영하는 주체는 국가기관도 아니고 영리법인도 아닌 비영리 공공복지법인(혹은 중개기관)이다. 이 기관은 공적 지원금(정부 재정), 기업기부금, 자체 수익 등으로 확보한 재원으로 보건의료, 돌봄 서비스(caring), 환경개선사업, 문화사업 등의 분야에서 이뤄진 자발적인 노동에 대해 보상한다.

결국 시민노동모델과 제3섹터모델은 시민노동과 제3섹터 노동이 임노동을 전면적으로 대체하는 것은 아니지만, 관료적 복지국가와 시장의 틈바구니에서 탈(脫)임금노동적 기획으로서 일정한 의의를 가진다. 또한 제3섹터모델은 제3섹터노동에 대한 보상으로 그다지 많지 않은 국가 재정이 투여되어 정치적 지지를 얻는 데 편리하고 임노동 부문의 일자리를 대체·위협하지 않으며, 제3섹터의 거래관계가 민주적 사회관계를 형성하는 데 도움을 주는 등 여러 장점을 지닌다.[57]

그러나 벡의 시민노동모델은 몇 가지 한계를 지니고 있다. 기본적으로 완전고용은 근본적으로 불가능하고, 동시에 실업문제는 더 이상 노동시장 내에서 해결할 수 없다는 것을 전제한 것이다. 그러나 문제는 두 가지 차원에서 제기된다. 하나는 재원의 문제이다. 다른 하나는 시민들이 임금노동에 대한 욕망의 문제이다. 이는 매우 현실적인 문제로서 완전고용이란 더 이상 존재할 수 없다는 전제와 동시에 임금노동이란 더 이상 인생의 전부가 아니라는 의식이 확립되지 않으면 재원조

---

57) Lipietz 위의 책 p.105~6.

성에 대한 사회적 합의와 시민참여가 불투명해진다.

한편, 시민노동과 제3섹터 노동의 영역은 보완적 측면의 접근이라는 한계를 갖는다. 즉, "시장실패"와 "정부실패"를 보완하는 영역에 집중된다는 점에서, 시민노동모델과 제3섹터모델은 임노동모델과 관료적 복지모델을 대체하는 포괄적 기획으로서는 한계를 가진다. 그리고 시민수당과 사회적 임금은 "참가소득"의 성격을 가지고 있지만, 제3섹터에서 자발적 노동을 수행하는 노동자들에게만 지급되는 참가소득일 뿐이다.[58] 시민수당과 사회적 임금이 구체적으로 어떤 성격을 갖는 것인지 모호한 것도 비판의 대상이 된다.

한편, 시민노동은 매우 이상적인 꿈의 노동이다. 벡에 의하면 시민노동은 생계에 대한 걱정에서 벗어난 노동이어야 하고, 동시에 사람들에게 만족감을 줄뿐 아니라 "일상적 민주주의를 활성화"함으로써 사회적 결속을 강화하는 "대안적 활동 및 정체성의 원천"이 되어야 한다. 아울러 시민노동은 자발적인 정치적, 사회적 참여의 형태로 이루어지는 조직화된 창조적 불복종, 자기결정권, 자아실현을 의미한다. 그런데 이는 구체적으로 어떤 노동 형태를 의미하는가? 그런 노동은 현실에 없다.

따라서 어떤 측면에서는 가장 위험한 문제가 남아 있다. 제3부문에는 전통적으로 자발적으로 아무런 대가 없이 공동체적 과업들을 위해 노동력을 제공해온 수많은 자원봉사자들이 활동하고 있다. 시민노동의 대가로서 시민수당을 받는 경우, 전통적으로 시민노동과 같은 역

---

58) 조정재, 한국의 고용정책 담론과 대안적 고용(노동)모델, 2007. 11. 한국사회경제학회, 한국산업노동학회, 한국사회과학연구소, 대안연대회의, 복지국가소사이어티 공동학술대회 자료집

할을 무급으로 수행해온 자원봉사활동과의 사회적 관계는 어떻게 정리할 것인가? 기존의 수많은 자원봉사자들에게 시민수당을 지급하겠다는 것인가? 아름다운 노동이 자원봉사의 가치를 오염시키는 추접한 노동으로 전락될 가능성도 있다.

로마클럽의 다층노동모델

로마클럽의 다층노동모델[59]은 탈산업사회의 출현으로 임노동 등 유급 노동과 같이 "화폐로 환산되어 교환되는 노동"[①임금노동]보다 자원봉사활동, 상부상조활동 등과 같이 "교환영역에 속하지만 화폐로 환산되지 않는 노동"[②비임금노동]과 자기 자신을 위한 자율적 노동·활동으로서 "교환영역에 속하지도 화폐로 환산되지도 않는 노동"[③자급자족노동]의 비중이 크게 증가했기 때문에, 임금노동 이외에 비임금노동 및 농업사회노동을 인정·활성화하는 다층적 노동모델을 제안한다.

다층노동모델은 조건부 유급노동을 수행하는 제1단층(기본단층)[60], 민간부문의 자유로운 유급노동 영역인 제2단층,[61] 그리고 보수를 지불

59) 오리오 기아리니 저, 김무열 역, 1999, 『노동의 미래:로마클럽 보고서』, 동녘
60) 제1단층은 시간제 일자리에 상응하고, 절대적 빈곤을 막기 위하여 최저급여를 지불하는 기본적인 노동단위로, 산업혁명 시기에 일반적으로 배제되었던 세 개의 큰 인구집단, 청소년, 여성, 노인을 생산적 방식으로 사회에 재편입할 수 있다. 최소한의 시간제노동, 노동량의 유연화, 최저한 급여지불이 요건이 된다.
61) 제2단층의 활동은 경제의 중심에 놓여 있으며, 완전히 자기 자신의 주도권 아래에 있는 활동이거나 혹은 적어도 민간적인 생산 형태와 관련된 활동이다. 개인 각자는 자신이 이 제2단층의 차원에서 일할 것인가, 만일 그렇다면 얼마나 많은 시간을 일할 것인가를 자유롭게 결정할 수 있다.

받지 않는 비임금노동의 제3단층[62] 등 세 개의 단층으로 구성된 노동모델을 제안한다. 국가가 사회안전망으로 구축한 제1단층은 현재의 실업수당, 사회부조 등의 복지지출을 통합해 마련한 재정으로 최소 주당 약 20시간의 노동—공공서비스 부문의 노동—을 하는 모든 시민들에게 최소소득을 보장한다. 제2단층은 개인과 기업의 영리 활동 영역으로서 개인들의 자유로운 의사결정에 따라 시간제(part time) 유급노동이 이뤄지는 영역이다. 제3단층은 보수가 지불되지 않는 노동인 보건 의료·사회·문화·정치 분야의 봉사 노동 영역이다.

다층노동모델의 전략은 제1단층의 기본노동 및 최소소득을 토대로 개인들이 자유로운 의사결정하에 제2단층의 시간제 유급노동(①임금노동)뿐만 아니라, 제3단층의 노동(②비임금노동)과 ③의 자급자족노동을 활성화하려는 목표를 가진다. 그런데 다층노동모델은 처음부터 완전한 기본소득제도가 아니라 부분적 기본소득제도의 한 형태인 "참가소득" 제도를 지향한다. 그것도 특정 계층을 표적으로 설정한 참가소득제도가 아니라 거의 모든 시민을 대상으로 한 참가소득제도를 지향한다. 그리고 다층노동모델은 제2단층이 제1단층과 제3단층의 재정적 기반이며 제1단층의 국가 영역에 의해 대체·침해될 수 없는 영역이라고 가정한다.

결국 다층노동모델은 "화폐로 환산되지 않는 노동"(②비임금노동과 ③자급자족노동)을 활성화한다는 당초 목표와는 달리, 제1단층이 충분한

---

62) 교환영역에 속하지만 화폐로 환산되지 않는 모든 노동·활동을 포함한다. 이 노동·활동은 화폐범주로 계산될 수 있는 내재적 가치를 가지고 있지만 노동의 대가로 그 어떤 금전적 보상도 지불되지 않는다. 대체로 자원봉사나 상부상조노동, 돌봄 노동, 가사노동 등이 여기에 해당된다.

수준의 국가 보장소득을 제공하지 못하기 때문에, 시민들이 국가보장 소득 이외에 생계를 위한 추가 소득을 벌기 위해 제2단층의 유연한 (때로 저임금) 임노동시장에 의지하게 할 가능성을 가지고 있다.

로마클럽이 제시한 다층노동모델은 노동 의사를 가진 대부분의 시민을 불충분한 국가보장소득을 대가로 공공서비스업 노동에 (의무적으로) 종사하게 하면서 동시에 파트타임의 민간부문의 임노동을 활성화하는 모순적 전략이란 한계를 갖고 있다.

Chapter 5

노동혁명의 길
공동체노동의 복원

1. 시장경제_불멸의 제국 건설

진보의 역설–욕망의 해방

우리는 20세기에 태어나 21세기를 살아가고 있다. 과연 우리의 20세기에는 19세기 사람들이 염원했던 기대가 이루어졌을까? 우리의 21세기는 20세기의 기대에 부응할 수 있을까? 그동안 인류 사회는 보다 진보된 세상을 추구하고 고군분투하였다. 그 결과 우리 삶의 환경은 과거엔 상상할 수 없을 만큼 달라졌다. 그러나 행복하지 않다는 적신호가 여기저기 울리고 있다.

어디 하나 성한 곳이 없다. 안전한 곳도 없다. 이 풍진 세상에 세계는 자살대행진 중이고 자살민국 대한민국은 그 선두에 서 있다. 좌절과 불평열망, 분노조절 장애, 사이코패스 그리고 묻지마 범죄… 이글거리는 탐욕, 사람들의 눈빛이 달라졌다. 이 위기의 실체는 무엇인가? 어떤 이는 소비주의 문명이 야기한 지구파괴를 내세워 재앙을 예견하는가 하면, 어떤 이는 탐욕스런 세계경제 질서의 붕괴를 지적하기도 한다.

과연 살기가 어려워졌는가? 각종 사회지표들을 보면 물론 나빠진 것도 있지만 대부분은 좋아졌다. 그럼에도 불구하고 사람들은 옛날이 좋았다는 말을 입에 달고 산다. 인류 역사상 가장 좋은 조건 속에 살면서도 행복감은 정체되고 우울증과 자살률은 그 어느 시대보다 두드러졌으며 마치 유행병처럼 증가하고 있다.[1]

먹고사는 문제를 떠나 최고 정점에 이른 유명 가수나 배우들이 잇따라 자살하는 비극은, 겉은 반듯하지만 안은 너절한 전형적인 외화내빈의 세상이 되어 버렸음을 증거한다.

무엇이 문제인가? 분명히 행복의 조건은 향상되었는데, 왜 사람들은 행복으로부터 멀어져가는 것일까? 우리가 결코 행복을 떠나 온 것도 아니고 행복을 떠나보낸 것도 아닌데 행복은 왜 멀어져만 가는가? 탐욕이다. 고삐 풀린 욕망이 실타래처럼 뒤엉켜 뒤흔들어대고 있기 때문이다. 욕망은 마치 구정물통과 같다. 고요히 두면 찌꺼기가 가라앉아 맑은 물처럼 보이지만, 휘저으면 온갖 더러운 것들이 떠오른다. 욕망은 인간의 블랙홀이다. 생명이 붙어 있는 한 벗어날 수 없는 인간의 본질 그 자체이다. 동시에 악의 근원이지만 열심히 살아가도록 하는 에너지이기도 하다. 파멸로 이끌기도 하지만 행복의 조건이기도 하다.

---

1) 세계보건기구(WHO)에 의하면 오늘날 1억만 명 이상이 우울증에 시달리고 있으며 그 대부분이 소위 선진국 사람들이다. 미국의 경우 근로자들의 우울증 치료비로만 매년 400억 달러(약45조 원)가량을 쏟아 붓고 있으며 매년 근로일수 2억일 정도를 헛되이 날리고 있는 것으로 추산되고 있다. 우리나라 역시 우울증이 확산되고 있다 건강보험심사평가원에 의하면 2008년 우울증 환자가 늘어나면서 항우울제 투여횟수가 2004년에 비해 52.3% 늘어났다.

문제는 이 욕망의 속성이, 다람쥐 쳇바퀴와 같이 공전한다는 것이다. 채워도 채워진 것이 아니며, 채워지지 않으면 채우기 위해 집착하는 속성이 욕망의 쳇바퀴이다.[2] 이 쳇바퀴는 결코 멈출 수 없으며 그러나 아무리 달려도 한 발도 앞으로 나아갈 수 없다. 오늘날 문명의 진보는 욕망의 쳇바퀴에서 사람들을 구하지 못하였다. 더 많이 소유하고 더 많이 소비하며, 더 풍요롭게 살기 위해서 더욱 달려야 한다고 재촉하며 탐욕의 엔진을 달아주었다. 쉴 새 없이 욕망의 쳇바퀴를 달려 보지만 환희의 송가는 들리지 않는다. 사람들은 점점 더 탐욕스러워지고 있다. 우울과 권태에 빠져 들고 있다. 욕망은 욕망을 낳고 또 욕망은 욕망을 낳기 때문이다.

우리를 파멸로 이끌기도 하지만 삶의 에너지이기도 한 우리의 욕망이 고삐가 풀렸다. 자본주의는 이윤 축적의 본성을 성취하기 위해 인간의 욕망을 해방시켰다. 종교와 윤리, 그리고 권력에 의해 억압되었던 욕망이 굴레를 벗어나 자유를 얻는 순간 세계는 환희의 송가로 가득했다. 그러나 자본주의는 소비사회를 기획하였다. 욕망은 절제하는 것이 아니라 분출해야 미덕이 되는 새로운 시대를 열었다. 그리고 욕망을 채우면 채울수록 욕망이 더 커지도록 작용하는 플레오넥시아(pleonexia: 탐욕)를 포섭했다. 그리고 이 세상 모든 곳에 개입하고 모든 것을 매개하도록 했다.

세상의 모든 욕망은 억제할 수 없는 근원적 탐욕, 곧 플레오넥시아로 흡수되었다. 플레오넥시아는 단순한 욕망이 아니라 이미 욕구를 채웠음에도 욕망의 굴레를 벗어나려 하지 않는 탐욕이다. 탐욕에 빠지

---

2) 여기서 욕망의 블랙홀은 욕망의 이중성에 따른 딜레마를 설명한다면, 욕망의 쳇바퀴는 그 어떤 욕망도 충족될 수 없다는 것을 설명하려는 것이다.

면 다른 가치의 선택은 배제된다. 마치 식탐에 빠진 돼지들이 우리 밖으로 나갈 생각을 하지 않는 것과 같다. 플레오넥시아에 사로잡힌 이들은 오로지 물질적 욕구와 쾌락에 집착할 뿐 정신적 가치나 자아실현 따위에는 관심이 없다. 문제는 탐욕이 모든 것을 매개하고 탐욕이 매개하는 것은 모두 파멸로 귀결된다는 점이다.

자기꼬리를 먹고 자라는 뱀-불멸의 자본주의

우리가 살고 있는 세상은 위험사회답게, 수시로 사이렌이 울리고 있다. 사람들은 신경쇠약증, 불안증에 빠져 있다. 무엇보다 자본주의 붕괴를 알리는 사이렌소리가 가장 요란하다. 자체의 모순에 의해 자본주의는 붕괴할 것이란 마르크스의 예고 이후, 쉴 새 없이 사이렌이 울리고 있다. 그러나 근대가 자본주의 그 자체라 할 만큼 인류는 자본주의에 의존적이고 밀착되어 있다. 그럼에도 불구하고 인류는 현재의 자본주의체제 이후, 새로운 시스템을 과연 찾아낼 수 있을까? 우파진영의 세계경제포럼(WEF)[3]에 맞서는 좌파진영의 세계사회포럼(WSF)[4]은 단호히 선언했다. "다른 세상은 가능하다(Another World is Possible)."

그렇다면 네덜란드-영국-미국의 계보를 잇는 다음 제국이 탄생시킬 것인가? 아니면, 인류는 몇 세기 동안 지속되어 온 자본주의체제 그 자체를 뛰어넘어 전혀 다른 삶의 방식을 구축해낼까. 만약 우리가 자본주의 세계체제 이후의 어떤 체제로 전환된다면 그야말로 이제까지

---

3) 세계경제포럼(World Economic Forum: WEF)은 저명한 기업인·경제학자·저널리스트·정치인 등이 스위스 다보스에 모여 세계 경제에 대해 토론하고 연구하는 국제민간회의이다.

4) 세계사회포럼(World Social Forum: WSF)은 반세계화, 대안세계화 활동가들이 브라질 포르토 알레그레에서 매년 여는 국제민간회의이다.

경험을 뛰어넘는 천지개벽일 것이다. 사회제도나 경제체제는 물론이고 생활양식, 풍습, 가치관, 예술사조 등 각 방면에서 근본적 변화가 이루어지지 않고서는, 인류의 의식과 가치와는 전혀 다른 새로운 종이 출현하지 않고서는, 불가능한 일일 것이다. 그럼에도 불구하고 과연 인류는 알을 깨고 새로운 세계를 만들어낼 수 있을까?

난세에는 예언자들이 많다. 중세 봉건제도가 더 효율적인 부의 축적 수단을 찾아 자본주의로 이행했듯이, 이제 자본주의는 붕괴되고 다른 체제로 이행될 것으로 예고하는 예언서들이 서점을 휩쓸고 있다. 근거는 착취되고 억압받는 자들의 낙관주의가 자본주의 체제를 지탱해왔으나 드디어 그들의 일각이 견디지 못하고 무너지기 시작했기 때문이란다. 물론 자신들도 미래의 영광을 위해 불만을 감수할 수 없다고 선언한다. 요컨대 서민의 거대한 불만과 특권층 일부의 자각으로 자본주의는 붕괴될 것이라는 예언이다.

저 예언들을 믿어도 될까? 배가 침몰될 때면 쥐떼들이 먼저 낌새를 알아채고 탈출을 시도한다지 않던가! 그런데 잘 살펴보라! 저 예언자들은 하나같이 자본주의 체제의 열매를 만끽했던 자들이다. 오렌지좌파, 우리 식으로 말하자면 강남좌파 지식인들이다. 그러나 이처럼 배신자들이 많은 것을 볼 때 붕괴가 임박했음이 분명하다. 과연 저들의 예언처럼 자본주의는 언제 어떻게 붕괴될까? 자본주의 이후 세상은 어떤 체제일까?

그렇다면 예언자들의 사부 마르크스가 제시한 전망은 무엇이었는가? 마르크스의 전망은 너무나 낙관적이었다. 그에 따르면 자본주의는 자본의 증식과 집중을 통해 극단적인 계급의 양극화를 낳는다. 자본가의 수는 날이 갈수록 줄어들 것이고 노동자의 수는 날이 갈수록 많아질 것이다. 노동자의 임금은 갈수록 감소한다. 소수의 자본가와 다수의 노동자가 극단적으로 대립한다. 잃을 것 없는 절대 다수 노동자의 혁명은 불가피하다. 드디어 자본주의는 붕괴된다. 그다음 세계는 노동으로부터 해방된 프롤레타리아들의 낙원이다. 그러나 마르크스가 예측했던 그런 일은 아직 일어나지 않았다. 왜 일어나지 않았을까? 아직 때가 이르지 않은 것인가?

그러나 때는 이미 너무 많이 지났다. 이제 내가 예언하겠다. 단언컨대 자본주의는 붕괴되지 않을 것이다! 이유는 명백하다. 나와 당신의 탐욕 때문이다. 자본주의는 체계에서 탈피하여, 탐욕을 연료 삼아 순환하는 운동에너지로 진화했기 때문이다. 자본주의는 인간탐욕을 배양하고 다시 그 탐욕을 먹고 자라 인간 탐욕을 촉진하는 운동에너지로 진화했다. 당연히 인간 탐욕이 소멸되지 않는 한 자본주의는 더욱 강고하게 진화할 것이다. 결국 인간 탐욕이 멸종되어야 자본주의 운동에너지도 소멸된다. 이는 곧 자본주의 소멸보다 호모사피엔스의 멸종이 순서적으로 먼저라는 말이다.

미국의 자본주의 지배를 강렬하게 비판한 닐 우드는 "자본주의는 자신이 낳은 자식들을 모두 먹어치우며, 그들로 하여금 그들 스스로를 집어삼키도록 몰아세우고 있다"고 했다.[5] 그러나 이 정도로는 자본주의에 대한 설명으로 충분하지 않다. 즉, 운동에너지로 진화된 자본주의의 순환이 나타나지 않기 때문이다. 자본주의는 자신의 꼬리를 먹고 자라는 전설의 뱀 "우로보로스(Ouroboros)"와 같다. 탐욕의 꼬리를 증식시키고 자신의 꼬리를 먹고 에너지를 만들어 다시 탐욕의 꼬리

---

5) 닐 우드 저, 홍기빈 역, 2004, 『미국의 종말에 관한 짧은 에세이』, 개마고원

를 증식시키며 거대한 불멸의 뱀으로 자란다. 우로보로스의 자본주의, 탐욕의 에너지를 확대재생산하여 무한 팽창성의 궤도에 진입한 불변성의 운동에너지이다.

이러한 파괴적 순환관계는 마르크스가 자본 축적 방식으로 설명한 "M-C-M" 공식에서도 발견할 수 있다. 그러나 마르크스는 자본의 착취, 자본의 물신성만 부각시키고 인간 탐욕의 문제는 간과했다. 그 결과 탐욕이 자본가와 노동자의 불륜을 매개하도록 방치했고 자본주의가 물신성의 운동에너지로 진화할 시간을 열어주었다. 마르크스가 제시한 M-C-M 공식의 순환이 가능하려면 탐욕의 매개 작용은 불가피하다. 문제는 탐욕이다.

라캉의 사유방식을 빌어 설명해도 마찬가지다. 돈은 인간 욕망의 대상에 연루된 물신이 됨으로써 자본이 된다. 이제 돈은 신의 자리를 대신한다. 자본은 물신으로 등극하면서 이제 주체에게 진정한 구원을 약속한다. 자본은 단순히 사용 가치를 구입하기 위한 도구로서의 역할을 초월하여 실재보다 더 실재적인 것이 된다. 드디어 유물론에 근거한 신학의 세계가 열린다. 이제 사람들은 자본만이 길이요 진리이며 생명이라는 것을 거의 의심하지 않는다. 물론 비난하는 사람도 있지만 그것은 기만적 수사에 불과하다. 그들의 삶이 그 증거다.

자본주의를 비난하는 사람들은 대체로 구조적 문제를 즐겨 제기한다. 그리고 자기 자신은 슬그머니 빠져나간다. 그러나 이제는 말할 수 있다. 문제는 좌파 우파, 나와 너의 탐욕이다. 지젝은 오늘날 세계의 문제는 "바보야 문제는 경제야, 바보야 문제는 정치야"라는 일면적 슬로건은 해결책이 될 수 없다고 말한다. 그러나 알랭 바디우는 "오늘날의 적은 제국이나 자본이라 불리는 것이 아니다. 그것은 민주주의라고 불린다"고 말했다. 그러나 내 생각엔 이들의 설명은 충분하지 않다. 지젝은 단호하게 "바보야 문제는 탐욕이야"라고 말해야 했다. 그리고 바디우는 "오늘날의 적은 제국이나 자본이라 불리는 것이 아니다. 그것은 곧 탐욕이라 불린다"고 말해야 했다.

전 지구적 문제를 야기하는 배후에는 탐욕의 작용이 있다. 생태계를 파괴하고 인간관계를 왜곡시키는 곳엔 어김없이 탐욕이 작용하고 있다. 극단적인 불평등을 초래하는 경쟁에서 승자와 패자로 분열되는 것도 탐욕의 작용이다. 탐욕이 경쟁을 촉진하고 승자독식을 수용하는 것이다. 그것은 자유와 민주주의라는 의심의 여지없는 신념으로 포장되고 있다. 자본주의와 민주주의의 부적절한 관계도 탐욕이 매개한다. 자본과 민주가 만날 때 민주주의는 강력한 폭력이 된다. "바보야, 문제는 탐욕이야."

시장경제의 독재6) – 식민지화된 일상 세계

많은 사람들이 합리성을 윤리적 지수가 높은 덕목으로 착각하고 있다. 그래서 합리적이란 평가를 들으면 은근히 좋아하고, 비합리적이란 평가엔 일단 기분 나빠한다. 왜 그럴까? 그것은 합리성을 덕목으로 하는 시장경제가 우리를 지배하고 있기 때문이다. 하버마스 식으로 말하자면 우리가 시장경제의 합리성에 식민화되었기 때문이다. 기본적으로

---

6) 이 글은 필자의 저서 『새로운 공동체 영역@제4섹터』 p.139~149의 내용에서 발췌하고 수정한 것임.

자기지향적인 합리와 타자 지향적인 윤리는 대립적 관계에 있다. 따라서 합리성은 시장경제를 지배하는 덕목으로 윤리는 공동체영역을 지배하는 덕목으로 작동되고 있다.

따라서 경제주의자들은 경제행위의 주체인 인간을 합리적 이기주의자로 규정하고 있다. 우리는 최소한의 비용으로 최대한의 효용을 얻으려는 시장 지향형 합리적 인간을 호모 에코노미쿠스(homo economicus)라고 부른다. 합리적 인간은 자신의 목표를 달성하기 위하여 이기적으로 행동하나, 그 수단을 선택하는 데 있어서는 합리성의 지배를 받게 된다는 의미이다. 합리성은 자본주의 시장경제의 근본적인 행동원리로서, 타산적이고, 수단적이고, 정확하고, 계량적이고, 예측가능하고, 냉정하고, 효율적이고, 비인간적인 행동의 지향성이다.[7]

여기서 합리성이란 가치, 철학, 윤리가 배제된 개념이다. 비용보다 더 큰 편익을 얻을 수만 있다면, 초가삼간 태워버리는 행동을 정당화하는 논리로서 위험성을 내포하고 있다. 사회적 위기는 수단의 합목적인 합리성만을 지향하여, 경제행위의 목적에 대한 가치판단의 윤리성을 무시한 데서 비롯된다. 윤리성이 배제된 시장 지향적 합리형 인간을 전제하는 경제이론에서는 경제사회의 인간관이나 가치체계가 다루어질 수 없다.

합리성은 인간의 욕구충족을 위해 어떻게 하면 더 많이 생산하고, 더 많이 소비할 수 있는가를 궁리하는 것에 지나지 않는다. 즉, 인간의 욕구충족이라는 그 목적이 옳은 것인지 그른 것인지를 판단하는

7) R. 브루베이커 저, 나제민 역, 1985, 『합리성의 한계』, 법문사, p.12

데 주의를 기울이지 않는다.[8] 인간의 욕구충족 수단들이 어떻게 인간관계를 파괴하고, 얼마나 자연을 수탈하는지에 대해서는 침묵하고 있다.[9]

현대사는 합리성 원리에 의한 인간의 시장지향성과, 이에 매몰되지 않으려는 인간지향성 간의 투쟁사라고 할 수 있다. 그러나 여전히 시장지향성과 합리성의 원리가 지배적 지위를 차지하고 있다. 경제주의자들은 인간의 행동은 경제적 이득을 추구하는 동기로 구동된다고 단정한다. 현상적으로 이득의 동기, 경제이익의 계산적 추구는 인간사회에 보편적으로 산재되어 있다.

생산과 소비의 극대화를 지향하는 사회, 많은 것을 생산하고 소비함으로써 만족감을 추구하는 시장지향성의 인간들, 그러나 자신들이 만든 시장논리와 조직에 의해 지배되고, 자원의 고갈이나 환경파괴로 인하여 생존위기에 직면해 있음에도 여전히 합리성을 추구하며 시장지향성을 포기하지 않고 있다.

그러나 이득 논리와 계산적 동기에 의한 경쟁적 시장자본주의 논리가 인간사회에서 지배적 지위를 차지한 것은 그리 오래되지 않았다. 오랜 역사 동안 인간행동의 동기는 오직 이득 동기만이 아닌 것이었다. 시장경제가 결정적으로 인간사회의 지배적 지위를 차지하게 된 계기는 산업혁명이었다. 산업혁명 이후 생산은 집단에서 개인적 일로 전환되었고, 생존의 책임은 전적으로 개인화되었다. 따라서 사람들은 생존을 위해 시장에다 내다 팔고 다시 시장에서 사는 일을 반복함으로

8) 프리조프 카프라 저, 이성범 외 역, 1989, 『새로운 과학과 문명의 전환』, 범양사, p.179
9) 에른스트 프리드리히 슈마허 저, 김진욱 역, 1988, 『작은 것이 아름답다』, 범우사 p.33~34

써 시장경제에 의존하고 매몰되기 시작한 것이다.

사람들이 시장경제에 의존하고 매몰되면서 "경제는 곧 시장경제"라고 생각하게 되었다. 원래 경세제민(經世濟民)으로서 경제는 인간다운 삶을 유지하고 발전하도록 서로 도와주는 인간관계이며, 소속감과 유대감을 도모하는 인간 상호작용의 사회제도이다. 즉, 경제는 인간의 삶 또는 인간의 발전을 저해해서는 안 되는 것이다. 그러나 오늘날 시장경제주의는 인간발전을 저해하고 있다. 그것은 인간관계와 상호작용을 지지하는 사회적 제도로서의 실재를 무시하는 시장지향성(market mentality) 때문이다. 현대 자본주의 사회를 지배하는 시장지향성은 경제의 본래적 의미를 왜곡함으로써 고도성장의 후유증으로 인간성이 파괴되는 전도의 결과를 초래하였다.

한편, 사람들은 공동체영역의 자발적 활동(voluntarism)을 비경제활동으로 생각하는 경향이 있다. 경우에 따라 시장경제의 주변 개념으로 보거나 대립 개념으로 보기도 한다. 이것은 전적으로 경제에 대한 몰이해의 소치이다. 경제를 시장경제로만 인식하는 고정관념 때문이기도 하다. 공동체영역의 자발적 활동, 공동체노동은 시장경제의 임금노동 이상으로 중요한 경제활동이며, 경제의 본질을 유지시키는 힘이다. 그러나 문제는 사람들이 시장경제에 매몰되면서 다른 경제의 존재를 간과한 것이다. 또한 시장경제주의자들은 경제와 시장을 인위적으로 동일시함으로써 시장경제의 지배적 지위를 강화하고, 인간관계와 상호작용을 경제영역에서 제거함으로써, 성장과 경쟁에 인간성을 매몰시키는 결과를 초래하였다.

그것은 경제를 독점하려는 시장경제주의자, 혹은 경제 이데올로기의 횡포이다. 경제는 기본적으로 시장경제 영역과 시장 밖의 선물경제 영역으로 구성된다. 선물경제는 시장경제가 발생하기 이전부터 존재해왔다. 선물경제는 인간관계에 기초한 사회적 교환방식으로 "순수 호혜성의 원리" 곧 "선물의 원리"에 입각한 것이다. 산업혁명 이후 급격하게 발전한 시장경제는 성장과 효율을 우선하며 계산된 동기 또는 이득 동기에 근거한 교환방식으로서 합리성에 입각한 것이다. 그런데 오늘날 시장경제가 지배적 지위에 오르면서 오랜 전통인 선물경제가 위축되었고 이제는 "비(非)시장경제" 범주에 묻혀버리고 말았다.

경제주의자들은 경제라는 영역을 시장경제에만 특별히 한정하고 선물경제를 배제한 것은, 곧 인류 역사의 최대부문을 역사적 장면에서 삭제하는 것이다. 또한 모든 시장 밖의 모든 경제적 활동을 포섭할 때까지, 시장개념을 확대시키는 것은 곧 공동체의 선물경제가 제공하는 사회적 혜택을 차단하고 나아가 사회적 자본을 말살하는 것이다. 이러한 경향을 간파한 칼 폴라니는 경제이론에는 비계산적 동기에 의한 물질적 행위를 포함해야 한다고 주장했다.[10] 그러나 모든 것을 시장경제로 포섭하는 거대한 전환을 막아내지는 못했다.

---

10) 칼 폴라니 저, 홍기빈 역, 2009, 『거대한 전환: 우리 시대의 정치 경제적 기원』, 길

2. 선물경제_잃어버린 영토의 회복

거대한 전환—시장경제 제국의 탄생

그동안 인류는 4차례에 걸친 문명의 대전환을 겪었다. 인류문명의 역사에는 대전환을 가져온 분수령이 있었다. 곧 원시공동체에서 시장경제체계로 전환된 것이다. 시장경제체계는 세 번의 혁명적 사건들을 거치면서 제국을 구축하고 인류 사회의 지배적 체계로 군림해왔으며, 각각의 혁명적 사건들은 인류의 주된 생존방식의 변화를 가져왔다.

이러한 인류의 생존방식 혹은 주된 활동을 물결로 표현한다면, 제1의 물결은 약1만 년 전에 중동의 비옥한 삼각지대에서 시작하여 그 후 8천여 년간에 걸쳐 진전된 농업혁명에 의해 일어났다. 농업혁명에 따라 인류는 주된 생존방식으로서 수렵채취에서 탈피하여 농경을 취하게 되었다. 또한 잉여생산물의 축적과 함께 원시공동체의 호혜적 교환방식에서 시장의 합리적 교환방식이 확산되기 시작하였다. 그러나 이러한 변화에도 불구하고 인류의 생활을 크게 변화시키지는 못하였다.

제2의 물결은 곧 산업혁명에 의한 주된 생존방식의 전환을 의미한다. 8천 년이라는 오랜 세월 동안 진전되었던 농업혁명과는 달리 산업혁명은 200여 년 동안 무서운 속도로 진행되어 인간의 주된 활동을 농경에서 제조로 전환시켰다. 특히 산업혁명은 자본주의를 전면으로 불러냈고 자본주의는 시장경제를 발판으로 경제시대를 열고 인류의 삶의 질과 양태를 급격히 변화시켰다.

문명사적 관점에서 본 인간 중심 활동의 흐름

선물경제시대	제0물결	원시공동체	수렵채취
시장경제시대	제1물결	농업혁명	농경
	제2물결	산업혁명	제조
	제3물결	서비스 혁명(경제효용 극대화)	금융, 정보서비스 등
탈시장경제시대	제4물결	서비스 혁명(삶의 질 극대화)	삶의 질 서비스

한편, 제3의 물결은 서비스 혁명에 의한 생존방식의 전환을 의미한다. 앨빈 토플러는 제3의 물결을 정보혁명으로 설명하지만 이에 앞서 허드슨 경제연구소 소장 허만 칸 박사는 제3의 물결을 시장체계에서 경제적 효용과 가치를 극대화하기 위한 서비스혁명에 기인한 것으로 설명했다.[11]

즉, 칸 박사는 1978년 국제상공회의소 컨퍼런스에 제출한 보고서에서, 인간의 중심활동을 근본적으로 바꿔놓은 세 번의 혁명적 사건을 물결로 표현하고 제3물결은 정보통신 서비스를 비롯하여 행정, 금융

---

11) 허드슨 경제연구소 저, 박문호 역, 1984, 『제4의 물결』, 효종출판사

서비스 등이 주된 활동이 될 것으로 예고했다. 그리고 21세기에 다시 한 번 혁명적 사건이 일어날 것을 예고하고 제4의 물결이라 명명했다.

이제 산업혁명으로 시작된 시장경제 체계는 이제 완료단계에 와 있다. 21세기에 산업혁명이 완료된다는 것은 무엇을 의미하는가? 그것은 곧 21세기에 들어서면서 인류 사회는 또 한 번의 대전환을 맞게 된다는 것으로, 시장경제 체계에서 공동체경제, 혹은 사회경제 체계로의 전환, 곧 탈(脫)경제 사회의 도래를 의미한다. 인류 사회는 또 한 번의 서비스 혁명을 겪게 되는데, 그것은 제3물결의 경제적 효용과 가치를 극대화하는 서비스 혁명과는 달리, 새로운 물결은 공동체적 가치와 삶의 질을 극대화하려는 서비스로서 혁명적 변화를 이끌 것으로 예고한 것이다.

또 하나의 거대한 전환−선물경제 영역의 회복

제4의 물결은 인간의 주된 활동이 경제적 효용보다 개성과 창의, 자기결정권 등을 실현하고 인간가치와 인간다움을 추구하는 활동이 주류가 된다는 것이다. 이러한 사회는 경제적 효율성보다 자아실현과 타인이나 사회와의 관계를 중요시하는 탈경제 사회[12]로 특징지을 수 있다. 21세기 사회는 소비자와 생산자의 쌍방이 삶의 질을 목적으로 하는 활동에 종사하며, 공동체노동자, 교육자, 문화예술인 등에 의한 고수준의 개인적인 서비스 역할이 급증한다. 즉, 나날을 올바르게 그리고 보람 있게 보낼 수 있는가를 가르쳐주는 사람들, 여러 가지 사물에

---

12) 여기서 "탈경제 사회"란 대개의 인간행동이 단순한 "비용＝편익"이라는 관점에서 결정되지 않는 사회라는 의미이다.

대하여 직접 기쁨을 느낄 줄 아는 심미안의 사람들이 존중되는 사회이다.

그리고 이러한 사회에서 인간활동에 대한 평가는 마치 수단이 목적인 것처럼, 쩨쩨하게 비용과 편익이라는 손익계산서에 의해서가 아니라, "어떠한 인간을 낳게 하는가?", "개인과 사회에 어떠한 영향을 미치는가?" 등 좀 더 폭넓은 사회적·문화적 기준에 의해서 평가된다. 따라서 경제적 효용과는 관계없이 부분적 또는 전면적인 자발적 서비스(voluntary service) 활동이 인간의 중심활동이 될 것이다.

유념할 것은 제4물결은 제3물결과 근본적으로 차이가 있다는 점이다. 제1물결, 제2물결과 함께 제3물결은 시장경제의 시대를 팽창시켜 왔고 이제 그 절정에 이르렀다. 제3물결의 주된 활동은 농업과 산업의 생산성 한계를 극복하고, 경제적 효용과 가치를 극대화하기 위한 서비스였다. 그러나 이제 더 이상 성장은 불가능해졌고 경제는 침체되었다. 이미 과도한 성장 추구로 사람도 자연도 모두 골병이 들었다. 따라서 탈노동, 탈경제에 대한 요구가 높아졌다.

진정 우리 사회가 정상적 상태에 이르는 길은 시장경제와 선물경제가 상호보완적인 관계로 발전하며 균형을 이루는 것이다. 소멸되어가는 선물경제, 공동체노동이 되살아난다면 가능할 것이다. 그러나 선물경제의 회복은 조용하지만 엄청난 변화를 가져오는 혁명이다. 시장경제 중심의 현대문명에 대한 반란인 동시에 새로운 시대를 여는 거대한 전환이다.

또 한 번의 거대한 전환을 이루려는 제4의 물결은 경제적 효용을 높이려는 제3물결과 달리, 삶의 질을 높이려는 시장 밖의 활동에 관한 것이다. 따라서 시장경제의 임금노동 영역은 줄이고 경제적 효용

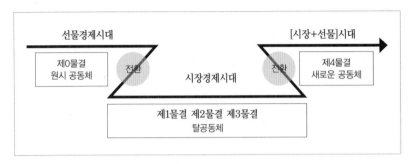

문명사적 관점에서 본 시대의 대전환

과는 관계없이 부분적 또는 전면적인 자발적 활동과 공동체노동 영역
을 늘림으로써 시장경제와 선물경제가 균형을 이루는 정상사회가 열
릴 것이다.

주된 활동이 수렵과 채취였던 원시공동체는 기본적으로 선물의 원리에
의해 교환이 이루어지던 시대로 편의상 "제로(0)물결"시대라고 명명하였
다. 제로물결에서 제1-2-3물결로의 전환은 시장경제시대를 열어가는 과
정이었고 제3물결에서 극치를 이룬다. 이제 자본주의는 경제적 효용을 극
대화하려고 제4차 산업혁명을 기획하였지만, 탈시장경제의 물결을 막아
내지는 못할 것이다. 다만 제4물결은 제로물결 시대 선물경제로의 회귀를
의미하는 것이 아니다. 시장경제와 선물경제가 균형을 이루는 새로운 시
대를 여는 것이다.

우리는 경제적 효용의 극대화를 추구하는 시장경제의 지배를 탈피
하여 공동체적 가치를 추구하는 탈(脫)시장경제사회로 전환해야 한다.
오늘날 4차 산업혁명의 시대에서 이 눈부신 기술혁명의 탐욕을 그 무
엇들과 매개하면 인류는 멸종에 이를 수도 있다. 탐욕이 매개할 수 없

는 선물경제의 영역, 공동체노동 영역을 확장하고 시장의 지배적 지위를 축소할 때 그것만이 오늘날 호모사피엔스의 멸종위기를 극복할 수 있을 것이다.

여기서 우리는 처음의 질문으로 돌아가야 한다. 자본주의 시장경제 체제 이후의 사회를 어떻게 만들 것인가? 지금은 대전환의 기회이다. 그럼에도 불구하고 여전히 인간애가 고갈된, 탐욕이 모든 것을 매개하는, 좌절과 환락, 돈벼락과 파멸이 요동치는 시장경제중심 사회를 유지할 것인가? 아니면 차제에 비인간적 시장의 지배력을 감소시키고 공동체 영역을 회복할 것인가? 우리에겐 아직도 선택할 수 있는 기회가 있다.

나는 여기서 현대사회 위기의 극복은 사회체계 이론의 항상성에 근거한 이전 상태의 회복 혹은 복원이 아니라, 사회진화이론에 입각한 새로운 패러다임으로의 전환만으로 가능할 것으로 본다. 즉, 시장의 논리에 지배되던 일상생활 영역에서 공동체의 논리를 복원하여, 시장에서는 시장의 원리가, 공동체 영역에서는 공동체의 원리가 지배적인 정상사회, 소위 탈시장경제사회로의 대전환이 이루어져야 할 것이다.

여기서 탈경제화로의 대전환은 시장경제를 송두리째 부정하는 것이 아니다. 탈산업화 사회가 되었다고 자동차를 생산하고 소비하지 않는 것이 아닌 것처럼. 농업혁명 이후 산업혁명을 거치면서 시장경제 논리가 인간세계의 지배적 원리로 자리매김하면서 대전환을 이루었듯이, 이제 일상 세계에서 시장 논리의 지배력을 축소하고 공동체의 논리를 강화하는 것으로서 또 한 번의 대전환이 이루어져야 한다는 것이다. 다시 말하자면 합리성에 근거한 시장경제와 호혜성에 근거한 선물경제 (gift economy)가 상보적으로 조화되는 세계를 이루는 것이다.

선물에 대한 오해―누가 답례를 받아야 하는가?

선물경제(gift economy)란 무엇인가? 선물경제는 선물에 대한 해석, 혹은 호혜에 대한 관점에 따라 다양하게 설명되지만 이윤추구를 위한 합리적 교환이 아닌 연대와 공유관계를 형성하는 호혜적 교환방식이라고 할 수 있다. 여기서 호혜성은 무기대성, 비등가성, 제3자성이라는 3대 원칙을 동시에 충족해야 한다. 다시 말해서 상품과 선물에 대한 전통적 구분에서, 상품은 교환되는 두 물건 사이의 등가성 설정을 중요시하는 반면, 선물은 사람들 사이의 관계형성을 가장 우선시하는 것으로 이해된다.

선물경제 개념을 이해하기 위해 먼저 선물에 대한 여러 관점들을 검토할 필요가 있다. 선물에 관하여 연구한 마르셀 모스(Marcel Mauss)는 선물이 "이론적으로는 자발적이고 이해관계가 개입되지 않은 증여의 방식이지만, 실제로는 의무적이고 이해관계가 개입된 증여방식"이라고 정의한 바 있다[13]. 모스가 논문에서 지속적으로 강조하고 있는 두 개념은 호혜성과 교환이다. 모스에게서 상품과 선물의 근본적 차이는 호혜성을 수반하느냐의 여부이다. 선물은 주어야 하는 의무와 받아야 하는 의무 그리고 답례의 의무라는 3중의 의무를 뜻하는 것이며, 치밀한 계산에 의한 것이지만 사리사욕을 위한 것은 아니라는 것이다.

한편, 선물의 가능성을 부정한 자크 데리다(Jacques Derrida)에 의하면 선물은 회귀하거나 복귀하지 말아야 한다. 그는 선물이 진정한 선물이 되기 위해서는 주는 쪽에서든 받는 쪽에서든 망각해야 한다고

---

13) 마르셀 모스 저, 이상률·류정아 역, 2011, 『증여론』, 한길사

주장한다. 선물은 근본적으로 행위 그 자체로 끝나야지 어떤 대가성이 있어서는 안 된다는 것이다. 선물을 받았으면 감사해야지 왜 망각하라는 것일까? 선물은 대가 없는 증여로서 그 어떤 것도 되돌려 받지 말아야 한다는 것은 맞다.

그러나 선물은 망각되어야 하며 회귀하거나 복귀하지 말아야 한다는 것은 데리다가 틀렸다. 당사자 간의 "증여-답례의 순환"을 상정했기 때문이다. 즉, 선물증여자가 대가를 기대하지 않아야 한다는 전제는 증여자에게 답례가 없어야 한다는 것이지 다른 사람에게 답례하지 말아야 한다는 것은 아니다. 답례는 의무이다. 그러나 누구에게 답례하느냐가 관건이다. 데리다는 선물의 3자성 원칙을 간과한 것이다. 즉, 선물이 순환운동을 하려면 답례가 있어야 하며 다만 그 답례방식이 상부상조나 시장의 상품교환과 다를 뿐이다. 무엇보다 선물의 경우, 순수호혜의 원리에 따라 답례는 제3자에게 이루어져야 한다. 그것이 선물과 유사한 다른 증여행위와 다른 점이다.

한편, 피에르 부르디외(Pierre Bourdieu) 역시 순수한 선물의 가능성을 부정하고 있다. 다만 증여 이후 답례가 시간적으로 유예되고 상이한 답례를 전제로 선물의 가능성을 인정하고 있다. 즉, 시간적 지연이라는 집단적 오인이 선물이라는 구조를 가능하게 한다고 설명한다. 그러나 이러한 설명 역시 데리다와 마찬가지로 "균형적 호혜(balanced reciprocity)"의 관념을 드러낸다. 당사자 간의 증여와 답례로 순환되는 균형적 호혜의 틀에서 순수한 선물이란 불가능한 것이다. 그것은 선물이 아니라 시간차 답례로 이루어지는 상부상조이다.

한편, 최초의 증여론을 쓴 마르셀 모스는 물론 이를 비판하고 재해석한 클로드 레비-스트로스(Claude Lévi-Strauss)의 경우도 마찬가지이다. 모두 첫 번째 선물을 누구로부터 받았느냐의 문제에 매달려 정작 누구에게 답례하느냐의 문제, 선물의 제3자성이라는 중요한 원칙을 간과하고 있다. 먼저 모스가 정리한 선물의 순환과정은 초월적인 제3자로서 "최초의 증여자"가 존재해야 한다. 모스는 "하우"라는 영을 최초의 증여자로 지목했다. 이제부터 선물의 순환운동을 작동시키는 의무가 발생한다.

초월자로부터 선물을 받은 사람에게 첫 번째 의무가 발생한다. 곧 선물해야 할 의무이다. 그래서 누군가에게 선물한다. 그렇게 해서 두 번째 의무가 발생한다. 곧 받아야 할 의무이다. 동시에 세 번째 의무가 발생한다. 선물 받았으니 보은을 해야 할 의무이다. 그래서 보은한다. 그러면 받아야 하고… 이렇게 의무가 순환되면서 사회적 교환으로서 선물관계가 성립된다.

그런데 이 순환과정에서 대부분 중요한 순수호혜의 원리를 놓치고 있다. 우선 호혜행위는 순수한 호혜, 균형적 호혜, 부정적 호혜 등 세 가지로 구분해야 한다. 우선 부정적 호혜는 자신이 제공한 선물의 가치 그 이상으로 되돌려 받을 것을 기대하는 것으로 시장의 거래양식과 다름없다. 우리가 말하는 뇌물의 가능성도 부정적 호혜에서 발생한다. 그 다음 균형적 호혜는 내가 제공한 선물에 상응하는 동등한 가치가 적절한 시점에서 되돌아올 것으로 기대하는 것으로 상부상조의 양식이다. 마지막으로 "순수한 호혜"는 다른 호혜들과는 달리 세 가지 원칙에 따라 선물이 순환된다. 첫째는 무기대의 원칙이다. 둘째는 비등가성의 원칙, 셋째는 제3자성의 원칙이다.

우리가 선물의 교환원리를 올바르게 이해하는 데 중요한 요소로서 첫 번째 논점은 "최초의 선물증여자"의 문제이다. 마르셀 모스는 "최초의 증여자"의 존재를 발견했다는 점에서 선물의 원리에 대한 설명력을 높였다. 그는 "왜 선물을 되갚으려 하는가?" 답례의 의무를 선물교환의 핵심문제로 제기하면서 "선물의 영(hau)"이라는 개념을 도입했다. 선물의 교환을 순환시키는 의무가 성립하려면, 누군가 최초의 증여자가 있어야 되갚아야 할 의무가 성립된다.

그런데 최초의 증여자가 사람이라면 그는 누구로부터 의무를 부여받았느냐는 문제가 제기된다. 그래서 모스는 "선물의 영(hau)"이라는 개념을 설정했던 것이다. 그런데 레비-스트로스는 이를 "모스의 실패"라며 매우 강도 높게 비판한다. 즉, 뉴질랜드 마오리족의 영 하우의 선물을 받지 않으면 재앙을 초래할 수 있기 때문에 선물을 받아야 하고, 받은 사람은 결국 자신의 의도와 상관없이 무의식적으로 되갚으려 한다는 민담을 그대로 받아들였다는 것이다. 그러나 나는 오히려 레비-스트로스가 잘못 비판하고 있다는 생각이다. 만약 초월적인 최초의 증여자가 없다면 순수호혜의 원리에 따른 선물은 성립 불가능해진다.

인간사회에 선물원리가 성립하기 위해서는 신의 은총이 필요했다. 신의 존재를 발견한 위대한 상상력이다. 모스가 하우를 설정한 것은 그리 낯선 일이 아니다. 이미 종교인들이 구제를 하거나 보시를 하는 행위의 출발점은 신의 은총이다. 신의 은총은 받아야 하며, 받았으면 신이 아닌 다른 사람(제3자성)에게, 내가 받은 선물과 동일가치가 아닌 오히려 상대가 필요한 것(비등가성)을, 대가를 기대하지 않고(무기대성) 선물하고, 선물을 받게 된 사람은 똑같은 원리에 따라 선물하면, 결국 선물의 교환관계가 날줄과 씨줄로 얽혀져, 나도 또 누군가로부터 내게 필요한 선물을 받게 되는 것이다.

그런데 데리다, 부디르외는 물론 모스와 레시-스트로스까지 순수

호혜의 선물은 상정하지 않고 균형적 호혜에 상응하는 상부상조의 "증여-답례"를 상정하는 오류를 드러냈다고 볼 수밖에 없다. 특히 선물순환을 당사자 간의 교환관계, 즉 증여자에서 수혜자로, 다시 수혜자에서 증여자로 되돌아가는 순환운동으로 설명한 것은 적절하지 못한 것이다. 그것은 결국 균형적 호혜에 의한 상부상조이다. 예컨대 부조금은 반드시 갚아야 할 법적 의무는 없지만 도의적으로 되갚아야 할 의무이다. 상부상조와 선물은 근본이 다르다. 갚아야 할 의무가 없는 것이 아니라 당사자 간의 의무가 아니라 내 선물을 필요로 하는 제3자에게 의무를 갖는다는 점에서 전혀 다른 차원의 윤리적 의무가 된다.

우리 사회가 공동체성을 유지하려면 상부상조의 균형적 호혜가 발전해야 한다. 그러나 보다 높은 수준의 성숙된 공동체를 원한다면 순수한 호혜를 발전시켜야 한다. 균형적 호혜는 나에게 은혜를 베푼 사람에게 은혜를 되갚는 것이다. 무엇이 어렵겠는가? 그러나 순수한 호혜는, 지금 내가 존재하는 그 자체가 신이든, 부모이든, 은인이든 간에 그 누군가로부터 은혜를 입은 덕이라고 믿고, 나도 그 누군가에게 은혜를 베푸는 것이 선물의 원리이다. 자기들끼리 주고받는 그들만의 잔치가 아니라, 여기에는 사회적 약자, 소외된 사람들이 함께하는 잔치가 된다.

순수호혜의 실현-선물의 세 가지 원칙[14]

당신은 선물을 좋아하는가? 그렇다. 누구나 선물을 좋아한다. 만일 선물이 싫다는 사람이 있다면 정신과 치료를 받아야 할 필요가 있다.

---

14) 이 글은 필자의 저서, 『호모볼런타스』에서 발췌하여 수정한 것이다.

그럼 필자가 당신에게 선물을 했다고 가정해보자. 좋으신가? 또 선물을 드린다. 좋으신가? 그럼 또 선물을 드린다. 좋으신가? 만일 거북스럽지 않고 계속 받고만 싶다면 이 또한 정신과 치료가 필요하다. 거북한 것이 정상이다.

여기서 질문 하나 더 하겠다. 선물과 뇌물의 차이는 무엇인가? 만일 대가를 기대하지 않으면 선물이고 대가를 기대하면 뇌물이라고 답하신다면 맞긴 하지만 2% 부족한 대답이다. 받은 선물보다 준 사람이 더 좋으면 선물이고, 준 사람보다 선물이 더 좋으면 뇌물이다. 그런데 대부분의 경우 선물 한 사람보다 받은 물건에 더 관심이 많다. 선물의 대전제는 인간관계에 있다. 물건은 다만 그 매개체에 불과한 것이다. 그러나 사람보다 물건이 더 중요한 대한민국, 뇌물민국이다.

선물문화가 변질되다 보니 "선물 안 주고, 안 받기 운동"까지 생겨나고 있다. 뇌물이 선물로, 선물이 뇌물로 둔갑하여 부패의 수단이 되고 있다. 그래서 결국 "김영란법"이라고도 불리는 "부정청탁금지법"이 제정되기에 이르렀다. 그럼에도 불구하고 선물을 가장한 비싼 뇌물들을 교환하며, 오히려 값싼 선물은 쓰레기통에 처넣어 버리고 만다. 심지어 값싼 선물은 자신을 무시한 것이라고 반감을 가지기도 한다. 오늘날 진정한 선물은 찾아보기 어렵다. 이러한 선물들은 결코 선물이 아니다. 그런데도 사람들이 선물이라고 말하니, 필자는 불가피하게 "진짜 선물"과 "가짜 선물"로 구분하고 진짜 선물은 앞에 "순수"라는 말을 붙여 쓴다.

문명사적으로 "순수 선물"은 인간의 생존방식이었다. 오늘날 우리 사회를 지배하는 시장경제가 발생하기 이전 원시공동체에서는 선물원리에 의한 교환으로 생존에 필요한 자원을 획득하였다. 선물의 원리는 세 가지 순환 고리로 구성된다. 먼저 선물해야 할 의무, 주는 선물은 받아야 할 의무, 그리고 선물을 받았으면 이에 보은해야 할 의무가 연쇄적 과정으로 이루어지면서 공동체는 유지되었다.

선물을 받으면 반드시 보은해야 한다. 이것이 선물의 제1원칙이다. 그런데 여기서 중요한 포인트는 ④의 단계에서 "보은을 누구에게 어떻게 하느냐"의 문제이다. 첫째, 선물을 준 사람에게 보은을 하는 것인가? 아니면 다른 누구에게 해야 하는가? 둘째, 보은할 때 받은 이상으로 해야 하는가, 아니면 받은 것 가치만큼 되돌려주어야 하는가? 그것도 아니면 받은 것 가치보다 적게 하는가? 등의 질문이 제기될 수 있다.

여기서 순수 선물의 제2의 원칙이 제시된다. 즉, 보은을 하되 선물을 준 "당사자"가 아니라 "제3자"에게 하는 것이다(제3자성). 당사자에게 보은하는 것은 일종의 거래가 될 수 있고 공동체의 분열과 구성원 전체의 생존을 위한 자원의 편중이 일어날 수 있기 때문이다. 그러나 불가피하게 "당사자" 간에 상호 보은이 이루어지는 "Give and Take"의 경우에는, "선물"이 아니라 "상부상조"라 해야 한다.

선물의 세 가지 의무

① 선물해야 할 의무

② 선물 받아야 할 의무

③ 선물에 보은해야 할 의무

④ ?

선물의 제3의 원칙은 비등가성이다. 즉, 선물을 받고 보은을 할 때 동일가치가 아니라 나에게 여유 있는 것을 필요한 사람에게 제공하는 것이 된다. 내 입장에서가 아니라 제3자의 입장에서 필요를 파악하고 내가 보유하고 있는 것의 일부를 증여함을 의미한다.

선물을 증여하는 사람은 대가를 기대하지 않고 선물을 증여하지만 받는 사람은 첫째, 보은의 의무에 따라 조건 없이 선물을 증여해야 하며, 둘째, 보은의 대상은 선물을 준 당사자가 아니라 제3자이며, 셋째, 보은 방식은 필요한 것을 비등가적으로 증여한다. 이러한 세 가지 원칙은 보로메오의 매듭으로 엮어져 있어 만일 그 중 어느 하나가 훼손되면 선물로서의 순수성은 훼손된다. 다시 말해 순수한 선물이 아니라는 것이다.

이와 같이 타자에게 조건 없이 증여하는 순수 선물의 원리는 생존에 필요한 자원을 향유할 뿐만 아니라, 서로를 인정하고 수용하는 평화로운 관계를 가능하게 하였다. 그래서 선물행위는 의사전달 기능, 사회적 교류 기능, 경제적 기능, 사회화 기능 등으로 설명되었다. 오늘날 시장경제가 발달하면서 선물경제의 원리는 호랑이 담배 피우던 시절 이야기로 치부되고 있지만, 여전히 사회평화와 인간행복을 가능하게 하는 중요한 인자로 우리들의 유전자 속에 녹아 있다.

위대한 상상력의 회복—선물경제의 가능성

시장경제가 지배하고 있는 현실세계에서 선물경제는 어떻게 가능할 것인가? 결론부터 말하자면 시장경제가 임금노동으로 지탱되듯이 선물경제는 공동체노동으로 실현 가능하다. 시장경제의 임금노동이 금융자본과 기술자본을 축적하듯이 선물경제의 공동체노동은 사회자본과 문화자본을 축적한다. 연구자들은 높은 삶의 질과 번영하는 공동체를 이룩하기 위해서는 경제적 자본만이 아니라 사회자본이 절대적으로 필요하다고 주장한다. 선물경제 영역에서는 돈으로 환산되지 않는 교환이 있고 돈으로 살 수 없는 노동이 일어나고 시장에서 사용될 수 없거나, 이미 시장경제에서 만들어낼 수 없는 방대한 자산이 존재한다.

문제는 시장경제가 선물경제의 자산을 착취하고 오염시키고 있다는 것이다. 우리는 선물경제의 소중한 자산을 업신여기고 시장경제에 세뇌되어 스스럼없이 파괴한다. 결국 오늘날 우리 사회에서 선물경제는 소멸 직전에 처해 있다. 그 결과 공동체는 붕괴되고 승자독식의 무차별적 경쟁논리가 인간성을 파괴하고 있다. 비록 경제적 풍요는 이루었지만 사람들은 행복하지 않다. 사람들의 신경은 곤두 서 있고 우울증과 자살이 범람한다. 파괴된 자연이, 파괴된 이웃이 우리를 불안으로 몰아넣는다.

탐욕이 모든 것을 매개하는 현대문명은 파멸 직전에 있지만 인류 사회는 문제해결 능력을 상실했다. 그럼에도 불구하고 무사태평이다. 언제인가부터 종말론이 사라졌다. 종말을 예고하며 혹세무민하던 사이비종교도 사라졌다. 역전에서 힘겹게 종말을 외치던 사람들마저 추억 속으로 사라졌다. 어찌된 일일까? 타락한 물질문명의 멸망을 예고하고 물질에 취한 인간들을 각성시켜야 할 종교인들마저 시장경제 소비 이데올로기의 심복으로 전락했기 때문이다. 나는 문명의 방종을 견제하는 종교적 상상력마저 사라진 오늘의 현상이야말로, 호모사피엔스의 멸종위기를 알리는 징조라고 판단한다.

오늘날까지 많은 위기에도 불구하고 호모사피엔스의 문명을 지탱해온 것은 종말론이었다. 현존 인류의 조상, 크로마뇽인이 자신보다 더 우수한 조건을 갖춘 네안데르탈인을 도태시키고 지구를 차지한 것은 "위대한 상상력" 덕분이다. 네안데르탈인이 자기 가족들끼리만 뭉쳐 잠들었을 때, 크로마뇽인은 이웃들과 함께 밤하늘의 별을 보며 신화를 만들고, 자연의 섭리를 두려워하며 신의 존재를 발견했다. 신의 메시지는 언제나 종말의 경고였다. 크로마뇽인들은 아메리카에 살거나 아프리카에 살거나 그 어디에 살든지 종말론의 신화로 소통하였다. 그리하여 거대한 종족을 이룬 크로마뇽인은 결국 네안데르탈인을 멸종시키고 지구를 차지한 호모사피엔스가 될 수 있었다.

호모사피엔스는 물질문명의 슈퍼밈에 사로잡혀 위대한 상상력을 잃어버리고 말았다. 탐욕을 견제하던 종말론이 사라지면서, 신 대신 탐욕이 모든 것을 매개한다. 다만 현재 누리고 있는 풍요를 어떻게 지킬 것인가에 집착하면서 스스로 문제해결 능력을 상실하고 멸종의 길을 가고 있다. 언제까지 이 상태를 방치할 것인가? 이제 다시 위대한 상상력을 되찾아야 한다. 문명의 종말을 상상하고 새로운 신화를 써야 한다. 풍요가 아니라 가난을 상상하고, 편리가 아니라 불편을 상상해야 한다. 풍요와 편리를 제공하는 시장경제의 소비이데올로기로부터 벗어나야 한다. 최소한 시장경제의 영역을 축소시키고 호모사피엔스를 가능하게 했던 우리 선조 크로마뇽인의 선물경제를 확장해야 한다.

오늘날 현대사회에서 선물경제가 가능한가? 나는 가능하지 않으면 어떻게 할 것인가, 다른 대안이 있느냐 되묻는다. 마르크스의 프롤레타리아도 자본주의와 불륜에 빠졌고 민주주의도 자본주의와 불륜 중이다. 모든 것을 탐욕이 매개하고 있다. 자본주의 시장경제의 독재를 제약하고, 모든 것을 매개하는 탐욕을 견제할 수 있는 것은 선물경제의 원리밖에 없다. 그것은 어울림의 이치, 윤리성이라 불리는 양보의 능력이다.

시장경제와 선물경제는 상호대립적인 기본원리를 갖고 있다. 시장경제는 합리성을 기본원리로 채택하고 경쟁 능력을 덕목으로 삼는다. 반대로 선물경제는 윤리성을 기본원리로 채택하고 양보 능력을 덕목으로 삼는다. 그렇다면 오늘날 지배적인 시장경제체제에서 대립적 가치의 선물경제가 어떻게 양립 가능할 것인가? 우리가 잊고 있는 선물경제의 강점을 회복하고, 그 강점을 실현하는 공동체노동을 제도화하는 것이다. 선물경제는 시장경제를 지탱하는 임금노동 지배체계에서 벗어나, 공동체노동을 포괄하는 다중노동체계를 구축하는 것으로서, 노동혁명을 통해서 가능해진다.

공동체노동은 인류 역사에서 가장 오래된 노동이다. 그러나 현대사회에 이르러 대부분 시장경제의 임금노동으로 흡수되고 이웃 간 협동이나, 자원봉사활동으로 그 명맥을 유지하고 있다. 그러나 공동체노동은 단순히 국가 내의 지역사회문제를 해결하기 위한 노력에 머물지 않는다. 특히 공동체노동은 이제 국가경쟁력을 위한 사회자본으로서 "자발적 연대력"이라는 구체적 자산을 창출한다. 지역사회와 이웃에 대한 작은 관심으로서 자발적 노력이 결국은 사회자본으로 축적되는 것이며 그것은 번영하는 공동체를 촉진하는 "자발적 연대력"이라는 구체적 성과로 나타나는 것이다.

3. 노동위기의 대안_공동체노동의 복원

2080사회의 대안-티티테인먼트 혹은 공동체노동

세계적으로 저명한 경영자들이 냉전을 종식시킨 고르바초프에 대한 감사의 표시로 재단을 설립해주기로 하고 세계 각국의 영향력 있는 정치가, 경제학자, 경영자 500여 명을 초대해 세계 최고의 페어몬트 호텔에서 국제토론회를 열었다. 1995년 말에 열린 이 토론회는 21세기 지구촌이 지향해야 할 새로운 문명의 길을 모색하기 위해 이루어진 것이다.

이 국제토론회에서 참가자들은 인류의 미래를 "20대 80사회"와 "티티테인먼트(titytainment)"[15]라는 말로 함축시켰다.[16]

---

15) 티티테인먼트(titytainment)는 즐긴다는 의미의 엔터테인먼트(entertainment)와 엄마 젖을 뜻하는 티쯔(tits)를 합친 말이다. 원래 오락물과 음식물의 절묘한 결합을 통해서 이 세상의 좌절한 사람들을 달랠 수 있다는 말로 사용되었다.
16) 한스 피터 마르틴 외 저, 강수돌 역, 1997, 『세계화의 덫』, 영림카디널

"20대 80사회"는 노동 가능한 인구 중에서 20%만 노동을 해도 세계경제를 유지하는 데 별 문제가 없으므로, 고도성장을 지속하기 위해서는 노동비용을 축소시켜야 한다고 결론을 내렸다. 한마디로 "더 이상의 노동력은 필요 없다"는 것이다.

이 토론회에서 그려진 미래의 사회는 "탄탄한 중산층도 없고, 저항할 세력도 없는, 오직 경쟁에서 승리한 자들만의 부유한 나라"였다. 그렇다면 나머지 80%의 사람들은 어떻게 살아야 되는가? 잘사는 20%의 사람들이 가난한 80%의 사람들을 어떻게 먹여 살릴 것인가? 그들은 경쟁 속에 탈락한 실업자들을 누군가가 먹여 살려야 한다. 그리고 무엇인가 할 일이 주어져야 한다. 따라서 그들의 결론은 노동시간을 단축하여 여가를 확대하고 자원봉사를 하게 하고 수당을 제공하자는 것이었다.

토론회에 참석한 펜실베니아 주립대학의 로이 교수는 "실업자들을 복지단체나 시민단체, 이웃 돌보기를 위한 지역사회 프로그램에 자원봉사자로 참여하게 하고, 자원봉사 활동의 가치를 평가하여 보상해줌으로써, 실업자들에게도 자존심을 지킬 수 있도록 해주자"고 주장하였다. 여기서 "20대 80사회"의 문제해결 대안으로서 "티티테인먼트 전략"과 기본소득 개념이 출발한다.

세계 도처에서 나타나는 경제성장률은 유연한 노동과 불안정한 고용이 뒷받침하고 있다. 그러나 불안정하게 동요하는 노동의 새로운 양상은 정치적으로 고도의 폭발성을 지닌다. 경제는 성장하고 있지만 가난한 사람들이 늘어난다. 성장을 택할 것인가? 안정을 택할 것인가? 소수의 풍요 속의 다수의 빈곤, 이것이 오늘날 인간세계의 딜레마이다. 여기에 대응하는 정책은 세 가지 길뿐이다. 즉, 눈을 감아 버리는 길, 감옥을 더 만드는 길, 그리고 새로운 물꼬를 터주는 길이 그것이다. 어떤 것을 택할 것인가?

티티테인먼트와는 다른 지점에서 "20대 80사회"의 위기에 대응하려는 시도가 자활노동, 시민노동, 제3부문 노동 등과 같은 공동체노동의 제안이다. 필자가 사용하는 공동체노동이라는 개념은 신자유주의자들의 티티테인먼트 전략과 유사한 개념이지만 근본적 배경을 달리하는 "공동체노동"의 개념이다. 새로운 물꼬로서 공동체노동은 세 가지 측면을 기본적으로 가정한다. 첫째, 노동사회를 탈출하여 앙드레 고르의 문화사회로 가기에는 현재 임금노동의 유인성이 너무 강하다. 둘째, 현실적으로 "2080문제"의 유일한 해법은 새로운 사회계약을 모색하는 길뿐이다. 셋째, 새로운 사회계약은 공동체노동을 사회적으로 합의함으로써 가능하다는 것이다.

공동체노동의 실효성–돈으로 살 수 없는 것의 가치

자본주의 체제하에 시장경제와 임금노동이 지배하면서 시장 밖의 공동체적 가치들은 모두 소멸 직전에 이르렀다. 그럼에도 불구하고 인류 사회 위기의 대안으로 끊임없이 호출되고 있다. 비록 소멸 직전이지만 선물경제, 공동체노동이 변화를 이끌어낼 수 있는 여지가 여전히 살아 있기 때문이다. 시장경제가 기획한 "모든 것의 상품화"를 직시하고, 만약 위기극복을 원하기만 한다면 방법은 있다는 말이다. 즉, 아직도 흩어져 남아 있는 선물경제의 자산을 찾아내고, 공동체노동의 능력을 강화하여 선물경제의 영역을 회복한다면, 인류 사회의 문제를 해결하는 충분한 대안이 될 것이다.

선물경제와 공동체노동의 복원은 이미 오랫동안 다양한 이름으로 논의되어 왔다. 공동체노동은 대개 세 가지 측면의 도전을 받게 된다. 첫째, 실효성 혹은 실현 가능성에 관한 것, 둘째, 시장경제와 임금노동을 부정하는 것으로 오해받는 것이다. 그리고 셋째는 지금도 공동체 기능이 작동이 제대로 안 된다는 다소 냉소적 문제 제기다. 이러한 문제 제기를 중심으로 공동체노동의 가치를 이야기해본다.

첫째, 선물경제와 공동체노동의 실효성에 대한 의문들은 오늘날 시장경제의 효율성에 대한 강한 믿음에 기인할 것이다. 물론 시장경제의 효율성은 충분히 인정된다. 그러나 시장경제 이데올로기가 모든 것을 상품화하며 "외부효과(externality)" 문제가 제기되며 효율성에 대한 평가는 달라졌다. 모든 것에 금전적 가격을 매기고 소소한 일상 세계의 활동까지 시장으로 흡수하면서, 돈으로 살 수 없는 소중한 공동체 자산들을 파괴함으로써, 총체적 차원에서는 엄청난 손실과 비효율성을 초래하고 있다는 점이다.

무엇보다 불길한 것은, 사람 대신 시장이 가치를 결정하는 시장경제 이데올로기가 우리 의식을 지배하고 우리는 그것에 복종하고 있다는 점이다. 그 결과 모든 것을 금전적 가격으로 판단하게 한다. 노동도 돈을 받아야 훌륭한 노동이 되고 더 많이 받아야 더 가치 있는 일이 된다. 돈을 받지 못하는 것은 사람이든 물건이든 가치 없는 것으로 무시되고 쓸모없는 것으로 버림받는다. "집값은 천 냥이요, 이웃 값은 만 냥"이라는 속담은 고리타분한 속담일 뿐 금전적 교환 없이 이루어지는 이웃 간의 나눔과 보살핌, 협동과 연대는 가치 없는 감상주의로 취급되고 있다.

모든 것이 상품화되는 지금 우리의 현실을 직시하고, 가족과 이웃, 공동체에서 담당하던 보살핌까지 점차 상품화되고 있는 현상은 되새

겨볼 필요가 있다. 부모가 자식을 돌보고 자식이 부모를 돌보던 시대는 저물었고, 관계에 의한 보살핌보다는 상품으로서 보살핌이 일반화되고 있다. 어린이는 어린이집에서, 노인은 요양원에서 보살핀다. 보살핌이 상품이 되면서 더 많은 돈이 필요해졌기에 돈을 벌기 위해 더 많은 노동을 해야 한다. 더 많은 노동을 해야 하니 보살필 시간이 없어 돈을 주고 서비스를 산다. 이 악순환 속에 가족의 사랑, 이웃의 정은 메말라 들고 노동자의 삶은 더욱 피폐해진다.

최소한 지난 20세기의 역사는 가족과 이웃들이 공유하던 선물경제 영역의 기능이 시장경제 영역으로 대거 빨려들어 간 시기였다.[17] 자본주의 시장경제가 모든 것의 상품화를 기획한 결과이다. 경제적 이익의 극대화를 추구하는 시장경제가 극치에 이르렀다고 판단한 허드슨경제연구소 허만 칸 박사는 "제4의 물결"을 예감하고, 탈경제 시대의 도래를 예고하였지만, 아예 제4의 물결이란 용어까지 상품화되고 말았다. 자본주의는 더 강도 높은 시장흡수를 기획하였고 더 많은 공동체의 기능들을 시장경제로 빨아들이고 있다. 논리는 시장의 효율성이지만, 방법은 금전으로 유혹하는 것이다. 사람들은 편리와 금전에 유혹되어 가족의 기능, 이웃의 기능을 시장으로 넘겨주고 있다.

자본주의 시장경제 이데올로기의 최대 목표는 모든 것의 상품화이다. 사랑도 명예도 상품화되었고 문화와 교육도 상품화되고 신앙과 이념까지도 상품화되고 있다. 사람들은 상품을 사기 위해 자신을 상품화한다. 더 많은 상품을 사기 위해 더 많은 노동력을 팔고 노동을 하기 위해 더 많은 상품구매가 필요하다. 시장원리에 따라 점점 자신의

---

17) 에드가 칸 저, 구미요한센터 역, 2004, 『이제 쓸모없는 사람은 없다』, 아르케

상품가치가 떨어지는 것을 발견했을 때는 이미 때가 늦었다. 시장은 쓸모없는 인간, 이용가치가 없는 잉여인간은 쓰레기통에 처박듯이 냉혹하게 시장 밖으로 추방한다. 돌이킬 수 없는 상황에서 인간은 절망하다 노후를 맞고 쓸쓸이 죽어간다.

모든 것을 상품화함으로써 자신마저 상품이 되어버린 재앙이 그 실체를 드러내고 있다. 쾌락과 편리에 현혹되어 빠져 들었던 시장경제 지상주의가 재앙의 실체임이 드러난 만큼 이제는 시장과 시장의 역할에 대한 냉철한 도덕적 판단을 내려야 할 시기이다. 시장이 재화를 분배하고 부를 창출하는 가장 효율적인 도구라는 신념을 이제는 버려야 한다. 물론 공산주의에 비하여 시장경제의 거래가 효율적이란 사실은 입증되었다. 그러나 가족이나 이웃, 종교나 민간단체에서 자원봉사자들이 수행해왔던 기능을 대체할 만큼 우수하지는 않다.

아무리 부유하다 하더라도 가족이나 지역공동체가 제공하는, 예컨대 사랑과 우정, 관심과 보살핌, 협동과 연대 등을 시장 가격으로 살 형편이 되지 않는다. 우리는 지역공동체가 주는 사회적 혜택을 기억하지 못하거나 무시한다. 만일 공기를 직접 비용을 주고 사용해야 한다면 우리에게 어떤 일이 벌어질까? 마찬가지로 이웃들의 보살핌이나 자원봉사에 대해 실제 비용을 지불해야 한다면 우리 사회는 어떻게 될까? 참으로 끔찍한 일이 될 것이다.

미국 사람들은 가장 무서운 것이 철도파업이지만 철도파업보다 더 무서운 것이 자원봉사자들의 파업이라고 말한다. 이는 자원봉사활동이 인류 사회의 유지발전에 있어서 선택이 아니라 필수적 요건으로서 매우 중요한 기능을 담당하고 있음을 보여준다. 그러나 반대로 우리는 공동체에 약간의 투자를 더 하게 되면 시장경제에서 얻을 수 있는 편익보다 훨씬 큰 기여와 효과를 발생시킬 수 있다. 선물경제 공동체노동에 대한 투자의 대가는 시장이 제공하는 것보다 더 큰 편익으로 우리 사회를 윤택하게 할 것이다.

둘째 도전은, 선물경제와 공동체노동이 시장경제와 임금노동을 부정하는 것으로 오해하는 경우이다. 이념적으로 오해하는 경우도 있고 현실을 모르는 관념적 유희로 무시하는 경우도 있다. 선물경제와 공동체노동의 복원을 주장하는 것은 시장경제와 임금노동을 전면 부정하는 것이 아니다. 지나친 불균형을 바로잡아 조화를 이루고자 하는 것이다. 시장경제와 선물경제는 상호 대립적이면서 상호 보완적이기 때문이다.

시장경제란 상품과 서비스가 금전적 이윤을 목적으로 생산·공급되는 경제를 의미한다. 그러나 선물경제는 상품과 서비스가 비금전적 인간관계를 목적으로 정서와 가치관에 의해 쌍방적으로 교환되는 경제를 의미한다. 생계를 위한 소득과 사회적 관계를 위한 참여의 균형이 필요하다. 동시에 살아가는 데 필요한 재화와 서비스에는, 돈으로 사야만 하는 것이 있고 돈으로 살 수 없는 것이 있다. 돈으로 사야 할 것은 시장경제, 임금노동이 담당하고 돈으로 살 수 없는 것들은 선물경제, 공동체노동이 담당하는 것이 정상으로서 균형 상태이다. 문제는 돈으로 살 수 없는 것들을 상품화함으로써 초래된 불균형이 오랜 역사의 공동체노동을 무력화시켜 소멸 위기에 이르게 하였다. 물론 그 결과는 인간의 상품화, 임금노동의 노예화라는 비극이다.

셋째, 일각에서 현재 작동 중인 가족, 이웃 등 공동체가 제대로 작동되지 않는다는 문제를 제기한다. 이 경우 대체로 냉소적이다. 물론 공동체적 역량에 문제가 있다. 사회의 모든 것처럼 공동체도 제 기능을 못 하고 있다. 문제는 그 원인이다. 결국은 사람의 일인데 안타깝게도 모든 것을 상품화하는 시장경제의 논리에 가족과 지역공동체의 기능까지 빨려 들어갔다. 시장경제가 주는 금전적 보상의 유혹은 공동체의 많은 기능들이 흡수해버렸고 역할은 대부분 사라지고 위축되어 버렸다. 이제 가정과 지역사회에서 공동체 유산은 사라졌고, 그나마 소수의 이웃들과 자원봉사자들의 희생적 노력만 남았다. 상황이 좋지 않다.

  그러나 제 기능을 못한다고 이 상태로 방치할 것인가? 다른 대안이 있는가? 대안 없이 정부지출만 계속 늘릴 것인가? 우리는 자율과 평등, 상호연대와 상호작용, 지지와 보살핌에 기초한 새로운 사회 시스템이 필요하다. 선물경제와 공동체노동이 그 역할을 할 것이다. 따라서 공동체가 제 기능을 하도록 선물경제의 작동을 되살리고 공동체노동의 역량을 강화하도록 해야 한다. 시장경제의 지배를 극복하기에 역부족이라는 비관론은 극복해야 한다. 결국 선물경제와 공동체노동의 복원은 조용하지만 엄청난 변화를 가져오는 혁명이 될 것이다. 이는 시장경제 중심의 현대문명에 대한 반란인 동시에 새로운 시대를 여는 거대한 전환이다.

공동체노동자의 정체성-시민권과 노동력 재생산

  기셀라 노츠는 1998년 "새로운 자원봉사"라는 기고문을 통하여 임금노동의 개념과 자원봉사의 결합을 제시하면서 노동의 지평을 확대하고 있다.[18] 즉, 이제까지 자원봉사자들에 의해 수행되어 오던 공동체 활동 영역에, 자발적 참여를 전제로 수당을 지급하는 임금노동의 개념을 결합하여 새로운 노동 양태를 구축하자는 것이다. 다시 말해, 기술

---

18) G. Notz, "Die neuen Freiwillige", AG Spak, 1998; 이성록 저, 2000, 『새로운 공동체영역@제4섹터』, 미디어숲

혁명은 노동시간의 단축과 노동 기회의 감소를 불가피하게 하였고 이로 인하여 발생하는 미사용 노동력을 건설적으로 활용하는 방안으로서 지역공동체의 재건과 시장 밖의 경제를 활성화하는 데 사용하자는 것이다.[19]

그런데 이 주장의 당위성은 노동에 내포된 시민권의 실현에 두고 있다. 먼저 노동의 의미는 노동을 통한 생계를 위한 소득보전과 시민권리를 유지하기 위한 사회참여로 해석한다. 따라서 노동기회의 상실은 소득의 상실뿐만 아니라 참여기회의 상실, 곧 시민권리의 상실을 의미한다. 그러므로 노동기회의 상실로 인한 시민권의 상실을 막기 위해 새로운 노동을 창출하고 시민수당 또는 사회적 임금을 제공해야 한다는 것이다.[20]

그러나 비슷한 시기에 제안된 필자의 공동체노동은 노츠의 제의와 같은 맥락이지만, 차이점을 갖고 있다. 필자는 저서『새로운 공동체 영역@제4섹터』를 통해 공동체노동과 기본소득 제도를 제안하면서 노츠의 시민권을 수용함과 동시에 공동체노동의 성격을 "노동력의 재생산"이라는 관점을 추가 적용하였다. 즉, 공동체노동은 사회참여에 대한 시민의 권리 보장인 동시에, 소멸될 노동력을 적극적으로 사용함으로써 경제적 기여를 창출하게 된다는 점과, 이에 근거한 사회적 배당으

---

19) 공동체노동 개념의 핵심은 노동기회 상실에 따른 소득보장이다. 여기에는 두 관점이 있다. 하나는 사회적 소득보장은 모든 개인은 사회적 생산에 대한 최소한의 공유권리를 갖는다는 인류 역사상 항상 제기되어 온 근본적 철학에 근거한다. 다른 하나는 경제성장을 지속하기 위해서는 생산된 서비스의 소비에 필요한 구매력이 있어야 한다는 현실적 시장철학에 근거한 것이다.

20) 제레미 리프킨과 울리히 벡은 노동을 취업노동과 시민노동으로 재배열하고, 소득보장을 위해 시민노동자에게 자선금이 아닌 공적 제도 또는 민간재단 등을 통하여 시민수당을 지급할 것을 제안한다.

로서 기본소득제도를 제안했던 것이다. 따라서 이때 공동체노동자는 실업자도 자원봉사자도 아닌 "사회적 임금노동자"로서 정체성을 갖는다고 정의했다.

즉, 공동체노동은 축적 불가능한 것으로서 사용하지 않으면 소멸될 노동력을 사용하는 것으로서 노동력의 재생산을 전제한다. 시민사회는 재생산 영역과 투쟁의 영역, 그리고 시장영역 등 다양한 사회적 실천 영역을 포함한다. 재생산 영역은 개인들이 주체로 재생산되는 사회적 실천들로 구성된다. 이것의 가장 중요한 측면은 노동력의 재생산이다. 그런데 노동력 재생산의 문제는 노동력은 축적될 수 없다는 사실이다. 따라서 재생산은 활용되지 않음으로써 소멸될 노동력을 사용하는 것으로의 재생산이다.[21]

노동력의 생물학적·경제적·문화적 재생산은 자본주의적 생산 및 시장 영역 외부에 있고 그것들로부터 주변화된다고 하더라도 어디까지나 노동이다. 예를 들어 자원봉사 활동이 비시장적이기 때문에 그것이 시장경제적 관계들과 논리적으로 양립 불가능하다고 해서 노동이 아니라고 할 수 없는 것이다. 이것은 노동력 재생산의 산출물이 비상품화 또는 상품화되어야 함을 의미하지 않는다.

노동력 재생산으로서 공동체노동은 첫째, 가치에 의해 배분되는 노동이 아니다. 그것은 그러한 배분과는 무관하게 수행된다. 그러므로 노동력의 가격변동은 공동체노동의 수행에 영향을 미치지 않는다. 그것은 심지어 노동력이 전혀 팔릴 수 없을 때조차도 수행될 것이다.

둘째, 공동체노동은 노동력 교환을 위한 상품으로 생산하지 않는

---

21) 가사노동, 자원봉사 활동, 공동체노동 등이 재생산 영역에 포함된다.

다. 이것은 상품교환 관계가 노동과정에 영향을 미치지 않는다는 것을 의미한다. 즉, 그 상품은 과잉 생산될 수도 있고, 비효율적인 생산이 있을 수도 있다. 두 경우 어느 쪽이든, 공동체노동자는 생산물 즉, 노동력 교환을 위한 상품으로 생산하지 않는다. 다시 말해서 공동체노동과정에서의 변동은 이들 상품과 다른 상품 사이의 교환조건의 변동으로부터 비롯되지 않는다.

셋째, 공동체노동은 추상적 노동이 아니다. 왜냐하면, 다른 구체적 임금노동과 그것의 동등화 및 상호교환의 가능성이 거의 없기 때문이다. 즉, 공동체 사이에서는 그들의 특정한 생산물에 구현되어 있는 노동시간을 최소화하려는 경쟁이 없고, 사회적으로 필요한 노동의 시간을 확립하는 것이 불가능하기 때문이다.

한편, 공동체노동은 소득보다 참여에 초점을 두는데 이에 따른 문제점은 다음과 같다. 첫째, 공동체노동자들은 주로 지역사회 자원봉사자로서 기능하고 사회적으로 필요한 노동시간이 확립되지 않음으로 소득의 실패 소지가 있다. 둘째, 그들은 임금노동자로 기능하는 한 산업예비군으로서의 지위를 갖는다. 따라서 이들은 임금노동자로서는 노동시장의 가장 취약한 위치에 있다. 셋째, 그들은 노동력 재생산 영역에 위치함으로써 부분적으로 시장 또는 국가 영역에 포함된다. 따라서 지배집단과의 관계 변동을 직접 시도하는 것이 아니라 다른 집단에 결합하려고 노력한다. 그러나 재생산이 실현되는 방식은 국가로부터 상대적으로 독립된 일련의 사회적 실천 안에서 발생되므로 시장경제에서의 노동과 구별된다.[22] 결과적으로 시장 또는 국가에 의한 규제

---

22) 이는 공동체노동이 맑시즘의 기능주의에서 탈피

는 불가능하게 된다.

따라서 공동체노동은 시장경제 체제에서의 시민 계급적 참여활동 이상의 의미를 갖는다. 동시에 무대가성을 근거로 사회적 지위를 갖는 시민참여 활동, 즉 전통적 자원봉사 활동과는 성격을 달리한다. 시장 경제에서의 임금노동 메커니즘과 선물경제에서의 무임(無賃)노동 메커니즘이 제3의 영역에서 결합되는 양태이기 때문이다. 당사자는 물론 시장경제와 선물경제 모두로부터 배척되거나 거부될 수 있는 여지를 갖고 있기 때문이다. 중요한 과제는 사회적 수용 양식이 어떻게 형성되는가의 문제이다.[23]

다중노동체계-자원봉사활동과의 관계

선물경제는 호모사피엔스의 위대한 상상력이 깃든 최고의 문화유산이다. 그리고 인류의 가장 아름다운 노동은 선물경제의 원리를 가장 온전하게 지켜온 자원봉사노동이다. 공동체노동의 원형은 자원봉사노동이다. 여기서 우리는 또 한 번 노동의 고정관념에 봉착한다. 자원봉사활동이 노동이란 말인가? 임금노동만을 노동으로 생각하는 고정관념에서 우리는 아직도 자유롭지 못하다. 그렇다! 자원봉사활동 역시 재화를 생산해내는 노동행위임이 분명하다. 다만 시장체계에서의 소득 중심의 임금노동과는 달리 공동체계에서의 참여 중심의 사회적 노동이라는 점이 다를 뿐이다.

여기서 다시 한 번 노동에 대한 고정관념을 경계한다. 흔히 노동이

---

23) 이 책에서 필자는 전통적 자원봉사의 패러다임과 공동체노동을 수용할 수 있는 새로운 자원봉사 패러다임을 모색함에 있어서 이론적 구성물로서 역사적 경험과 실증적 실험에 근거하는 사회적 수용가설을 제시한다.

라고 하면 소득의 개념으로만 인식하는 경향이 있으나 노동은 소득과 참여의 개념 모두를 포함하는 것이다. 모두 최근 노동을 참여의 개념으로 재해석하는 경향이 증대되고 있으며, 특히 자원봉사활동을 중요한 노동행위로서 공동체노동 혹은 사회적 노동으로 수용되고 있다는 점이다. 최근에는 ILO나 OECD까지 소득 중심의 유급노동과 참여 중심의 무급노동을 함께 노동의 범주에서 다루고 있다.

그렇다면 공동체노동과 자원봉사노동은 동일 개념인가? 그렇지 않다. 공동체노동과 자원봉사는 공통점이 더 많지만 차이점도 있다. 중요한 것은 노동사회의 위기에 대응한 대부분의 대안들은 자원봉사노동에 기반하고 있다는 것이다. 즉, 선물경제의 원리에 입각한 자원봉사노동이 다른 대안들의 기초가 되고 있다는 것이다.

이제부터 공동체노동을 중심으로 자원봉사와의 관계, 그리고 다양한 대안들 간의 관계를 살펴보겠다.

먼저 공동체노동 복원에 대한 문제인식은 시장경제 이데올로기의 폐단에서 시작된다. 그러나 보다 현실적으로는 기술혁명과 나이혁명으로 노동시장으로부터 배제되고 추방된 잉여인간의 수가 너무 많다는 점을 주목한다. 노동시장 내에서 문제해결을 기대하기엔 이미 너무 폭발적이다. 특히 700만 명이 넘는 거대 인구집단, 베이비붐 세대가 고령화되면서 노동시장으로부터 밀려나와 시한폭탄이 되고 있다.

1천만 노인의 고령사회가 1천만 잉여인간 사회가 되지 않으려면 시급하게 발상을 전환해야 한다. 노동시장 밖에서 대안을 찾아야 할 만큼 노동시장이 심각한 위기상황에 직면했기 때문이다. 그것은 가족과 이웃들의 보살핌과 공동노동, 자원봉사로 전승되던 전통적인 공동체노동에서 대안을 찾아야 한다는 것이다.

사실 노동시장 밖에서 대안을 찾자는 발상의 전환은 이미 오래된 것이다. 앙드레 고르는 임금노동의 비인간화에서 벗어나기 위해, 제레미 리프킨이나 울리히 벡은 기술혁명에 따른 일자리 소멸의 대책으로 기본소득 혹은 시민수당, 사회적 임금을 제공하는 자활노동, 시민노동, 제3부문 노동을 제안해왔다. 관점과 방법의 차이는 있지만 공통점은 자원봉사노동을 기반으로 현실적 상황을 적용하여 기획한 제안들이다. 필자 역시 20여 년 전, 기술혁명에 따른 고용 없는 성장과 경제위기를 극복하기 위한 대안으로서, 공공재 공동생산을 위한 공동체노동을 제안한 바 있다.[24] 다만 그 당시 필자의 제안은 자원봉사가 신자유주의의 도구로 전락할 위험을 차단하기 위해 사회적 수당이 제공되는 자원봉사 기반의 공동체노동과 순수한 자원봉사를 구별하려는 의도를 분명히 했다.

그러나 이번의 공동체노동 제안은 기술혁명뿐만 아니라 나이혁명의 상황을 반영하여 수정한 것이다. 20여 년 전과 상황이 크게 변한 것은 나이혁명에 따른 인구 고령화이다. 노동사회 위기의 대안 모색에 나이혁명이라는 변화를 반영하지 못했던 것이다. 앙드레 고르나 울리히 벡, 제레미 리프킨도 마찬가지였다. 따라서 이번의 제안은 차별적인 대안이 될 수도 있다. 즉, 기술혁명과 나이혁명에 대응한 노동혁명의 차원에서 공동체노동을 포함한 다중노동체계를 제안하는 것이다.

따라서 자원봉사노동은 모든 대안의 기반이 되지만 분명히 구별되는 것이다. 필자가 제안하는 공동체노동의 관점에서 본다면 선물경제 영역에서 가장 중요하고 순수한 요소는 자원봉사노동이다. 이를 전제

---

24) 이성록 저, 2000, 『새로운 공동체 영역@제4섹터』, 미디어숲

로 첫째, 선물경제 영역 내에서 자원봉사노동에 기본소득 개념을 결합한 것이 공동체노동이다. 둘째, 재원의 문제와 윤리적 문제를 고려하여 기본소득제도는 모든 자원봉사노동에 제공하는 것이 아니라 합리적 차별에 따라 대상을 특정한 "조건부 기본소득"이다. 셋째, 합리적 차별에 따른 대상 인구는 법률과 사회적 관행에 의해 노동시장으로부터 배제된 은퇴시민으로 특정한다.

대상 인구를 특정한 제안은 무조건적 기본소득에 관한 사회적 논의와 별개이며, 다만 대책이 시급한 상황에서 상대적으로 빠른 사회적 합의가 가능한 방안으로 제안하는 것이다. 그 배경은 인구 고령화에 대응한 대책의 부재와 고령인구가 처한 위기의 특수성이다. 그동안 우리는 다소 낭만적 관점에서 성공적 노후생활을 위한 조건으로서 자원봉사활동을 권장해왔다. 소위 성공적 노화의 관점이다.

그런데 현실적으로 그러한 호사를 누릴 사람이 얼마나 되겠는가? 세계역사에도 없던 초고속 고령화, 베이비붐 세대의 대거 은퇴와 노년세대 편입이라는 쓰나미에도 불구하고 국가적 차원의 대응책이 사실상 전무한 실정에서, 취미생활과 자원봉사를 앞세우는 것은 무책임한 것이다. 길어진 노후생활에서 가장 큰 문제는 생계유지이다. 자원봉사를 하고자 해도 교통비도 없다. 폐지라도 주워야 할 처지에 자원봉사를 권하는 것은 도리어 자존심을 상하게 만드는 철부지 소치다.

그러면 어떻게 해야 할까? 총체적 상황을 고려할 때 공동체노동을 도입해야 한다. 기술혁명과 나이혁명으로 파생된 문제들에 대응하기 위한 대안은 "노동혁명"이다. 노동혁명은 노동의 모티브를 재해석하고, 시장 중심 임금노동 독점적 지배체계를 허물고 시장 내는 물론 시장 밖의 다양한 노동 형태를 모두 포괄하는 다중노동체계를 구축하는 것이다.

즉, 시장경제 내의 영역에서 이루어지는 임금노동, 자기고용노동, 자급자족 자율노동 등과 함께 시장 밖, 선물경제 영역에서 이루어지는 자원봉사노동에 기초한 공동체노동(앙드레 고르의 자활노동, 울리히 벡의 시민노동, 제레미 리프킨의 제3부문노동 포함)을 제도적으로 수용하여 체계화하자는 제안이다. 여기에 부가되어야 할 것은 노동연계복지 정책으로 제공되는 공공근로활동 역시 별도의 개념으로 다중노동체계에 포괄해야 할 것이다.

합리적 차별-조건부 기본소득 제도

공동체노동은 인류 역사에서 가장 오래된 노동이다. 그러나 현대사회에 이르러 대부분 시장경제의 임금노동으로 흡수되고 이제 이웃 간 협동이나, 자원봉사활동으로 그 명맥을 유지하고 있다. 지금도 시장은 선물경제 공동체로부터 측정할 수 없을 만큼 많이 얻어가고 빼앗아간다. 그럼에도 불구하고 공동체노동은 시장경제가 감당하지 못하는 부문을 담당하고 있다. 나는 이 공동체노동이 제도로 편입되어 임금노동과 균형을 이루는 것만이 오늘날의 노동위기를 극복하는 대안이라고 믿는다.

공동체노동은 단순히 국가 내의 지역사회문제를 해결하기 위한 노력에 머물지 않는다. 나는 공동체노동은 단순한 시민활동이 아니라 세 가지 차원에서 경제적 가치를 창출한다고 생각한다. 첫째는 사회자본을 축적하여 시장경제를 지원하고, 둘째, 공공재의 공동생산을 통하여 국가재정 지출 감소는 물론 국가경쟁력을 높이고, 셋째, 노동력 재생산을 통하여 직접적 경제 가치를 창출한다. 공동체노동은 국가나 사회에 일방적 재정부담을 전제한 또 하나의 공공부조프로그램이 아니다. 자신들의 노동으로 기여한 부분에서 사회적 배당을 받는 것이다. 유구한 역사의 공동체노동을 복원하는 것은, 노동으로부터 배제됨으로써 잉여인간으로 전락하는 수백만의 사람들에게 노동할 권리를 보장하고 파탄에 빠진 경제를 재건하는 유일한 기초라고 믿는다. 진정 현재의 경제 혼란을 벗어날 길을 진정 찾고자 한다면 나눔의 경제를 이해해야 한다.

미국 캘리포니아의 도로를 달리다 보면 곳곳에 'Adopt A Highway'라고 쓰고 그 밑에 사람이나 기업 등의 이름이 적힌 팻말이 서있다. 팻말이 있는 지점으로부터 약2마일을 본인이 관리하겠다고 약속한 것이다. 담당한 도로구간에 쓰레기는 물론 잡초와 낙엽을 제거하고 필요하면 나무 또는 야생화를 심어 가꾸기도 한다. 5년 동안 책무를 수행하고 계속 연장할 수 있으며, 짧지 않은 기간임에도 자신의 이름을 걸고 하는 프로그램이라 철저하게 할 수밖에 없다. AAH(Adopt-A-Highway)프로그램은 캘리포니아 주정부 교통국에서 관장한다.[25]

25) http://adopt-a-highway.dot.ca.gov/volunt.htm

만일 AAH를 통해 시민들이 스스로 가꾸는 길을 지방자치단체가 업체에 맡겨 가꾼다면 얼마나 많은 예산이 들어갈까? 엄청난 돈이 들어갈 것이고, 이를 관리하기 위한 공무원 수도 늘어날 수밖에 없을 것이다. 이와 같이 시민사회가 공동체노동 등을 통해 공공 서비스를 생산하는 것을 '시민공동생산(citizen co-production)'이라 한다. AAH 프로그램은 민관파트너십에 의한 공동생산의 좋은 사례이다.

최근에 경제가 어려워지면서 세계 각국은 정부재정 지출을 줄이기 위해 민관파트너십에 의한 공동생산 프로그램을 적극 시행하고 있다. 그러나 우리나라의 경우, 중간지원 조직들이 난립하고 정치적 이해관계로 얽혀 오히려 지대추구에 의한 정부지출 증가를 초래하고, 게다가 그 결과로 순수한 자원봉사자들을 내쫓아 버리는 소위 "구축(crowding out)"까지 야기하고 있다. 나는 이러한 병폐를 없애기 위해서는 은퇴시민을 대상으로 특정하는, 소위 합리적 차별에 의한 공동체노동 복무와 조건부 기본소득의 도입을 제안하고 있다. 그것이 오히려 정부지출을 효과적으로 사용하고 절감하는 길이 될 수 있다.

다시 본론으로 돌아가면, 다른 대안이 없다. 앞서 소개한 세계적 차원의 논의들도 결국 공동체노동만이 대안이다. 다만 필자의 공동체노동이 다른 제안들과 차별되는 것은 단 한 가지, 사회제도에 의해 노동시장에서 밀려나온 은퇴시민들에게 특정하여 기본소득제도를 적용하고 공동체노동에 복무하게 하자는 것이다. 즉, 기술혁명의 영향만이 아니라 인구 고령화, 곧 나이혁명의 요소를 반영한 것이다. 그 이유는 실효성과 실현 가능성 때문이다. 이전 제안들이 수십 년이 지나도록 채택되지 못한 것은 합리적 차별이 전제되지 않았기 때문이다.

기회를 기본 기술혁명과 나이혁명에 대응하는 방안이 될 것이다. 특히 사회적 제도에 따라 불가피하게 임금노동시장으로부터 밀려나온 은퇴자들이 노인대열에 합류하며 1천만의 잉여집단을 이루고 있다. 그대로 둘 것인가? 그들의 시민권을 보장하고 동시에 노동력 재생산을 통하여 사회적으로 기여하고 경제적 가치를 창출하도록 새로운 노동체계로 흡수해야 한다. 그들은 자원봉사정신으로 스스로 선택하고 기획한 노동을 한다. 다만 그들이 산출한 사회적 자본과 그리고 경제적 가치의 일부를 수당으로 지급하여 최소한의 노후생활을 보장하는 것이다.

다시 말해서 공동체노동은 자원봉사자들에 의해 수행되어 오던 활동에 노동시장으로부터 배제된 사람들을 참여시키고 사회적 노동수당을 지급하는 것이다. 공동체노동은 곧 자원봉사와 같은 자발적 노동에 대한 보상으로 시민수당과 같은 사회적 임금을 제공하는 것으로 소득보다 참여에 무게를 둔 개념이다. 그러나 사회적 임금을 제공하는 것은 자원봉사의 가치를 훼손할 가능성이 있으며, 동시에 모든 국민에게 적용할 경우 재원조달 문제와 함께 노동윤리의 문제도 제기될 수 있다. 따라서 합리적 차별을 적용하여 조건부 기본소득 제도를 도입할 필요가 있다. 내가 제안하는 조건부 기본소득은, 법정 정년퇴직 연령을 기준으로 은퇴시민에게 제한적으로 공동체노동의 급부로 기본소득을 지급하는 것이다.

동시에 공동체노동은 세대 간 역할 분담을 재구성하는 새로운 사회계약이다. 즉, 젊은 세대의 강점과 노년세대의 강점을 반영하여 은퇴전에는 시장경제와 임금노동을 중심으로 기여하고 은퇴 후에는 선물경제의 공동체노동을 중심으로 복무하도록 약속하는 것이다. 그 길만이 고령사회 위기에 대응하는 유일한 길이다. 머지않아 젊은 세대들이 져야 할 연금재정부담, 건강보험료 부담 등 1천만 고령인구를 부양해야 하는 젊은 세대의 부담을 덜어주는 방법이 무엇인가? 동시에 잉여 인간으로 전락하여 빈곤에 시달리며 하류인간으로 우울한 노후를 보내야 하는 노년세대에게도 활력을 주는 방법이 무엇인가? 기술혁명과 나이혁명에 대응할 수 있는 방안은 공동체노동을 수용하는 다중노동 체계로서 노동혁명뿐이다.

현실적으로 가능한 방안은 이제 새로운 사회계약 모델을 모색하는 길뿐이다. 새로운 사회계약은 임금노동과 자원봉사 개념을 결합한 공동체노동을 사회적으로 합의함으로써 가능할 것이다. 그러나 여기에는 여러 가지 문제점이 내포되어 있다. 시장 멘털러티를 어떻게 극복할 것인가? 성장과 경쟁을 지고선으로 여기는 시장 논리로부터 힘겹게 공동체를 지켜오던 자원봉사 영역에서는 과연 이를 수용할 것인가? 위기인가 기회인가? 그러면 어떻게 수용할 것인가?

나는 그 사회적 수당을 조건부 기본소득이라고 지칭한다. 이유는 기본소득이 사회적 기여에 대한 배당을 의미하기 때문이다. 이름은 기본소득, 시민수당도 좋고 사회적 임금도 좋다. 그런데 문제는 또 하나 있다. 공동체노동은 물론 최근 사회적으로 부각되는 기본소득에 관한 논의를 가로막는 중대한 장벽이 있다. 그것은 헌법 제32조 2항, 근로의 의무 조항이다.

은퇴시민들이 공동체노동에 참여하게 되면 일차적으로 공공재 생산에 기여함으로써 경제적 가치를 창출함은 물론 노후빈곤대책에 소요되는 정부지출의 증가를 막는 효과가 있다. 동시에 공동체노동에 참여하는 은퇴시민은 자긍심과 성취감을 누리며 사회적 안정에 기여할 것이다. 더 이상 젊은 세대에 신세지는 복지수혜자가 아니라, 사회에 기여하고 일정 대가를 받는 공동체노동자이기 때문이다. 헌법 32조 2항은 근로의 의무를 규정하고 있다. 근로는 의무인 동시에 권리이다. 따라서 이 규정은 법적 의무이기보다 윤리적 의무이다. 즉, 대한민국의 구성원으로서 자신의 복리는 물론 타자의 복리증진을 위해 기여해야 할 윤리적 의무가 있음을 규정한 것이다. 한 국가와 사회가 성립되고 유지 발전되려면 상호기여는 필수적인 조건이다.

그런데 사실상 사문화되고 있다. 문제는 용어이다. 기본적으로 "근로"란 고용을 전제한 임금노동의 개념이다. 고용될 의무는 논리적으로 맞지 않을 뿐만 아니라, 고용노동이 아니더라도 타자의 복리에 기여할 수 있는 비고용 노동이 우리 사회에 널리 존재하고 있다. 특히 비인간적 임금노동을 탈피하여 다양한 노동을 추구하는 시대흐름에도 부합되지 않는다. 따라서 근로 대신 노동이라고 개정해야 한다. 그러나 개정할 경우 반드시 모든 법체계에서 공동체노동과 같은 시장 밖의 노동에 대해 고려되어야 할 것이다. 만약 그렇게 할 수 없다면 헌법 제32조 2항은 삭제하는 것이 좋을 것이다.

4. 고령사회 대안_평생현역사회의 모색

시대적 요청—평생현역사회

이제 베이비붐 세대도 노년세대로 진입하기 시작했다. 격변의 시대에 바람직한 노후생활을 위해 선배노인들의 경험을 살펴볼 필요가 있다. 특히 노년기 삶의 질을 좋게 유지시키기 위하여 다른 나라의 사례를 살펴보는 것도 유익할 것이다. 우리보다 앞서 고령사회로 진입한 일본의 경우, 우리와 비슷한 과정을 먼저 거쳤다. 즉, 고령화가 진행되는 한편으로, 사회를 지지하는 현역세대가 감소하고 있어, 사회보장비 증가와 사회적 활력 저하를 예방하기 위하여 여러 가지 방책을 시도하고 있다. 그 중에서도 우리의 주목을 끄는 것은 고령자가 사회를 지탱하는 일원으로서 지속적으로 활약하도록 방안을 마련하는 것이다.

일본인의 경우, 평균수명은 해마다 증가하여 노년기가 길어지고 있다.[26] 길어진 노년기를 여유 있게 보내고, 질 높은 생활을 누리기 위해서는 건강 유지활동, 자기계발을 위한 평생학습이나 여가활동, 지역사회 활동 등 여러 가지 영역에서 노인들이 자율적으로 참여할 수 있는 기회가 요구된다. 따라서 지방자치단체들은 노인들이 은퇴 이후에도 위축되지 않고 현역 때처럼 활발하게 활동할 수 있는 장을 적극적으로 마련하고 있다.

장수사회의 꿈을 실현한 오늘날, 노후 인생을 보다 행복하게 지내기 위하여 필요한 것은 인생 삼모작의 실천으로서 이는 곧 "평생현역"의 실현이다.[27] 따라서 평생현역 사회란 누구나가 평생을 현역으로 보낼 수 있는 사회, 즉, 누구나가 전 생애에 걸쳐, 건강을 유지하고 자립 생활을 누리면서, 미래의 비전과 목적을 가지고 활동함으로써, 장수의 축복을 실감할 수 있는 사회이다. 그리고 남녀노소 모든 사람이 세대를 넘어 서로 존중하고 사회를 지지하는 일원으로서 인정하고 참여하는 다세대 공생사회이다.

그러나 이러한 평생현역의 실현은 단지 질병이나 장애가 없는 상태, 사회적 지원과 복지서비스를 받지 않는 상태를 전제하는 것은 아니다. 노인들은 비록 만성적 질병이나 장애가 있다 하더라도 자신은 대개 건강하다고 느끼고 있으므로, 필요한 때에는 사회적 서비스를 지원받으면서 스스로의 선택과 책임에 근거하여 일상생활을 보내고, 가사나 취미생활, 자원봉사 등 가정이나 지역사회에서 활동하는 것이 바로 "평생현역"의 개념이다.

필자는 이러한 평생현역의 개념을 "인생주기의 쌍곡선"으로 표현해

---

26) 2008년 시점에서 남성은 79세, 여성은 86세에 이르고 있다.

27) http://www.city.himeji.lg.jp/s30/2212986/_22490.html

왔다. 즉, 전통적으로 하나의 곡선에 하나의 절정기를 상정하고 그 이후는 쇠퇴기를 해석하는 생애모델을 탈피하여 제1절정기와 제2의 절정기를 가진 쌍곡선으로 인생주기를 표현하고 전자는 제1인생현역으로서 소득을 중심으로 활동하는 임노동 중심체계로 설명한다. 즉, 제1인생현역 시절은 합리성의 원리에 근거하여 경제적 풍요를 추구한다.

한편, 세월이 흘러 제1절정기를 거치게 되면 서서히 제2절정기로 나아갈 준비를 해야 한다. 흔히 은퇴라고 불리는 사회적 변화가 이때부터 이루어진다. 은퇴는 쇠퇴에 따른 사회로부터의 퇴출이 아니라 나이에 걸맞은 새로운 역할로의 전환을 의미한다. 하프타임이라는 준비기간을 거쳐 제2의 절정기로 나아가는데 이때부터 제2인생현역으로 새로운 사회적 역할을 수행하게 된다. 즉, 경제적 풍요를 위한 임노동이 아니라 행복감과 삶의 질을 향상시키기 위한 참여중심의 노동, 곧 공동체노동 체계에 편입되는 것이다.

평생현역사회의 도래

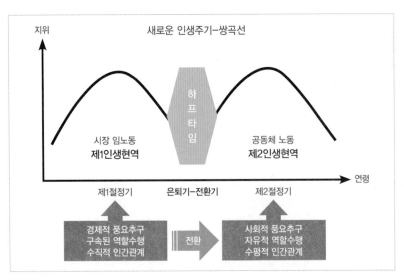

제2의 인생현역, 제2의 절정기는 평생현역의 개념을 상징하는 표현이다. 이러한 평생현역의 개념은 누구나 같은 상태라는 것을 의미하는 것이 아니다. 건강증진, 자립강화, 사회참여 등 생애현역의 3개 요소의 파워나 조화는 사람마다 다르므로 각자 자신에게 맞는 생애 현역을 목표로 삼는 것이 중요하다.

사람은 누구나 사회적 역할을 통하여 존재감과 자존감을 갖게 되듯이 노인 역시 여생을 현역으로서 일정한 역할을 수행함으로써, 일상생활에 있어서 충실감, 만족감을 누리게 된다. 그리고 충실감, 만족감은 새로운 활동을 촉진하는 원동력이 된다. 이러한 선순환(善循環)에 의해 마음이 풍요롭고 질 높은 삶을 누릴 수 있다. 이러한 평생현역의 기대효과는 다음과 같다.

(1) **지역사회의 활력 제고**: 노인세대가 오랜 세월 축적해온 지식이나 경험과 기술을 되살려 사회주체로서 참여하고 활약함으로써, 지역사회에 활력을 불어넣고 지역문제를 해결하거나 지역공동체를 유지 발전시키는 데 기여할 수 있다. 특히 국가 간, 지역 간 경쟁력이 치열한 실정에서 신뢰와 양보를 통하여 번영하는 공동체를 가능하게 하는 사회자본을 축적할 수 있다.

(2) **사회보장비의 감소**: 고령인구가 크게 늘어나면서 국가의 의료비 부담 등 사회보장비용이 크게 증가하는 것은 불가피해진다. 그러나 만일 사회참여 활동으로 보람과 활력을 갖게 되면 행복감과 건강이 증진된다. 자원봉사활동, 자조활동 기회가 확대되면 이를 통해 사회에 기여할 뿐만 아니라 노인들이 건강을 유지함으로써 의료나 복지에 들어가는 막대한 사회적 비용을 억제하거나 감소시킬 수 있다.

(3) **풍부한 공동체 문화의 계승과 양성**: 지역에 전승되어 온 공동체

문화와 미속양풍, 그리고 전통 행사나 공예 기술 등을 노인들이 차세대에게 전할 기회가 확대됨으로써 풍부한 인간성과 지역사회 문화를 미래에 계승할 수 있다. 특히 이를 통하여 각종 사회적 위기에 바람직하게 대응할 수 있는 능력으로서 문화자본을 축적할 수 있다.

제2인생현역–환경과 관심의 변화

노년기에 있어서 가장 큰 변화는 노동시간의 감소일 것이다. 노년기에 접어들면 정년을 맞아 은퇴하거나 직장을 옮기거나 한다. 재고용제도 등에 따라 같은 회사에 계속 근무하는 경우에도 달라지는 것이 많다. 대체로 60세를 전후하여 노동시간을 줄이면서, 서서히 인생의 중심을 일로부터 여가의 영역으로 옮겨가게 된다. 그러나 노동시간이 줄면서 여가시간은 늘어나지만, 그 이면에는 소득의 감소 또는 중단으로 경제적 빈곤의 문제와 함께 역할상실에 따른 소외의 문제가 나타나기도 한다.

고령세대의 사회참여는 당사자는 물론 사회적으로 매우 중요한 과제이다. 소위 선진국을 중심으로 하여 전 세계적으로 인구 고령화가 진행되면서 점차 노년세대가 주도하는 사회로 전환되고 있다. 노년세대의 사회적 참여와 기여 수준에 따라 국가경쟁력이 좌우되는 시대를 맞을 것이다.

고령세대의 사회참여 형태는 다양하지만 특히 노후생활의 만족에 기여하고 지역사회에 공헌할 수 있는 분야로는 경제활동, 여가활동 및 공동체노동의 일환으로서 자원봉사가 있다. 여러 가지 사회참여 형태 중에서도 노인들이 풍부한 지식, 경험, 기술, 능력 등을 활용하여 지역사회에 봉사하고 자아를 실현하며, 소외감을 극복하고 건강을 유지함은 물론 노인생활의 안정감과 행복감을 높이는 가장 훌륭한 분야는 지역사회 공헌활동 곧 자원봉사일 것이다.

관건은 기회의 확대와 고령세대의 주도성이다. 2002년 스페인 마드리드에서 있었던 고령자국제회의에서는 고령화와 관련된 정책을 수행하는 다양한 영역에 노인의 진정한 참여를 강조했다. 동시에 고령화와 관련된 정책결정, 지역사회의 다양한 활동에 있어서 노인세대의 주도성이 고려되어야 함을 제안했다. 단순한 소비자나 수혜자가 아닌 생산자로서, 정책 결정자로서 활동할 수 있어야 한다는 것이다.

고령세대가 평생현역으로서 제2의 절정기를 누리고 국가와 사회 발전에 공헌하려면 무엇보다 세대 간 역할분담에 대한 사회적 주체 간의 합의가 필요하다. 즉, 정부와 젊은 세대 그리고 노인세대의 인식전환과 함께 사회적 역할을 분담하는 데 사회적 합의가 이루어져야 하는 것이다. 이를 위해 먼저 사회적 주체들의 인식변화가 전제되어야 한다.

첫째, 국가차원의 정책과 제도의 변화가 필요하다. 즉, 경제적 여건과 신체적 조건 등 노인들의 특수한 상황을 고려하여 자원봉사활동이나 자조활동 등을 수행할 수 있는 정책과 제도를 체계적으로 구축해야 할 것이다. 노인세대의 사회참여를 증진함에 있어서 투입되는 재정은 사회보장비용을 감축시키는 생산적 기능을 갖고 있음을 유의해야 한다.

둘째, 국민들의 인식의 변화가 필요하다. 즉, 노인은 더 이상 사회적 짐이 아니라 사회발전에 기여하는 원동력으로 인식하고 사회참여를 환영하고 지지해야 할 것이다. 특히 세대 간 역할분담체계에 대한 사회적 합의를 통하여 국가정책과 제도를 변화시키는 데 적극적으로 나서야 할 것이다.

즉, 젊은 세대는 풍요로운 경제를 위하여 임노동체계를 이끌어가고 노인세대는 풍요로운 인간성을 위하여 공동체노동체계를 이끌어 가야 한다. 이러한 세대 간 역할분담은 지금 고령세대를 위한 것이 아니라 미래의 노인세대인 젊은 세대들을 위한 일임을 분명히 인식해야 한다.

셋째, 오늘날 사회에서 세대 간 사회적 역할분담은 선택조건이 아니라 필수 조건이다. 따라서 노인세대는 더 이상 부양받는 존재가 아니라 사회적 책무를 지고 있는 존재로서 자기인식이 요구된다. 특히 1천만 노인시대를 눈앞에 두고 있는 시점에서 더 이상 사회적 약자라는 인식을 버려야 한다.

나아가 자신의 행복을 위해서는 물론 후손들의 행복을 위해서, 그동안 축적해온 경험과 지식, 삶의 지혜를 적극적으로 사회에 환원해야 한다. 동시에 고령세대는 스스로의 변화를 도모함은 물론 국가와 국민들의 인식변화를 촉구하고 관철시킬 책무도 갖고 있음을 유의해야 한다. 이러한 역할분담 체계의 재구성에 대한 요청은 단지 노인세대의 권익을 위함이 아니라, 우리 사회 전체의 발전과 통합을 위한 것임을 모든 사회적 주체들이 공감하도록 적극적으로 알리고 변화를 촉진해야 할 것이다.

역할분담 체계의 재구성-평생현역사회의 실현

고령사회의 도래에 따라 세대 간 역할분담 체계의 구축은 사회 존립에 있어서 반드시 필요한 조건이 되고 있다. 그렇다면 어떻게 세대 간 역할분담 체계를 재구성할 것인가? 이것이 우리들이 탐구해야 할 핵심 과제이다. 이를 위해 우리는 먼저 노인이 갖고 있는 특성과 사회적 위치를 검토해야 할 것이다. 먼저 노인의 특성과 역할분담 체계에 대해 검토하도록 한다.

역사적으로 노인의 경륜과 지혜는 세상사와 인생사의 토대가 되어왔다. 그래서 로마의 철학자 세네카는 "노인을 활용할 줄 알면 즐거움이 가득하므로 노인을 존경하고 사랑하라"하였고, 로마의 정치가 키케로는 "이성과 판단이 발견되는 것은 노년기에서다. 노인들이 없었더라면 그 어떤 나라도 존재하지 않았을 것"이라고도 했다. 다산 정약용 역시 훌륭한 목민관이 되려면 노인의 지혜를 구하라고 권면하였다. 제아무리 물질이 풍요로워도 시련과 고통이 따르며, 갈등과 혼란을 겪기마련이니, 이럴 때 노인들의 지혜는 그 빛을 발하는 것이다.

그렇다면 노인의 지혜는 어디서 오는 것인가! 최근 캐나다 토론토 대린 해서 교수는 노인의 두뇌에 관하여 연구하였다. 이에 따르면 노년이 되면 두뇌의 능력이 감퇴된다고 생각하지만, 노인들의 두뇌는 젊은 사람들의 두뇌와 그 기능이 다를 뿐이다. 물론 나이가 들면서 뇌기능이 저하될 가능성은 젊은이들보다 높다. 그러나 대부분의 노인들에게 나타나는 현상은 두뇌 능력의 감퇴라기보다 "인식 초점의 확대"이다.

즉, 젊은 사람들의 뇌가 한 가지 사실을 명확히 포착하는 집중력을 갖고 있다면, 노인들의 두뇌는 한 번에 여러 가지 사실을 동시에 흡수할 수 있는 유연성을 갖고 있다. 젊은이의 두뇌가 당장 필요한 정보를 주로 기억하는 편이라면, 노인의 두뇌는 당장 불필요한 정보까지 기억한다는 것이다. 따라서 노인들은 무엇이 더 중요한지 판단하기 어렵거나 당초계획이 변경되는 유동적인 상황에서는, 정보들을 인생경험과 조합하기 때문에, 젊은이들보다 전체적인 상황파악이 뛰어나다는 것이다.

최근 이와 관련된 흥미로운 연구가 보고되었다. 영국 국영방송국 BBC가 개미의 세대별 역할분담에 관한 흥미로운 연구결과를 보도하였다. 식물의 잎을 잘게 잘라 먹이 등으로 사용하는 가위개미(leaf-cutter ants)들은 나이 들어 이빨이 무뎌지면 잎을 자르는 역할에서 은퇴하여 잎을 나르는 역할을 담당한다. 즉, 가위개미들은 이빨과 턱 사이에 있는 예리한 날을 이용해 잎을 자르는데, 자꾸 사용하다 보면 점차 무뎌지고 잎을 자르거나 꽉 물지 못하게 된다. 그래서 자연스럽게 잎을 운반하는 역할을 담당하게 된다는 것이다.

가위개미의 생태를 관찰한 연구자들은 큰 동물뿐 아니라 곤충들도 노화로 문제를 겪게 되지만 그럼에도 불구하고 이전과 다른 방식으로 사회에 기여할 수 있음을 보여준다고 설명하면서, 엄격한 위계질서를 가진 가위개미들은 이런 고도의 사회성 덕분에 역할을 바꿔가면서 더 긴 수명을 누리게 된다고 결론하였다.

사람도 마찬가지이다. 나이가 들어감에 따라 신체적 변화도 뒤따르지만 더 중요한 것은 역할이 달라진다는 것이다. 나이와 인간실현에 관한 연구에 의하면 화학 분야에서 가장 중요한 발견들은 25~30세의 사람들에 의해 이루어졌고, 물리학에서 최적의 나이는 30~34세이며 천문학에서는 40~44세이다. 그런데 50세를 넘어서면 아인슈타인 같은 천재도 예리함을 잃고 무뎌진다.

그래서 과학의 역사를 살펴보면 노년에 과학적 성취를 이룬 사람은 거의 없다. 그렇다면 노년에 이르면 뇌가 퇴화되고 더 이상 성취를 이루지 못하게 된다는 말인가? 그렇지 않다. 나이 먹는다고 뇌가 퇴화되는 것이 아니라 기능이 달라지고 노년에 성취할 수 있는 영역과 역할이 전환될 뿐이다. 철학사를 보면 철학자의 사고는 나이와 더불어 더욱 풍부해진다. 나이가 들어갈수록 삶에 대한 혜안이 깊어지고 인간관계에 대한 통찰력이 넓어지기 때문이다. 플라톤도 60세를 넘어 서면서 보다 심오한 저술들을 세상에 내놓았고 예술사를 보면 노년에 이르러 성취를 이룬 화가, 시인들을 찾기가 어렵지 않다.

일본에서는 100세에 이른 한 할머니의 시집이 잔잔한 감동을 주었다. 시바타 도요 할머니는 92세에 처음 시를 쓰기 시작하여 99세이던 2010년 3월에 첫 시집 『약해지지 마』를 발간하여 100만부가 팔린 초베스트셀러가 된 것이다. 할머니의 시엔 추상적이거나 어려운 단어가 하나도 없다. 평범한 일상에 대한 추억과 감사를 통해 따뜻한 목소리로 삶의 소중함을 일깨우고 있다. 할머니의 시를 읽고 자살하려던 생각을 버렸다는 사람이 한둘이 아니라고 하니 삶의 연륜이란 것이 얼마나 중요한지를 새삼 깨닫게 한다.

오래 살려면 반드시 먹어야 할 것은 "나이"라는 난센스 퀴즈처럼 삶의 혜안이 깊어지고 인간관계도 풍성해지려면 나이를 먹어야 한다. 문제는 연륜에 따라 이에 걸맞은 "나이 값"을 해야 하는 것이다. "왕년에 내가~"라는 식으로 이전 것을 고집할 것이 아니라 나이 들어감에 따라 새로운 역할을 감당하는 것이야말로 소위 나이 값을 제대로 하는 것이다. 그리고 연령층의 특성을 고려한 세대 간의 역할분담 체계야말로 행복한 사회를 가늠하는 최고의 바로미터일 것이다.

분명 젊은이가 더 잘할 수 있는 분야가 있고 노인이 더 잘할 수 있는 분야가 따로 있다. 제1현역기로서 젊은이들은 풍요로운 경제를 위해 시장노동을 중심으로 합리성의 원리에 따라 최선을 다해야 한다. 그리고 제2현역기로서 노인세대는 풍성한 인간성 실현을 위하여 공동체를 유지 발전시키는 일에 투신하여야 한다. 국가와 사회는 이러한 역할분담을 지지하고 기회와 편의를 제도적으로 지원해야 할 것이다.

5. 노동혁명의 길_베이비붐 세대의 책무

베이비붐 세대의 숙명-노동혁명의 길

늙고 힘 빠졌다! 이 말은 이제 베이비붐 세대를 두고 하는 말이 되었다. 시차는 크지만 이제 대부분 현직에서 물러나 서서히 노년세대의 길로 접어들고 있다. 베이비붐 세대가 노동시장에서 물러나면서, 쓸모없는 잉여인간의 쓰나미란 말이 등장하고 후세대들의 원망과 비난을 사고 있다. 젊은 잉여인간과 늙은 잉여인간이 충돌하는 격이다. 현재 위기에 대한 두려움과 미래의 상황에 대한 불안 때문이다. 우리 모두가 기대하고 염원했던 기술혁명과 나이혁명은 이제 두려움과 불안으로 우리를 감싸고 있다.

지금 인구변동으로 인한 위기는 누구의 위기인가? 사실은 지금 당장의 노인들은 관계없다. 베이비붐 세대부터 위기가 시작된다. 그러나 1차 베이비붐 세대는 난리 북새통 속에서도 그나마 견뎌낼 것이다. 위기는 제2차 베이비붐 세대부터 시작된다. 2차 베이비붐 세대는 연기금을 고갈시키고 빈 깡통을 에코세대에게 물려줄 것이다. 에코세대는 자신들이 적립한 연기금은 몽땅 사라지고 결국 후세대에게 부담금을 물려야 하는 처지에 이른다. 소위 적립식에서 부과식으로 제도를 바꿔야 하는 것이다. 그런데 부담할 인구가 없다.

폭탄 돌리기가 끝나고 폭발하는 상황에서 에코세대는 후세대의 거부로 연금을 받지 못할 수도 있다. 만약 이런 상황이 예측된다면 가만히 있겠는가? 폭탄 돌리기는 역순으로 돌아올 수 있다. 2차 베이비붐 세대와 에코세대 간 갈등이 촉발되고 1차 베이비붐 세대는 먹튀세대로 비난받을 것이다.

필자는 제2장에서 베이비부머의 "세대원죄론"을 제기하였다. 베이비붐 세대가 자식세대로부터 헬조선의 책임추궁을 당하고 있기 때문이다. 사실은 억울하다. 그러나 젊은 세대는 사회진출 첫발을 백수로 시작해야 하는, 헬조선의 책임이 아버지 세대에 있다고 믿는다. 억울하지만 어쩌겠는가? 지은 죄가 없지 않기 때문이다. 배불리 먹기 위해 죽자고 일하고 자식은 고생 안 시키겠다고 자식 모두 대학공부를 시켰지만 세상이 이상하게 변해 버린 것이다. 승자독식의 무차별적 경쟁이 오늘 우리 사회를 지배하고 있다. 우리가 그렇게 되지 않도록 막아내지 못했다. 그래서 세대원죄론은 개개인은 억울하지만 세대 전체로는 죄가 있다는 것이다.

그러나 이제 시작에 불과하다. 제4차 산업혁명으로 불리는 기술혁명으로, 이제 잉여인간으로 전락할 젊은이들은 더욱 늘어날 것이다. 그리고 이 젊은이들도 언젠가 노인이 된다. 그때는 참으로 대책이 없다. 지금부터 준비해도 늦은 상황이다. 필자가 이 책의 마지막 주제를 노년세대의 권익옹호로 잡은 것은 노인의 길로 들어선 베이비붐 세대나 지금의 노인들을 위해서가 아니다. 미래의 노인들, 지금 우리 자식들을 위해서이다. 훗날 역사 속에 가장 게으르고 무책임했던 세대로 기록되지 않기 위해 지금부터 우리는 노동혁명을 해야 한다.

노동혁명은 노동계급이 권력을 붕괴시키고 세상을 바꾸는 그런 노동혁명이 아니다. 기술혁명으로 노동기회조차 박탈당하고 결국 잉여인간으로 전락하는 비극을 막기 위해, 한편으론 나이혁명으로 장수하면서 노동으로부터 추방되어 노후빈곤에 시달려야 하는 비극을 막기 위해 노동체계를 바꾸자는 것이다. 왜 노동혁명인가? 임금노동의 신성불가침은 결국 자본주의 시장경제의 파워이다. 모든 것을 상품화하는 자본주의 기획을 깨고 임금노동의 신성불가침을 해체하고 공동체노동을 복원한다는 것은 가히 혁명적 사건이 아닐 수 없다.

그러나 이보다 더 어려운 선결과제가 있다. 그것은 탐욕을 통제하고 고삐를 채우는 것으로서 마음혁명이다. 마음혁명으로부터 시작되는 노동혁명은 베이비붐 세대가 하지 않으면 불가능하다. 베이비붐 세대 자신을 위한 일이기도 하지만 기실은 미래 세대들을 위한 일이다. 나는 후배인 2차 베이비붐 세대와 자식세대인 에코세대의 세대 갈등이 눈에 보인다. 그때는 어떤 사회적 합의도 이뤄내기 어렵다. 그나마 1차 베이비붐 세대가 해야 가능할 수 있다고 믿는다.

그래서 나는 모든 세대를 위한 베이비붐 세대의 정치세력화가 필요하다고 주창한다. 그러나 당장 그 구체적 방법을 제시할 수는 없다. 외국의 사례도 찾아보고 관련 단체의 실태도 살펴봤지만 쉽지 않은 일이다. 다만 그 이유는 분명했다. 문제의식을 가지고 미래를 위해 투신하는 참여자가 없기 때문이다. 만약 우리가 노동혁명을 꿈꾸고 있다면, 그것은 탐욕의 문명에 대한 반란이고 지나친 물질문명에 대한 반란이다. 탐욕을 채우기 위한 일이라면 너도나도 앞다투며 참여할지라도, 탐욕을 버리고 새로운 시대를 만들자는 운동에 시간 쓰고 돈 쓰며 행동할 사람 과연 얼마나 있겠는가!

그러함에도 불구하고, 710만 베이비붐 세대는 숙명적으로 그 길을 가야 한다. 호모헌드레드 100세 시대를 맞아 각자도생하며 처지대로 살다 죽을 것이 아니라, 여력을 모아 남은 인생을 미래 세대를 위해 헌신하는 것도 즐거운 일 아니겠는가! 우리나라 경제부흥에 초석이 되었던 베이비붐 세대에게 두 번째 미션이 주어졌다. 공동체노동을 복원하여 젊은이들의 부양부담을 덜어주고 후세대 노인들에게 자립의 길을 열어주는 노동혁명이 그것이다. 노동혁명을 하려면 공부를 해야 한다. 그리고 단체에 가입하거나 조직하여 토론하고 적극적으로 행동해야 한다. 그런데 사람들은 이런 일을 업신여기며 회피하고 있다.

스스로 권익 지키는 세계의 노인들

노년기에 이르면 노파심이 생기고 사회에 대한 걱정과 정치적 관심이 증가된다. 노년기에 정치적 관심이 증가하는 것은 지극히 자연스러운 일이다. 국가와 자신을 위해 억제할 것이 아니라 정치활동이나 사회단체 활동에 적극 참여하여 자신의 의견을 적극 피력하는 것이 바람직하다. 실제로 정치 선진국들의 경우 오랜 정당정치의 뿌리가 있어 정치참여에 대한 인식이 자유롭고 국민의 욕구를 자양분 삼아 노인권익, 노인복지 문제를 정치의제로 설정하여 국민의 평가를 받으며 해결해나가는 정치적 행위가 가능하다.

그런데 우리나라 현실은 정치참여가 쉽지가 않다. 우리나라 정당정치는 역사가 짧고 왜곡되어 있어 노인들의 참여가 어렵거나 노인들이 회피하여 참여수준이 매우 낮은 실정이다. 그럼에도 불구하고 노년세대의 정치 참여는 정당성을 갖고 요청될 것이다. 무엇보다 노년세대 역시 주권자이며 시민이기 때문이다.

대한민국헌법은 제1조에서 "대한민국은 민주공화국이다. 대한민국의 주권은 국민에게 있고 모든 권력은 국민으로부터 나온다"라고 규정하고 있다. 그러나 헌법 조문과는 달리 국민은 자신에게서 비롯된 권력을 스스로 발휘하지 못하고 대의정치란 이름으로 위임한 상태에 머물고 있다. 최근 화석화된 대의정치에 대한 저항과 참여로서 시민들은 주권자로서 직접 참여하는 정치, 즉 시민참여정치를 활성화시키려는 시도를 하고 있다.

노년세대도 당연히 주권자로서, 시민의 일원으로서 정치참여의 당위성을 갖고 있으며 권장을 받아야 한다. 그러나 우리나라 선거풍토와 제도에서는 시민들이 직접 참여할 수 있는 여지는 사실상 거의 없다. 투표권 행사를 제외하면 시민들이 할 수 있는 정치 참여방법은 사실상 없다는 말이다. 한국 상황에서 시민의 정치참여를 막는 가장 큰 걸림돌은 선거 관련 법·제도이다. 만일 선거법을 지금대로 방치한다면 시민 정치참여는 투표 참여권유 운동만 할 수밖에 없는 형편에 머물 것이다. 따라서 노인 정치참여를 활성화하기 위해서는 정치적 의사표현의 자유를 가로막고 있는 선거법을 어떤 식으로든 개정해야 할 필요가 있다.

시민 특히 노년세대의 직접적 정치참여를 가로막는 장애물은 왜곡된 정치풍토이다. 특히 정당정치의 불안정으로 직접 정치현장에 참여하는 것을 금기시 하는 풍토이다. 따라서 노인들의 정치 참여에 대한 논의는 매우 조심스럽고 심지어 부정적이기까지 한 것이 사실이다. 특히 젊은 세대들은 노인집단을 시대에 뒤떨어진 보수주의자들로 몰아가기도 한다. 하지만 여기서 필자가 이야기하고 싶은 것은 그럼에도 불구하고 시민으로서, 주권자로서 노년세대의 정치참여는 정당성을 갖고 있다는 점이다. 따라서 논의 방향도 노년층의 정치적 색깔보다도 노년층의 바람직한 정치참여 방식이 더 중요하다.

한편, 노년세대의 권익활동에 관한 국제적 현황을 살펴볼 필요가 있다. 먼저 미국에는 현재 1천여 개의 노인단체가 있다. 그 중에서 AARP(미국은퇴자협회)가 단연 으뜸으로 고령자 권익을 지키는 파수꾼 역할을 하고 있다.[28] 현재 회원규모가 3천8백만 명으로 전 세계 은퇴자 커뮤니티 중 가장 큰 규모를 자랑하고 있으며, 이러한 인적 자원을 바탕으로 정치권에 큰 영향력을 행사하고 있으며, 고령자를 위한 권익은 물론, 고령자에게 친화적인 사회를 조성하기 위한 역할에 앞장서고 있다.

미국은퇴자협회는 회원들을 위한 서비스뿐만 아니라 미국 노인복지정책 개발에도 많은 노력을 하고 있다. 미국의 노인문제를 심도 있게 논의하고 노인복지정책 방향을 설정하는 백악관 노인회의를 비롯하여 노인복지법 노인보건법 고용 시 연령차별금지법 등 많은 노인복지 관련법을 제정하는 데 미국은퇴자협회가 그 원동력이 되었다. 결국 미국 고령자들의 이익은 미국은퇴자협회를 통해 지켜지고 있으며, 미국은퇴자협회의 공공정책연구소가 이를 진두지휘하고 있다.

여기서 주목할 것은 미국은퇴자협회가 미국 대통령 선거에서 사용하

---

28) AARP는 1958년 몇 몇 은퇴교사들의 모임으로부터 출범한 이래, 현재 50세 이상 정회원만 3800만 명에 이르고 있는데, 미국인구의 약 12%, 유권자 규모로는 20%가 회원인 셈이다. 65세 이상 고령자의 비율이 13.1%인 것을 감안하면 대부분의 은퇴자들이 AARP에 가입돼 있음을 알 수 있다.

는 선거구호이다. 즉, "우리가 대통령을 선출한다(We elect President)"가
아니라, "우리가 대통령은 선택한다(We select President)"이다. 도전적이
고 오만하기까지 한 이런 구호는 그들이 선거 때마다 표로 힘을 보여
줄 수 있기 때문이다. 그러함에도 미국은퇴자협회는 정치적으로 언제
나 중립을 지키고 있다. 노인들의 정당 참여율도 높고 양당에 고루 가
입하여 정치적 직위를 차지하고 있다. 그러나 워낙 거대한 단체이다 보
니 정치적인 영향력이 막강한 것이다.

한편, 유럽 노인들은 각종 노인단체를 중심으로 권익보호에 나선다.
유럽의 노권운동은 직접적인 권익보호활동으로 표출하기보다는 다양
한 의견 제시와 사회적인 흐름을 주도하여 정책결정자들에게 '압력단
체'나 거대한 '유권자그룹'으로서 작용하고 있다.[29]

스웨덴 국민들은 일반적으로 정치에 대한 식견과 관심이 높은데, 노
인층도 예외가 아니다. 정치계에는 현재 7개의 정당이 공존하면서 각
각 색깔이 다른 이념과 정책을 가지고 국민 앞에 다가선다. 유권자들
은 어느 정당이 자신이 속한 계층의 이익을 가장 잘 대변해주는지 평
소 각 당의 정강과 정책을 검토하여 지지 정당을 결정한 다음, 그 당
의 핵심 노선이 바뀌지 않는 한 계속해서 같은 정당을 지지한다.[30]

그뿐만 아니라 노인들도 큰 이익단체의 하나인 "전국연금자협회

---

29) Achim Goerres, 2009, The Political Participation of Older People in Europe: The
    Greying of Our Democracies, http://www.euro.centre.org/data/1222087290_23384.
    pdf(검색일자: 2014. 2. 25.)
30) 노동자는 사민당(S), 농민은 농민연합당(현재 중앙당 C), 기업인은 온건보수당(M),
    공무원과 자유업종은 자유주의 이념을 기본으로 하는 국민당(Fp), 종교 성향은 기
    독민주당(Kd), 보다 철저한 진보주의자들은 좌익당(V), 환경 친화적인 부류는 환경
    당(Mp)을 각각 지지한다.

(PRO)에 가입하여 스스로의 권익옹호를 한다. 그리하여 선거철만 되면 여당 당수인 현직 수상은 물론 야당 당수들도 노인단체를 찾아가서 자기당의 노인복지 개선 정책을 열심히 설명하고 지지를 부탁하며, 더욱더 어르신들을 잘 모시겠다고 약속한다.[31]

여기서 중요한 점은 스웨덴 정치인은 국민을 상대로 기만적인 공약(空約)을 하지 않도록 체질화되어 있다는 것이다. 만일 그랬다가는 해당 정당과 정치인은 국민을 기만한 죄 값으로 다음 선거에서 치명상을 입게 된다. 주인이 머슴을 심판하는 유일한 권리를 그들은 매 4년마다 90%에 가까운 총선 투표율을 통해 엄정하게 행사한다. 사회 각 계층, 각 직종마다 사람들은 자기 권익을 보호하기 위한 이익단체를 구성하여 단결된 힘으로 정치권에 영향력을 행사하니 정치인들은 최선을 다해야 한다.

고령화에 관한 국제행동계획

전 세계적 인구 고령화와 함께 노년세대의 권익을 옹호하는 국제적 노력도 진일보되고 있다. 대표적인 것이 2002년 스페인 마드리드에서 채택된 "고령화에 관한 국제행동계획"이다. 이 국제행동계획은 "모든 세대를 위한 사회"를 이상으로 삼고 노년세대의 권익과 발전에 대한 구체적인 방향을 제시하고 있다.[32] 국제행동계획에서는 인구의 고

---

31) 스웨덴은 연금수령 노인 160만 명의 절반인 80만 명이 스웨덴노인협회(SPF), "전국 연금자협회(PRO)" 등 5개 노인단체 회원으로 가입돼 있다.

32) 1982년 오스트리아 비엔나에서 개최되었던 "제1차 세계고령화 회의" 이후 20여년 만인 2002년 4월에 스페인의 마드리드에서 "제2차 세계고령화 회의(The Second World Assembly on Ageing)"가 개최되었다. 제2차 세계고령화 회의에서는 고령화에 관한 정책적 대응에 있어 기본으로 수행해야 할 국제적인 가이드라인으로써 "고령화에 관한 마드리드 국제행동계획(Madrid International Plan of Action on Ageing; 이하 국제행동계획)"을 발표하였다.

령화 현상과 노인문제가 노인만을 대상으로 하는 복지서비스의 강화만으로는 해결하기 어려우며, 각 정부가 "국가 발전의 틀(National Development Frameworks)"을 구성함에 있어 인구 고령화 현상을 반영해야만 고령사회에서의 지속적인 발전이 가능함을 강조하고 있다.

더불어 노인을 연금수급자나 보건의료 서비스를 필요로 하는 존재 즉, 사회에 부담을 주는 존재로 파악하는 관점에서 활기찬 노화를 통해 사회에 기여할 수 있는 존재로 인식하는 사고의 전환을 강조하고 있다. 즉, 수동적·의존적인 이미지를 탈피하여 적극적·독립적인 존재로 노인을 파악하는 인식의 전환이 필요함을 강조하고 있는 것이다.[33] 고령화국제행동계획이 제시하고 있는 기본방향과 과제, 권고행동뿐만 아니라 이에 기초하여 지역별로 마련되고 있는 이행 전략은 개별국가가 국가별 전략을 마련함에 있어 중요한 출발점이 되고 있다. 고령화국제행동계획에 담겨 있는 주요 내용은 다음과 같다.

(1) 모든 사람의 인권과 모든 노인들의 기본적인 자유의 완전한 실현

(2) 노년기의 빈곤해소 및 노인을 위한 유엔 원칙을 세우는 목표를 재확인하는 것을 포함하여 안전한 노후 달성

(3) 노인들이 소득활동과 봉사활동을 포함하여 사회의 경제 · 정치 · 사회적 생활에 완전하고 효과적으로 참여할 수 있게 능력 부여하기

(4) 노인들이 단일한 동질집단이 아니라는 것을 인식하면서, 노후에 지역사회에서의 평생교육과 참여와 같은 것은 물론, 전 생애를 통한 개인 개발, 자아실현 및 복지를 위한 기회 제공

---

33) 보건복지부, 2002, 마드리드 고령화국제행동계획

⑸ 개인의 경제적·사회적·문화적 권리 및 시민적·정치적 권리의 완전
한 향유와 노인에 대한 모든 형태의 폭력과 차별 철폐

⑹ 특히, 성차별의 철폐를 통하여 노인의 성평등 달성

⑺ 사회개발을 위하여 가정, 세대 간 상호의존, 연대와 호혜주의의 중요
성 인식

⑻ 예방적 보건의료와 재활 관련 보건의료를 포함한 노인을 위한 보건의
료, 지원, 사회적 보호 제공

⑼ 국제행동계획을 실제적인 행동으로 전환함에 있어 모든 수준의 정부,
시민사회, 민간 분야 및 노인들 사이의 협력관계 촉진

⑽ 특히 개도국에서 과학적 연구와 전문적 지식을 강화하고, 기술의 가능
성을 고령화가 개인·사회·건강 분야에 미치는 영향에 초점을 맞추
도록 하는 것

⑾ 노화과정에 있는 노인에 고유한 상황과 노인들의 특수한 환경에 대한
인식 및 노인들에게 직접 영향을 미치는 결정에 노인들이 자신들의 소
리를 효과적으로 낼 수 있는 방법을 찾을 필요성에 대한 인식

한편, 국제행동계획을 수립하고 실천의지를 다지는 차원의 "정치선
언"도 채택하였는데 특히 고령사회 도래의 현실과 이에 부응하는 태세
로서 고령화 그 자체를 "하나의 업적"으로 받아들일 것을 강조하고 있
다. 만일 그렇게 된다면 고령자들의 기술·경험·자원은 우리 사회가 성
숙하고 통합된 인간적인 사회로 성장하는 데 있어서 훌륭한 자산이
된다는 것이다.

동시에 사람은 누구나 나이가 듦에 따라 정치·경제·사회·문화적 모
든 생활에서 자아실현, 건강, 안전 및 활동적인 참여를 보장받아야 하

며 사회적으로 그 권리를 인정해야 함을 강조한다. 그리고 노인들의 존엄성에 대한 인식을 높이고 모든 형태의 유기, 학대 및 폭력을 철폐할 것을 결의하고 있다. 동시에 국제행동계획은 "행동을 위한 권고(98항목)"를 채택하고 있다. 특히 노인들은 발전과정에서 완전한 참여자가 되어야 하며, 또한 그 이익을 공유해야 하고 어떠한 개인도 발전의 혜택을 받을 기회에서 제외되어서는 안 된다는 점을 행동 권고 항목에서 적시하고 있다.

여기서 "완전한 참여"란 노인의 삶과 관련된 정책적 의사결정에 있어서 주체로서 참여해야 함을 의미한다. 특히 모든 국가에서 발생하고 있는 사회 경제적 변화와 아울러 인구 고령화는 노인들을 사회경제적 발전에 지속적으로 통합하고 노인을 세력화할 수 있는 긴급한 조치를 요구하고 있다. 여기에는 노인들이 사회에서 계속적으로 기여할 수 있는 기회를 제공하는 것을 구체적 목표로 포함하고 있으며 이러한 목표를 위하여 노인들에 대한 일체의 배제와 차별을 없애는 것이 필요하다고 적시하고 있다.

그렇다면 지난 10여 간 우리나라에서는 국제행동계획이 어느 정도 실천되었는가? 이에 대한 보건사회연구원의 연구보고서[34]에 의하면 우리나라의 경우 실천 수준은 부진한 것으로 나타났다. 보고서에 의하면, 국제행동계획 발표 이후 지속적인 국가차원의 보고서 작성이 이루어지거나 국제기구의 점검과정에 적극적으로 참여하고 있지는 못한 실정이다. 이는 UN의 '고령화에 관한 마드리드 국제행동계획'에 대한 공적 영역의 관심 수준이 낮고 그 결과 지속적으로 체계적이며

---

34) 정경희 외 3인(2012), 고령화에 관한 마드리드 국제행동계획(MIPAA) 이행실태 및 평가, 보건사회연구원

종합적인 모니터링을 실시할 수 있는 기반이 마련되지 못하고 있기 때문이다.

노인의 참여에 대한 언급과 시도는 이루어지고 있지만 전문가와 행정 영역에서 결정한 정책을 노인에게 알리고 의견을 들어보는 기회를 만든다는 소극적이고 사후적 성격에 머물고 있으며 그러한 기회에 참여할 수 있는 노인마저 소수에 불과하다는 문제를 노정하고 있다. 따라서 향후 정책입안 과정에 정책의 주체로서 노인들의 다양한 목소리가 반영될 수 있도록 제도적 대비책을 마련해야 할 것이다.

모든 세대를 위한 정치세력화

인구 구조 및 사회적 환경의 변화는 노년세대의 정치참여를 요청하고 있다. 그러나 노년세대의 정치참여나 권익 대변의 역량은 매우 낮은 실정이고 실제 참여활동도 매우 미미한 실정이다. 이처럼 노인들의 정치 참여가 미약한 것은 여러 이유가 있겠지만 노인들이 경제력을 상실하여 집단적 발언권이 약하고 특정 이슈에 대해 정치적으로 결집력이 약하기 때문이다.

하지만 앞으로는 고령인구가 크게 증가함과 동시에, 노인들의 경제력 증가, 평균 교육수준의 증가 등을 고려해볼 때 노인들의 정치적 결집력이 보다 강화될 것으로 보이며, 정책에 직접 참여하여 자신들의 문제는 자신들이 해결하려는 경향이 증가함과 동시에, 권익을 찾기 위한 노력이 증가할 것으로 보인다. 다른 고령사회 국가들의 경우를 볼 때에도 앞으로 노년세대의 정치적 힘은 더욱 커질 것이다.

필자는 노년세대의 정치참여라는 이슈를 지속적으로 공론화하고 특히 전략적인 정치적 이슈를 채택하여 전체 노년세대 구성원들이 공유할 필요가 있다. 한편, 우리보다 앞서 고령사회에 진입한 몇몇 국가의 사례들을 살펴보면서 중요한 교훈을 얻을 수 있다. 즉, 노년세대의 파워는 "노인 인구의 수"가 아니라 "다른 세대와의 공감"에 기인한다는 것이다. 즉, 노년세대가 다른 세대를 위하는 세대, 젊은 세대를 위하는 세대가 될 때 노인의 정치적 힘은 더욱 강해지고 젊은 세대들의 공감을 바탕으로 정치참여가 확대될 수 있는 것이다.

미국 정치평론가 월터 리프만은 "노인은 나무가 자란 뒤 자신은 그 나무가 만드는 그늘에서 쉴 수 없는 나무를 심는다"고 말했다. 그러나 최근 여러 나라들에서 나타나는 현상은 "자신이 쉴 수 있는 나무를 심는 노인"의 등장이다. 쉽게 말해서 새롭게 노년세대에 진입하는 소위 "베이비붐 세대" 이후의 신세대 노인들의 스펙트럼은 매우 다양하며 다수가 더 이상의 후세대를 위한 희생을 거부할 것이란 예측이다. 이는 부양을 기대하지도 기대할 수도 없는 가족관계, 사회 환경 변화에 따른 것이다.

문제는 이러한 경우 복지정책 등의 정치적 의사결정을 둘러싸고 세대 간 갈등이 야기될 가능성이 있는 것이다. "대표 없는 곳에 과세 없다"는 말에서 알 수 있듯, 과거엔 정치적 의사결정의 중심이 납세자에게 있었다. 하지만 고령화와 투표율에 의해 의사결정의 중심이 납세자에서 연금수혜자로 넘어가게 된다. 이는 납세자 세대의 입장에서는 수용하기 어려울 것이다. 갈등이 시작될 것이다. 이미 갈등으로 진통을 겪는 나라들도 있다.

일본 정치학계에는 "노해정치(老害政治)"라는 과격한 용어까지 회자되고 있다. 인터넷에서 "젊은이들의 미래를 망치고 있는 노인들"이란 글도 쉽게 볼 수 있다. "정치인은 누구 눈치를 보고 있는가? 정치인들은 노인들 눈치를 보고 있다. 현재 세대 간 투표율 편차가 계속되는 한 과도한 고령자 위주의 정책은 끝나지 않는다. 결국 정치인들, 관료들은 청년, 장년의 미래를 탕진할 것인가?"[35]

물론 민주주의는 다수결 원리에 기반을 둔다. 따라서 고령사회에서 정치적 의사결정의 중심이 다수인 노년세대로 이동하는 것은 당연한 일이기는 하다. 하지만 단순한 "수(數)의 논리"만 앞세우게 된다면 납세자 세대와의 갈등은 불가피해진다. 노년세대는 연금수급자로서 더 많은 연금을 받고자 정치적 영향력을 행사하려 들 것이고, 그로 인해 더 많은 부담을 져야 하는 납세자는 불만이 커질 것이다. 이러한 세대 간 갈등은 점점 강도가 강해질 가능성이 높다.

마지막으로 중요한, 그러나 불편한 진실을 말하자면, 현재의 노인들은 후세대에게 이전보다 더 나쁜 삶의 여건을 물려주는 최초의 세대가 될지도 모른다는 사실이다. 따라서 노인의 정치적 영향력은 집단 이기주의가 아닌 "모든 세대를 위한 힘"이 되어야 한다. 노인 정치세력화의 성패는 단순한 수(數)의 정치가 아니라 미래세대와의 공생에 달려 있다. 노인 정치참여는 "노인의, 노인에 의한, 노인을 위한 정치"를 의미하는 게 아니기 때문이다.

고령화 사회에서 진정한 의미의 노인 정치참여는 노인들만의 정당을 만들거나 노인들만의 이익을 대변해줄 사람에게 표를 던지는 것이 아니라, 노인들이 지닌 지혜의 눈으로 사회와 후손을 위한 최선의 인물과 정책을 선택하고 그들의 정치활동을 지속적으로 감시하고 평가하는 것이어야 한다.

---

35) 神江伸介, 高齢社会の政治学―高齢者の政治参加 現状と課題, http://homepage2. nifty.com/shin888/old-participation.pdf(검색일자: 2014. 2. 26.)

시대특명—노인이 되면 좌파가 되라!

오해하지 마시라. 정치적 좌파를 의미하는 것이 아니다. 그렇다고 역설적인 의미로 사용하는 것도 아니다. 젊은 세대와의 사회적 역할 분담에서 노인이 되면 공동체를 책임지는 좌파가 되자는 말이다. 그런데 우리나라는 좌파라는 말을 정치적·이념적 틀에서만 인식한다. 내 경험에서 말한다면 우리나라는 좌파도 우파도 없다. 사이비 좌파, 사이비 우파만 있을 뿐이다. 도식적으로 재단하기는 어렵지만 우파는 합리성을, 좌파는 윤리성을 실천의 기본원리로 삼는다. 그래서 우파는 경제개발과 성장에 탁월성을 보여주지만 그러나 부패하기 쉽다. 한편, 좌파는 개발과 성장보다는 인간의 가치, 생태의 가치를 지키고 보전하는 데 탁월성을 갖고 있지만 그래서 무능할 수 있다.

필자는 그동안 공동체운동을 하면서 자주 들었던 질문이 "잘 되고 있나요?"라는 질문이었다. 질문에는 대체로 묘한 의도가 담겨 있다. 그래서 되묻기 시작했다. "무슨 답을 원하십니까?" 그러면 상대는 당혹스러워하거나 의아해한다. 나는 이유를 말해주었다. 내가 잘된다고 하면 "변질됐다" 할 것이고, 잘 안 된다고 하면 "무능하다" 할 것 아니냐! 그리고 나는 다시 한 번 되묻는다. "당신은 어떤 대답을 원하십니까? 무능입니까, 변질입니까?" 그렇다. 이것이 곧 좌파와 우파의 차이이다.

좌파든 우파든 강점이 있는 만큼 한계도 있는 것이다. 그런데 우리나라의 경우, 대부분 사이비들이다. 나는 자기 한계를 진정으로 인정하지 않는 것에서 사이비 여부를 판단한다. 이들은 자신이 완결성을 내세워 싸움질하는 것이 주특기이다. 싸우는 과정에서 자연히 은폐했던 탐욕이 쏟아져 나온다. 아름답게 포장된 논리와 수사에서 더러운 탐욕이 넘쳐 나온다. 이들이 싸우면 과연 누가 이길까? 나는 누가 이기는지는 몰라도, 최소한 누가 지는지는 확실히 안다. "국민이 진다!"

필자가 이런 사설을 늘어놓는 것은 "노인이 되면 좌파를 하라"는 제안 때문이다. 이것은 곧 세대 간 역할 분담을 하자는 제안이다. 세대마다 강점이 있다. 그 강점을 중심으로 세대 간 역할을 분담하고 이를 통하여 궁극적 사회통합을 이루자는 것이다. 앞 절에서 서술했듯이 경쟁 능력이 뛰어난 젊은 세대는 시장경제, 임금노동을 장악하여 경제를 일으키고, 노년세대는 양보 능력을 토대로 공동체를 보살피고 지역사회의 안녕을 책임지는 것으로서, 왼쪽 날개 오른쪽 날개처럼 역할분담을 하자는 것이다. 그런데 우리나라는 참된 왼쪽 날개가 없다.

건강한 노인들의 생애과제는, 젊은 날의 욕망을 내려놓고 후손과 이웃의 복리를 위해 헌신하는 것이다. 건강한 청년들의 경우, 야망을 품고 새로운 일에 열정적으로 도전하고 승리를 위해 경쟁해야 한다. 나는 이러한 세대 간 강점들을 중심으로 노동체계를 재구성하고 사회적 역할을 분담하는 것이 고령사회에 부응하는 시스템이라고 믿는다. 젊은 잉여인간과 늙은 잉여인간이 대결하고 갈등하는 미래는 그야말로 재앙이다. 지금부터 노년세대는 공동체노동을 담당하는 좌파가 되고, 청년들은 시장경제를 담당하는 우파의 역할을 하는 것이다. 우리 모두 노인이 되면 좌파가 되자!